Eggerer / Mayer · Manz Großes Aufsatzbuch *9.–13. Klasse*

Wilhelm Eggerer
Egon Mayer

Manz
Großes Aufsatzbuch

9. bis 13. Klasse
(Sekundarstufe II)

Manz Verlag München

2. Auflage 1974

ISBN 3-7863-0240-5

Umschlaggestaltung: Ingeburg Rothemund

 · Satzherstellung: Maschinensetzbetrieb Rudolf Kramer; Druck- und Bindearbeiten: Verlag und Druckerei G. J. Manz AG, Dillingen/Donau · Printed in Germany

Manzbuch 240

Inhaltsverzeichnis

---

[1] G = Gliederung; A = Aufsatz.

Begriffserklärungen

Themen aus der Literatur

Kritische Berichte

Texterläuterungen

Facharbeiten (Gliederungen)

Gedichtinterpretationen

Vorwort

Manz — Großes Aufsatzbuch bietet in seiner Ausgabe für die **9. bis 13. Klasse** 100 Gliederungen und Aufsätze zu 88 Themen, die in den letzten Jahren an Gymnasien und Realschulen bearbeitet wurden. Es sind Themen für Erörterungen, Problemaufsätze (Besinnungsaufsätze), Begriffsdefinitionen, Aufsätze aus der Literatur, Facharbeiten, Kritische Berichte, Texterläuterungen und Gedichtinterpretationen.
Die vorgelegten Arbeiten sind Original-Schüleraufsätze, die nicht überarbeitet wurden. Sie haben deshalb alle Vorzüge und Nachteile von Schülerarbeiten. Mancher Aufsatz ist nur aus der Situation der betreffenden Klasse, aus dem Unterricht oder aus der damaligen politischen Lage zu verstehen. Wir wollten aber auch auf solche zeit- und milieuorientierte Themen nicht verzichten. Die meisten Aufsätze, die in diesem Buch abgedruckt sind, wurden in der Schule geschrieben, bieten also eine gewisse Gewähr, daß sie selbständige Arbeiten sind. Bei den Aufsätzen, die zu Hause angefertigt wurden, ist diese Gewähr nicht immer gegeben. Es kann durchaus sein, daß in dem einen oder anderen Aufsatz eine uns nicht bekannte Quelle stärker benützt wurde, als es zulässig ist, und daß die Quelle bzw. die entsprechenden Belegstellen nicht angegeben wurden. Wir bringen ein Beispiel dafür, wie Besprechungen in Zeitungen fast wörtlich verwertet und übernommen wurden, ohne daß der Verfasser diese Stellen und Wendungen in seiner Arbeit als Zitate oder fremdes Gedankengut kennzeichnet. Er legte diese Artikel lediglich dem Aufsatz bei.
Zu manchen Themen bietet das Aufsatzbuch mehrere Gliederungen oder Aufsätze, um zu zeigen, wie verschieden ein Thema bearbeitet werden kann, daß es also *den* „Musteraufsatz" nicht gibt. Wegen des großen Umfanges der Facharbeiten wurden zu dieser Aufsatzart nur Gliederungen aufgenommen.
Die Anmerkungen zu den einzelnen Arbeiten sollen auf Schwächen in der Darstellung und Gedankenführung aufmerksam machen. Wir wollten dabei nicht kleinlich verfahren und ließen daher einige schwache, nicht ganz treffende Ausdrücke ohne Verbesserung stehen. In Schüleraufsätzen kann mancher Ausdruck toleriert werden, der

strengen Maßstäben nicht gerecht wird. Selbstverständlich sind Rechtschreib- und Grammatikfehler vor der Drucklegung verbessert. Nur gelegentlich blieb ein Verstoß gegen die Grammatik oder die Sprachrichtigkeit in den Arbeiten stehen, und zwar dann, wenn wir in den Anmerkungen auf einen häufig zu beobachtenden Fehler aufmerksam machen wollten.

Probleme der Aufsatztechnik sind in die Schlußbemerkungen zu den einzelnen Aufsätzen eingearbeitet. Eine Zusammenstellung der Forderungen und Probleme bei den verschiedenen Aufsatzarten, eine vom Aufsatzbeispiel losgelöste Aufsatztheorie, bieten wir in diesem Band nicht. Sie liegt bereits im „Aufsatzlexikon", das im gleichen Verlag erschienen ist, vor.

Manche Arbeiten sind ohne Anmerkungen und ohne eine abschließende Bemerkung geblieben, um auch Gelegenheit zu eigenständigem Urteil zu geben.

Diese Schüleraufsätze sind keine Bestleistungen, entsprechen nicht Idealforderungen und sind keine Musteraufsätze. Durch Abschreiben eines dieser Aufsätze läßt sich also nicht unbedingt eine gute Aufsatznote erzielen. Wenn diese Schüleraufsätze jedoch als Lern- und Übungsmaterial benützt werden und zu einer gründlichen Auseinandersetzung mit einem Thema anregen, können wirkliche und echte Leistungsverbesserungen erzielt werden.

Eine Möglichkeit für die Benützung dieses Aufsatzbuches ist folgende:

1. Ein Thema suchen, das aus gegebenem Anlaß interessiert!
2. Zu diesem Thema eigene Überlegungen schriftlich festhalten, wenn möglich in einer Gliederung oder in einer Ausarbeitung!
3. Die eigene Arbeit mit der Bearbeitung des Themas im Aufsatzbuch vergleichen!
4. Den eigenen Entwurf überarbeiten!

Eine *andere* Möglichkeit ist, zuerst die Bearbeitung des Themas im Aufsatzbuch kritisch zu lesen und sich geeignete Gedanken aufzuschreiben. Dabei werden sich auch eigene Gedanken finden, die der Verfasser des Aufsatzes übersehen oder als nicht wesentlich betrachtet hat. In solcher Art der Benutzung liegt der eigentliche Sinn dieses Aufsatzbuches.

Allen, die mit diesem Buch arbeiten, wünschen wir viel Erfolg!

Wilhelm Eggerer *Egon Mayer*

Erörterungen und Problemaufsätze

1 *Billigen Sie dem regelmäßigen Zeitungslesen einen bildenden Einfluß zu?*

Gliederung

A) Die Zeitung im täglichen Leben

B) Der bildende Einfluß der Zeitung:
- I. Auf kulturellem Gebiet durch Berichte und Kritiken über
  1. Theater,
  2. Film,
  3. Literatur,
  4. Kunst.
- II. Auf politischem Gebiet:
  1. Berichte über das politische Geschehen in der Welt,
  2. politische Kommentare.
- III. Auf wirtschaftlichem Gebiet:
  1. Wirtschaftsberichte (EWG),
  2. Börsenberichte.
- IV. Auf die Bildung der eigenen Urteilskraft:
  1. Vergleich der Ansichten und Meinungen verschiedener Zeitungen,
  2. Vergleich der Ansichten von Politikern verschiedener Parteien, die in der Zeitung zu Wort kommen.

C) Bildung ist nur durch *gute* Zeitungen möglich.

Bemerkung
In dieser Gliederung sind wohl die wesentlichen Punkte erfaßt. Zum Schlußgedanken stellt sich aber sofort die Frage: Was sind gute Zeitungen?

Aufgaben

Arbeiten Sie diese Gliederung zu einem Aufsatz aus! Ergänzen Sie die Gliederung, wenn Ihnen etwas zu fehlen scheint!
Vergleichen Sie diese Gliederung mit der zweiten zu diesem Thema! Welche halten Sie für die bessere? Warum?

Schreiben Sie einen kritischen Bericht über Ihre Tageszeitung!
Arbeitsanweisung: Schreiben Sie aus einer überregionalen Tageszeitung alle Bereiche der Information, Stellungnahme und Unterhaltung heraus (Gedankensammlung).

Ordnen Sie diese Begriffe und schreiben Sie eine Gliederung zu dem Thema „Was bringt eine große Tageszeitung?“

2 *Billigen Sie dem regelmäßigen Zeitungslesen einen bildenden Einfluß zu?*

Gliederung

A) Die Zeitung heute

B) Zeitung und Bildung:
   I. Die Zeitung und ihre Aufgaben:
      1. Die verschiedenen Zeitungen: Boulevardblatt, Tages-, Wochenzeitung.
      2. Aufgabe der Zeitung:
         a) Information
         b) Unterhaltung
         c) Meinungsbildung (Abgrenzung zum Radio!)
   II. Die Bildung in der Zeitung:
      1. Was ist eigentlich „Bildung"?
      2. Inwiefern „bildet" das Zeitungslesen:
         politische Artikel, allgemein menschliche Probleme, Feuilleton, humane Grundhaltung
      3. Die Beurteilung einer Zeitung
      4. Abhängigkeit der Zeitung vom Leser und umgekehrt
      5. Das Sammeln von wertbeständigen Artikeln
      6. Einfluß der Zeitung

C) Man kann die Frage mit einem bedingten „Ja" beantworten.

Die Zeitung spielt im öffentlichen Leben eine große Rolle. Sie wird millionenfach gedruckt, von Millionen gelesen. Sie stellt zudem eine große, Verantwortlichkeit bedingende Macht dar. Zu dieser Macht konnte sie aber nur in einem Zeitalter wie dem unsrigen gelangen, einem Zeitalter der Massen, der Vermassung. Die Zeitung ist ein Massenmedium. Um sie ein wenig näher zu untersuchen, müssen wir die Frage nach ihrer eigentlichen Aufgabe stellen und zugleich, ob und inwieweit ihr ein bildender Einfluß zukommt.[1]

---

1. Am Ende der Einleitung soll das Thema stehen! Hier wird das Thema verändert, denn die Frage nach der „eigentlichen Aufgabe" der Zeitung

Wir dürfen bei dieser Frage nicht alle Zeitungen über einen Kamm scheren. Die Zeitungen selbst stellen sich verschiedene Aufgaben, legen auf dieses mehr, auf jenes weniger Wert. Grundsätzlich müssen wir deshalb bei unserer Betrachtung zwischen den kleinen, zumeist anspruchslosen und wenig ergiebigen[2] Boulevardblättern (Bild, Abendzeitung), den normalen Tageszeitungen (Die Welt, Frankfurter Allgemeine, Deutsche Zeitung, Süddeutsche Zeitung) und den Wochenzeitungen (Die Zeit, Christ und Welt, Die Welt am Sonntag) unterscheiden.

Diese Zeitungen sind in ihrer Qualität natürlich sehr verschieden – man vergleiche nur einmal „Die Zeit" mit der „Bild"-Zeitung. Sie sprechen verschiedene Leserschichten an und haben dementsprechend unterschiedliche Auflagenhöhen.[3] Ganz allgemein können wir aber – vom Boulevardblatt bis zur Wochenzeitung – einen gewissen „Trend" feststellen: die schnelle, oft übereilte Information muß der Sichtung und Besinnung auf das Wesentliche, auf das nicht so Aktuelle weichen.[4] Daß es aber auch ebenso anspruchslose Klatsch-Wochenblätter gibt (Das Neue Zeitalter, Grünes Blatt, Wochenende . . .), darauf braucht gar nicht erst besonders hingewiesen zu werden.[5]

Wenden wir uns aber jetzt mehr der eigentlichen Aufgabe und dem Arbeitsbereich der Zeitungen zu.[6]

Die Zeitung dient zuallererst der Information. Politische Nachrichten werden ebenso gedruckt, wie man auf kulturelle Ereignisse aufmerksam macht;[7] Sportergebnisse, wichtige Bekanntmachungen, aktuelle Reportagen, Todesfälle, neue Straßen, die aufgerissen werden, Streit im Stadtrat, Ehekrach bei Franz & Co.; all dies und noch vieles mehr,

---

ist nicht gestellt. Der Ausdruck „regelmäßiges Zeitungslesen" wird übersehen, gehört jedoch zum Thema. Es besteht jetzt die Gefahr, daß der Verfasser diese Hinwendung des Themas in der Ausführung ganz vergißt.

2. Diese Wertungen sind hier nicht angebracht, sollten bei der Behandlung des Themas erörtert werden.
3. Die Auflagenhöhe hat nichts mit dem Thema zu tun!
4. Das ist nicht verständlich! Gemeint ist wohl, daß das Boulevardblatt eine schnelle, oft übereilte Information bringt, die Wochenzeitung eine gesichtete, auf das Wesentliche ausgerichtete Information.
5. Diese Behauptung sollte in einen Zusammenhang mit dem „bildenden Einfluß" gebracht werden.
6. Diese Absicht führt vom eigentlichen Thema weg!
7. Ausdruck und Satzbau!

wobei aber bestimmte Zeitungen speziell die für sie charakteristischen Informationen drucken.[8]
Die Zeitung dient in gleicher Weise der Unterhaltung: während der Arbeit in der Fabrik will man noch besonders amüsante Romane oder lapprige Geschichten lesen, die jeglichen Niveaus entbehren.[9] Sodann Reportagen, oft spannend und gut geschrieben, Berichte aus aller Herren Länder.[10]
Die Zeitung, meist als neutral und unabhängig gepriesen,[11] vertritt in ihren Kommentaren eine gewisse Weltanschauung, eine gewisse politische Richtung (Rheinischer Merkur!). Oft aber sind die Kommentatoren verschiedener Ansicht: das Blatt kann dadurch nur gewinnen. – Es steht aber außerhalb jeglichen Zweifels, daß die Kommentare die Meinungsbildung beeinflussen, in welchem Maße, das kann man nicht genau sagen. Die Zeitung ist neben dem Radio (und neben dem Fernsehen natürlich!) das einzige Informationsmittel des modernen Massenmenschen. Er ist von ihr einfach abhängig. Doch dürfen wir einen großen Vorteil gegenüber dem Fernsehen und dem Radio herausstellen: bei den letzten zwei Massenmedien wirkt die Kunst der Überredung; Trugschlüsse werden geschickt überspielt – der Hörer hat nichts Festes in der Hand, er wird überredet, überfahren.[12] Wesentlich anders ist es bei der Zeitung: der Leser kann einen Artikel, einen Satz zweimal, mehrmals lesen, kann Fremdwörter nachschlagen (gerade mit ihnen wird sehr viel „gelehrter" Unfug getrieben!), kann an einem Wort festhalten, den Gedankengang nochmals durchdenken. Er hat die Möglichkeit zur Besinnung, zur Wertung, zur Kritik.
Fragen wir uns noch schließlich, ob die Zeitung überhaupt einen „bildenden Einfluß" hat, und wenn ja – wo.[13]

---

8. „Sportergebnisse" bezieht sich auf den Inhalt, „Reportagen" auf die Art des Schreibens. Zuerst werden ganz bestimmte Beispiele gebracht, im letzten Satz wird ganz allgemein berichtet.
9. Doch nicht während der Arbeit! Was sind „lapprige" Geschichten? Irgendein „Niveau" haben alle Romane!
10. Satzbau!
11. Nicht alle Zeitungen bezeichnen sich als neutral!
12. Jetzt kommt der Schreiber in einen Vergleich mit den anderen Massenmedien und damit in ein anderes Thema!
13. Das bisher Geschriebene dient nur als Voraussetzung für die Behandlung des eigentlichen Themas.

„Bildenden Einfluß?" Damit müssen wir zugleich die Frage nach der Bildung stellen, nach ihrem Wesen.

Nur allzugern identifiziert man „Bildung" mit „Wissen", glaubt, daß dies das gleiche sei. Man sollte aber doch nicht auf diesen grundlegenden Irrtum hereinfallen! Natürlich: zur Bildung gehört auch Wissen, ja, ziemlich viel Wissen. Ich meine damit nicht ein phänomenales Gedächtnis, sondern – das ist meine Ansicht – ein gutfundiertes, breites, „weltoffenes" Wissen. Nicht also, daß jemand die chemischen Vorgänge bei der Herstellung von 7-wertigem Mangan genau erklären kann (oho – das ist trotzdem sehr interessant!!)[14] und ebensowenig, daß er weiß, wie viele Soldaten Nebukadnezars Armee umfaßte. Ganz anders: Zur Bildung gehört Offenheit; Offenheit für physikalische, chemische, biologische Probleme, für geschichtliche Vorgänge, für Literatur, Kunst, für Musik. Zur Bildung gehört weiterhin die Fähigkeit, auf Grund des bisherigen Wissens logische Schlüsse ziehen zu können. Und schließlich, das wird nur allzugern und allzuoft übersehen, gehört zu einer wahren Bildung „Herz", Menschlichkeit, Toleranz, kurz – der gute Mensch. Nur wenige Menschen sind wirklich gebildet, ja, wir können kaum einen nennen. Wir können nur mehr oder weniger von einer Stufe, von einer Höhe der Bildung sprechen. Echte, wahre Bildung gibt es vielleicht gar nicht,[15] ist nur ein Idealzustand. Wir können nur versuchen, danach zu streben, mehr nicht.

Kommen wir auf unsere bereits gestellte Frage zurück. Bildet das Zeitungslesen? Wir haben es gewiß bei der Beantwortung schwer. Einem eindeutigen „Ja" können wir nicht zustimmen.[16] Betrachten wir deshalb das Problem ein wenig näher: ist die Zeitung nur ein Wissensvermittler? Gewiß, wir erfahren viele Dinge, von vielen Problemen, die uns sonst nicht kommen würden.[17] Die Zeitung behandelt Fragen, die alle Menschen angehen, beleuchtet sie von den verschiedensten Standpunkten aus und versucht so, zu einem objektiven Bild zu gelangen. Sie führt in neue Probleme ein, versucht zu vermitteln und zu sichten.

Die Kommentare in der Zeitung, so subjektiv sie im einzelnen auch

---

14. Stilbruch! Das ist Erlebnissprache und paßt nicht in einen sachlichen Aufsatz!
15. Das ist eine sehr subjektive Meinung!
16. Das sollte das Ergebnis der Untersuchung sein, nicht der Anfang!
17. Ausdruck!

sein mögen, sie gewinnen doch oft der Sache neue Aspekte ab, weisen auf Dinge hin, die vielleicht bisher noch nicht genügend in Erwägung gezogen worden sind.

„Bildend“ – in gewisser Hinsicht also ja. Doch der bildendste Teil der Zeitung scheint mir das Feuilleton zu sein. Hier werden Konzerte besprochen, Film und Theater kritisiert, wird auf neue Bücher hingewiesen. Es werden Berichte von Tagungen und Diskussionen, von Vorträgen und Ausstellungen veröffentlicht. Kurz, das kulturelle und geistige Leben einer Stadt bzw. eines Landes werden auf ein bis zwei Seiten analysiert und besprochen. Und, so scheint mir, hier wird mehr als bloßes Wissen vermittelt, hier wird schon der entscheidende Schritt gewagt. Hier wird gedeutet und erklärt, vermittelt und der Weg gewiesen.[18]

Wollen wir der Zeitung „bildenden Einfluß“ zuerkennen, so müssen wir auch auf ihr allgemeines Niveau achten. Die „Süddeutsche Zeitung“ bringt seit Jahren im Dezember den „Adventskalender“ und schenkte damit schon Hunderten von Menschen Stunden der Freude, Stunden des Glücks. Das Massenmedium Zeitung spricht jeden einzelnen an, ruft ihn auf zu helfen, mahnt und erinnert ihn. „Bildend?“ Vielleicht.

Wenn wir eine Zeitung beurteilen wollen,[19] so müssen wir also auf dreierlei achten: auf die Grundeinstellung der Zeitung, ob sie bloß eine Funktion des Geldbeutels ist; auf den politischen Charakter und auf das Feuilleton, d. h. auf das geistige Leben einer Zeitung. – Wir können dabei eine gewisse Subjektivität im Urteil nicht ausschließen. Der eine legt Wert auf dieses, der andere auf jenes. Zudem hängt das Urteil über eine Zeitung stark von der Bildung des Menschen ab: kann zum Beispiel ein engstirniger Katholik „Die Zeit“ als eine gute Zeitung ansehen? Oder ein bedürfnisloser Arbeiter[20] die „Süddeutsche Zeitung“?

Jeder einzelne sucht sich nach eigenem Geschmack, nach Wissen und Bildung seine Zeitung aus. Die Zeitung erhält somit eine Leser-

---

18. Das erscheint einseitig, denn hier wird nur ein Teil der Bildung angesprochen. Politische Kommentare deuten und erklären auch.
19. Das ist nicht das Thema!
20. Es ist gefährlich, wenn mit dem Begriff „Arbeiter“ bedürfnislos und mit dem Begriff „Katholik“ engstirnig verbunden werden. Das kann als verallgemeinerndes Urteil aufgefaßt werden.

schar, die gewissen Kreisen der Bevölkerung angehört. Je höher die Auflage einer Zeitung wird – je mehr sie also gekauft werden soll –, desto mehr Zugeständnisse muß die Zeitung an die Leserschaft machen, muß möglichst für jeden etwas bringen. Dies geschieht meistens auf Kosten des Niveaus. Daß sich gerade heute noch einige anspruchsvolle, überregionale Tageszeitungen im Zeitalter der Massen und Vermassung halten können, ja ihre Auflagen zu steigern vermögen, ist verwunderlich und spricht für die Redaktion des betreffenden Blattes. In gleicher Weise – wir sind schon darauf näher eingegangen – ist der Leser auch von der Zeitung abhängig. Gerade in der Hektik unseres Lebens ist der Leser auf die Zeitung angewiesen und von ihr in gewisser Weise abhängig. Er bezieht einen Großteil seines Wissens aus ihr und baut darauf sein Urteil auf.

Die Zeitung ist einer gewissen Aktualität unterworfen,[21] das kommt zweifelsohne von dem informativen Charakter, den sie besitzt. Doch versuchen Wochenzeitungen – wie bereits ausgeführt – und auch schon Tageszeitungen, in gewisser Hinsicht diese Aktualität zu überwinden, versuchen in längeren Folgen und Serien größere, schwierige Probleme zu behandeln. Deshalb lohnt es sich auch, „zeitlose" Abhandlungen auszuschneiden und aufzuheben. Das gilt natürlich in gleicher Weise von den Theater- und Buchbesprechungen, die für den einzelnen großen Wert besitzen können. Man kann so im Laufe der Zeit über ein und dasselbe Buch verschiedene Meinungen sammeln und vergleichen. Gerade in der Literaturkritik besitzt die Zeitung auch eine nicht zu unterschätzende Macht und hat dabei einen großen Einfluß. Ein Buch, das allgemein verrissen wird,[22] hat kaum noch Chancen, bei den Lesern anzukommen. Die scharfe Kritik einer Inszenierung in München hatte die Absetzung des Stückes vom Spielplan zur Folge (Urfaust, 1960). Ebenso wird allgemein ein anspruchsvoller Film, der bei der Kritik nicht angekommen ist, schlecht besucht und bald wieder abgesetzt. Dieser Einfluß der Kritik[23] kann leicht mißbraucht werden; doch im allgemeinen ist er gesund, schafft Maßstäbe für die Wertung, trennt Gutes vom Schlechten.

Kommen wir wieder auf das „Ja" oder „Nein" der Bildung durch die Zeitung zurück, so müssen wir zugeben, daß uns die Zeitung viele

---

21. „Aktualität" scheint der Schreiber als etwas Negatives zu werten.
22. Ausdruck!
23. Hier wird wieder ein weiteres Thema angeschnitten!

Möglichkeiten gibt, viele Türen öffnet zur Gewinnung[24] eines erweiterten Horizontes, eines größeren Gesichtskreises. Die Frage, ob die Zeitung auch menschlich zu bilden vermag, muß dagegen offengelassen werden.[25]

Bemerkung
Die Arbeit ist eine gute Analyse der Zeitung und zeigt die Bedeutung der Zeitung auf, die Aufgaben der Zeitung werden umrissen, jedoch der bildende Wert des „regelmäßigen" Zeitungslesens wird nicht deutlich genug herausgearbeitet.
Die grundlegende Schwäche des Aufsatzes liegt in der schwachen Einleitung, die nicht zum richtigen Thema hinführt.

Aufgabe
Vergleichen Sie zwei Tageszeitungen miteinander! Welcher Zeitung geben Sie den Vorzug? Begründen Sie Ihre Entscheidung!

---

24. Ausdruck! Vermeiden Sie die häufigen Wörter auf -ung! Besser ist die verbale Ausdrucksweise: einen weiteren Horizont gewinnen.
25. Entgegen dieser Behauptung wurde ein Beispiel im Aufsatz gebracht.

3 *Halten Sie es der Mühe wert, trotz des vielfältigen Angebots von Jugendzeitschriften eine eigene Schülerzeitung herauszugeben?*

Gliederung

A) Was wird der Jugend heute alles als „Jugendzeitschrift" angeboten?

B) Eine eigene Schülerzeitschrift herauszugeben, halte ich trotz des reichen Angebots von Jugendzeitschriften für lohnenswert.
   I. Wie stelle ich mir eine gute Schülerzeitschrift vor?
      a) Sie wird von Schülern geschrieben und gestaltet.
      b) Sie wird in ihrer Meinungsfreiheit nicht eingeschränkt.
      c) Sie gibt die Meinung, die Interessen und die Probleme der Schüler wieder.
      d) Sie scheut sich nicht vor eigenen Kommentaren.
   II. Welche Vorteile besitzt eine solche Schülerzeitung gegenüber der Jugendzeitschrift schlechthin?
      a) Der Schüler wird nicht von irgend jemandem, sondern von seinem Mitschüler angesprochen.
      b) Er findet Probleme angesprochen, die ihn selbst und das Leben an seiner Schule betreffen.
      c) Eine Schülerzeitung verbindet die Schüler untereinander und stellt eine Art Gemeinschaftssinn her.
      d) Sie verbindet auch die Schule mit dem Elternhaus und kann durchaus das Ansehen einer Schule heben.
      e) Jeder hat die Möglichkeit, an der Gestaltung „seiner" Zeitschrift mitzuarbeiten und seine Fähigkeiten zu beweisen.

C) Die Schülerzeitung braucht mutige Redakteure und fleißige Mitarbeiter.

Uns jungen Leuten steht gerade heute ein reichhaltiges und buntes Angebot an Zeitschriften zur Auswahl. Diese Zeitschriften, die eigens für die Jugend, die Teens und die Twens, geschaffen sind, erfreuen sich größtenteils einer Beliebtheit, die erstaunen läßt, und somit eines reißenden Absatzes. Bücher sind leider bei weitem nicht so gefragt, denn das große „Bravo“ und ähnliche Heftchen mit Farbdruck und fetten Lettern, Popmustern und Starfotos wirken so anziehend und süß wie Schokolade.[1] Freilich, es gibt[2] auch andere Jugendzeitschriften, die mehr an Inhalt bieten und mehrere, manchmal viele Interessen der Jugendlichen ansprechen, die lehrreich und sauber, aber vielleicht zu harmlos sind. Es gibt[2] da noch eine ganz andere Art von Jugendzeitschrift, die Schülerzeitschrift, zu erwähnen. Mit Recht können wir hier etwas stolz, unseren „...“ anführen, ohne Zweifel eine erfolgreiche Schülerzeitung. Wer aber weiß, welche Mühe, wieviel Zeit und wieviel Geld erforderlich sind, um eine solche Zeitschrift herauszugeben, wird sich fragen, ob es denn der Mühe wert ist, trotz des erwähnten großen Angebots an Jugendzeitschriften eine eigene Schülerzeitung hervorzubringen.[3]

Wie sollte, so muß die erste Frage lauten, eine gute Schülerzeitschrift überhaupt aussehen, denn nur eine gute Schülerzeitschrift kann bestehen. Grundsätzlich besteht eine Forderung: sie sollte nämlich von Schülern geschrieben und gestaltet werden. Setzt sich die Redaktion auch meist aus Schülern der höheren Klassen zusammen, so müssen dennoch auch Schüler der jüngeren Jahrgänge aufgefordert werden, ihren Beitrag zu leisten. Die Zeitschrift kann man natürlich nur dann als vom Schüler geschrieben bezeichnen, wird ihre Meinungsfreiheit nicht eingeschränkt.[4] Das heißt aber auch, daß sie nicht von einer radikalen Richtung, wie zum Beispiel dem USG, diktiert werden darf. Eine Schülerzeitung schreibt im Vordergrund[5] über das Leben an der Schule und die Interessensphären ihrer Schüler.

Sie darf nicht mit Kommentaren zurückhalten und sich nicht scheuen, die Probleme der Schüler aufzugreifen.

Eine solche Schülerzeitschrift stellt dann wirklich etwas anderes dar als eine Jugendzeitschrift, die am Kiosk an der Ecke angepriesen wird. Ich glaube, man darf behaupten, sie besitzt so manches Plus, so manche

---

1. Übersteigert-kitschige Ausdrucksweise!
2. Störende Wiederholung im Ausdruck; außerdem eine schlechte umgangssprachliche Wendung; besser: „es ist zu erwähnen“.
3. Dafür besser: „herauszugeben“!
4. Schlechter Satzbau; besser: „wenn ... nicht eingeschränkt wird“!
5. Unverständliche Ausdrucksweise; gemeint ist wohl: vor allem, an erster Stelle.

entscheidenden Vorteile gegenüber einer Jugendzeitschrift schlechthin. Denn wer verbirgt sich denn hinter den Namen des Herausgebers oder der Redaktion einer Jugendzeitschrift, die man kleingedruckt unten in einer Ecke findet? Erwachsene sind es doch, zumindest Leute, die dem Alter des Schülers entwachsen und seiner Welt entfremdet sind, oder gar solche, die mehr das Geschäft im Auge haben. Da[6] weiß man, daß man den Idealismus der Schülerredakteure würdigen muß. Sie können ihren Mitschüler zweifellos direkter und persönlicher ansprechen. Denn ganz im Verborgenen sozusagen ist hier das tiefere und bessere Verständnis da.[7] Die Schülerzeitschrift verbindet die Schüler untereinander, und ein Titel wie unser „. . ." bildet eine Art gemeinsames Interesse an der Schule. Ja, ich meine, daß eine solche Zeitschrift es auch möglich macht, die Schule und das Elternhaus zu verbinden.

Eine Schülerzeitschrift verbindet also, gerade weil sie nur für einen recht engen Kreis von Interesse ist. Trotzdem bemühen sich die Redakteure auch, allgemein auf die Probleme des jungen Menschen einzugehen und zu versuchen, eine Diskussion darüber entstehen zu lassen, wenn nicht das, so wenigstens einen Anstoß zum Nachdenken zu geben. Auch diese[8] Probleme oder Sorgen und Fragen des Schülers werden in einer guten Schülerzeitschrift wohl besser und verständlicher vorgetragen als in einem Blatt, das sich zwar blendend verkauft, aber Probleme der Jugend selbst konstruiert und erdichtet und recht unpersönlich zu klären sucht.

Ich weiß, daß wir wirklich große Anforderungen an eine Schülerzeitschrift stellen, aber kommt eine solche Zeitschrift all dem nach, bietet sie Information über das Leben an der Schule, in Kommentaren ihre eigene Meinung, die die Meinung der Schüler ist, stellt sie Probleme heraus, die es in und um die Schule, die es schließlich beim jungen Menschen selbst gibt, so ist es der Mühe wert, eine solche Zeitschrift herauszubringen.

---

6. Irreführende Satzverbindung, denn man bezieht das Verbindungswort „da" auf den vorausgehenden Gedanken (Erwachsene als Herausgeber von Jugendzeitschriften) und stellt erst beim Weiterlesen fest, daß es sich auf die im folgenden genannten Schülerzeitungen bezieht.
7. Für diese Behauptung fehlt die Begründung.
8. Hier fehlt die Beziehung, denn welche Probleme gemeint sind, wird nicht gesagt.

Es besteht ein großer Unterschied zwischen den Aufgabengebieten einer Schülerzeitschrift und dem einer anderen Jugendzeitschrift, das haben wir bereits gesehen. Das große Thema für unsere Zeitschrift ist die Schule. Es bestehen auch sogenannte Schülerzeitschriften, die mit großen Auflageziffern in einem weiten Gebiet verkauft werden, doch auch diese würde ich nicht als „die“ Schülerzeitschrift bezeichnen, denn ihre wahre Aufgabe kann nur eine Zeitschrift wie unser „...“, die „...“ und alle die vielen kleinen Schülerzeitschriften an den Schulen in München und anderswo erfüllen.
Eine Zeitschrift der Schüler gibt natürlich auch einem jeden die Möglichkeit, daran mitzuarbeiten, und eine Möglichkeit, seine Meinung kundzutun. Die Interessen der Schüler sind erstaunlich vielseitig. Eine Schülerzeitschrift, die etwas auf sich hält, die dem Leser wirklich etwas bieten will, wird notwendig ziemlich umfangreich, und ihr „Reichtum“ muß von vielen Mitarbeitern zusammengetragen werden. Deshalb braucht diese unsere Zeitschrift Schüler, die Mut haben und Fleiß aufbringen für eine solche Arbeit. Das soll eine Werbung sein für unseren „...“, eine Werbung, die sicher not tut, damit wir auch weiter stolz sein dürfen auf unsere eigene Jugendzeitschrift!

Aufgabe

Vergleichen Sie die beiden Arbeiten zum gleichen Thema! Welche halten Sie für besser? Versuchen Sie, mit den Gedanken der beiden Arbeiten und Ihren eigenen Gedanken eine eigene Arbeit, die jedoch nicht die Formulierungen der Vorlagen enthalten soll!

4 *Halten Sie es der Mühe wert, trotz des vielfältigen Angebots von Jugendzeitschriften eine eigene Schülerzeitung herauszugeben?*

Gliederung

A) Nach dem Krieg hat die Wirtschaft den Jugendlichen als Konsumenten entdeckt.

B) Hat es Sinn, trotz der zahlreichen Jugendzeitschriften eine eigene Schülerzeitung herauszugeben?
   I. Was ist die Aufgabe einer Jugendzeitschrift?
      a) Die allgemeinen Aufgaben einer jeden Zeitschrift:
         1. sachliche Berichterstattung,
         2. kritische Stellungnahme,
         3. Unterhaltung.
      b) Die speziellen Aufgaben einer Jugendzeitschrift:
         1. Vermittlung eines wirklichkeitsgetreuen Lebensbildes,
         2. Erziehung zur Mitverantwortung.
   II. Wie wird dieser Auftrag erfüllt?
      a) bei den kommerziellen Jugendzeitschriften so gut wie gar nicht;
      b) bei Schülerzeitungen:
         1. die Schülerzeitung informiert,
         2. sie erzieht zur Mitverantwortung.
   III. Eigenschaften, die sich aus der Bindung an eine einzige Schule ergeben:
      a) genaue Kenntnis der lokalen Belange an der eigenen Schule,
      b) Vermittlung zwischen Lehrer- und Schülerschaft.

C) Der Erfolg gibt den Schülerzeitungen recht.

Nach dem letzten Krieg hat die Wirtschaft eine neue Konsumentengruppe entdeckt, die ihr bis dahin entgangen war: die Jugendlichen. Heute ist die Lücke in der Wirtschaft größtenteils ausgefüllt. Ein Beispiel dafür sind die Jugendzeitschriften, die in großer Zahl aus jedem Kiosk leuchten. Trotz dieses Angebots gibt es aber an zahlreichen

Schulen eigene Schülerzeitungen, die mit ihnen konkurrieren. Haben diese Schülerzeitungen noch eine Existenzberechtigung?

Zuerst müssen wir klären, was die Aufgabe einer Jugendzeitschrift ist oder sein sollte.

Zum einen hat sie die Aufgaben einer jeden anderen Zeitschrift. Sie soll objektiv informieren. Sie soll kritisch Stellung beziehen, um dem Leser die eigene Meinungsbildung zu erleichtern. Sie soll – auch – unterhalten.

Dazu kommt aber eine Verpflichtung, die sie mit dem Wort „Jugend" übernommen hat. Sie muß dem jungen Menschen helfen, in die menschliche Gemeinschaft hineinzuwachsen, in der er später vielleicht eine wichtige Stellung ausfüllen muß. Dazu gehört einmal die Vermittlung eines wirklichkeitsgetreuen Lebensbildes. Dazu gehört zum anderen eine weltanschauliche Erziehung, die zu Mitverantwortung und damit zu Verantwortungsbewußtsein führt.

Eine schöne Theorie! Wie steht es mit der Praxis? Wie wird dieser Auftrag erfüllt? Betrachten wir die kommerziellen Jugendzeitschriften! Da gibt es Schlagerfachzeitschriften, da gibt es „comics", da gibt es – sonst nicht sehr viel. Diese Blättchen sehen es anscheinend als ihre Hauptaufgabe an, dem Leser eine glitzernde Scheinwelt vorzugaukeln.

Wie steht es nun mit den Schülerzeitungen? Sicher, es gibt Witzheftchen, und es gibt solche, die man vielleicht als „polemische Magazine" charakterisieren könnte, aber ich glaube, der Prozentsatz der seriösen Schülerzeitungen ist größer als bei der Normalpresse.[1]

Die Schülerzeitung informiert, nimmt kritisch – oft sehr kritisch – Stellung und unterhält. Aber sie tut noch mehr. Durch ihren engen Kontakt zum Leser fordert sie eine Reaktion heraus, sei sie nun kritisch oder zustimmend. Der durch die geringen Auflagen gegebene Einfluß des einzelnen Lesers nimmt der Zeitung den Nimbus des Unfehlbaren und weit über den Sterblichen Schwebenden. Auf diese Weise erfüllt die Schülerzeitung ihre zweite große Aufgabe: Erziehung zu Mitverantwortung, Entwicklung der meist verkümmerten Verantwortungsfreude.[2]

---

1. Ein vager Ausdruck, der nicht trifft, was hier gemeint ist: die Jugendzeitschriften.
2. Die Beweisführung fehlt; der Verfasser zieht hier Folgerungen, die mit den Gedanken des Abschnitts logisch nicht verknüpft sind, denn wenn der

Das sollte ausreichen, um die Existenzberechtigung der Schülerzeitungen zu belegen. Es gibt aber noch einige Punkte, die sie geradezu zu einer Verpflichtung werden lassen. Es sind dies die Eigenschaften, die sich aus der Beschränkung auf nur eine Schule ergeben. Was hat der „Wasserburger Bote“ der „Bildzeitung“ voraus? Die genaue Kenntnis der lokalen Belange – unter anderem. Das gleiche gilt für eine Schülerzeitung.[3] Wichtiger ist aber etwas anderes. Sie ist die Mittlerin zwischen Lehrer- und Schülerschaft. Sie räumt Mißverständnisse aus. Sie bringt die Ansichten, Wünsche und auch Forderungen der Schüler zum Ausdruck, über die sich diese meist nur verschwommen, die Lehrer aber oft gar nicht im klaren sind. Ebenso veröffentlicht sie Stellungnahmen von Lehrern, ohne daß der etwas unangenehme, obrigkeitliche Eindruck eines Rundschreibens entsteht. Sie baut Vorurteile und Spannungen ab, und ich finde, das ist gerade heute wichtiger als je zuvor.
Daß das alles keine leere Theorie ist, beweisen die Schülerzeitungen ja durch ihre Existenz, mehr noch, durch ihre erfolgreiche Existenz, und ihr steigendes Niveau.

Bemerkung
Inhaltlich ließe sich noch eine Reihe wichtiger Gesichtspunkte anführen: Möglichkeit für Schüler, journalistische Begabungen zu verwerten; Ventilwirkung; Diskussionsmöglichkeit; Einüben parlamentarischer Spielregeln; Zwang, sich klar auszudrücken, seine Ansicht gegenüber anderen Meinungen zu vertreten u. a. Der Aufsatz zeigt an mehreren Stellen, was den Schülern bei Erörterungen bzw. Besinnungsaufsätzen besonders schwerfällt: Gedanken zu entwickeln, Ansichten zu begründen, logische Folgerungen zu ziehen.
Zum Teil sind die brauchbaren Gedanken des Aufsatzes zu allgemein formuliert oder nicht eingehend genug ausgeführt.

„Nimbus des Unfehlbaren“ fehlt, dann ist die Folge, daß man die Artikel kritisch betrachtet, in Zweifel zieht, also die Diskussion. Ob dies zur Mitverantwortung führt, bleibt offen und wäre durch eine überzeugende Beweisführung zu belegen gewesen.

3. Der Verfasser stellt nur Behauptungen auf, ohne sie zu beweisen. Hier müßte begründet werden, warum „die genaue Kenntnis der lokalen Belange“ ein Vorteil ist, der die Schülerzeitung als notwendig erweist.

5 Illustrierte werden immer mehr gelesen, aber auch immer mehr kritisiert. Wie erklären Sie sich diese Tatsachen?

Gliederung

A) Die Illustrierten finden immer größeren Anklang.

B) Illustrierte werden immer mehr gelesen, aber auch immer mehr kritisiert. Wie erklären Sie sich diese Tatsache?

I. Die Illustrierten haben sich dem Leser angepaßt:
   1. Man bringt, was gefällt,
   2. Massensuggestion,
   3. kein Streben nach geistigem Niveau.

II. Die Illustrierte als Dokument unserer Zeit:
   1. die Menschen, die ausschließlich Illustrierte lesen,
   2. früher keine derartige Zeitung,
   3. Anwendung der Psychologie,
   4. primitive Methode, mit Tabus Schluß zu machen,
   5. keine Zerfallserscheinung einer ganzen Kultur,
   6. die heutige Industrie als „Förderer" der Illustrierten.

III. Gründe für die Beliebtheit der Illustrierten und Gegengründe der Kritiker:
   1. Was die Illustrierten bringen, gefällt.
   2. Was die Illustrierten bringen, ist
      a) geschmacklos,
      b) primitiv,
      c) einseitig.
   3. Die positiv erscheinenden Gründe, warum die Illustrierten immer mehr gelesen werden; sie sind:
      a) billig,
      b) anschaulich,
      c) sie packen auch heiße Eisen an.
   4. Die entsprechenden Gegenargumente der Kritiker:
      a) indiskrete Veröffentlichungen,
      b) zu viel Reklame,
      c) Einseitigkeit der Themenwahl.

C) Die Illustrierten verlangen eine kritische Unterscheidung.

Es gibt schon seit längerer Zeit Illustrierte, jene Art von bebilderten Zeitungen, die wöchentlich, vierzehntägig oder monatlich erscheinen und in „leicht verdaulicher“ Form ein buntes Allerlei bieten. Früher unterschieden sie sich von den übrigen Zeitungen nur dadurch, daß sie unproblematisch waren und mehr zur Unterhaltung als zur Information dienten; ferner daß sie durch die vielen Bilder anschaulicher als die herkömmlichen Zeitungen waren. In letzter Zeit hat sich in dieser Beziehung aber ein ganz entscheidender Wandel vollzogen, die Illustrierten haben sich gründlich verändert. Nicht nur, daß ständig neue Illustrierte auftauchen, auch die Auflagen werden immer größer.[1] Man kann sogar manchmal hören, daß die Illustrierten als eine Zerfallserscheinung der europäischen Kultur zu werten sind.[2] So schlimm ist es sicher nicht, aber die Tatsache, daß die Illustrierten immer mehr gekauft und gelesen werden, ist es ja wohl wert, daß man sich mit den Gründen auseinandersetzt, warum die Illustrierten immer größeren Anklang finden.[3]

Der Hauptgrund für die Beliebtheit der Illustrierten liegt im Geschick der Redakteure. Wie ich schon erklärt habe, haben sich die Illustrierten in letzter Zeit stark verändert,[4] sie haben sich den Lesern angepaßt; es wird geschrieben, was der Masse gefällt, ohne Rücksicht auf Geschmack, oft auch ohne Rücksicht auf die Wahrheit und ohne Streben nach Seriösität. Die Illustrierten werden zur Massensuggestion, dem Volk[5] wird vorgesetzt, was es will, und das Volk frißt die Brocken gierig auf, aber satt daran werden allenfalls die Redakteure.[6] Die Illustrierten spekulieren von vornherein sehr auf die Masse, man schreibt das, was ankommt, auch wenn man dadurch jegliches geistige Niveau zugrunde richtet.

Dieses Fehlen von Niveau,[7] die häufigen Geschmacklosigkeiten und die Sensationsgier der Redakteure sind die Hauptargumente, welche die Kritiker gegen die Illustrierten vorbringen.

1. Die Einleitung soll zum Thema hinführen, nicht bereits eine Teilfrage des Themas beantworten! Diese Gedanken gehören in den Hauptteil.
2. Zusammenhang fehlt!
3. Diese Teilfrage des Themas wird in der Einleitung bereits behandelt. Am Ende der Einleitung muß jedoch das ganze Thema stehen.
4. Ist Wiederholung der Gedanken der Einleitung!
5. Begriff „Volk“, hier als „Masse“ gedeutet!!
6. Dieses Wortspiel ist sinnlos, führt den Gedanken nicht weiter!
7. Bedeutung des Wortes „Niveau“? Irgendein Niveau hat jedes Blatt.

„Man kann ja nicht sagen, daß gut ist, was ankommt", so argumentieren sie.
Sicherlich ist es schlecht, daß die Illustrierte zur wichtigsten Lektüre des einfachen Mannes geworden ist, und es gibt auch keinen Zweifel daran, daß das Niveau (sofern überhaupt eines vorhanden ist) äußerst niedrig ist,[7] aber andererseits muß man sagen, daß die Illustrierte zu einem Dokument unserer Zeit geworden ist.[8] Die Menschen, die heute ausschließlich Illustrierte lesen, hätten, wenn sie fünfzig Jahre früher gelebt hätten, wahrscheinlich überhaupt keine Zeitung gelesen. Früher[9] gab es kaum Organe, die es nur darauf abgesehen hatten, zu einer Nahrung[10] für den Sensationshunger des Volkes zu werden. Man könnte manchmal fast meinen, daß in den Redaktionszimmern gewitzte Psychologen sitzen, die ständig nach Berichten und Reportagen suchen, die in irgendeine dunkle Ecke des menschlichen Gemüts dringen, an die man sich bisher nicht gewagt hatte. Die einzelnen Illustrierten versuchen, sich damit gegenseitig zu übertreffen, und die Menschen bekommen mit der Post Berichte ins Haus geschickt, in denen Themen angeschnitten werden, die noch vor zehn Jahren tabu waren.
Aber wie schon erwähnt, paßt das alles in unsere Zeit, in der man mit überholten Tabus Schluß machen will. In der Illustrierten wird das aber mit einer derartig primitiven „Holzhammermethode" durchgeführt, daß sich jeder halbwegs gebildete (und aufgeklärte) Mensch nur abgestoßen fühlen kann. Man[11] darf die Illustrierten aber auch nicht gleich als Zerfallserscheinung einer ganzen Kultur werten, weil sie nur für die Menschen zur ausschließlichen und „bildenden" Lektüre wird, welche die Kultur nicht tragen und nie getragen haben.
Die Beliebtheit der Illustrierten[12] ist auch in der heutigen Industrie begründet. Ein Fließbandarbeiter, der den ganzen Tag die gleiche stumpfsinnige Arbeit macht und am Abend müde und abgespannt heimkommt, hat kaum Interesse daran, in hochgeistigen Werken[13] zu

8. Dieser Gedanke wird in den folgenden Sätzen falsch weitergeführt. Frage: Kritik berechtigt? Gründe für Kritik?
9. Was meint der Schreiber mit „früher"?
10. Ausdruck!
11. Neuer Gedanke – neuer Abschnitt!
12. Überleitung fehlt! Hier macht sich die mangelhafte Gliederung deutlich bemerkbar.
13. Nicht immer in Extremen denken!

blättern, er sucht vielmehr eine anspruchslose und entspannende „Bilder- und Schlagwortinformation“ und greift zur Illustrierten.
Trotzdem muß man natürlich den Kritikern der Illustrierten zustimmen, wenn sie behaupten, die Illustrierten seien geschmacklos und primitiv. Daran läßt sich nichts ändern,[14] der Bann ist nun einmal gebrochen, fast alle Tabus sind beiseite geräumt, kaum jemanden schockiert es noch, wenn Kolle über den Koitus ebenso nüchtern und selbstverständlich schreibt wie Grzymek über das Liebesleben der Eintagsfliege.
Die bisher angeführten Argumente, warum die Illustrierten immer mehr gelesen werden, sind alle auch Argumente der Kritiker von Illustrierten. Einesteils gefällt das, was die Illustrierten bringen, und kommt bei den Lesern an, zum anderen ist es aber geschmacklos, primitiv und einseitig. Das sind Tatsachen, an denen sich nichts ändern läßt.[15]
Es gibt jedoch auch einige Eigenschaften der Illustrierten, die einem zunächst als ausschließlich positiv erscheinen.
Die große, hohe Auflage und die neuzeitliche Drucktechnik bringen es mit sich, daß die Illustrierten relativ billig und für jedermann erschwinglich sind.[16] Die Illustrierten sind sehr anschaulich und farbig, und bringen nur Aktuelles.[17] Oft werden von den Illustrierten heiße Eisen angepackt, an die sich bisher niemand wagte. Illustrierte sind leicht zu lesen, und man kann sie sich auch dann noch zu Gemüte führen,[18] wenn man abgespannt ist.
Aber auch diese anscheinend nur positiven Eigenschaften der Illustrierten bergen wieder Angriffspunkte für die Kritiker in sich. Oft wird Aktuelles mit Indiskretem „verwechselt“, das Privatleben von Prominenten wird rücksichtslos vor der Öffentlichkeit ausgebreitet, und anschaulich sind oft nur mehr die Reklamen.[19] Als Kritik gegen

---

14. Hier zeigt sich, daß der Verfasser erstens keinen Unterschied bei den Illustrierten erkennt („die Illustrierten“), und zweitens, daß er bei der Kritik immer an die „Tabus“ denkt. Recht einseitig gesehen!
15. Wiederholung der doch recht fraglichen Behauptung, daß sich nichts ändern läßt!
16. Das Anzeigengeschäft nicht zu vergessen!
17. Zusammenhang fehlt!
18. Ausdruck! Wiederholung im Inhalt!
19. Ein ganz neuer Gedanke wird hier ohne Zusammenhang einer Satzreihe angehängt. Auch inhaltlich ist die Behauptung nicht aufrechtzuerhalten.

die Illustrierten kann man ferner bringen, daß sie äußerst einseitig sind. Außer Mord- und Sensationsgeschichten sowie geschmackloser und primitiver „Aufklärung“ ist nicht viel zu finden.
Zusammenfassend kann man sagen, daß die Gründe dafür, warum die Illustrierten immer mehr gelesen werden, mit den Gegenargumenten der Kritiker zusammenfallen. Auf jeden Fall verlangt die Illustrierte vom Leser ein kritisches Unterscheidungsvermögen. Nicht nur, daß er zwischen guten und schlechten Illustrierten unterscheiden muß, er muß auch innerhalb einer Illustrierten die guten und oft sehr interessanten Beiträge vom Geschmacklosen trennen.

Bemerkung

Der Aufbau des Aufsatzes ist schwach und nicht systematisch. (I. und II. sind untergeordnete Gesichtspunkte von III.) Die Arbeit zeigt, wie wichtig eine gute Gliederung ist, die selbstverständlich *vor* dem Aufsatz angelegt werden muß. Erst im Schluß kommt der Verfasser zu der Unterscheidung von „guten und schlechten“ Illustrierten, während er im Hauptteil nur „die Illustrierten“ als Ganzes bespricht.

Aufgaben

1. Schreiben Sie unter Berücksichtigung der Anmerkungen eine bessere Einleitung!
2. Schreiben Sie eine verbesserte Gliederung zu diesem Aufsatz und ergänzen Sie durch eigene Gesichtspunkte!

6 *Wie beurteilen Sie die Auswirkungen des Fernsehens auf das Familienleben?*

Gliederung

A) Das Massenmedium Fernsehen beeinflußt auch die Familie.

B) Die Auswirkungen des Fernsehens auf das Familienleben:
 I. Was verstehen wir unter dem Familienleben?
 II. Negative Auswirkungen des Fernsehens auf das Familienleben.
 III. Das Familienleben fördernde Wirkungen des Fernsehens.

C) Können wir nichts gegen die Zerstörung des Familienlebens durch das Fernsehen tun?

Seit 1954 gibt es auch in der Bundesrepublik das Fernsehen. Es war ein großartiges Geschäft, und der Antennenwald auf unseren Häusern zeigt, daß es längst zu einem Massenmedium geworden ist. Das wissen auch die großen Firmen, und so machen sie im Fernsehen eifrig Reklame. Auch die Parteien benützen für ihre Wahlpropaganda das mit Reklameangeboten überlastete Fernsehen. Offensichtlich beeinflußt das Fernsehen also die Masse. Aber nicht nur auf die Masse, sondern auch auf die Familien und das Familienleben wirkt sich das Fernsehen aus.
Was ist aber[1] das Familienleben? Ist es nur das Leben der Familie, daß kein Familienmitglied gestorben ist?[2] Oder ist es das Verhältnis der Familienmitglieder zueinander und zur Familie als solcher? Ist das Familienleben nur dann gut, wenn wir jeden Abend mit einer brennenden Kerze um den Tisch sitzen und Stellen aus der Bibel vorlesen?[3] Jeder soll doch[4] seine Eltern, Brüder und Schwestern zu verstehen suchen, ihre kleinen Fehler und Schwächen übersehen und sich mit ihnen über ihre Sorgen aussprechen. Wird dieses Familienleben nun durch das Fernsehen gestört?

---

1. „Aber" ist falsch! Sinn?
2. Abwegiger Gedanke!
3. Übertreibung!
4. Warum „doch"?

Die ersten paar Wochen, wenn der Fernseher erst gekommen ist,[5] sitzt meistens die ganze Familie vom Beginn bis zum Ende des Programms vor dem Fernsehgerät und läßt dieses neue Gefühl des Fernsehens über sich ergehen. Der Nachmittagskaffee muß am Sonntag ausfallen, weil auch die Mutter, ganz egal, was gerade geboten wird, wie gebannt auf den Bildschirm starrt. Die Gespräche, die sonst immer am Kaffeetisch geführt wurden, fallen damit auch weg. Das Abendessen wird schnell hinuntergeschlungen, damit ja nicht die „Abendschau“ versäumt wird. Nach einigen Wochen flaut das Fernsehfieber ab, und die Ansichten über das Programm teilen sich. Der Vater schaut bevorzugt Sendungen von Ausgrabungen antiker Kulturwerte an, während der Sohn nur auf knallharte Thriller wartet. Die Tochter des Hauses dagegen ist verstimmt, weil sie das Tanzturnier im Zweiten Programm nicht sehen kann, denn die Mutter will sich den zweiten Akt von „Figaros Hochzeit“ nicht rauben lassen. Bietet das Programm für keinen etwas, so wird heftig diskutiert, ob man das Geld nicht besser in einer Waschmaschine oder einem Kühlschrank angelegt hätte. Der Sohn macht in der Küche seine Hausaufgaben. Der Vater, der früher öfters dabei behilflich war, sitzt nun im Wohnzimmer und schaut der überlaut eingestellten Fernsehsendung zu. Sind die Kinder noch klein und sollten sie zeitig schlafen gehen, so sind sie nicht ins Bett zu bringen, bevor sie nicht noch „Onkel Lous Fernseh-Show“ sehen durften. Die Eltern müssen mit Gewalt die weinenden Kleinen schlafen legen. Während der Aufnahmen zu einer Sendung heißt es in den Studios immer: Ruhe, Sendung! Dieses Wort scheint sich auf die Zuschauer zu übertragen. Will ein Familienmitglied seine Ansicht zu einer gerade laufenden Sendung äußern, so wird es von den anderen sofort zur Ruhe gemahnt, weil sonst die Sendung nicht mehr zu verstehen ist. Überhaupt wird das Sprechen der Familienmitglieder miteinander durch das Fernsehen behindert. Der Vater, der sich gerade mit seinem Sohn unterhält, bricht um acht Uhr plötzlich das Gespräch ab, eilt zum Fernsehapparat und schaltet die „Tagesschau“ ein, damit er über die Neuigkeiten des Tages informiert ist. Oder die Feier des 50. Geburtstages des Vaters endet damit, daß gemeinsam mit den eingeladenen Gästen der letzte Boxkampf von Bubi Scholz angesehen wird. Die Tochter kann der Mutter nicht mehr ihre Ansichten darlegen und

5. Ausdruck und Satzbau!

sie nicht mehr um Rat fragen, denn nach dem rasch hineingeworfenen[6] Essen sitzen sie vor dem Fernsehgerät. Nach Sendeschluß sind sie für eine Unterhaltung zu müde. Kommt der Vater am Abend nach der Arbeit nach Hause, so öffnet ihm die Tochter unwillig die Tür, weil sie bei der siebten Fortsetzung des Mr. Cox gestört wurde. Das Essen muß er sich selbst warm machen, da auch die Mutter darauf brennt, zu erfahren, was Mr. Cox heute wieder alles anstellen wird. Er kann sich mit niemand über den Ärger im Geschäft aussprechen. Käme der Sohn aus Amerika zurück, so würde man gewiß seinetwegen einmal das abendliche Fernsehen ausfallen lassen, doch er kommt ja nur von einem dreiwöchigen Skiurlaub zurück. Er würde seinen Eltern gern seine Erlebnisse berichten, aber die sitzen ja beim Fernsehen.

Obwohl der zurückgekommene Sohn etwas verstimmt ist, begibt[7] er sich doch ins Wohnzimmer, um einem Konzert von Mahalia Jackson im Fernsehen beizuwohnen. Das ist das Gute am Fernsehen. Er und seine Schwester können dieses Konzert, für das es auch keine überteuerten[8] Karten ohne Beziehungen zu kaufen gab, am Bildschirm miterleben. Ebenso ist es bei Theaterübertragungen. Die ganze Familie sitzt vor dem Fernsehgerät und erhält wenigstens einen Eindruck von dem Stück. Nach der Sendung bietet sich die Gelegenheit an, über das Stück, die Darstellung der Schauspieler und die Aufmachung der Bühne zu diskutieren. Die Kritik der Eltern wird den Kindern als Maßstab gelten. Auch Sportveranstaltungen wie die Olympischen Spiele kann die ganze Familie am Bildschirm verfolgen. Sehr fruchtbar können politische Diskussionen, z. B. Werner Höfers „Internationaler Frühschoppen", sein. Sie regen zu einer Darlegung der persönlichen Standpunkte innerhalb der Familie an. Bei Berichten, die sich mit der Zeitgeschichte befassen, wird es für den jungen Menschen besonders nützlich sein, wenn er seine Eltern fragen kann, ob die im Fernsehen gebrachten Berichte auch objektiv sind und den Tatsachen entsprechen. So wird der Sohn in diesen Gesprächen oft mehr erfahren, als er im Geschichtsunterricht der Schule lernen kann. Mit Berichten über das Zeitgeschehen kann der junge Mensch seine Urteilsfähigkeit prüfen, und er soll sie mit den Urteilen seiner Eltern vergleichen. Eine gute Übung ist es auch, wenn man einem Familienmitglied, das

6. Ausdruck!
7. Ausdruck!
8. Der Ausdruck „teuer" genügt!

eine interessante Sendung nicht sehen kann, das Wichtigste daraus erzählt.[9]

Jede Familie sollte sich dessen bewußt sein, daß der wichtigste Knopf an ihrem Gerät der Abstellknopf ist. Beim Fernsehen gilt es wie überall, eine gute Auswahl zu treffen. Es ist gar nicht abwegig, sich am Samstag das Fernsehprogramm zu nehmen und die Sendungen, die man ansehen möchte, anzustreichen. Nur wenn auch beim Fernsehen das rechte Maß gewahrt bleibt, wird es zu einer nutzbringenden Einrichtung. Es kann dann nicht vorkommen, daß die Familie totenstill in den Kasten glotzt, hastig das Essen aus Konservendosen hinunterwirft,[10] und nur die Worte „Guten Morgen" aus Gewohnheit zwischen den Familienmitgliedern gewechselt werden.

Bemerkung

Der Aufsatz zeigt zwar recht anschaulich, wie das Familienleben durch das Fernsehen beeinflußt wird, stellt aber nicht genügend heraus, welche Auswirkungen das letztlich haben kann. Der Begriff „Familienleben" wird zu hastig, zu oberflächlich behandelt, obwohl er doch die Grundlage des Themas ist. Der Verfasser bringt zwar entscheidende Gesichtspunkte, wertet sie aber nicht in einer persönlichen Stellungnahme aus. Die Arbeit ist ein Übergang von der Erörterung zum Besinnungsaufsatz, den der Verfasser noch nicht bewältigt hat.

9. Hier fehlt die Überleitung zum Schlußteil!
10. Inhaltlich und in der Darstellung falsch bzw. übertrieben!

7 „Es muß dem deutschen Volk bewußt sein, daß die Aufgaben der Bildung und Forschung für unser Geschlecht den gleichen Rang besitzen wie die soziale Frage für das 19. Jahrhundert."
Wie verstehen Sie diesen Satz aus einer Regierungserklärung?

Gliederung

A) Das Wort „Bildungsnotstand" ist in gewisser Hinsicht verständlich.

B) Wichtigkeit von Bildung und Forschung.
   I. Die Bedeutung der sozialen Frage:
      1. Bedeutung für den Einzelmenschen – Bedeutung für den Staat;
      2. soziale Frage ist ein menschliches Problem;
      3. Lösung der sozialen Frage bringt Machtsteigerung.
   II. Aufgaben und Bedeutung von Bildung und Forschung:
      1. Definitionsversuche;
      2. die Arten von Bildung;
      3. Forderung der Wirtschaft;
      4. die politische Bedeutung;
      5. die Bedeutung für den einzelnen Menschen;
      6. Zusammenfassung.

C) Die Aufgaben von Bildung und Forschung haben den gleichen Rang wie die soziale Frage im 19. Jahrhundert.

Die Meldungen über eindrucksvolle wissenschaftliche Erfolge der Großmächte jagen einander. Vergleichen wir diese Erfolge und die riesigen Aufwendungen dieser Länder für Wissenschaft und Forschung mit den unseren, erscheint uns der überspitzte Ausdruck „Bildungsnotstand"[1] in gewisser Hinsicht verständlich. Eine Regierungserklä-

---

1. Dieser Begriff deckt sich nicht mit den geringeren Ausgaben für Bildung und Forschung.

rung sagt dazu über die Bedeutung von Bildung und Forschung: „Es muß dem deutschen Volk bewußt sein, daß die Aufgaben der Bildung und Forschung für unser Geschlecht den gleichen Rang besitzen wie die soziale Frage für das 19. Jahrhundert." Wie ist das zu verstehen?

Die soziale Frage des 19. Jahrhunderts war nach liberaler Auffassung Sache des einzelnen Menschen und nicht des Staates. Aber in dem Maße, in dem die soziale Frage gelöst oder nicht gelöst wurde, gewann sie Bedeutung für die Gemeinschaft des Staates.
Die soziale Frage war ein menschliches Problem. Sie war ein wirtschaftliches Problem. Der Arbeiter mußte um ein Existenzminimum an Lohn und um menschenwürdige Arbeitsbedingungen kämpfen. Auch als die wirtschaftliche Existenz gesichert war, blieb die Frage nach dem gerechten Lohn, nach dem gerechten Anteil am Erfolg der Arbeit unbeantwortet. Das wirtschaftliche Problem wurde zu einem politischen. Man versuchte, die soziale Frage auf dem Wege der Politik zu lösen. Aus der Frage nach der Verteilung des Gewinns wurde die Frage nach der Verteilung der Macht im Staat. Damit berührte die soziale Frage die Grundlagen des Staates. Ein weiterer Schritt, die soziale Frage zu lösen, war die Verwirklichung der Demokratie. In dem Maße, in dem das Volk sich am Staatsleben beteiligte und seinen Willen kundtat, konnte es die wirtschaftliche und politische Seite der sozialen Frage lösen. Die soziale Frage übte also entscheidenden Einfluß darauf aus, wie die Staatsform[2] des 19. Jahrhunderts aussah, wie die Demokratie verwirklicht wurde. Auf diese Demokratie des 19. Jahrhunderts[3] stützt sich im wesentlichen auch unsere heutige.
Die Lösung der sozialen Frage, die von der Industrialisierung abhing und umgekehrt,[4] brachte unserem Land eine gewaltige Machtsteigerung gegenüber dem Ausland, zunächst wirtschaftlich, dann auch politisch. Die Lösung der sozialen Frage wäre in der Lage gewesen,[5] unserem Lande innere Festigkeit zu schenken und eine Weiterentwicklung in sozialer Gerechtigkeit einzuleiten. Unser Geschlecht nun

2. Die Behauptung stimmt nicht. Auch gibt es nicht „die Staatsform des 19. Jahrhunderts".
3. Falsche Vorstellung!
4. Was meint wohl der Verfasser?
5. Schiefer Ausdruck! Inhalt widerspricht der Behauptung vom vorhergehenden Satz.

soll sich in besonderem Maße um Bildung und Forschung bemühen, um eine gesunde Entwicklung zu sichern.
Bildung und Forschung sollen dazu die Grundlagen schaffen: Die Forschung sucht nach neuen Erkenntnissen, die durch Bildung an die Allgemeinheit weitergegeben werden, damit jeder einzelne befähigt wird, sie zu nutzen.
Das Bildungsgut, das dem einzelnen Menschen vermittelt wird, ist praktisch verwendbares Wissen für den Beruf.[6] Es soll den ganzen Menschen berücksichtigen, indem es seine geistig-seelischen und künstlerisch-musischen Anlagen entwickelt.
Für den Staat allgemein wird wohl die wissenschaftlich-technische Forschung und die Weitergabe ihrer Erkenntnisse die größte Bedeutung erlangen. Durch diese Forschung werden der Wirtschaft neue Grundlagen geschaffen. Sie sichert die Ernährung der eigenen Bevölkerung und steigenden Lebensstandard. Moderne Industrien ermöglichen es dann, sich gegenüber der Konkurrenz des Auslandes zu behaupten.
Bildung hat für die Gemeinschaft eine zweite Bedeutung: Sie ermöglicht es uns, die demokratische Staatsform zu bewahren und zu bewältigen. Durch Hebung des allgemeinen Bildungsniveaus soll die Tendenz der Masse, sich auf ein niederes Bildungsniveau zu einigen, vermieden werden.[7] Die allgemeine Führungsbedürftigkeit und Trägheit könnte vielleicht beseitigt werden. Denn die größte Bedeutung der Bildung liegt wohl in der Entfaltung der Persönlichkeit des Einzelmenschen. Bildung, die geistig-seelische Kräfte im Menschen weckt und allgemein anerkannte religiöse und sittliche Werte lehrt, ermöglicht erst das richtige Verhältnis zum Mitmenschen und zur Gemeinschaft. Durch Pflege der künstlerischen und musischen Güter[8] wird der von der Vermassung bedrohte Einzelmensch angeleitet, seine Individualität zu bewahren.
Durch Bildung und Forschung werden also die Grundlagen gelegt für unser wirtschaftliches Sein, für die Bewahrung unserer staatlichen Ordnung und des einzelnen Menschen.

---

6. Diese Behauptung ist falsch und steht auch mit der im nächsten Satz in Widerspruch. Vermutlich kann der Verfasser nicht genau ausdrücken, was er sagen will.
7. Unklar!
8. Schiefer Ausdruck!

Angesichts der vielen Gefahren, die durch Bildung und Forschung abgewehrt werden, müssen wir ihren Aufgaben den gleichen Rang zugestehen wie der sozialen Frage des 19. Jahrhunderts.

Bemerkung
Der Vorzug dieser Arbeit ist die klare und einfache Darstellung der Probleme. Schwäche der Arbeit, daß die Probleme zu einfach gesehen werden, alles wird vereinfacht und damit meist oberflächlich erfaßt.

Aufgabe
Vergleichen Sie mit dieser Arbeit die nächste über das gleiche Thema!

8 „Es muß dem deutschen Volk bewußt sein, daß die Aufgaben der Bildung und Forschung für unser Geschlecht den gleichen Rang besitzen wie die soziale Frage für das 19. Jahrhundert."
Wie verstehen Sie diesen Satz aus einer Regierungserklärung?

Gliederung

A) Gilt A. Comtes Mahnung auch noch für uns?

B) Die Notwendigkeit von Bildung und Forschung ergibt sich mir aus folgenden Gesichtspunkten:
   I. Die soziale Frage im 19. Jahrhundert:
      a) Industrialisierung,
      b) Industrialisierung eine Notwendigkeit,
      c) Elend der Proletarier,
      d) Überwindung der Mißstände,
      e) Ergebnisse dieser Zusammenarbeit.
   II. Bildung und Forschung im 20. Jahrhundert:
      a) technisierte und automatisierte Welt,
      b) Abhängigkeit des Wettbewerbs,
      c) Komplexität der modernen Welt,
      d) systematische Förderung,
      e) französisches Beispiel.
   III. Besondere deutsche Erfordernisse:
      a) Bildungsreserven,
      b) unmittelbarer Nutzen?
      c) Schwerpunktprogramme,
      d) Zentren von Bildung und Forschung,
      e) Wissenschaftliche Gesellschaften.

C) Neuer Geist bringt neue Möglichkeiten.

In einem Werk Auguste Comtes, des französischen Positivisten und Begründers der wissenschaftlichen Soziologie, findet man als Quintessenz aller theoretischen Betrachtungen über die Möglichkeiten einer

Lenkung der gesellschaftlichen Entwicklung den knappen Satz: „Savoir pour prévoir, prévoir pour réguler." Das Wissen – „savoir" – verschafft uns also die Möglichkeit, die Zukunft in großen Zügen vorauszuschauen; dieses Vorherwissen – „prévoir" – gibt uns eine Handhabe, die Zukunft – teilweise – nach unserem Willen zu gestalten und so zu ordnen – „réguler". Dieser Satz ist auch als Warnung angesichts der rasch um sich greifenden Industrialisierung aufzufassen. Er könnte auch auf die heutige Situation gemünzt sein, denn ist nicht die Last, die das 19. Jahrhundert zu tragen hatte, dem 20. Jh.[1] ebenfalls, wenn auch in verwandelter Form, als harter Wettstreit der Völker um wissenschaftliche Erkenntnisse und technische Errungenschaften, wieder aufgebürdet worden? Wenn diese Behauptung stimmt, wie ist sie zu interpretieren und welche Aufforderung an uns enthält sie?

Um diese Fragen beantworten zu können, muß man untersuchen, inwieweit die soziale Frage des 19. Jhs. vermeidbare Ursachen besaß und welcher Art diese waren. Zunächst steht fest, daß die zum großen Teil überhitzt vor sich gehende Industrialisierung die überkommene Sozialstruktur zerstörte und zur Entstehung eines neuen Standes, des 4. Standes, der Arbeiterklasse oder – im Zeitjargon – des Proletariats, führte. Das hervorstechendste Merkmal dieser neuen Schicht war Armut, verbunden mit revolutionärer Gesinnung.

Die Industrialisierung war, einmal begonnen, für die Staaten des Westens zu einer Notwendigkeit geworden, der man sich zu beugen hatte. Diese Einsicht fand übersteigerten Ausdruck in einer Art kapitalistischem Fatalismus, der die Lage der Lohnarbeiter als unveränderlich und gottgewollt hinzustellen liebte. Wer in diesem Rennen die ersten Plätze belegen wollte, der durfte, so argumentierte man, keinerlei überflüssige Rücksicht nehmen.

Daß die vorhin angedeuteten Mißstände das Ergebnis mangelnder Planung und völliger Passivität von seiten des Staates waren, erkannte man zu spät. Die Radikalisierung der Arbeiter hatte sich schon vollzogen und lieferte der Bourgeoisie einen willkommenen Vorwand, jeden Verbesserungsvorschlag abzulehnen. So hatten mangelndes Verständnis und Unklarheit über das Funktionieren des gesellschaftlichen Mechanismus verhängnisvolle Folgen gezeitigt. Die Überwindung

1. Abkürzungen dieser Art z. B. auch u. statt „und" werden im Aufsatz nicht gern gesehen. Das gilt selbstverständlich nicht für die offiziellen Abkürzungen wie dgl. und usw.

dieser Spaltung der Gesellschaft gelang erst nach einer staatlichen Initiative und nach intensiver Zusammenarbeit von Unternehmern und Lohnarbeitern.

Das Ergebnis dieses sozialen Ausgleichs ist unter anderem eine schnell vor sich gehende Verbesserung der wirtschaftlichen Lage auch der anderen Länder. Planung und vernünftige Zusammenarbeit also haben das fertiggebracht, was die starren Fronten so lange verhindert hatten: eine harmonische Mischung von Eigeninitiative und staatlicher Planung.

Auf dem Gebiet der Wirtschaft hat man also die Notwendigkeit des „prévoir" und „réguler" schon erkannt. Obschon die in immer höherem Maße automatisierte und technisierte Welt immer mehr besser qualifizierte Fachkräfte und Spezialisten fordert, will man die Konsequenzen, die sich daraus ergeben, in weiten Kreisen nicht ziehen. Was – einmal angefangen – nicht mehr aufzuhalten ist, wird behandelt, als existiere es gar nicht oder zumindest in sehr geringem Umfang. Nur dadurch daß die Wettbewerbsfähigkeit eines Landes heute vom neuesten Stand der Forschung abhängt, beginnt sich Verständnis auszubreiten. Jede technische Erfindung übt heute fast unmittelbaren Einfluß auf die Handelsbilanz eines Landes[2] aus; sie muß ständig verbessert und ihr Anwendungsbereich vergrößert werden, will sie konkurrenzfähig bleiben. Jede naturwissenschaftliche Entdeckung wird früher oder später auch eine technische Verwendung erfahren; die besten Chancen hat dann jeweils das Land, dessen Wissenschaftlern die Entdeckung gelungen ist.

Damit aber all dies Erfinden und Entdecken möglich ist, müssen ständig neuausgebildete Fachkräfte in die zu füllenden Lücken[3] eintreten, so daß alle Gebiete von Wissenschaft und Technik sich gegenseitig ergänzen, zumal heute die Bereiche zwischen den einzelnen Disziplinen an Bedeutung zunehmen.

Jedoch ist die Komplexität[4] der modernen Welt so groß, daß schon der nicht spezialisierte einzelne heute – simpel ausgedrückt – mehr wissen und können muß als früher, um sich zu behaupten und nicht durch Ignoranz und Trägheit Staat und Gesellschaft zu gefährden.

---

2. Statt „Land" besser „Staat"!
3. Schwacher Ausdruck!
4. Bei allem Verständnis für die Anwendung von Fremdwörtern: in dieser Arbeit ist doch eine gewisse Fremdwörtersucht festzustellen.

Der durchschnittliche Staatsbürger sollte z. B. imstande sein, Zeitung zu lesen, ohne den Atlas benützen zu müssen, wenn er von Vietnam und China hört. Er sollte über die wichtigsten Tatsachen und Ereignisse der modernen Natur- und Geistesgeschichte einigermaßen unterrichtet sein, die wichtigsten Ergebnisse der Naturwissenschaften kennen und so seinen Teil dazu beitragen, daß ein Fundament für denjenigen Teil der Bevölkerung geschaffen wird, der sich den einzelnen Fachdisziplinen zuwendet.

Um den hier skizzierten Idealzustand zu erreichen, darf man die Weiterentwicklung des – man verzeihe den Ausdruck! – vorhandenen Bildungspotentials nicht wie bisher dem Zufall überlassen, sondern muß sie planmäßig fördern. Ein Beispiel dafür ist das Frankreich de Gaulles. Gewiß betreibt de Gaulle Bildungspolitik um sehr realer Interessen willen, aber es ist dennoch erstaunlich, mit welcher Zielstrebigkeit der französische Staat das einmal vom Präsidenten (!) der Republik gestellte Ziel einer Nation von Gebildeten verfolgt. Die hierzu notwendigen hohen Steueraufkommen weiß de Gaulle dem Bürger geschickt mit dem Hinweis auf Frankreichs kulturelle Tradition zu erleichtern. Allerdings ist in Frankreich das zur Erreichung solcher Ziele erforderliche öffentliche Bewußtsein vorhanden, das Mauriac in einem Satz am Schluß seiner Biographie des Staatschefs zusammengefaßt hat: „Frankreich dienen, heißt der Welt dienen." Man mag darüber lächeln, aber das Fehlen dieser Ansicht macht sich in anderen Ländern sehr nachteilig bemerkbar.

Welche von den hier angeführten Maßnahmen können nun auch in der Bundesrepublik dazu beitragen, daß wir, bildlich gesprochen,[5] den Anschluß nicht versäumen und noch rechtzeitig aufholen?

Das erste, was zu tun ist, ist eine schon lange geforderte erhöhte Ausnutzung der Bildungsreserven. Hier kann nun der Staat nicht viel mehr tun, als er schon versucht hat. Die Entscheidung über den Bildungsgang eines Kindes ist Sache der Eltern, und wenn diese gerne den bequemen Weg gehen, d. h. darauf verzichten, eine etwas anspruchsvolle Ausbildung ihrer Sprößlinge[6] anzustreben, hat nicht der Staat, sondern der Bürger versagt. In dieser durch die Hochkonjunktur geförderten Trägheit sehe ich die Hauptursache der „Bildungskatastrophe" (Georg Picht). Hier kann „der Staat", wie er gerne im

5. Überflüssig!
6. Ausdruck paßt nicht in die sachliche Abhandlung!

Kollektiv-Ton genannt wird, nur das Aufkommen einer öffentlichen Meinung ähnlich derjenigen Frankreichs fördern.
Die deutsche Öffentlichkeit darf aber bei kostspieligen Finanzierungen schwer verständlicher Forschungen nicht immer gleich die Geduld verlieren und die Frage nach dem unmittelbaren Nutzen der Sache stellen. Der Nutzen einer Entdeckung kann erst Jahrzehnte danach sichtbar werden; was hat im Bewußtsein der Öffentlichkeit die Forschung an Schimmelpilzen mit dem Segen, den das Penicillin gebracht hat, zu tun? Die Nützlichkeits-Argumentation ist m. E. eines zivilisierten Volkes nicht würdig. Anders verhält es sich mit Projekten, die unsere Finanzkraft übersteigen und besser durch Zusammenarbeit mit anderen europäischen Ländern zu lösen sind, wie z. B. das europäische Atomforschungszentrum CERN in Genf beweist.
Um aber die Bildungsreserven richtig auszuschöpfen,[7] kann man nicht ganze Landstriche brach liegen lassen. Hier ist eine Entballung[8] des Bildungswesens, eine Förderung der ländlichen Gebiete, vonnöten. Das wurde bisher leider fast gänzlich versäumt, so daß man nicht zu fragen braucht, wo denn die Begabungen bleiben. Wenn die Bildungschancen eines Großteils der Bevölkerung derart vernachlässigt werden, nimmt es nicht wunder, daß dieser Teil das Interesse an der Weiterbildung allmählich verliert und sich zufriedengibt mit dem, was er hat.
Dem kann aber abgeholfen werden dadurch, daß man den benachteiligten Gebieten Forschungs- und Bildungszentren gibt, wie dies z. B. mit der Universität Regensburg geschieht. Solche Universitätsneugründungen müßten dann aber auch eine erhöhte Aufmerksamkeit den neuen und außerordentlich wichtigen Disziplinen der verschiedenen Zweige der Psychologie, Mikro-Biologie, Soziologie und Anthropologie widmen. Hier wäre nämlich gerade für Deutschland, das über führende Fachleute auf diesen Gebieten verfügt, eine Chance vorhanden. Durch die Absicht z. B. Regensburg zu einem Zentrum der Slawistik und ähnlicher Wissenschaften, die sich mit unseren Nachbarn im Osten befassen, zu machen, kann dem ganzen Hinterland eine erhöhte Anziehungskraft verliehen werden, die auch dazu beitragen wird, den Bildungsstand dieses Gebietes zu erhöhen.

---

7. Schiefer Ausdruck! Besser: „... wenn man die Bildungsreserven ausschöpfen will, darf man nicht ..."
8. Schwacher Ausdruck! Der Verbalstil ist dem Nominalstil vorzuziehen!

Einer der m. E. größten Mängel des deutschen Bildungswesens ist jedoch das Fehlen einer zentralen, für den Ruf des Landes auf dem Gebiete der Wissenschaft verantwortlichen Repräsentativ-Institution, wie sie etwa England in der Royal Society und Frankreich in der Académie Française besitzen. Man mag diesen Mangel mit der Gespaltenheit Deutschlands entschuldigen, jedoch hat dieser mißliche Zustand auch schon vor dieser Lage bestanden, da es nur eine Preußische Akademie der Wissenschaften gab, der verschiedene kleinere, wie z. B. die bayerische, Konkurrenz machten. Eine Zentralisierung wäre in diesem Falle angebracht, denn solch eine Institution gewinnt rasch an Ansehen und verschafft dem betreffenden Land von vornherein einen gewissen Nimbus.
Alle diese Bemühungen werden jedoch erst dann erfolgreich sein, wenn die breite Öffentlichkeit eine Einstellung zu diesen Dingen gewinnt, wie sie etwa – sehr zum Erstaunen des in kulturpolitischen Angelegenheiten etwas nachlässigen Landtags – der neue bayerische Kultusminister Dr. Ludwig Huber in seiner Rede zum Etat des Kultusministeriums gezeigt hat. Verbreitet sich diese Aufgeschlossenheit, dann mag berechtigte Hoffnung bestehen, daß die Wissenschaft in der Bundesrepublik Deutschland in einem zukünftigen Europa wieder den Platz einnehmen wird, der der deutschen Wissenschaft schon einmal gebührte.

Bemerkung

Dieser Aufsatz aus dem Jahr 1965 ist eine selbständige, gut durchdachte Arbeit, deren eigenwillige Darstellung zu respektieren ist.
Die Kernfrage des Themas ist allerdings nicht klar genug herausgearbeitet, und es werden kaum Gründe angeführt, weshalb der Bildung und Forschung besondere Bedeutung zukommt.

Aufgabe

Wenn Sie die Bedeutung der im Aufsatz reichlich vorkommenden Fremdwörter nicht genau erfassen, sollten Sie die Fremdwörter herausschreiben, in einem Lexikon nachschlagen, die evtl. verschiedenen Bedeutungen danebenschreiben und dann prüfen, welche Bedeutung der Verfasser des Aufsatzes in seinem Zusammenhang gemeint haben dürfte!

9 *In der Diskussion um die „Demokratisierung der Schule“ wird auch die Forderung erhoben, alle Schulstrafen abzuschaffen. Nehmen Sie dazu Stellung!*

Gliederung

A) Bis jetzt besteht ein autoritäres Schulsystem; soll man das ändern?

B)[1]

I. Beispiel für die Erteilung einer Schulstrafe.

II. Ungünstige Beeinflussung des Klimas in der Oberstufe:
1. Wirkungslosigkeit der Schulstrafe (Beispiel I),
2. Möglichkeit der Unterdrückung von politischer Aktivität,
3. Schüler müssen selbständig arbeiten (ohne Druck).

III. Schulstrafen in der Unterstufe:
1. größere Wirkung als in der Oberstufe,
2. Schulstrafen stören das Vertrauensverhältnis Schüler-Lehrer.

C) Man sollte die Schwierigkeiten, die der Abschaffung der Schulstrafen im Wege stehen, überwinden.

Wie in alten Zeiten versuchen heute an den Schulen Lehrer und Schulbehörde, durch Schulstrafen Disziplin und Ordnung aufrechtzuerhalten. Der Schüler sieht sich immer bedroht und in Schach gehalten durch das „Damoklesschwert“ der Bestrafung. Soll das dadurch entstehende gespannte Verhältnis zwischen Schülern und Lehrern beibehalten werden, oder soll man versuchen, neue Wege zu finden?
Ich will, bevor ich dazu Stellung nehme, schildern, was geschieht, wenn z. B. ein Schüler wegen zu geringen Fleißes mit einem Verweis bestraft wird. Der Schüler bereitet meist seine Eltern schon darauf vor und versucht, sie von seiner Unschuld zu überzeugen. Lassen sich die Eltern „einwickeln“, so ist der Verweis nicht mehr wirkungsvoll.

1. Bei B) fehlt das Thema: Sollen die Schulstrafen abgeschafft werden?

Tun sie das nicht, so sind sie sicher bestrebt, den Schüler zu mehr Fleiß anzuhalten. Sie zwingen ihm Fleiß und Interesse[1a] für ein Fach auf, ohne den Schüler überzeugen zu können.
Dieses Beispiel zeigt, daß eine Schulstrafe wie dieser Verweis, vor allem bei den Schülern der Mittel- und Oberstufe, kaum sinnvoll ist. Der Schüler müßte in diesem Alter bereits selbst wissen, was für ihn wichtig oder nicht wichtig ist. Sollte er sich für ein Fach nicht interessieren, so ist es Aufgabe des Lehrers, durch ansprechende und abwechslungsreiche Gestaltung seines Unterrichts den Schüler für die Mitarbeit zu gewinnen. Eine Androhung von Schulstrafen wird den Schüler kaum bekehren können.
Durch die Einrichtung[2] von Schulstrafen ist der Schulbehörde auch ein Mittel in die Hand gegeben, unbequeme politische Aktivitäten der Schüler zu unterbinden. Die Schüler können eingeschüchtert werden, Forderungen nach Reformen werden dann nicht ausgesprochen, und der Schulbetrieb kann in künstlich aufrechterhaltener Ruhe und Ordnung weitergeführt werden. Eine solche Handhabung der Schulstrafen schafft ein autoritäres Klima an der Schule und ist abzulehnen.
Schafft man aber die Schulstrafen für die höheren Klassen ab, so müssen an die Schüler größere Anforderungen gestellt werden. Der Schüler müßte die nötige Reife besitzen, um selbständig an seiner Weiterbildung arbeiten zu können, und sollte nicht auf „Ansporn" von seiten der Schule angewiesen sein. Besitzt der Schüler diese Reife nicht, so ist es natürlich sehr schwierig für den Lehrer, den Schüler allein durch Überzeugungskraft zur Mitarbeit anzuregen.
Die bis jetzt angestellten Überlegungen treffen, wie bereits bemerkt, vor allem für die älteren Schüler zu. Bei den jüngeren Schülern kann man diese Reife nicht voraussetzen; der Lehrer muß erzieherisch auf die Schüler einwirken. In den unteren Klassen ist die Wirkung einer Schulstrafe bedeutend größer; sie wird ernst genommen, und man[3] ändert vielleicht seine Einstellung zur Schule. Abgesehen von der größeren Wirkung ist aber zu bemerken, daß durch den Gebrauch[4] von Schulstrafen das schon immer übliche autoritäre Schüler-Lehrer-Ver-

---

1a. Man kann Fleiß aufzwingen, nicht aber Interesse!
2. Besser: Mit den Schulstrafen . . .
3. Wer?
4. Ausdruck! Dafür: die Anwendung, das Verhängen von . . .;

hältnis[5] gefördert wird. Es besteht die Gefahr, daß die Schüler dem Lehrer gegenüber voreingenommen werden, diesen als den bösen Mann, der jederzeit bestrafen kann, fürchten und kein Vertrauen zu ihm entwickeln können. Das wirkt sich jedoch nachteilig auf die Entwicklung dieses Schüler-Lehrer-Verhältnisses im Lauf der Schulzeit aus; vielleicht bleibt es bis zum Schluß so ungesund.
Es sollte also der Versuch gemacht werden, in der Schule ohne Schulstrafen auszukommen. Dabei werden aber sowohl an den Lehrer als auch an den Schüler größere Anforderungen gestellt. Für das dann entstehende ungezwungenere und freundlichere Klima an der Schule sollte man jedoch das in Kauf nehmen.

Bemerkung
Vor der Bearbeitung eines solchen Themas müßten einige Sachfragen geklärt werden:
1. Welche Schulstrafen gibt es? 2. Bei welchen Gelegenheiten werden Schulstrafen ausgesprochen?
Hätte der Schreiber diese Vorfragen geklärt, hätte er nicht als einziges Beispiel eine Schulstrafe wegen mangelhaften Fleißes gebracht. Denn in diesem angeführten Beispiel ist eher eine Mitteilung an die Eltern als eine Strafe angebracht. (Die Eltern sollen doch nicht erst durch das Zeugnis, also nachträglich, verständigt werden!) Der Schreiber hat nur an die kleinen Verweise gedacht, die mehr Mitteilung an die Eltern als Strafen sind. Er hat aber nicht erörtert, wie Schüler zu behandeln sind, die z. B. schwächere Mitschüler terrorisieren, den Unterricht stören oder das Mobiliar zertrümmern.
Diese Arbeit gibt also Gelegenheit, ohne auf die Problematik einzugehen, zu zeigen, wie wichtig für die Beantwortung einer „Wertfrage“ die Kenntnis der Fakten, das Studium der „Sachfragen“ sind.

5. Autoritär ist höchstens das Lehrer-Schüler-Verhältnis!

10 *Was würden Sie einem Kritiker antworten, der behauptet, man dürfe Schüler der Oberstufe heute nicht mehr zur Beschäftigung mit der klassischen deutschen Dichtung zwingen?*

Gliederung

A) Ein Reformmodell sieht vor, die Behandlung klassischer Dichtung im Unterricht zu streichen.

B) Soll der Schüler der Oberstufe mit der klassischen deutschen Dichtung vertraut gemacht werden?

I. Unsere Zeit braucht:
1. tüchtige, lebensnahe Menschen,
2. aber auch Menschen mit innerem Halt.

II. Die Argumente des Kritikers:
1. Der Schüler soll in diese unsere Zeit hineinwachsen und ihre Probleme sehen.
2. Er soll nicht zu der Gewohnheit erzogen werden, sich durch das Gefühl zu erbauen, sondern zur Tat.
3. Belebung und tieferes Verständnis der Geschichte durch die klassische Dichtung sind unwesentlich.
4. Die Aussagen der klassischen Dichtung sind überholt.

III. Entgegnungen:

zu II, 1. Man soll auch dazu erzogen werden, sich nicht gleich von allen Strömungen mitreißen zu lassen. Dazu bietet die klassische deutsche Literatur:[1]
a) feste Standpunkte,
b) wohlüberlegte und grundsätzliche Stellungnahme,
c) größere innere Festigkeit im Gegensatz zu der Hektik der Zeit,
d) Hoffnung und Ideal.
e) Demgegenüber bietet die neue Literatur:[1]
f) eine oft grundsätzliche pessimistische Grundstimmung,
g) die nackte Wirklichkeit in oft übersteigerter Form.

---

1. Das ist ein übergeordneter Gesichtspunkt zu a), b) usw.!

zu II, 2. Auch die klassische Literatur arbeitet mit der Wirklichkeit und kann die Tat verlangen:

a) man soll dem Schüler ein klein wenig die Schönheit klassischer Dichtung aufzeigen; sie bietet und vermittelt
Erholung,
Entspannung,
Raum für die Sehnsucht,
Halt und Zufriedenheit.

zu II, 3. Die klassische Literatur:

a) erhellt die Geschichte, macht sie verständlich,
b) trägt zur Humanität bei,
c) gibt Trost für unsere Zukunft.

zu II, 4. Die klassische Dichtung bietet:

a) echte und nützliche „Altersweisheit", die ein Schüler schätzen lernen soll,
b) für den Schüler die Möglichkeit, grundsätzlich die Kluft zur Tradition zu überwinden und das Alte schätzen zu lernen.

C) 1. Der Schüler soll mit der klassischen Literatur im Unterricht vertraut gemacht werden.
2. Es ist klar, daß wir uns dieser widmen müssen.
3. Es muß gesagt werden, daß für diese Zeit die klassische Literatur nicht ohne Bedeutung ist.[1a]

In einem Reformprogramm wird die Ansicht vertreten, daß es wichtiger sei, die Sprache richtig zu beherrschen, Nachdruck auf ihre soziale Funktion zu legen, als sich gegenüber unserer Zeit hinter der klassischen deutschen Dichtung zu verschanzen. Unser Fach „Deutsch" soll dann auch dementsprechend in „Deutsche Sprache" umbenannt werden.

1a. Das Ergebnis der Darlegungen, die Antwort auf die Themenfrage gehören in den Hauptteil (in diesem Fall IV.), nicht in den Schlußabschnitt! Dem Aufsatz fehlt damit der eigentliche Schlußgedanke.

Zur Behandlung dieser Kritik[1b] sei zunächst die „Klassische deutsche Dichtung“ von der Zeit nach dem 30jährigen Kriege bis zur Romantik[2] begrenzt. In dem Vorschlag und manch anderer Kritik sind berechtigte Gründe[3] enthalten. Unsere Zeit ist auf das Praktische und Technische ausgerichtet. Daraus entstehen Probleme wie die der Vermassung, der gerechten Verteilung des Kapitals oder des richtigen Verhältnisses zwischen Arbeitnehmer und Arbeitgeber.[4] Das Ideal der klassischen deutschen Dichtung, die Harmonie, Beschaulichkeit, Schönheit, Tiefe der Empfindung, ist heute nicht die Richtschnur unserer Zeit, da mit der Technik Arbeit, Forschung, Kalkulation und Überlegung, schließlich Unruhe verbunden sind. Damit sei aber nicht gesagt, daß wir die Harmonie, die innere Ordnung nicht wieder zu einem Ideal erheben sollen oder daß Technik mit innerer Ruhe nicht zu vereinbaren wäre. Andererseits ist es berechtigt, wenn von der Schule die Erziehung der Schüler zu tüchtigen, beherrschten, sich in der Gegenwart einsetzenden Menschen verlangt wird. Es ist aber auch bezeichnend, daß unsere Zeit Menschen mit festen Standpunkten braucht und will. Hier erhält die klassische deutsche Dichtung einen Ansatz für ihre Berechtigung.

In Verbindung mit der Forderung nach Lebensnähe stellt der Kritiker seine Argumente dar,[5] mit denen wir uns beschäftigen müssen:

Der Schüler habe in den naturwissenschaftlichen Fächern genug zu tun. Ältere Literatur sei eine Belastung, zumal heute nicht irgendwelche Erbauung notwendig sei, sondern die Tat, zumal das tiefere

---

1b. Unklare, schwerfällige Ausdrucksweise; besser: ehe ich auf die Kritik am heutigen Deutschunterricht eingehe, möchte ich ... auf die Zeit von ... bis ... begrenzen.

2. Die Abgrenzung des Begriffs „Klassik“ ist nicht ganz richtig, denn Grimmelshausen ist kein Vertreter der Klassik. Es wird auch nicht klar, ob die Romantik noch zur Klassik gezählt wird oder nicht. Zwischen der Begriffserklärung und dem folgenden Abschnitt fehlt eine Überleitung.

3. Es wird nicht klar, wofür bzw. wogegen berechtigte Gründe angeführt werden.

4. Die gedankliche Darstellung ist etwas unlogisch, denn die angeführten Probleme *entstehen* nicht durch unsere aufs Praktisch-Technische ausgerichtete Gegenwart, sondern durch die gegebenen und historisch entstandenen Verhältnisse. Aber benachteiligte Gruppen der Gesellschaft drängen auf Lösung und Beseitigung dieser Mißstände.

5. Besser: Aus der Forderung nach ... leitet der Kritiker seine Argumente ab. Mit der Forderung nach ... begründet ... seine Argumente.

Verständnis für die geschichtlichen Epochen, das die ältere Literatur uns mitgibt, unwesentlich ist, da die Gegenwartsfragen dringender seien. Schließlich könne man die Aussagen der älteren Literatur als überholt abtun.

Inmitten dieser Ausrichtung[6] auf diese unsere Zeit darf man aber nicht vergessen, daß man ohne tiefere und gefühlvollere[7] Dichtung einseitig wird. Einem naturwissenschaftlich begabten Schüler tut es ganz gut,[8] wenn er als Gegengewicht auch Lessing und Schiller liest.[9] Der Schüler soll ja schon für später dazu erzogen werden, nicht nur sein Fach zu sehen, sondern auch die menschlichen Gegebenheiten, die mit diesem Fach verbunden sind.[10] Der Einwand, daß die klassische Literatur sich nicht mit der Technik befaßt, wird durch ihre Eigenschaft[11] entkräftet, daß sie im Gegensatz zur heutigen Literatur noch feste Standpunkte hat und eine wohlüberlegte grundsätzliche Stellungnahme bietet, die zeitlos ist.[12] Dem heutigen Schwanken zwischen Glaube und Unglaube setzt Angelus Silesius seine Verse in hymnischer Innerlichkeit entgegen. In „Kabale und Liebe" stellt Schiller dar, wie unmenschlich die Standesschranken sind, – heute würden wir sagen, wie unmenschlich überhaupt menschliche Schranken sind. In seiner Ringparabel gibt uns Lessing den Anstoß und die Ermutigung zur Toleranz, in einer Haltung, die heute genauso noch „aktuell" ist wie damals.[13]

---

6. Schlechte sprachliche Formulierung, Hauptwortstil; besser: Wenn man den Deutschunterricht auf die Erfordernisse unserer Zeit ausrichtet (abstimmt, daran orientiert) ...
7. Unklare, schiefe Formulierung; „gefühlvoll" ist hier kein treffender Ausdruck; der Komparativ ist falsch verwendet, da kein Bezugspunkt angegeben wird.
8. Umgangssprache!
9. Schiller, Lessing sind falsche Beispiele für „tiefere und gefühlvollere Dichtung"! Was ist eine „tiefere Dichtung"?
10. Sprachlich sehr vage, wenig treffend formuliert; außerdem fehlt die Begründung für die aufgestellte Behauptung.
11. Schiefer Ausdruck; besser: Kennzeichen, Merkmal, Tatsache.
12. Diese Feststellung widerlegt nicht den im Aufsatz angeführten Einwand gegen die klassische Literatur, denn es fehlt noch der Gedanke, daß sie sich, weil sie zeitlos ist, mit allen Lebensfragen des Menschen – auch der Technik – auseinandersetzt. Statt dieser allgemeinen Wendungen müßte der Verfasser überzeugende Beispiele klassischer Dichtung anführen.
13. Die Beweisführung ist schief, denn die angeführten Beispiele widerlegen nicht den Vorwurf, daß sich die klassische Dichtung nicht mit der

Die ältere Literatur ist noch nicht in diesem Maße wie heute von Unruhe und Hektik berührt.[14] Zwar geht es auch vor allem in den Jugenddramen Schillers, wie „Die[15] Räuber", ziemlich wild zu,[16] aber die Stücke der Klassik[17] vermitteln selten die Stimmung der Hoffnungslosigkeit, sondern den Mut, das Schicksal zu ertragen. So steht in Goethes „Götz von Berlichingen" der geschlagene Held immer wieder in[18] Selbstvertrauen vor uns. Auch die ideale und schöne Seite und den Mut zur Hoffnung sollte der Schüler erfahren, nicht nur die pessimistische Darstellung des Daseins, die die nackte Wirklichkeit oft in übersteigerter Form ausdrückt.[19] Die nackte Wirklichkeit in übertriebener Form, das Ideale in oft nicht mehr zu verwirklichender Form –, beides soll dem Schüler vorgestellt werden.[20]
Es stimmt nicht, daß sich die klassische Literatur nur in „Gefühlsschwülsten" ergeht, wie manche es heute bezeichnen. Sie ist auf die Wirklichkeit bezogen und kann zu einem Protest werden. So zeigt Schiller in „Kabale und Liebe" auf, wie das Glück zweier Menschen an der Verbohrtheit scheitert, mit der an den bestehenden Regeln festgehalten wird. Freunde der Armen und Leidenden sind Grillparzer und Raabe, allerdings, – das muß man wohl zugeben, – mehr mit der Feder als mit[21] der Tat. Darum erklärt Brecht sein „episches Theater"

Technik und den Problemen, die sich für den heutigen Menschen daraus ergeben, auseinandersetzt. Der Beweisführung fehlt das gedankliche Zwischenglied, daß die Fragen, die die klassische Dichtung aufwirft, Grundfragen des menschlichen Lebens sind, die – in anderer Form – auch die Technik mit sich bringt. Der Ausdruck „menschliche Schranken" ist völlig unklar.

14. Falsche Beziehung! Richtig: wie die heutige, denn der Satz besagt, daß die ältere Literatur *heute* von Unruhe und Hektik gekennzeichnet ist; von „Hektik berührt" ist sprachlich schlecht; besser: geprägt, gekennzeichnet.
15. Grammatikfehler; richtig: „Den Räubern".
16. Sehr unklare, umgangssprachliche Formulierung.
17. „Die Räuber" sind kein Drama der Klassik.
18. Besser: voll (mit) Selbstvertrauen.
19. Besser: darstellt, vor Augen führt.
20. Besser: kennenlernen in Beispielen der Dichtung; der Gedankenführung fehlt die Zielstrebigkeit, denn die angeführten Beispiele gehen nicht auf die am Anfang des Abschnitts aufgeworfene Frage der Unruhe bzw. Hektik ein, sondern führen – zwar sachlich richtig – zur Erörterung des Problems, ob Literatur ein Ideal aufzeigen oder die krasse Wirklichkeit vor Augen führen soll.
21. Dafür: in der Tat, durch die Tat.

zum Hörsaal. Es kommt weniger darauf an, in der Situation der Armen mitzufühlen,[22] sondern sie einzusehen und danach[23] zu handeln. Aber für die praktische Hilfe muß auch die ältere Literatur nicht ohne Auswirkung bleiben. Sie erzeugt ein natürliches Mitleid, das zur Tat anspornen kann. Es ist auch heute noch nicht so, daß der Mensch ganz ohne Gefühl auskommt. In den Schlagern wird die Liebe besungen, und die Instrumentierung ist auf die Melancholie ausgerichtet.[24] Wenn uns Schlager vorgestellt[25] werden, dann ist es auch billig, uns mit der älteren Literatur vertraut zu machen, die die menschlichen Grundbedürfnisse etwas[26] tiefer und gehaltvoller ausdrückt. In „Götz von Berlichingen“ stellt uns Goethe seine Trauer über einen so tüchtigen und edlen Menschen wie Götz entgegen.[27] Reine und ideale Liebe strömt aus dem Verhältnis Max – Thekla in Schillers „Wallenstein“ und in der Begegnung zwischen Weislingen und Maria in Goethes „Götz von Berlichingen“. Nicht hingehauene und sexgeladene Sätze vermitteln hier den Eindruck, sondern die Haltung reifer Menschen, die in wohlklingender Dichtersprache vorgetragen ist.[28]
Die ältere Literatur, vor allem die Romantik, gibt uns Raum für die Sehnsucht, die ja auch einmal zum Durchbruch kommen muß. Schillers „Elysium“ und die Verse des Nachtdichters[29] Novalis wirken gleichsam einen Bann auf uns aus.[30]
Die Kritiker dürfen nicht vergessen, daß man das menschliche Gefühl nicht einfach übergehen kann, sondern daß es zu achten ist. Genau dies beinhaltet die ältere Literatur. Sie gibt uns Belehrung, Anregung

---

22. Besser: mit den Armen mitzufühlen; sich in die Situation ... versetzen.
23. Unklare Beziehung; besser: entsprechend (demgemäß) zu handeln.
24. In dieser allgemeinen Form ist die Feststellung nicht richtig; sprachlich sehr mangelhaft!
25. Schiefer Ausdruck!
26. „etwas“ mindert den Vergleich zu sehr ab, denn Schlager und Literatur unterscheiden sich sehr deutlich voneinander.
27. Der Grund für die „Trauer“ Goethes ist nicht ersichtlich, denn Goethe bedauert nicht den „tüchtigen und edlen“ Götz, sondern das Scheitern seiner Bemühungen, dem Recht zum Siege zu verhelfen. Die sprachliche Darstellung wirkt unbeholfen.
28. Aber nur von seiten der Maria, denn Weislingen ist der Höfling, der Intrigant! Der zweite Satz ist inhaltlich sinnlos, sprachlich phrasenhaft!
29. Ungebräuchliche Formulierung!
30. Besser: üben ... aus, schlagen ... in ihren Bann.

und läßt dem Gefühl Raum. Dadurch bietet sie Erholung[31] und Entspannung, wenn man darunter „Entrücktheit" versteht. Sofern in der Schule das Lehrfach Geschichte begrüßt wird, muß auch die ältere Literatur als Spiegel willkommen sein. Neben den äußeren Fakten erschließt sie uns, wie die Leute in den einzelnen Epochen dachten und fühlten. So gibt uns zum Beispiel Lessings „Minna von Barnhelm" Aufschluß über das Ehredenken[32] der damaligen Zeit. Dadurch, daß die ältere Literatur selten in Ausweglosigkeit und Verzweiflung mündet, gibt sie uns auch wieder einen Auftrieb, vertrauend[33] in die Zukunft zu sehen.

Ältere Literatur kann schließlich für die Jugend Brücke zum Alten sein. Sie bietet oft echte „Altersweisheiten". So warnt Goethe in seinem „Zauberlehrling" davor, die Finger von Dingen wegzulassen,[34] die man nicht versteht. In seiner „Bürgschaft" stellt er die Schönheit und das innige Band der Freundschaft heraus, im „Ring des Polykrates"[35] die Zweizüngigkeit des Glücks.[36]

Wenn die Jugend für die ältere Literatur begeistert werden kann, wird sie auch mehr Ehrfurcht vor dem Alten gewinnen. In unserer Zeit würden dann manche nicht mehr in dem Maße wie heute radikalrevolutionär sein und sich gegen alles wenden, was irgendwie den Anschein vom Alten hat.

Die klassische Literatur hat ihre Berechtigung. Sie ist eine Insel inmitten der Unruhe der Zeit und dient zur menschlichen und moralischen Vertiefung. Sie soll deshalb dem Schüler der Oberstufe, der bald ins Leben eintritt, vorgestellt werden. Daneben darf man aber nicht vergessen, daß die Erbauung allein nicht genügt, sondern daß wir uns in dieser Zeit auch für das Gute einsetzen müssen.

---

31. Schiefer Ausdruck.
32. Besser: die Auffassung von Ehre, den Ehrbegriff, die Ehrauffassung.
33. Dafür: mit (voll) Vertrauen.
34. Falsche logische Beziehung: Goethe warnt davor, sich mit Dingen zu befassen, die man nicht versteht. Dies ist jedoch zu sehr vereinfacht und außerdem nicht richtig gedeutet, denn bei diesem Gedicht zeigt Goethe die Begrenztheit des Durchschnittsmenschen auf, der sich (Zauberlehrling) anmaßt, wie der Meister (das Genie!) die außermenschlichen Mächte und Gewalten zu beherrschen.
35. Die angeführten Gedichte sind von Schiller!
36. Was meint wohl der Verfasser damit?

Bemerkung

Der Kernbegriff des Themas „klassische deutsche Literatur" wird nicht klar genug umrissen, was auch dazu führt, daß im Hauptteil einige falsche Beispiele ausgewählt werden. Der Aufbau des Aufsatzes ist gut durchdacht, aber der Bearbeiter hat nicht die nötigen Kenntnisse in der deutschen Literatur der Klassik, um treffende Beispiele für seine Behauptungen auszuwählen und sie eingehend und überzeugend zu verwerten. Teilweise fehlen auch überzeugende Begründungen für die im Aufsatz vertretenen Ansichten. Die sprachliche Darstellung ist sachlich, aber an mehreren Stellen nicht treffend genug. Gedankliche Überleitungen zwischen den einzelnen Abschnitten fehlen mehrmals. Schlußabschnitt C) nicht untergliedern!

11 Welche Gründe veranlassen Schüler, aus dem Religionsunterricht auszutreten?

Gliederung

A) Die Schulordnung erlaubt den Schülern ab einem bestimmten Alter den Austritt aus dem Religionsunterricht.

B) Warum treten Schüler aus dem Religionsunterricht aus?
   I. Aus einer persönlichen Einstellung:
      1. weil sie kein Interesse an religiösen Dingen haben,
      2. weil sie den Religionsunterricht als eine Pflicht empfinden,
      3. weil sie von Organisationen und der öffentlichen Meinung beeinflußt werden.
   II. Die Unterrichtspraxis entspricht nicht den Anforderungen:
      1. Es wird ein uninteressanter Stoff behandelt.
      2. Der Lehrer geht nicht auf entscheidende Fragen ein.
      3. Die schlechte Beteiligung der Schüler verursacht Langeweile.

C) Es müssen Verbesserungsvorschläge für den Religionsunterricht gemacht werden.

Mit der 10. Klasse hört die Zeit auf, da jeder Schüler, ob er will oder nicht, am wöchentlichen Religionsunterricht teilnehmen muß. Die Schulordnung erlaubt es nämlich den Schülern, ab einem bestimmten Alter aus dem Religionsunterricht, der bei uns noch Pflichtfach ist, auszutreten. Die Zahl ist in den meisten Fällen nicht sehr groß, doch gibt es immer wieder junge Menschen, die sich zu diesem Schritt entschließen. Was mag in diesen Schülern vorgehen, wenn sie sich von dieser Pflicht freimachen und zum Teil recht überzeugt ihren eigenen Weg gehen?
Es wird von Bedeutung sein, nachzuforschen, womit sich die Schüler im Religionsunterricht überhaupt beschäftigen. Dabei gibt es zweifellos mehrere Interessenrichtungen und somit verschiedene Arten der Beteiligung. Ein Teil der Schüler zeigt Teilnahme und Mitarbeit bei der Durchnahme des Stoffes, auch wenn es oft nur wenige sind.[1] Ein

1. Nachsatz ist überflüssig und in seiner Beziehung unklar!

anderer Teil läßt sich gleichgültig „berieseln“ und lernt grundsätzlich nur für die Religionsschulaufgaben, um das Zeugnis nicht durch eine schlechte Note zu verunzieren.[2] Wieder andere nützen den Religionsunterricht als Erholungs- und Hausaufgabenstunde für die kommenden[3] Fächer; für sie ist Religion lediglich ein Nebenfach, ein notwendiges Übel, bestenfalls noch eine Insel der Ruhe zwischen den anstrengenden Hauptfächern. Woran liegt diese mangelnde Beteiligung und diese Geringschätzung des Religionsunterrichtes? In diesem Zusammenhang müssen noch weitere entscheidende Fragen gestellt werden: Wünschen die Schüler noch einen Religionsunterricht? Was gefällt ihnen an der gegenwärtig geübten Praxis nicht? Was soll anders werden, sowohl hinsichtlich der Unterrichtsmethode als auch hinsichtlich des Stoffes? Bei der Beantwortung dieser Fragen kann uns das Ergebnis einer Umfrage an verschiedenen Frankfurter Gymnasien ein wenig helfen, welches[4] ich der katholischen Wochenzeitung „Publik“ entnommen habe. Es hat sich dabei herausgestellt, daß die überwiegende Mehrheit der befragten Schüler einen Religionsunterricht verlangt. Grundlegend für die Einstellung zum Religionsunterricht ist sicherlich die persönliche Situation des einzelnen Schülers. Es ist von Bedeutung, ob der junge Mensch im christlichen Sinne erzogen wurde, was natürlich voraussetzt, daß die Eltern religiös aufgeschlossen sind und vielleicht sogar praktizieren. Es kommt auf die Erfahrung an, die der Schüler im kirchlichen Bereich gemacht hat, sei es als praktizierender Christ oder als Außenstehender. Entscheidend sind nicht zuletzt der bisher gebotene Religionsunterricht seit der Volksschule und die gegenwärtige geistige und seelische Verfassung des betreffenden Schülers.

Wir können in diesem Rahmen nicht auf alle erwähnten Gesichtspunkte eingehen, sondern müssen sie in ihrer Gesamtheit sehen und behandeln. Eines ist sicher jetzt schon klar: der Grund für einen Aus-

---

2. „verunzieren“ ist ein Ausdruck der Umgangssprache, der in diesem Zusammenhang nicht treffend ist; dafür: um zu vermeiden, daß eine schlechte Note in diesem Fach im Zeugnis steht.
3. Unklarer Ausdruck, denn man kann verstehen, es handle sich um Fächer, die erst in einer späteren Klasse im Lehrplan vorgeschrieben sind. Der Schüler meint jedoch Fächer, die in einer der folgenden Stunden dieses Tages in der Klasse unterrichtet werden.
4. Das Relativpronomen bezieht sich auf „Ergebnis“! Satzbau!

tritt aus dem Unterricht muß nicht im vornherein[5] im Unterricht selbst liegen. Religion wird heutzutage als Privatsache angesehen, und darum ist es verständlich, daß es jedem freigestellt ist, am Unterricht teilzunehmen bzw. aus der persönlichen Haltung heraus eine religiöse Betätigung auch in der Schule abzulehnen. Man könnte dem entgegenstellen, daß der Religionsunterricht nicht eine Pflicht, sondern vielmehr ein Angebot an den einzelnen ist. Es wäre vielleicht sogar zu überlegen, ob der Religionsunterricht nicht auch für den Nichtgläubigen, Fernstehenden eine Lebenshilfe sein könnte. Doch für diese Behauptung haben Kritiker bereits Gegenargumente gefunden. Das bekannte „Aktionszentrum Unabhängiger Sozialistischer Schüler" (AUSS) erklärt nämlich, die Religionslehrer würden die zwei Wochenstunden für christliche Propaganda mißbrauchen, die Schüler würden religiös manipuliert, und sie würden durch den Religionsunterricht unkritisch gemacht. An diese These wird die Aufforderung geknüpft: „Verlaßt massenhaft den Religionsunterricht!" Es ist nicht von der Hand zu weisen, daß viele Schüler diesen und ähnlichen Aufforderungen Folge leisten. Nicht zuletzt wird auch durch die öffentliche Meinung, verbreitet und befürwortet durch Presse, Funk und Fernsehen, derselbe Standpunkt vertreten, wobei der herkömmliche Religionsunterricht überhaupt in Frage gestellt wird. Anscheinend ist also der Religionsunterricht an dem Austritt schuld. Eigentlich ist heutzutage kein Religionslehrer mehr starr an einen festen Lehrplan gebunden, sondern paßt den Unterricht meist den Bedürfnissen und Wünschen seiner Schüler an. Was wollen die Schüler hören, und wo kommen sie zu kurz? Viele Schüler hat es abgestoßen, daß sie sich bisher meist nur mit Glaubenslehre, Kirchengeschichte und Bibelauslegung auseinandersetzen mußten; lauter Dinge, unter denen[6] sie sich nicht viel vorstellen konnten, mit denen sie nicht viel anzufangen wußten. Sie fragten sich vielleicht sogar, wozu sie dies alles für später brauchten, wenn sie doch kein Interesse dafür hätten. Dem wäre nichts einzuwenden,[7] wenn es dazu keine Alternative gäbe. Zum größten Teil wird heutzutage der Stoff von Lehrern und Schülern be-

---

5. Mundartlicher Ausdruck; besser: ausschließlich, unbedingt, allein, von vornherein.
6. Im Ausdruck recht schwach!
7. Der Ausdruck widerspricht dem Sprachgebrauch, der Grammatik; dafür: dagegen wäre nichts einzuwenden.

stimmt. Die Schüler wollen wissen, welchen Platz die Kirche in der heutigen Gesellschaft einnimmt, sie stellen Fragen zum täglichen Leben über Ehe, Familie, Politik und die damit zusammenhängenden Probleme; auch die Philosophie soll in den Unterricht eingeführt werden. Warum sind trotzdem viele Schüler mit dem Unterricht nicht zufrieden? Das hat folgenden Grund: es hilft die schönste Lösung nichts, wenn nicht auch die Schüler mit ganzem Herzen und etwas gutem Willen dahinterstehen. Denn es hat keinen Sinn, Verbesserungsvorschläge zu machen, dann aber die eigene Beteiligung zu versagen. Mangelndes Interesse läßt die Religionsstunde zu einer Schlafstunde werden oder zu einer Möglichkeit, nicht gemachte Hausaufgaben abzuschreiben. Die Langeweile ist der größte Feind des Religionsunterrichtes, und nicht selten trägt der Lehrer mit Schuld.

Es gibt nämlich viele Religionslehrer, besonders ältere Geistliche, die nicht fähig sind, ihre Schüler für den Religionsunterricht zu begeistern. Das liegt vor allem daran, daß sie jahraus, jahrein grundsätzlich dasselbe behandeln, am Stoff hängen und auf brennende Probleme nicht eingehen oder sie oberflächlich und mit veralteten Ansichten zu beantworten versuchen. Man kann dafür auf Grund ihres Alters Verständnis haben, muß aber zugeben, daß dadurch sehr viel Schaden verursacht wird. Das ist vielleicht der häufigste Grund, daß Schüler aus dem Religionsunterricht austreten.

Doch wir müssen auch die andere Seite der Medaille[8] betrachten. Ohne Zweifel sind die Schüler an der Misere mitschuldig. Denn oft sieht sich ein aufgeschlossener Religionslehrer, und das sind heute die meisten, einer völlig interesselosen Klasse gegenübergestellt, nicht einmal das Angebot der Themenwahl wird angenommen. Was die Interessierten, die praktischen Christen, anbetrifft, so schwimmen sie oft im breiten Strom mit, um nicht aufzufallen und verspottet zu werden. Das Ergebnis ist wieder ein langweiliger Unterricht, Grund genug zum Austritt, wenn es möglich ist.

Doch mit Kritik allein ist in diesem Fall nicht viel geholfen[9], es müs-

8. Umgangssprache, hier unpassend!

9. Beim Schlußabschnitt C) fehlt die gedankliche Verbindung zum vorausgehenden Hauptteil (die Überleitung). Der Schüler müßte zu Beginn des Schlußabschnitts noch einmal kurz auf die Hauptgedanken des Hauptteils eingehen, bevor er die Schlußwertung bzw. die abschließende Stellungnahme anführt.

sen Verbesserungsvorschläge kommen. Ich schließe mich der Meinung der Religionslehrer an, die fordern, daß der Religionsunterricht zum Wahlpflichtfach erklärt wird; doch wenn sich ein Schüler für ihn entschieden hat, ist er verpflichtet, aktiv am Unterricht teilzunehmen. Was den Stoff anbelangt, so könnte man es vielleicht den Lehrern und Schülern überlassen, welche Themen sie behandeln, wobei diese natürlich in den Rahmen des Unterrichts passen müssen und nicht ohne religiösen Hintergrund sein sollten. Aber leider fehlt auch hier einem großen Teil der Schüler der nötige Ernst und Wille.

Bemerkung

Die Arbeit, nach dem Thema und der Ausführung eine Erörterung ohne eigene Stellungnahme, zeigt viele Gründe für den Austritt an, bleibt aber doch an der Oberfläche, versucht an keiner Stelle, die eigentliche Problematik zu erfassen. Der Versuch, das Thema von verschiedenen Standpunkten aus vorurteilsfrei zu erörtern, ist anzuerkennen.

12 *Würden Sie bei freier Entscheidung die Schule nach der 10. Klasse verlassen?*

Gliederung

A) Aktuelle Einleitung:[1]

B) I. Vorteile:

1. gegenüber Abitur:[1a]
   a) früherer Geldverdienst,[1b]
   b) größere Unabhängigkeit,
   c) keine Belastung mit der Oberstufe.
2. gegenüber Volksschulabschluß:
   a) bessere Berufschancen,
   b) kurze Lehrzeit,
   c) besserer Verdienst,
   d) größeres Angebot an Berufen.

II. Nachteile:

1. gegenüber Abitur:
   a) kleineres Angebot an Berufen,
   b) keine Möglichkeit des Studiums, Fehlen der Voraussetzung für viele Berufe.
2. gegenüber gleichaltrigen Schülern:
   keine Fachausbildung.

III. Eigene Stellungnahme:

1. persönliche Entscheidung:
   Bevorzugung des Abiturs wegen Interessen.[1b]
2. allgemeingültige Entscheidung:
   a) Tendenz zum Abitur,
   b) Schwierigkeiten bei der Beurteilung:
   Rechtfertigung des Austritts durch verschiedene Gründe.

C) Zusammenfassung mit Aufforderung.[1c]

---

1. Hier ist nur die Art der Einleitung, nicht aber der Einleitungsgedanke angeführt.

1a. Vorteile der Mittleren Reife gegenüber 1. Abitur, 2. Volksschulabschluß:

1b. Unklarer Nominalstil! Hier wird deutlich, daß kurze Sätze oder Satzzusammenhänge der Stichwortform vorzuziehen sind. Z. B. Der junge Mann verdient früher. Er wird unabhängiger von ...

1c. Hier ist nur die Art des Schlußabschnittes, nicht der Schlußgedanke erwähnt.

Gewöhnlich bestimmen die Eltern die Ausbildung des Kindes. Nach einer gewissen Zeit stellt ein Schüler seine Neigungen fest und wird dann selbst eine Entscheidung über sein zukünftiges Leben treffen können und wollen. Eine eindeutige Stellungnahme zu seinen Berufsplänen wird von einem Schüler zum ersten Mal in der 10. Klasse verlangt. In dieser Zeit muß er sich in einer sorgfältigen Selbstprüfung fragen, ob er die Schule mit der Mittleren Reife verlassen soll oder ob es für ihn sinnvoller ist, das Abitur anzustreben.

Bei oberflächlichen Überlegungen zeigt sich jedem Schüler eine Anzahl von Argumenten,[1d] die für den Austritt aus der Schule nach der 10. Klasse sprechen. Oft hört man,[2] ein Lehrling verdiene viel früher Geld als ein Abiturient oder gar ein Akademiker. Wenn man bedenkt, daß ein Werktätiger in den acht bis zehn Jahren, die in der Regel z. B. ein Arzt oder Physiker noch benötigt, um seinen Beruf ausüben zu können, bereits bis zu 150 000,–[3] verdient hat, scheint das Abitur in finanzieller Hinsicht gegenüber der Mittleren Reife kaum Vorzüge zu bringen.

Da ein Lehrling bereits früher in den Genuß des Geldverdienens kommt,[4] wird ihm frühzeitig größere Unabhängigkeit zuteil.[5] Bereits nach wenigen Monaten verfügt er über die nötigen Mittel, um persönliche Wünsche erfüllen zu können, so z. B. die Anschaffung eines Tonbandgerätes, von Schallplatten und Kleidungsstücken. Auch ist er in der Lage, seine Freizeit vielfältiger zu gestalten. Als weiteres Argument für das Verlassen der Schule nach der 10. Klasse wird noch angeführt, daß Lehrlinge von den großen geistigen Anforderungen, die die Oberstufe stellt, befreit sind.[6]

Um seine Entscheidung rechtfertigen zu können, muß man sich noch vergegenwärtigen, welche Vorzüge die Mittlere Reife gegenüber dem

---

1d. Besser: Schon bei oberflächlichen Überlegungen findet jeder Schüler Argumente, die ...
2. Besser: Oft wird darauf hingewiesen, daß ...
3. Kann man diese Summe als allgemeingültig anführen?
4. Einfacher ausgedrückt: „früher Geld verdient".
5. Diese Ausdrucksweise entspricht nicht einem jungen Menschen. Wer spricht heute noch so?
6. Besser: „daß Lehrlingen die großen geistigen Anforderungen der Oberstufe erspart bleiben".

Volksschulabschluß bietet.[7] Da einem Gymnasiasten eine vielseitige und umfassende Ausbildung zuteil wird, hat er bedeutend bessere Berufschancen, die sich in vielerlei Hinsicht auswirken. Zum Beispiel muß ein Schüler mit Mittlerer Reife statt einer dreijährigen nur eine Lehrzeit ableisten, die sich über zwei Jahre erstreckt. Meistens steigt für ihn auch der Verdienst schneller. Die bedeutendste Auswirkung ist sicherlich in dem größeren Angebot an Berufen zu sehen. So steht z. B. die mittlere Beamtenlaufbahn bei Stadt und Staat meist nur Schülern mit Mittlerer Reife offen.[8]

Beim Betrachten der genannten Argumente scheint es sinnvoll zu sein,[9] die Schule nach der 10. Klasse zu verlassen. Dies ist aber nicht der Fall. Schon allein die Tatsache, daß weniger als ein Drittel der Gymnasiasten freiwillig mit der Mittleren Reife austritt, dient hierzu als eindeutiger Beweis.[10] Nicht finanzielle Gründe, sondern das Streben nach Ansehen, gehobener Stellung und großem Wissen veranlassen[11] die meisten Schüler, das Abitur anzustreben. Das Reifezeugnis gibt nämlich dem Abiturienten neben einem großen Angebot an Berufen die Möglichkeit, an der Universität zu studieren, und bietet somit all die damit verbundenen Vorzüge. Ein erfolgreiches Hochschulexamen ist die unentbehrliche Voraussetzung für viele Berufe in Wissenschaft, Forschung und Verwaltung. Vergleiche ich die Ausbildung eines Gymnasiasten und eines Schülers einer Fach- oder Realschule, so zeigt sich ein neuer Gesichtspunkt, der den Sinn, die Schule frühzeitig zu verlassen, äußerst fragwürdig erscheinen läßt. Es ist leicht zu verstehen, daß z. B. Banken Schüler aus einer Handelsschule einem Gymnasiasten vorziehen, da Handelsschüler bereits über eine umfangreiche praktische Vorbildung verfügen.

Stelle ich die genannten Argumente, die entweder für oder gegen den Austritt nach der 10. Klasse sprechen, einander gegenüber und wäge sie ab, so komme ich persönlich zu dem Schluß, das Abitur zu bevor-

---

7. Diese Überlegung gehört nicht zum Thema! Der Schüler hat ja bereits die Entscheidung Volksschulabschluß oder Mittlere Reife getroffen.
8. Diese Gedanken sind gut dargestellt, leider gehören sie nicht zum Thema!
9. Nominalstil! Unlogische Gedankenfolge!
10. Unbeholfene Ausdrucksweise!
11. Ungünstige Verbalform wegen der verschiedenen Subjekte (Plural – Singular).

zugen.[12] Mein Interesse liegt ausschließlich auf naturwissenschaftlichem Gebiet, und somit kommt ein praktischer Beruf nicht in Frage.[13] Bedeutend schwieriger ist es, eine allgemeingültige Entscheidung zu treffen. Für einen intelligenten Schüler ist es sicherlich richtig, das Abitur anzustreben. Es gibt aber auch eine Reihe von Gründen, die einen frühzeitigen Austritt nicht nur rechtfertigen, sondern auch sinnvoll erscheinen lassen. Hat z. B. ein Schüler keine Chancen, gute oder zumindest zufriedenstellende Noten im Reifezeugnis zu bekommen, dann ist es für ihn sicherlich vernünftiger, nach der 10. Klasse auszutreten. Ein gutes Abschneiden bei der Mittleren Reife ist besser als ein schlechtes Abiturzeugnis. Die Notwendigkeit, Geld zu verdienen, wenn die Familie finanziell schlecht gestellt ist, oder großes und einseitiges Interesse an einem praktischen Beruf sind ähnliche Gründe, die den Austritt rechtfertigen können.

Hiermit ergibt sich also, daß es eine Reihe von Argumenten gibt,[14] die entweder für oder gegen ein frühzeitiges Verlassen des Gymnasiums sprechen, daß aber nicht diese, sondern in erster Linie persönliche Beweggründe ausschlaggebend sind, daß also eine allgemeingültige Entscheidung unmöglich zu treffen ist.[15] Diese Überlegungen sollen zeigen, daß ein sorgfältiges Abwägen der verschiedenen Gesichtspunkte notwendig ist, und mögen zu einer solchen Selbstprüfung auffordern.[16]

---

12. Besser: „anzustreben"!
13. Wieso nicht?
14. „ergibt sich ... es gibt"! Solche Wiederholungen stören!
15. Dieser Satzbau erschwert das Verständnis! Was meint der Verfasser mit „allgemeingültiger Entscheidung"?
16. Gedankengang ist verworren!

13 *Welche charakteristischen Merkmale der heutigen Jugend erscheinen Ihnen bemerkenswert?*

Gliederung

A) Die Bedeutung der Jugend als künftiger Träger des Staats.

B) I. Jugend und Beruf:

1. Das Verhältnis der heutigen Jugend zum Beruf wird in erster Linie durch materielle Gesichtspunkte bestimmt.
   a) Die Struktur der heutigen Wirtschaft und ihrer Betriebe schließt ein persönliches Verhältnis des Jugendlichen zu seinem Beruf aus.[1]
   b) Er schließt sich dem allgemeinen Streben nach Wohlstand und wirtschaftlicher Sicherheit an.

II. Jugend und Freizeit:

1. Die heutige Jugend sucht in der Freizeit den eigentlichen Sinn des Lebens,[2]
   a) weil sie hier die Möglichkeit hat, die im Beruf und in der Gesellschaft verlorene Persönlichkeit wiederzugewinnen.
   b) Die Folge davon ist ein Ausbruch aus der perfektionierten und überorganisierten Erwachsenenwelt,
   c) was sich in sehr individuellen Formen der Freizeitbeschäftigung äußert.

III. Jugend und Politik:

1. Die heutige Jugend ist zu einem großen Teil politisch uninteressiert,[3]
   a) da die Politik ihrer eigenen Lebenssphäre entrückt ist und auf ihre Welt wenig Bezug zu haben scheint.[4]
   b) Die Folge ist, daß sie sich am politischen Leben sehr wenig aktiv beteiligt und eine Konsumentenstellung einnimmt.

---

1. In dieser Ausschließlichkeit kann man das nicht behaupten. Das führt zur Schwarz-Weiß-Malerei.
2. Hier wird deutlich, daß es verfehlt ist, den Ausdruck „heutige Jugend“ unbesehen zu übernehmen.
3. Hier wird endlich differenziert.
4. Sehr einseitig!

IV. Jugend und Religion:
   1. Die heutige Jugend hat kein tiefes Verhältnis zur Religion und zum Glauben,
      a) da ihr Wissen über die Inhalte des Glaubens sehr gering ist,
      b) da sie Widersprüche zwischen Leben und Lehre zu erkennen glaubt.
      c) Die Folge ist, daß sie den Glauben nach seinen Erfolgen und seiner Nutzbarkeit beurteilt.

C) Die Jugend ist Bestandteil der Gesellschaft. Mit ihrer kritischen Lebenswertung wirkt sie ständig an einer Veränderung der bestehenden Gesellschaftsordnung mit.

Bemerkung

Die Hauptgliederung erscheint gut und zweckmäßig. Aber innerhalb dieser Hauptpunkte müßte deutlich werden, daß die Behauptung nur für einen Teil der Jugend zutrifft, daß z. B. ein großer Teil der Jugend sehr stark politisch interessiert ist. Die Tendenz dieser politischen Tätigkeit erscheint charakteristisch. Der Begriff „Jugend" müßte in einem Anfangskapitel geklärt werden, abgegrenzt werden. Vor allem fehlt die Warnung vor dem Begriff „heutige Jugend".

14 Wie erklären Sie sich die Jugendkrawalle in unserer Zeit?

Gliederung

A) Jugendkrawalle in aller Welt!

B) Wie erkläre ich mir die Jugendkrawalle in unserer Zeit?
   I. Biologische Ursachen:
      1. Acceleration und geistig-körperliche Diskrepanz,
      2. Freudsche Aggressionstheorie.
   II. Psychologische Ursachen:
      1. aggressive Gruppenbildung,
      2. erhöhte Sensibilität,
      3. Abreaktion innerer Spannungen nach außen,
      4. Massenhysterie.
   III. Gesellschaftliche Gründe:
      1. der Job,
      2. Konsumzwang und Freizeitlangeweile,
      3. Gegensatz der Generationen,
      4. unerfüllter Gruppentrieb,
      5. kulturelle Relativität.

C) Das Ende wird abgewartet werden müssen; inzwischen sind Hilfen zu geben.

Seit dem Ende des 2. Weltkrieges haben sich die westliche Welt und auch der Ostblock daran gewöhnt, ein periodisches Auftreten von Jugendkrawallen, die sich überall in den Formen ähneln, als eine Tatsache hinzunehmen, die man nicht durch Entrüstung aus der Welt schaffen kann. Vielmehr erkannte man, daß es der gemeinsamen Anstrengungen von Psychologen und Soziologen beider Lager bedarf, um die Ursachen, die zu dieser neuartigen Entwicklung geführt haben, herauszufinden. Ihre Forschungen aber sind nur dem Fachmann zugänglich und bedeuten deshalb dem Laien weniger als die Ansichten, die er, wenn auch auf dilettantischem Wege, durch eigene Beobachtungen gewinnen kann. Welche Ursachen wird nun ein durchschnitt-

licher Zeitgenosse[1] bei allem Respekt vor den Fachwissenschaften als zum Teil selbst gefundene[2] angeben können?
Er wird als erste eine allgemein bemerkte[3] anführen: Das frühere Einsetzen der Sexualreife bei beiden Geschlechtern, verbunden mit größerem Wachstumsschub. Dieser als Acceleration bezeichneten Erscheinung gehört auch noch das offenkundige Zurückbleiben der geistigen Entwicklung an,[4] die das alte Tempo[5] beizubehalten oder gar verlangsamt zu haben scheint. Allein aus dieser biologischen Veränderung resultieren bereits viele Erscheinungen des Halbstarkentums, wie z. B. das Kraftprotzentum, das natürlich auch noch andere Gründe hat, aber ohne diese Diskrepanz zwischen Geist und Körper bzw. Kraft und Verstand nicht das erreichte Ausmaß erlangen hätte können. Ein weiterer Grund scheint mir als dilettantischem Beobachter der zu sein, daß die Moral der westlichen Welt dieser Erscheinung nicht Rechnung trägt. War schon früher[6] eine Spannung dadurch gegeben, daß die Geschlechtsreife früher[6] eintrat als die Zeit, in der sie in Funktion treten[7] konnte, so hat sich heute durch das frühere Einsetzen der Sexualreife bei gleichzeitiger Verlängerung der Ausbildungszeiten diese Spannung noch verschlimmert. Sie wäre durch vernünftige Maßnahmen durchaus herabzusetzen, aber dem steht die in diesem Falle intransigente christliche Moral gegenüber, die solches strikt als Unzucht verbietet. Es soll damit nichts gegen diese Moral als solche gesagt werden; ich stelle nur fest, daß ihre Auswirkungen auf diesem Gebiet schädlich sind, weil sie eine übertriebene Spannung hervorruft, ohne ein Mittel zu deren Milderung anzubieten. Zu lange Anstauung des Sexualtriebs führt aber, und nicht nur nach Freud, zur Entladung durch erhöhte Aggressivität. Dies scheint mir eine der weniger erkannten Hauptursachen der so weit verbreiteten jugendlichen Gewalttätigkeiten zu sein.

---

1. Ausdruck ist zu burschikos!
2. Hier wäre das Substantiv „Ursachen“ zu wiederholen!
3. Das ist sprachlich zu schwerfällig! Besser: „... Ein Grund, der allgemein festgestellt wird, ist ...“
4. Ausdruck: „Dieser Erscheinung gehört ... an.“ Besser: „... dazu kommt noch ...“
5. Nicht zutreffend genug! Besser: „... die nicht schneller als früher, z. T. sogar langsamer vor sich geht ...“
6. Wie unklar ist dieses Wort „früher“! Was bedeutet es in beiden Fällen?
7. Ausdruck!

Aber das ist zugegebenermaßen nicht der einzige Grund; auch die Gruppenpsychologie, in der jeder einmal unliebsame Erfahrungen sammelt, weist darauf hin, daß im Jugendalter verstärkte Neigung zur Bildung aggressiver Gruppen besteht, was Konrad Lorenz, der Begründer der vergleichenden Verhaltensforschung, auch für Graugänse und Dohlen, so lächerlich es klingen mag, mit Erfolg belegt hat. Verstärkt wird diese Neigung noch durch eine erhöhte Sensibiltät der heutigen Jugendlichen, die durch die Reizüberflutung in den Großstädten hervorgerufen sind. Wenn ein junger Mensch bei Eintritt der Pubertät an jeder Straßenecke vom Sex bestürmt wird, kann er keine ruhige Entwicklung vor sich haben.

Diese aggressiven „Horden" aber und die in ihnen versammelten Jugendlichen betreiben eine uns allen wohlbekannte Seelentherapie: Sie reagieren ihre inneren Spannungen kurzerhand nach außen ab, ein menschlicher Vorgang, der auch durch vieltausendjährige Ausübung[8] nichts von seinem Reiz verloren hat. Diese Art von innerer Erleichterung[8] betreibt jeder Mensch nach dem Maße der in ihm enthaltenen Spannungen:[8] Der mißgelaunte Chef ist ein klassisches Beispiel dafür. Nur sind eben die Spannungen, die ein Halbstarker in sich trägt, viel stärker als die der meisten Chefs: daher die Rüpelei.

Ein weiteres Anzeichen für orgiastische Seelenentladung[9] scheinen mir die regelmäßig auftretenden Massenhysterien zu sein, die sich ergeben, wenn Elvis Presley ins Mikrofon heult, wobei dann die (männliche) Saalbevölkerung alle Möbel demoliert. Die weiblichen Fans, etwa beim Auftreten der Beatles, verfallen in einen ekstatischen Zustand namens[10] Beatlemanier, der oft verdächtig an exotische Ekstasen erinnert. Dieser Wahn-Sinn hat mehr Sinn, als ausgetrocknete[11] Nachrichten vermuten: Er befreit von vielen seelischen und sexuellen Be- und Verklemmungen und ähnelt darin den Tänzen der brasilianischen Neger und Geheimkultanhänger.

Aber alle psychologischen Verschiebungen in der menschlichen Seele entsprechen gewissen gesellschaftlichen Prozessen, wobei das keines-

---

8. Vermeiden Sie die vielen Substantive auf -ung!
9. Übersteigerter Ausdruck!
10. Ungebräuchliche Formulierung!
11. Hier ist die Eigenwilligkeit des Ausdrucks zu weit getrieben, denn man weiß nicht mehr, was damit gemeint ist.

wegs ein marxistischer Gedanke zu sein braucht. Der Jugendliche, der rebelliert, hat keinen Beruf, sondern einen „Job".[12] Was früher wenigstens teilweise ein Leben erfüllen konnte, nämlich der Beruf, ist zu dem geworden, was man im Münchner Jargon einen „Geldscheißer"[13] nennt. Viele der englischen Teddyboys z. B. sind Volksschulabsolventen, die einen entweder gänzlich ungelernten oder aber minderwertigen Beruf[14] ausüben. Unter einem gewissen Zwang zum Konsum stehend, geben sie, um der öden Langeweile der Freizeit zu entfliehen, viel Geld für Kleidung und Mädchen aus, die sich in diesem Zusammenhang auch noch als soziale Statussymbole bezeichnen lassen. Dazu kommt der Gegensatz zu den „crazy old ones", den „spinnerten Alten", kurz gesagt, zur älteren Generation. Das gab es schon einmal: nämlich in der Jugendbewegung.[15] Was man aber den Erwachsenen gewährt, nämlich die Erfüllung ihres Gruppentriebs in staatlich anerkannten und geförderten Institutionen, das eben versagt man den Jugendlichen, wenngleich aus begreiflichen Gründen. Dazu kommt[16] ein meiner Meinung nach sehr gewichtiger Grund: Bis jetzt hatte oder sollte die Jugend immer „Ideale" haben, die sich jedoch nur im Zusammenhang mit einem Glauben, der auf absoluten Positionen beruht, verwirklichen lassen. Nun ist es aber ein, wenn nicht der Grundzug[17] unserer Zeit, daß vor dem riesigen Horizont einer Menschheitskultur und -geschichte alle regionalen Werte der Kultur, d. h. alle bisherigen, relativ werden müssen.

Dadurch ergibt sich für den jungen Menschen eine erhöhte Spannung zur Realität, weil er in den allermeisten Fällen das Problem der Zeit, die fast vollständige Teilung der geistigen Welt in einen nationalkünstlerischen und einen rational-wissenschaftlichen Teil samt den hieraus für den einzelnen sich ergebenden Problemen begrifflich zu fassen, nicht imstande ist.

Einige der Gründe habe ich also dargelegt. Eine ebenso wichtige Frage

---

12. Zu allgemein ausgedrückt, denn nicht jeder Jugendliche, der rebelliert, hat keinen Beruf.
13. „Geldscheißer" wird in einem anderen Sinn gebraucht, nämlich eine nie versiegende Geldquelle, um große Summen ausgeben zu können.
14. Ausdruck! „Ungelernter Arbeiter"! Sinn von „minderwertig"!
15. Aber damals in anderer Form!
16. Wiederholte Satzeinleitung!
17. In dieser Formulierung nicht gut!

als[18] die nach den Gründen ist aber die nach dem Beginnen und Verschwinden der Erscheinung selbst.
Ich glaube, bei aller gebotenen Vorsicht die Vermutung aussprechen zu können, daß diese Erscheinung erst verschwinden wird, wenn ihre Ursache, der globale gesellschaftliche Umformungsprozeß, beendet ist. Bis dahin wird man die gröbsten Ausschreitungen bestrafen müssen und zugleich nach Möglichkeiten suchen, die Jugendlichen sich austoben zu lassen. Man bedenke bei allem Ärger, daß Anarchie nicht Zerfall, sondern überschüssige Kraft bedeuten kann und daß diese Kraft, wenn sie eines Tages gebändigt ist, noch manches Wertvolle wird verrichten[19] können.

Bemerkung
Manches ist einseitig und überspitzt dargestellt, viele weitere Ursachen für die Jugendkrawalle sind nicht angeführt, aber der Verfasser hat eigenständig und auch eigenwillig seine Meinung gewandt dargestellt. Der Ausdruck ist nicht immer treffsicher.

---

18. Grammatikfehler! „Ebenso wichtig *wie* ..." (Jedoch „wichtiger *als* ...")
19. Besser „schaffen"!

15 Wie erklären Sie sich die Jugendkrawalle in unserer Zeit?

Gliederung

A) Schwabinger Krawalle waren für mich Anlaß zum Nachdenken über Ursachen der Jugendkrawalle.

B) Wie erklären Sie sich die Jugendkrawalle in unserer Zeit?
Die ursächlichen Motive sind:

I. Langeweile:
   1. Der Wohlstand:
      a) Der Wohlstand läßt keine besitzmäßigen Wünsche offen;
      b) die Folge ist eine Geringschätzung im Umgang mit materiellen Werten.
   2. Die Freizeit:
      a) Der Jugendliche besitzt sehr viel Freizeit,
      b) diese Freizeit ist nicht ausgefüllt.
   3. Die Unausgefülltheit des Jugendlichen sucht ein Ventil:
      a) in sexuellen Orgien,
      b) in Krawallen.

II. Haß und Verrohung:
   1. Ehrfurcht vor dem Menschen ist nicht mehr vorhanden:
      a) durch Abwendung vom Glauben,
      b) durch materialistische Lebensauffassung.
   2. Der Trieb der Zerstörung und Tötung wird ausgelebt:
      a) niedere Instinkte brechen durch:
      b) Einfluß der Masse.
   3. Haß:
      a) Stilrichtungen stoßen aufeinander: Mods-Rockers,
      b) Glaubensgegensätze: Südvietnam,
      c) Rassengegensätze: USA.

III. Anarchismus:
   1. Trotz.
   2. Zügellosigkeit:
      a) Auflehnung gegen Bürgerlichkeit,
      b) Auflehnung gegen Obrigkeit.

3. Anmaßung:

   a) Übergriffe zwischen Buddhisten und Katholiken,

   b) zwischen Negern und Weißen.

C) Zusammenfassung: Bei jedem Krawall alle drei Motive vorhanden.

Aufgaben

Vergleichen Sie die beiden Gliederungen zum Thema! Für welche würden Sie sich entscheiden?

Klären Sie und unterscheiden Sie die Begriffe „Jugendkrawalle" und „Jugenddemonstrationen"!

Unter welchen Voraussetzungen würden Sie an einer Demonstration teilnehmen? (*Arbeitsanweisung:* Teilen Sie die einzelnen Beweggründe auf und ordnen Sie die Gedanken nach übergeordneten Gesichtspunkten!)

16 *Warum ist die Wahl des richtigen Berufes für junge Menschen heute wesentlich schwieriger als früher?*

Gliederung

A) Es ist sehr schwer, ein Bild von der Situation auf dem Arbeitsmarkt im einzelnen zu bekommen.

B) Warum ist die Berufswahl heute für junge Menschen schwieriger als früher?
   I. Geschichtliche Entwicklung der Arbeitssituation:
      a) vom Mittelalter bis 1850 (Berufe nach Ständen; Zunftordnung),
      b) von 1850 bis 1914 (Entstehung der Arbeiterklasse und der Besitzenden durch Mechanisierung).
   II. Vergleich der Umstände bei der Berufswahl vor und nach dem 2. Weltkrieg:
      a) wachsende Spezialisierung,
      b) sehr viele neue Berufe (Beispiel: Codierer),
      c) größere Wahlmöglichkeit als früher größere Entscheidungsschwierigkeiten,
      d) Kalkulierung der Zukunftsaussichten schwierig durch die Dynamik der Entwicklung,
         Berufswechsel häufiger,
         Beruf wird zum „Job",
      e) Werbung verfälscht Berufsbilder,
      f) Notwendigkeit einer breiten Wissensbasis, resultierend aus dem Berufswechsel.

C) Es ist unser heutiges Berufsproblem, Eignung, Neigung, Berufsaussichten, Spezialisierung und ein breites Wissen in Einklang zu bringen.

Im Februar 1969 gab es 693 000 offene Stellen, die Zahl der Arbeitslosen lag mit 372 000 weit unter diesem Wert – ein Bild für die zur Zeit gut ausgelastete deutsche Wirtschaft. Diese Angaben verdeutlichen zwar, daß wir in Deutschland praktisch Vollbeschäftigung haben, geben aber kein Bild vom Arbeitsmarkt im einzelnen. Berufe und Berufsaussichten sind heute wesentlich schwieriger zu überblicken als früher. Das betrifft gerade den jungen Menschen in der Situation der Berufswahl. Sie ist heute für ihn wesentlich problematischer als früher. Ich möchte mich in den Ausführungen vor allem auf die Situation in Deutschland beschränken, da mir die Verhältnisse in anderen Ländern nur unzureichend bekannt sind.

Um die Veränderung der Berufssituation aufzuzeigen, muß man sie in ihrem geschichtlichen Zusammenhang zu begreifen suchen.

Das christliche Mittelalter brachte in ganz Europa eine große Blüte des Handwerks. Die festen Ordnungen in der Politik und im Glauben spiegelten sich auch in der mittelalterlichen Zunftordnung wider. Die Zünfte sorgten für das Auskommen der einzelnen Handwerker in deren Arbeitsbereich, indem sie ihre Zahl begrenzten. Der Beruf, den der junge Mensch ergreifen konnte, war in der damaligen Ständegesellschaft von dem Stand, dem er angehörte, weitgehend vorgezeichnet. Meist wurde der Beruf in Form des Familienbetriebes von den Eltern übernommen, so daß eine Berufswahl schon von daher vorbestimmt war. Diese Ordnung veränderte sich bis zum Beginn der industriellen Revolution um 1850 kaum. Viele Berufe blieben Privileg einzelner Stände. – Im Preußen Friedrichs des Großen waren Beamten- und Offiziersstellen den Adeligen vorbehalten. Das Berufsethos dieser Zeit war sehr hoch. Die starke Bindung der Menschen an die Gemeinschaft brachte einen großen Einsatz für sie mit sich. Der Beruf wurde als Berufung aufgefaßt.

Durch die Einflüsse der Bevölkerungsexplosion, der Technik und der beginnenden Mechanisierung (1850) wurde diese Ordnung zerstört, und eine neue begann sich zu entwickeln. Gesellschaftlich bildeten sich die neuen Klassen der Besitzenden und der Proletarier aus. Der Grund dafür war, daß der Wert der menschlichen Arbeitskraft durch zunehmenden Einsatz besserer und billigerer Maschinen immer geringer wurde. Der Arbeiter wurde oft zu einem stumpfsinnigen Bediener einer Maschine. Durch geringen Verdienst ihrer Väter blieb den Arbeiterkindern gar keine andere Wahlmöglichkeit, als wieder Arbeiter zu werden. Für die „neureiche“ Oberschicht der Besitzenden standen alle Berufe offen, wenn auch ein ausgeprägtes Standesbewußtsein nur eine akademische Laufbahn als standesgemäß gelten ließ. Durch die

etwa nach dem 1. Weltkrieg einsetzende Automation wurden dem Arbeiter viele abstumpfende Bedienertätigkeiten abgenommen. Der Schwerpunkt verschob sich vom ungelernten Arbeiter zum Facharbeiter mit einer besonderen Ausbildung, weil grobe Arbeiten von Maschinen übernommen werden konnten, deren Bedienung durch andere Maschinen erfolgte, man für Bau, Wartung usw. aber Leute mit einer Spezialausbildung brauchte. Diese Spezialisierung nahm mit der wachsenden Kompliziertheit der Geräte nach dem 2. Weltkrieg weiter zu, weil das Wissen so groß wurde, daß nur eine Verkleinerung der Sektoren eines Fachgebietes mit gleichzeitiger Vergrößerung ihrer Zahl Abhilfe schaffen konnte.
Darin spiegelt sich die Dynamik der technischen und wirtschaftlichen Entwicklung der letzten vierundzwanzig Jahre wider. Zahlreiche alte Berufe sind verschwunden; doch wurde das Berufsbild durch wesentlich mehr neue Berufe bereichert. Darunter leidet die Übersicht, die man bei der Berufswahl haben sollte. Man kennt meist nur den Wirkungskreis der Berufe, mit denen man oft zu tun hat, für uns Schüler z. B. der Beruf des Lehrers. Auch über den Tätigkeitsbereich eines Verkäufers, eines Straßenbahnfahrers oder eines Arztes sind wir informiert. Fraglich wird es aber schon, wenn wir statt eines praktischen Arztes einen Spezialisten betrachten. Und wer kann sich schon unter einem so speziellen Beruf wie dem eines Codierers etwas Genaues vorstellen. Er gehört zu den Berufen, die sich im Zusammenhang mit dem Computer entwickelt haben. Die Aufgabe eines Codierers besteht darin, das Arbeitsprogramm einer bestimmten Fertigung in die Maschinensprache zu übertragen. Mit der Unkenntnis des Wirkungskreises einer Tätigkeit geht die Unkenntnis der Anforderungen Hand in Hand, die ich natürlich kennen muß, um feststellen zu können, was mir am besten entspricht. Um beim Beispiel der „Computer-Berufe“ zu bleiben: ein Systemprogrammierer muß eine überdurchschnittliche mathematische Begabung besitzen, die im Hochschulstudium ausgebildet wurde, um selbständig bestimmte Grundprogramme für Computer ausarbeiten zu können. Zur größeren Zahl der Berufe nach dem Kriege kommt die größere Wahlmöglichkeit, die durch die bessere wirtschaftliche Lage der Menschen bewirkt wird. Vor dem 2. Weltkrieg konnte kaum ein Arbeiter seinen Sohn Akademiker werden lassen, da ihm die finanziellen Mittel für Schule und Studium nicht zur Verfügung standen. Dagegen stand für Söhne höherer Ge-

sellschaftsschichten „von Haus aus" fest, daß sie studieren würden. Diese „Determinierung", die teils finanziell, teils auch durch die soziale Stellung und ein gewisses Traditionsmoment hervorgerufen wurde, erleichterte dem Jugendlichen die Berufswahl, ohne freilich auf persönliche Neigungen Rücksicht zu nehmen. Heute sind durch Lernmittelfreiheit, kostenlosen Schulbesuch, durch Stipendien und ein höheres Einkommen der Väter allen Kindern weitgehend die gleichen Ausbildungsmöglichkeiten geboten, wenn auch, wie die Statistiken zeigen, nur 6% der Studenten Arbeiterkinder sind. Benachteiligungen wegen der Zugehörigkeit zu einer bestimmten sozialen Schicht gibt es kaum noch. Denn Leistung und Ansehen eines Berufes sind in der heutigen Gesellschaft der Hauptmaßstab für die soziale Stellung. Mit der wachsenden Zahl von Wahlmöglichkeiten erschwert sich freilich auch das Problem der eigenen Entscheidung, die einem auch von den Eltern nicht abgenommen werden kann.

Aber der junge Mensch soll heute nicht nur aus der Vielzahl der Berufe einen seiner Eignung und seinen Neigungen entsprechenden aussuchen. Er muß auch die zukünftige Entwicklung dieses Tätigkeitsfeldes einkalkulieren. Vor dem Krieg verlief die Entwicklung wesentlich ruhiger, und der Beruf, den man ergriff, war im allgemeinen ein Lebensberuf. Von den 20 000 Erwerbstätigkeiten, die es heute gibt, sind nur etwa 2000 als feste Berufe zu bezeichnen, die auch im Jahre 2000 noch bestehen werden. Alle anderen Berufe sind mehr oder weniger allen Schwankungen der inländischen wie der Weltwirtschaft unterworfen. Auch wird der unvoraussehbare Fortschritt in der Technik viele Berufe verschwinden lassen. Wahrscheinlich wird, im Gegensatz zu früher, bald der Berufswechsel allgemein üblich sein, wie dies etwa in Amerika der Fall ist. Damit gewinnt der Beruf immer mehr den Charakter eines „Jobs", einer zeitweiligen zum Verdienst ausgeübten Tätigkeit, ohne tiefere innere Beziehung. Vielleicht müßte man in ein paar Jahren das Thema stellen: „Warum ist die Wahl der richtigen Berufe heute wesentlich schwieriger als früher?"

Ein Mangel an bestimmten Arbeitskräften in der Wirtschaft kann zur Ausbildung typischer Modeberufe führen. So kam es durch den Wiederaufbau nach 1945 zur starken Aufblähung des Baugewerbes, eine Entwicklung, die aber immer nur begrenzt möglich ist. „Sei schlau, geh zum Bau!" war der Reklamespruch, den die an Arbeitermangel leidende Baubranche dafür prägte. Diese Berufswerbung ist nach dem

Kriege viel stärker geworden. Sie wirbt oft für bestimmte Berufe, um einem zeitweiligen Mangel in einem Wirtschaftszweig abzuhelfen, und erschwert durch eine positive Verzeichnung des betreffenden Berufsbildes die echte Berufswahl.

Indem Berufswechsel immer häufiger werden, ergibt sich die Notwendigkeit einer breiten Wissensbasis, was ganz im Gegensatz zu der vorher erwähnten Spezialisierung steht. „Fachidioten", wie man Leute mit einspurigem Fachwissen verächtlich nennt, werden immer weniger gefragt. Das Problem der breiteren Basis wurde auf manchen akademischen Gebieten so gelöst, daß man zwei Fachausbildungen auf der Wissensbasis der Höheren Schule (Abitur) miteinander verband. So gibt es heute auf mehreren deutschen Universitäten das Studium des Wirtschaftsingenieurs, das einem abgeschlossenen Studium als Diplomingenieur das Wirtschaftsstudium anschließt. Einsicht in die technischen Möglichkeiten und kaufmännischen Gesichtspunkte sollen einen Betrieb zu einer möglichst hohen Rentabilität führen.

Insgesamt gesehen, wird es heute immer schwieriger, Neigung, Eignung und gute Zukunftsaussichten in einem Beruf zu vereinigen, weil selbst dem neuen Wissenschaftszweig der Futurologie (Zukunftserforschung) wegen der gesteigerten Entwicklungsdynamik sichere und langfristige Voraussagen unmöglich sind, wahrscheinlich auch bleiben werden. Der Spezialisierung steht das für schnelle Berufswechsel notwendige Breitenwissen gegenüber. Um im Konkurrenzkampf bestehen zu können, muß man immer auf dem laufenden bleiben, was nur durch ein großes Engagement geleistet werden kann; das wiederum setzt Eignung und Neigung voraus. Andererseits ist aber auch immer mehr Beweglichkeit notwendig, was die Gefahr in sich birgt, daß der Beruf zum „Job" wird. Diese widerstrebenden Forderungen einigermaßen in Einklang zu bringen, wird das Berufsproblem unserer und vielleicht auch noch der kommenden Generation sein.

Bemerkung

Die sorgfältige und gewandte Arbeit zeigt eine Reihe wesentlicher Berufsprobleme auf, die Verständnis und Urteilsfähigkeit beweisen. Allerdings werden die Bedeutung der finanziellen Erwartungen, die Anpassungsmöglichkeit und die Fortbildungsmöglichkeiten kaum erfaßt.

17 Warum ist die Wahl des richtigen Berufes für junge Menschen heute wesentlich schwieriger als früher?

Gliederung

A) Die Wahl des richtigen Berufes als eine der wichtigsten Entscheidungen für das Leben

B) Die Wahl des richtigen Berufes ist heute wesentlich schwieriger als früher.

I. Die Berufswahl im Spiegel der Zeiten:

1. Christliches Mittelalter;
2. Ständegesellschaft:
   a) Standesbewußtsein,
   b) Berufswahl innerhalb des Standes,
   c) Familientradition,
   d) Verfügungsgewalt der Eltern,
   e) geringe regionale Beweglichkeit.
3. Calvinismus;
4. Kapitalismus und Klassengesellschaft:
   a) Ziel: Durch Beruf Aufstieg in höhere Klassen,
   b) Wandel der Berufsbilder,
   c) Kulturpessimismus.
5. Zwischen den Weltkriegen:
   a) Wirtschaftskrisen,
   b) beginnende Automatisierung,
   c) Trend zum Facharbeiter,
   d) technologischer Aufschwung nicht vorhersehbar.

II. Die Berufswahl heute:

1. Gesichtspunkte für die richtige Berufswahl:
   a) in materieller Hinsicht:
   finanzieller Ertrag,
   wirtschaftspolitische Lage,
   Zukunftsaussichten,
   Art der Tätigkeit.

b) in ideeller Hinsicht:
Neigung,
Eignung.
2. Weitere Sachprobleme der Berufswahl heute:
a) Unübersichtlichkeit der Berufe,
b) Fähigkeit der Anpassung,
c) Unkenntnis der Berufsbilder,
d) Eltern drängen leicht in falsche Richtungen,
e) Problem des Jobs:
Vorteile
Nachteile
f) Gefahr der Modeberufe.

III. Die Berufswahl ist heute wesentlich schwieriger als früher:
1. Gesellschaftliche Gründe,
a) Stände bzw. Klassen – pluralistische Gesellschaft,
b) Einkommen nach sozialer Schicht – Leistungsprinzip,
c) Eltern übernahmen Berufswahl – heute allein.
2. Wirtschaftspolitische Gründe:
a) wenige gesicherte Berufe – sehr viele sich wandelnde Berufe,
b) Lebensberuf – Berufswechsel,
c) Problem: Spezialisierung – breite Grundausbildung,
d) Veränderung des Stellenmarktes,
e) Abhängigkeit von äußeren Bedingungen – wirtschaftlich gesichert.
3. Kurze Zusammenfassung.

C) Wichtigkeit der Berufsberatung

Aufgabe
Suchen Sie in der Gliederung die Stelle, an der die Ausarbeitung einsetzt! Verfolgen Sie beim Lesen der Ausführung, ob sich der Verfasser an den Ablauf der Gliederung hält!

Betrachten wir zunächst einmal die Gesichtspunkte, unter welchen man die Berufswahl heute vornehmen sollte. Hier ist der finanzielle Ertrag der Tätigkeit an erster Stelle zu nennen. Besonders in unserer

von materialistischen Weltanschauungen geprägten Zeit ist der Gedanke für junge Menschen, die während ihrer Ausbildungszeit meist mit einem mehr oder weniger reichlich[1] bemessenen Taschengeld auskommen mußten, endlich einmal finanziell auf eigenen Füßen stehen zu können, ein verlockendes Argument, einen möglichst gut bezahlten Beruf zu ergreifen. Inwieweit sich die jungen Leute allerdings ein reelles Bild von ihren zukünftigen Einkommenschancen bilden können, sei dahingestellt. Meist kennen sie diese Berufe nur vom Hörensagen, oder sie beurteilen sie im Hinblick auf Leute, die ein überdurchschnittliches Einkommen in ihrem Beruf erreicht haben. Zu dem Problemkreis „finanzieller Ertrag" gehört natürlich auch die Frage nach der Altersversorgung und anderen sozialen Einrichtungen wie bezahlter Urlaub usw. Auch die Arbeitszeit spielt bei der Beurteilung des tatsächlichen Einkommens eine gewichtige Rolle. Es ist verständlich, daß z. B. die Traumgehälter von Industriemanagern allenthalben oft neidvolle Vorstellungen erwecken. Was dabei geflissentlich übersehen wird, ist die Tatsache, daß diese Männer meist keine geregelte Arbeitszeit haben, daß sie, oft kaum ein paar Stunden Schlaf findend, in verantwortungsvoller Tätigkeit Tag und Nacht unterwegs sind, von einer Konferenz zur anderen hastend, und dabei ihre Gesundheit bestimmt stärker strapazieren als der Angestellte, der jeden Tag um 5 Uhr nach Hause gehen kann.
Immer größere Bedeutung für die Berufswahl gewinnt „die wirtschaftspolitische Lage" eines Berufes. Kann er eine der Ausbildung, den Fähigkeiten und der Arbeitsleistung entsprechende Entlohnung garantieren, besteht auch in Notzeiten eine Nachfrage in diesem Beruf, die mir einen guten Arbeitsplatz und entsprechende Arbeitsbedingungen sichert, oder ist ein Überangebot von Anwärtern auf diesen Beruf vorhanden? Ist die Möglichkeit zu Weiterbildung und Aufstieg gegeben? Bietet der Beruf notfalls Ausweichmöglichkeiten, und wie steht es, das ist wohl das entscheidende Problem unserer Zeit, mit den Zukunftsaussichten des Berufs? Annähernd ein Drittel der Berufe von 1985 dürften heute noch unbekannt sein. Andererseits können aussichtsreich erscheinende Berufe von heute, wie etwa der des Programmierers, morgen schon überholt sein. Bei unserem Beispiel des Pro-

1. Der Sinngehalt des Wortes „reichlich" paßt nicht zu dem Begriff „auskommen müssen"!

grammierers ist das zum Teil schon dadurch geschehen, daß man Computer erfunden hat, die bereits auf das gesprochene Wort reagieren, also die Übersetzungstätigkeit des Programmierers von der normalen Sprache in das Dualsystem des Computers überflüssig machen. Namhafte Wissenschaftler behaupten, daß die Schulabgänger von 1969 in ihrem Leben zwei- bis dreimal den Beruf werden wechseln müssen. Man muß sich heute Gedanken machen, welche Anforderungen die Berufs- und Arbeitswelt von morgen an den Erwerbstätigen stellen wird, und man muß diese Erkenntnisse in seiner Berufswahl berücksichtigen, wenn man nicht herbe Enttäuschungen in Kauf nehmen will.

Wichtig für die Berufswahl ist ferner die Art der Tätigkeit. Der eine geht gerne mit Menschen um, der andere arbeitet lieber allein. Der eine liebt handwerkliche Arbeit, der andere ist ein Theoretiker, der lieber langwierige Probleme wälzt. Der eine arbeitet lieber unter einem gewissen Zwang während einer vorgeschriebenen Arbeitszeit, der andere will unabhängig sein, tun und lassen können, was er will. Damit sind wir bei einem zentralen ideellen Gesichtspunkt angelangt, der in unserer Zeit oft etwas vernachlässigt wird: der individuellen Neigung für den einzelnen Beruf. Es ist z. B. sinnlos und sowohl für den einzelnen als auch für die Gesellschaft von Schaden, wenn ein Abiturient beschließt, wegen der vielen Ferien, der verhältnismäßig geringen Arbeitszeit und wegen der sozialen Sicherheit Lehrer zu werden, gleichzeitig[2] aber nur ungern mit Kindern oder Jugendlichen umgeht. Der junge Mensch soll ja nach Möglichkeit den erwählten Beruf bis ins Alter hinein ausüben und dabei Erfüllung finden. Er soll seine Tätigkeit gerne verrichten, da er in diesem Fall viel mehr leisten kann, als wenn er ihr innerlich ablehnend oder gar feindselig gegenübersteht.

Es ist aber auch falsch, nur von der Neigung her einen Beruf zu wählen. Genauso wichtig erscheint mir die Eignung für den Beruf zu sein. Nur dann wird die Freude am Beruf auch über eine gewisse Anfangsperiode hinaus bleiben, wenn zur Neigung auch die Eignung tritt.

Befassen wir uns nun nach diesem allgemeinen Überblick über die heutige Berufswahl mit einigen speziellen Problemen unserer Zeit.

---

2. Das Wort ist falsch gewählt, der Verfasser meint vielleicht „andererseits“.

Bedingt werden diese, wie schon erwähnt, in der Hauptsache durch die ungeheuere technologische und gesellschaftliche Entwicklung in den letzten beiden Jahrzehnten. Unser Wissen verdoppelt sich heute in etwa 20 Jahren. Die dazu nötige Forschungs- und Entwicklungsarbeit kann man sich als Laie kaum vorstellen. Die wichtigste Auswirkung dieser Entwicklung ist die, daß in diesen Jahrzehnten die Anzahl der Berufe für Nichtfachleute schier unüberblickbar geworden ist. In immer schnellerem Tempo, innerhalb von wenigen Jahren, entstehen heute neue Berufe und neue Aufgabenbereiche, von denen man vor kurzem noch nichts ahnte, während andere Berufe sang- und klanglos verschwinden. Die einzelnen Berufsbilder selbst sind einem steten Wandel unterzogen, d. h. die Art der Tätigkeiten in einem bestimmten Beruf ändert sich heute verhältnismäßig schnell. Daraus folgt, daß der Mensch heute im Beruf statt der *Berufserfahrung* die Fähigkeit der *Anpassung* an die sich schnell wandelnde Technik in hohem Maße besitzen muß. Ein Sparkassenangestellter muß sich z. B. darauf gefaßt machen, daß er von heute auf morgen nach einem Umschulungskurs an einer modernen Datenverarbeitungsanlage stehen muß. Ein Facharbeiter kann heute an diesem, morgen an jenem Automaten zur Überwachung verwendet werden. Wer sich den Bedürfnissen der modernen Technik nicht anpassen kann, wird sich in den Berufen von morgen nicht halten können.

Eine weitere Schwierigkeit liegt darin, daß der junge Mensch die Tätigkeiten in der Masse der zur Wahl stehenden Berufe meist gar nicht kennt oder wenn, dann häufig nur aus den verlockenden, einseitigen Schilderungen der modernen Werbung, von denen er dann unbewußt ausgeht. Wer weiß schon, worin die Tätigkeit eines Außenhandelskaufmanns, eines Hütteningenieurs, eines Diplomvolkswirts besteht? Außer dem Beruf des Vaters, dem des Lehrers und vielleicht einigen Dienstleistungsberufen kennt man doch eigentlich ziemlich wenige Berufe von ihrem Inhalt her genauer. Man weiß nicht, welche Folgen der betreffende Beruf für einen[3] hat, ob man sich nur Idealvorstellungen über ihn macht, ob er den eigenen Fähigkeiten entspricht, ja nicht einmal ob nach seiner Ausbildung noch ein gewisser Bedarf in diesen Berufen vorhanden sein wird; denn niemand kann heute mit Sicherheit sagen, wie es etwa 1975 auf dem Arbeitsmarkt

3. Ausdruck!

aussehen wird. Dazu kommt noch, daß die Eltern leicht aus Unkenntnis der tatsächlichen wirtschaftlichen Verhältnisse oder einer gewissen Voreingenommenheit falsche Berufe empfehlen oder den jungen Menschen gar aus traditionellen Erwägungen in für ihn ungünstige Berufe drängen. Beispiel:[4] Welcher Bauer sieht schon ein, daß in der durch die EWG bedingten Agrarstruktur nur mehr verhältnismäßig wenige[5] Großbetriebe rationell arbeiten und nur noch wenigen[5] Landwirten eine ausreichende Existenzgrundlage gewährleisten können.[6]

Das konjunkturbedingte Stellenüberangebot bringt eine gewisse Verlockung für die Schulabgänger von heute mit sich, ohne langwierige Berufsausbildung einen un- oder angelernten Beruf – eben einen Job – zu ergreifen. Die Vorteile liegen auf der Hand. Man geht von vornherein kein Risiko ein, sich durch eine Fehlentscheidung bei der Berufswahl ein Leben lang zu belasten. Man kann konjunkturbedingte günstige Arbeitsmöglichkeiten ausnutzen. Ein Beispiel bieten die Hilfsarbeiter beim Bau, die während der Wiederaufbauperiode nach dem Krieg sehr gesucht waren. Man besitzt eine ziemlich große persönliche Freiheit, man kann Urlaub machen, wann und solange man will; man kann unliebsame Beschäftigungen kurzfristig wieder aufgeben. Weiter spricht für den Job, daß durch unsere pluralistische Gesellschaft und durch die moderne Industrie ein großer Bedarf an verschiedenartigen einfachen, kurzzeitigen Beschäftigungen besteht. Auch dem eigenen Einfallsreichtum sind hier keine Grenzen gesetzt. Gegen den Job als Haupttätigkeit spricht der finanzielle Nachteil, da man als Fachkraft meist mehr verdient. Weiter reagieren Jobs sehr empfindlich auf Wirtschaftskrisen, in denen sich der gelernte Facharbeiter meist länger in seiner Stellung halten kann. Die Arbeit dient dem Jobber nur zum Lebensunterhalt, sie ist ein notwendiges Übel, um Geld zu verdienen. Von einer „Erfüllung“ im Berufsleben kann man daher meist nicht sprechen.

Eine weitere Gefahr für den jungen Menschen in bezug auf seine Berufswahl stellen die Modeberufe dar. Ein Beispiel: Als sich nach dem Krieg in Zeiten wirtschaftlichen Aufschwungs sehr viele Bundesbürger verpflichtet fühlten, sich ein Auto anzuschaffen, stieg die Zahl der

---

4. Satzbau!
5. Das Wort „wenig“ trifft nicht genau! Besser: „... daß nur Großbetriebe ... und weniger Landwirten als früher ...“
6. Satzbau stimmt nicht!

Fahrlehrer sprunghaft an. Heute, nachdem der größte Bedarf gedeckt ist, stehen viele, besonders von den kleinen Fahrschulunternehmen, vor dem wirtschaftlichen Ruin. Das heißt, man darf sich bei der Berufswahl nicht so sehr nach dem augenblicklichen Bedarf und der momentanen Beliebtheit des Berufes richten. Im Gegenteil, in einem berufskundlichen Heft für Abiturienten wird darauf hingewiesen, daß es im allgemeinen besser ist, einen zukunftsträchtigen Beruf mit zur Zeit fallender oder nur mäßig ansteigender Tendenz zur Beliebtheit zu wählen, als einen anderen, dem sich die Abiturienten schon jahrelang mit unverminderter oder immer steigender Anzahl zuwenden.

Soviel zur Berufswahl heute. Warum ist die Berufswahl heute nun wesentlich schwieriger als früher? Betrachten wir zuerst die gesellschaftspolitischen Gründe. Wie wir gesehen haben, war in der Ständegesellschaft und auch noch in der Klassengesellschaft die Berufswahl durch Standes- und Klassenschranken sehr stark eingeengt. Der junge Mensch wurde in der Regel in einen sich selbst ergänzenden und in sich abgeschlossenen Berufsstand hineingeboren. Der Beruf wurde wie die soziale Stellung des Menschen überhaupt von den Eltern ererbt. Beinahe unmöglich war es, aus diesen Ständen und Klassen sowohl im positiven (Aufstieg) als auch im negativen (Abstieg) Sinn auszubrechen. Ein Adeliger konnte gar nicht so dumm sein – er blieb doch ein Adeliger mit den ganzen Privilegien und der wirtschaftlichen Gesichertheit. Ein Arbeiter konnte, da es ihm schon an der nötigen Schulbildung (Schulgeld!) mangelte, nur sehr selten mittels des Berufes[7] in eine höhere Klasse aufsteigen. Erst in unserer heutigen pluralistischen Gesellschaft ist dies möglich geworden.

War früher das Einkommen von der sozialen Schicht abhängig, so herrscht heute das Leistungsprinzip vor. Für die Berufswahl bedeutet das, daß man sich heute genauer denn je über seine eigenen Fähigkeiten klar werden muß, was übrigens oft gar nicht so einfach ist,[8] um diese dann in einem geeigneten Beruf möglichst gezielt einsetzen zu können und so den größten Nutzen daraus zu ziehen. Eine gewisse Erleichterung in der Berufswahl bestand in früheren Zeiten auch darin, daß die Eltern den Jugendlichen die Berufswahl aus der Hand

---

7. Ausdruck! Besser: „. . . durch einen entsprechenden Beruf . . ."
8. Einschiebesätze erschweren das Verstehen beim Lesen.

nahmen und selbst diktatorisch bestimmten, was für den Sohn, die Tochter die beste Ausbildung wäre. Heute sind die Jugendlichen in ihrer Berufswahl meist allein gelassen. Die Eltern schieben[9] diese schwerwiegende Entscheidung heute häufig jenen zu, die eine solche Entscheidung ohne genaue Kenntnisse der wirtschaftlichen Zusammenhänge, ja der heutigen Arbeitswelt überhaupt nicht treffen können: den schulentlassenen Jugendlichen im Alter von 14 bis 20 Jahren. Noch schwerer wiegen die wirtschaftspolitischen Gründe, die die Berufswahl im Vergleich zu früher so schwierig machen. Bis zur Industrialisierung gab es eine im Vergleich zu heute geringe aber konstante Zahl von Berufen, deren Berufsbilder jedermann kannte, da die Tätigkeiten von Handwerkern, Bauern, Kaufleuten usw. damals jedermann aus eigener Erfahrung im Umgang mit ihnen bekannt waren. In der frühindustriellen Phase vollzog sich dann ein Wandel. Berufe veränderten sich, einige verloren ihre Existenzgrundlage, starben im Laufe der Zeit aus, andere entstanden dafür neu. Dieser Wandel der Berufe hat sich aber durch den raschen technologischen Fortschritt in unserer Zeit ungeheuer beschleunigt. Heute aussichtsreiche Berufe können innerhalb von wenigen Jahren, nicht erst innerhalb von Generationen, wie früher, wieder veraltet sein. Ergriff man also früher einen Beruf, um ihn sein Leben lang auszuüben, so muß man bei der Berufswahl heute die Notwendigkeit eines mehrmaligen Berufswechsels im Laufe des Lebens einkalkulieren, was natürlich die Berufswahl selbst stark erschwert. Daraus folgt, daß eine allzu einseitige spezialisierende Berufsausbildung heute verfehlt ist, was[10] eine Zeitlang als die Lösung des Problems angesehen wurde, um dem steigenden Wissensbedarf in den einzelnen Berufszweigen zu begegnen. Wird diese Tätigkeit nämlich von Maschinen oder Automaten übernommen, so muß man in der Ausbildung wieder ganz von vorne anfangen. Besitzt man dagegen eine breit angelegte Grundausbildung, so kann man in diesem Fall durch eine kurze neue Fachausbildung einen anderen Beruf in dieser Richtung ergreifen. Zwischen diesen beiden Bedingungen: Spezialisierung einerseits und breite Grundausbildung andererseits muß ein vernünftiger Mittelweg gefunden werden. Das ist eines

9. Ist das nicht einseitig gesehen? Hier wird die Forderung der Jugendlichen, allein entscheiden zu dürfen, als Versagen der Eltern dargestellt.
10. Anknüpfung und Satzbau!

der schwerwiegenden Probleme der Berufsfindung von heute im Gegensatz zu früher.
Eine andere Erschwerung der Berufswahl stellt die Veränderung des Stellenmarktes dar. Mußte man zwischen den Kriegen, besonders natürlich in den Zeiten der Arbeitslosigkeit, froh sein, überhaupt eine Stellung zu bekommen, wobei man bei der Auswahl des Berufes nicht wählerisch sein durfte, so hat der Arbeitsuchende, der heute in der Zeit des Arbeitskräftemangels ein umworbener und gesuchter Mensch ist, die Qual der Wahl, unter den vielen angebotenen Berufen den für ihn geeignetsten[11] zu finden. Der Mensch war früher in seiner Berufswahl viel mehr von den äußeren wirtschaftlichen Bedingungen abhängig als heute. War schon, wie erwähnt, der Besuch von weiterführenden Schulen für viele ein finanzielles Problem, so erst recht ein Studium. Dazu kommt noch, daß die Menschen früher viel mehr an ihren Ort gebunden waren als heute und daher die Wahl auch unter dem Angebot des Wohnortes zu treffen hatten. Heute garantiert die Bayerische Verfassung im Artikel 128 „jedem eine seinen erkennbaren Fähigkeiten und seiner inneren Berufung entsprechende Ausbildung, nötigenfalls aus öffentlichen Mitteln in Form von Stipendien".
Zusammenfassend kann man sagen, daß die Berufswahl heute im wesentlichen durch die weit größere Auswahl an Berufen, die Spezialisierung in den einzelnen Berufszweigen, die Unsicherheit der Zukunftsaussichten der Berufe und die größere wirtschaftliche und gesellschaftliche Unabhängigkeit schwerer geworden ist.
Um in dieser so wichtigen Wahl einen Fehler nach Möglichkeit zu vermeiden, ist eine für jeden zugängliche Berufsberatung nötig. Nur ausgebildete Fachleute, die einen Überblick über die technologische, wirtschaftliche und gesellschaftliche Entwicklung und die weite Streuung der heutigen Berufssparten besitzen, können den vor der Berufswahl stehenden Jugendlichen sinnvoll beraten und ihn so einem seinen Fähigkeiten und seiner Neigung entsprechenden Beruf zuführen.

---

11. Vorsicht vor dem Superlativ! „Geeignet" genügt!

Verwendete Quellen:

1. Helmut Schelsky, „Die skeptische Generation, eine Soziologie der deutschen Jugend".[12]
2. Dr. Burkart Lutz, „Berufsaussichten und Berufsausbildung in der Bundesrepublik".
3. WIR Magazin, Heft IV/68 (berufskundliches Heft).
4. Heute Abiturient – morgen Student, Berufskundliches Heft der Bundesanstalt für Arbeitsvermittlung.

Bemerkung

Dieser Hausaufsatz, dessen erster Teil aus Platzmangel weggelassen wurde, zeigt die sinngemäße Verarbeitung von Literatur mit eigenen Gedanken. Der Aufsatz macht nicht den Eindruck, daß „abgeschrieben" wurde. Allerdings wird nur an einer Stelle im Text die benutzte Literatur erwähnt. Sicher wäre es an anderen Stellen auch notwendig, die Quelle im Zusammenhang zu erwähnen. Die Belegstellen im Text zu nennen oder in den Anmerkungen anzuführen, mindert den Wert einer Arbeit nicht, im Gegenteil! Die Quellenangaben sind nicht vollständig.

---

12. Bei den Quellenangaben beachten: Verfasser, Titel, Erscheinungsort und -jahr, evtl. Auflage und Seitenzahl!

18 *Jung und alt! Wie stellt sich dieses Spannungsproblem von Ihrem Standpunkt aus dar?*

Gliederung

A) Die Jugend ist Bestandteil der Gesellschaft. Die Struktur der Gesellschaft ist aber einer ständigen Änderung unterworfen, der die Jugend schneller folgen kann, weil sie in die Gesellschaft hineinwächst.[1]

B) I. Jugend und Familie.
1. Der Raum im Elternhaus reicht nicht für den Lebensdrang der Jugendlichen aus.
2. Die Jugendlichen weichen auf die außerfamiliären Lebensräume aus.
   a) Dadurch wird das Verhältnis zwischen Eltern und Jugendlichen erheblich gestört, da das Elternhaus mehr und mehr zum Raum für Essen, Trinken und Schlafen wird.[2]
   b) Die Jugend lernt durch den Drang nach Selbständigkeit, sich leichter zurechtzufinden.[3]

II. Jugend und Schule.
1. Der Selbständigkeit sind durch den Zwang der Unterordnung Grenzen gesetzt.
2. Die Schule wird zum Widerspruch dessen, was sie vermitteln soll.[4]
   a) Ablehnung der erzieherischen Rolle der Schule.
   b) Die Auseinandersetzung mit den Ursachen dieses Wider-

---

1. In diesem Einleitungsgedanken steckt bereits eine Teilantwort auf die Themenfrage. Bei diesem Thema bietet sich als Einleitung die Tatsache der bestehenden Spannungen an. Von dieser Feststellung aus ist die Überleitung zum Thema, dem eigenen Standpunkt in dem alten und allgemeinen Problem leicht.
2. Satzbaufehler! Besser: a) Das Elternhaus wird mehr und mehr zum Raum für Essen und Schlafen. b) Dadurch wird das Verhältnis ... gestört. Oder b) Die Eltern wollen dieser Entwicklung nicht zustimmen.
3. Beziehung zum Thema fehlt! Warum führt das zu Spannungen? Der Satz bei 2 b) ist auch in der Aussage unklar.
4. Unklar, was gemeint ist!

spruches macht den Jugendlichen kritisch gegenüber sich selbst und der Außenwelt.[5]

III. Jugend und Gesellschaft.

1. Durch die sich technisch, sozial und politisch schnell entwickelnde Welt überflügelt der Jugendliche in seinem Fortbildungsinteresse den Wissensgrad der älteren Generationen.[6]
2. Die Folge ist Verstehensunsicherheit[7] zwischen Jugendlichen und Erwachsenen, weil durch das Vorangehen der Technik vor der Natur das gültige Vorbild der Erwachsenen in der Rolle des ethischen Garanten fehlt. Ein gewisses Überlegenheitsgefühl der Jugendlichen, das daraus hervorgeht, prallt mit der größeren Lebenserfahrung der Erwachsenen zusammen.[8]
   a) Der Jugendliche fühlt sich der Welt der älteren Generation entwachsen, ohne aber die notwendige Sicherheit zur Bewältigung seiner Probleme gefunden zu haben.
   b) Seine Einstellung paßt sich dafür mehr der neuen Struktur an.

C) Ich glaube, daß eine großzügige Familien- und Bildungspolitik,[9] eine sinnvolle Freizeitbeschäftigung und die Einräumung der Entfaltungsmöglichkeiten ein Weg ist zur bestmöglichen Eingliederung des Jugendlichen in das Gesellschaftsganze.

---

5. Diese Folgerung erscheint etwas kühn.
6. Entwickelt sich nur der Jugendliche weiter? Hat die ältere Generation nicht die längere Erfahrung voraus? Was versteht der Verfasser unter „Wissensgrad"?
7. Ausdruck!
8. Formal ist das keine Gliederung mehr, sondern Ausarbeitung. Inhaltlich verworren.
9. Was versteht der Verfasser wohl darunter?

19 „Zur Moderne gehört das Spezialistentum, in dem der Beruf mich hat und nicht ich den Beruf." – Wie denken Sie über diese Ansicht?

Gliederung

A) Entwicklung von Technik und Wissenschaft zur Spezialisierung.

B) Gehört zur Moderne das Spezialistentum?
   I. Notwendigkeit des Spezialistentums:
      a) Überfülle an Erkenntnissen,
      b) begrenzte Aufnahmefähigkeit des Menschen, deshalb
      c) Verästelungen, Unterteilungen in den Wissenschaften und der Technik.
   II. Wichtigkeit der Konzentration auf den Beruf:
      a) Wissen und Können müssen mit der neuen Entwicklung Schritt halten: Voraussetzungen
      b) qualifizierte Arbeitskräfte;
      c) durch Können und Leistung Sicherung des Arbeitsplatzes.
   III. Zweiteilung des Menschen als
      a) rationalistisch-technisch bezogenes oder
      b) seelisch-geistiges Wesen.
   IV. Gefahren des nur für den Beruf Daseins:[1]
      a) Man verschließt sich Problemen, die uns alle angehen;
      b) Engstirnigkeit bei der Behandlung solcher Fragen.
   V. Freizeit und die eigenen Interessengebiete.[1a]

C) Wird die Konzentration auf den Beruf nicht übertrieben, so ergeben sich aus ihr keine schwerwiegenden Nachteile.

Jedem von uns ist wohl bekannt, wie sehr sich unsere Welt in den letzten 50 bis 100 Jahren gewandelt hat. Die Fortschritte, die die Menschheit, wenigstens auf technologischem und wissenschaftlichem Gebiet, in dieser Zeit gemacht hat, sind größer als die in dem gesam-

1. Wie läßt sich das besser ausdrücken?
1a. Hier fehlt der Zusammenhang! Der inhaltliche Zusammenhang kommt am besten in Sätzen heraus. Stichpunkte stehen zu isoliert.

ten übrigen Zeitraum ihres Bestehens. Fast explosionsartig entwickelten sich Wissenschaft und Technik; ihr Einfluß auf unser Leben ist einfach nicht mehr wegzudenken. Der Wissenschaftler und der Techniker, also der Spezialist, ist es, der heute vielfach unser Leben mitbestimmt. Ist es aber tatsächlich so, daß zur Moderne das Spezialistentum gehört, in dem der Beruf mich hat und nicht ich den Beruf? Oder anders ausgedrückt, hat sich der heutige Mensch nur auf den Beruf zu konzentrieren?

Sehen wir vor der Beantwortung einer solchen Frage, wieso das Spezialistentum heute eigentlich so notwendig geworden ist.[1b] Wie bereits vorher erwähnt, besitzen Wissenschaft und Forschung heute eine geradezu unwahrscheinliche Ausdehnung.[2] Täglich kommen neue Erkenntnisse hinzu; eine Übersicht, auch nur auf einem Gebiet, ist bei der Fülle der Forschungsergebnisse und Neuentwicklungen nicht mehr möglich. Deshalb entstand in den einzelnen Wissenschaften die heutige große Anzahl von Verästelungen und Aufteilungen. Der Spezialist, mit Blickrichtung auf oft nur einen winzigen Bruchteil einer Wissenschaft, war geboren. Der Mensch kann nur begrenzt aufnehmen und verarbeiten, muß sich also spezialisieren. Leider aber, und das oben angeführte Zitat zeigt das deutlich, treffen wir heute immer mehr auf den Typ des Spezialisten, der nur seinen Beruf vor Augen hat und alles andere darüber vergißt.[3] Trotz aller nachteiligen Wirkungen, die später[4] noch erwähnt werden, ist eine starke Konzentration auf den Beruf heute jedoch wichtiger denn je, wobei es aber nicht so weit kommen soll, daß der Beruf „mich hat".[5] Sehen wir z. B. nur einmal in die Wirtschaft. „Leistung" heißt dort die Devise. Leistung ist aber nur möglich, wenn ein bestimmtes Maß an Wissen und Können vorhanden ist. Dieses Können aber wird nicht von selbst kommen. Will man eine qualifizierte Arbeitskraft sein, so muß man mit den neuesten Entwicklungen Schritt halten, denn wer sollte all die neuen Verfahren, die zu Verbesserungen führen, dann auch nutzbringend zur Anwendung bringen, ganz zu schweigen von den Leu-

---

1b. Ausdruck und Satzbau erschweren hier das Verständnis!
2. Ausdruck stimmt nicht ganz!
3. Ist diese Ansicht im Thema enthalten?
4. Nicht auf „später" hinweisen!
5. Der Verfasser versteht diesen Ausdruck rein negativ.

ten, die diese Neuerungen entwickeln![6] Das wird man nur können, wenn man sich bis in alle Einzelheiten mit seinem Fach beschäftigt, ständig dazulernt und auch einen Teil seiner Freizeit für den Beruf aufwendet. Nur dann wird es einem gelingen, eine Spitzenkraft zu bleiben und seinen Arbeitsplatz zu sichern, was sowohl für Facharbeiter wie Akademiker gilt, da die Wirtschaft nicht interessiert ist, für sie wertlose Arbeitskräfte zu besitzen.[7] Soweit also die Vorzüge, wenn man sich auf seinen Beruf konzentriert und ihm nicht gleichgültig gegenübersteht.

Tut man jedoch hierbei des Guten zuviel, so ergeben sich aus einem solchen Verhalten einige recht bedenkliche Erscheinungen; man lebt nur noch seinem Beruf und vergißt, daß man darüber hinaus als Mensch in der Gemeinschaft lebt und nicht nur[8] berufstätig ist. Betrachten wir z. B. nur[8] einmal einen Wissenschaftler, der sich nur[8] mit Sprachen, Kunst und Dichtung beschäftigt, und einen anderen, dessen Leben beispielsweise nur[8] die Naturwissenschaft ist. Was wird nun die Folge sein, wenn sich beide ganz in ihr Gebiet vertiefen und alles übrige darüber vergessen? Weltfremdheit, und zwar sowohl beim einen wie beim anderen. Die heutige Welt ist ohne die Technik nicht mehr denkbar, und wer sich nicht etwas mit ihr beschäftigt, steht ihr mehr oder weniger hilflos gegenüber. Aber auch Kunst, Sprache und Dichtung dürfen nicht vernachlässigt werden, denn schließlich ist der Mensch nicht nur ein Wesen, das mit der Technik lebt, sondern ganz im Gegenteil sich auch (geistig-seelisch) mit gesellschaftlichen oder politischen Problemen auseinandersetzen muß. Der Spezialist darf sich, trotz aller Konzentration auf den Beruf, solchen Fragen nicht verschließen oder sie gleichgültig beiseite schieben. Die Verantwortung des Wissenschaftlers gegenüber der Menschheit ist heute größer denn je, und es ist geradezu seine Pflicht, sich z. B. über die Auswirkungen seines Tuns in bezug auf die Folgen für die Menschheit im klaren zu sein. Der „Aufstand der Physiker“ ist eine moralische Pflicht geworden. So wäre beispielsweise die Tatsache zu nennen, daß sich viele hundert oder tausend amerikanische Wissenschaftler gemeinsam gegen die Errichtung eines Raketenabwehrsystems aussprachen und versuchten, die Entscheidung Präsident Nixons über die Errichtung eines solchen

6. Satz ist unklar, nicht folgerichtig aufgebaut!
7. Ausdruck!
8. Häufung einzelner Lieblingswörter!

Sicherungssystems rückgängig zu machen. Dies also ist ein Fall, wo wir die Notwendigkeit deutlich erkennen, nicht nur seinen Beruf vor Augen zu haben. Schließlich ist eine Beendigung des Wettrüstens in Ost und West und die mit diesem Wettrüsten verbundenen, jeder Vernunft widersprechenden Milliardensummen etwas, was uns alle angeht. Man muß somit unter allen Umständen verhindern, daß man durch den Beruf den Kontakt zu den Problemen und Fragen der Gegenwart nicht[9] verliert. Wird man nämlich einmal von solchen Fragen berührt, und das ist wohl bei jedem von uns der Fall, so führen mangelndes Wissen und die Tatsache, daß man sich mit dem Problem eigentlich vorher nie befaßt hat, unweigerlich zu Engstirnigkeit. Der Typ des „Fachidioten" ist uns allen ja sattsam bekannt. Was hierbei herauskommt, zeigen die Beispiele von Hochschulprofessoren, die den Strömungen der Jugend, deren Forderungen nicht immer unbegründet sind, durchaus nicht,[10] engstirnig und unaufgeschlossen gegenüberstehen. Es geht eben nicht an, sich gegenüber seinen Mitmenschen und deren Problemen abzukapseln und sein Leben nur dem Beruf zu widmen. Daß bei uns allen eine gute und umfassende Allgemeinbildung vorhanden sein muß, dürfte selbstverständlich sein. Es ändert sich nämlich der gesamte Lebensbereich, und wir müssen wenigstens einen gewissen Überblick besitzen, wollen wir nicht hoffnungslos nachhinken. Die Welt rückt näher zusammen, und wir müssen uns über unseren Nachbar (wobei selbstverständlich nicht nur die angrenzenden Länder gemeint sind) informieren, ihn in unsere Planungen miteinbeziehen, wollen wir nicht eines Tages böse Überraschungen erleben.
Zum Schluß sei noch erwähnt, daß der Mensch natürlich eigene Interessen besitzt. Fallen diese mit der beruflichen Arbeit zusammen, so ist das natürlich sehr schön; das wird aber wohl bei den wenigsten Menschen der Fall sein. Wir dürfen uns somit nicht von unserem Beruf beherrschen lassen, sondern müssen noch frei darüber verfügen können. Das Leben wird nämlich erst dann lebenswert, wenn man nicht ständig den Beruf mit den entsprechenden Sorgen und Problemen vor sich zu haben,[11] sondern sich zu entspannen und seinen ureigensten Wünschen[12] nachzugehen.

---

9. Logisch nicht ganz klar!
10. Der Ausdruck „durchaus nicht" ist überflüssig, denn er verwirrt nur.
11. Satzbau!
12. Im Sinne des Themas ist das der Beruf.

Fassen wir also zusammen; intensive Beschäftigung mit dem Beruf ist, wenn sie nicht übertrieben wird, durchaus notwendig in unserer Zeit. Man muß hierbei jedoch darauf achten, daß es nicht zu einem Zuviel kommt,[13] man die Probleme unserer Zeit, die uns alle angehen, aus den Augen verliert und zu einem engstirnigen, wirklichkeitsfremden Menschen wird. Das Spezialistentum, das eine Notwendigkeit für die Moderne darstellt, wird dann durch seine Möglichkeiten des wirklich intensiven Forschens und Entwickelns für uns alle mit gewaltigen Vorteilen in bezug auf die Verbesserung unserer Lebenbedingungen aufwarten können, ohne daß dabei der Mensch an sich vernachlässigt wird.

Bemerkung
Die Arbeit zeigt richtige und wichtige Gesichtspunkte auf, übergeht aber auch wesentliche Überlegungen. Das Zitat im Thema wird zu negativ aufgefaßt. Der Begriff „Spezialist“ wird einseitig gesehen, nämlich nur als „Fachidiot“.
Wiederholungen im Ausdruck und Mängel im Satzbau stören.

---

13. Ausdruck!

20 *Welche Fragen und Probleme ergeben sich für Sie aus der Verpflichtung zum Wehrdienst?*

Gliederung

A) Der Militärdienst als Schreckgespenst und Drohung.

B) Welche Fragen und Probleme ergeben sich für mich aus der Verpflichtung zum Wehrdienst?
   I. Berufliche Probleme:
      a) Studium, Stipendium,
      b) Berufsziel,
      c) Geldverlust.
   II. Rechtliche und persönliche[1] Probleme:
      a) rechtl. Widerspruch,
      b) Unterdrückung der Persönlichkeit,
      c) Wehrpflicht notwendig?
   III. Weltanschaulich-ethische Probleme:
      a) Notwendigkeit des Militärs,
      b) Wehrdienst – Kriegsdienst?

C) Bemühung um Objektivität.

Es ist allgemein bekannt, daß erboste Mütter ihren Söhnen, die nicht recht guttun wollen, mit dem Hinweis zu drohen pflegen: „Warte nur, bis du zum Militär kommst, dann werden sie es dir schon beibringen.“ Auch sonst wird gerne mit einem Lächeln davon gesprochen, daß sich die jungen Männer ruhig die Hörner abstoßen sollen. Aber ich glaube, diese etwas leichtfertigen Aussprüche verniedlichen die Fragen und Probleme, die sich einem jungen Mann stellen, der zum Wehrdienst verpflichtet ist.
Er muß, falls er wie ich Oberschüler ist, nach dem Abitur einrücken, das Reifezeugnis in der Tasche, und kann nicht das Studium beginnen,[1a] auf das er nun neun Jahre lang hingearbeitet hat. Ich glaube

1. Persönliche Probleme sind auch bei I. und III. berührt.
1a. Dieser Satzbau ist verunglückt!

aber, daß der Wehrdienst dem Studium außerordentlich abträglich ist. Da die geistige Regsamkeit beim Exerzieren und beim Schießen und Marschieren nicht gerade gefördert wird, wird es ein junger Mensch, ich nehme es jedenfalls an, schwer haben, an seine frühere geistige Tätigkeit anzuknüpfen. Das wird um so peinlicher, wenn er zu jenen gehört, die nicht auf Kosten der Eltern studieren können und die somit ein Stipendium brauchen, das erst durch Prüfungen erworben werden muß. Ich jedenfalls glaube nicht, daß es einfach ist, solche Prüfungen zu meistern, wenn man achtzehn Monate geistig weggetreten war.[2] Man kann diese Gründe natürlich mit einer Handbewegung als simpel abtun, doch für den einzelnen werden sie eine erhebliche Rolle spielen. Manch einer wird auch, wenn er das Kasernentor hinter sich gelassen hat, mit Erschrecken auf ein langes Studium und zugleich auf sein schon ziemlich fortgeschrittenes Alter blicken und sich reiflich überlegen, ob es sich noch rentiert, solche Strapazen auf sich zu nehmen. Ich sehe hierin eine ernst zu nehmende Gefahr für das einmal gesteckte Berufsziel. Natürlich kommt noch hinzu, daß sich der junge Mann auch überlegt, daß er mit dem Heiraten und mit der Gründung einer Familie noch warten muß. Viele Berufssoldaten sind wohl, ich kann mich natürlich auch täuschen, aus diesem[3] Grund beim Militär geblieben und haben ein anderes Berufsziel aufgegeben. Mit den Berufsjahren geht natürlich auch Geld verloren, von der fürstlichen[4] Entlohnung des jungen Soldaten abgesehen. „Aber wie kann man nur von Geld reden, wenn das Vaterland ruft“, wird da manch einer sagen. Aber es können ja auch uneigennützige Gründe sein, die einen jungen Mann an dieses Problem denken lassen. Er würde vielleicht gerne seiner Mutter, die ihm durch Entbehrungen zu seinem Studium verholfen hat, etwas bieten und so einen Teil seiner Schuld abtragen. Dies[5] sind alles äußere, materielle Gründe, die aber meines Erachtens nicht übersehen werden dürfen.

Ein junger Mensch unter 21 Jahren ist vor dem Gesetz nicht volljährig,[6] er darf keine gültigen Geschäfte abschließen, er wird nicht als Erwachsener mit überlegter Entscheidungskraft und Urteilsfähigkeit

2. Vulgärsprache, die hier nicht am Platz ist.
3. Nicht ganz klar, welchen Grund der Verfasser meint.
4. Ironie paßt nicht zu dieser sachlichen Erörterung.
5. Beziehung ist falsch!
6. Im Jahre 1964 geschrieben!

angesehen. Aber er darf das Vaterland verteidigen. Nach seiner Meinung wird er nicht gefragt. Er darf auch nicht wählen, was ihm die Möglichkeit verbaut, sich einer Partei anzuschließen,[7] die anders über die Wehrpflicht denkt und sie vielleicht abschaffen würde. Nein, das noch nicht flügge gewordene Küken wird aus dem warmen Nest gerissen,[8] auch wenn besorgte Eltern auf ihr Recht als Vormund pochen, wie viele Prozesse in letzter Zeit bewiesen haben. Begeht hier das Recht unrecht? Ich weiß es nicht, ich bin zu klein, um so große Dinge zu beurteilen.[9]

Die Freiheit der Entscheidung wird dem jungen Menschen genommen, wird ihm jedoch beim Militär nicht die Freiheit überhaupt genommen? Diese Formulierung ist vielleicht etwas überspitzt, aber tötet nicht unfreiwilliger Gehorsam meine Würde als Mensch? Ich muß zweifelsohne viele Befehle ausführen, die nicht gerade mein Wohlgefallen erregen und die ich somit unfreiwillig und gezwungen ausführe. Gebe ich hiermit aber nicht meine Freiheit auf, auch meine innere Freiheit, die meiner Würde als Mensch zukommt? Muß weiterhin ein junger Mensch, der diese innere Unfreiheit erkennt und sich ihr fügt, nicht die Achtung vor sich selbst und der Freiheit verlieren? Ich gehe vielleicht in jugendlichem Eifer zu weit und bin zu einseitig und starr im Denken. Besäße ich Reife und Weisheit, würde ich sicherlich lächeln und hinweisen auf den Zwiespalt, der überall dort auftritt, wo das Ideal sich der Notwendigkeit unterordnen muß, und ich würde es sogar hinnehmen, wenn ein Oberschüler, neun Jahre zum selbständigen Denken hingelenkt, sich das Denken unter der väterlichen Anleitung eines Unteroffiziers in achtzehn Monaten wieder abgewöhnen muß.[10] Ist die Wehrpflicht überhaupt notwendig? Ich möchte darüber nicht entscheiden, doch ich wage einen kurzen Hinweis auf England, wo scheinbar[11] auch ein Heer von Freiwilligen die Sicherheit des Landes gewährleisten kann. Sollte das nicht auch bei uns möglich sein?

Ist Militär überhaupt notwendig? „Ja, um das Vaterland verteidigen zu können", sagen die einen. Doch ich bin mißtrauisch dem Begriff

7. Hier wird die Parteizugehörigkeit mit der Wahl verwechselt.
8. Ist dieser Ton hier angebracht?
9. Ironie hilft hier nicht weiter.
10. Hier müßte ein neuer Abschnitt beginnen.
11. Besser: anscheinend!

Vaterland gegenüber. Viele haben das Vaterland verteidigen wollen, doch sie haben nur ein Phantom verteidigt, in Wirklichkeit sind sie für ein paar Männer gestorben, die schamlos das Vaterland vor sich hoben, um dahinter ihre eigenen, frevelhaften Machtgelüste zu verbergen. Ich habe meinen eigenen Vater in Erinnerung, wie er nach dem Krieg aussah, und weiß, daß er sich im Feld die Ursache seines frühen Todes holte. Ich will nicht das Vaterland in Bausch und Bogen verwerfen und sage auch nicht, daß eine Streitmacht überhaupt nicht notwendig sei, aber es ist wohl eine gewisse Vorsicht angebracht, wenn man die Gründe für die Berechtigung einer militärischen Streitmacht prüft. Ich glaube, daran sollte ein junger Mann, der selbst bald zu dieser Streitmacht gehören wird, schon denken. Die sogenannten Kriegsdienstverweigerer nennen die Ausbildung bei dieser Streitmacht nicht Wehrdienst, sondern Kriegsdienst. In gewisser Hinsicht mögen sie ja recht haben, besser ist natürlich Kriegsersatzdienst;[12] denn ich lerne während meiner Ausbildung, wie ich mich im Kriegsfalle zu verhalten habe. Daran ist nicht zu rütteln. Ist es nun ethisch vertretbar, sich sozusagen auf den Kriegsdienst, auf den Krieg vorzubereiten? Die Religion der Christen sagt ja; denn es gibt bekanntlich auch einen moralischen Krieg. Jeder Krieg, der zur Verteidigung dient oder zur Verhütung von feindlichen Angriffen, heißt es, ist moralisch vertretbar. Ich persönlich glaube nicht daran, für mich gibt es keinen moralischen Krieg. Ich weiß, daß ich mich hier auf gefährlichen Pfaden bewege, ich beanspruche auch nicht, daß meine Meinung die richtige ist, aber ich könnte als Soldat nie verstehen, warum ich einen anderen Menschen, den ich nicht kenne, töten soll, nachdem man Feindschaft zwischen uns verkündet hat und mit der Parole der Notwehr die Gewissensskrupel zu ersticken versucht. Es wird bei meinen Anschauungen und Meinungen vieles Voreingenommenheit und Vorurteil sein, doch möchte ich schon sagen, daß ich mich bemüht habe, objektiv zu bleiben, trotz der Tatsache, daß ich auch in Bälde meinen Dienst beim Militär ableisten muß.

Bemerkung

Die Erkenntnis, daß es schwer ist, Objektivität zu wahren, wenn man selbst betroffen ist, zeigt eine gewisse Reife.

---

12. Falsche Vorstellung!

21 *Welche Fragen und Probleme ergeben sich für Sie aus der Verpflichtung zum Wehrdienst?*

Gliederung

A) Wahlrecht und Wehrpflicht.

B) Aus der Verpflichtung zum Wehrdienst ergeben sich für mich manche Fragen und Probleme.
   I. Der Wehrdienst und mein beabsichtigtes Studium:
      a) Zeitverlust;
      b) Sicherung des Studiums bei Verlängerung.
   II. Wie sieht der Wehrdienst aus?
      a) Kann ich mich reibungslos einfügen?
      b) Ablenkung von der eigentlichen Ausbildung.
   III. Eine Bereicherung des Lebens?
      a) Verantwortung;
      b) Kameradschaft;
      c) Erfahrung im Umgang mit Menschen.
   IV. Wehrdienst – wofür?
      a) Durch Gesetz verpflichtet;
      b) Verteidigung des Vaterlandes;
      c) Abschreckung im Frieden.
   V. Verteidigung ist auch Gewaltanwendung:
      a) Wer darf töten?
      b) Einziehung auch im Ernstfall;
      c) Soldat als Werkzeug;
      d) nur Verteidigungskrieg ist erlaubt;
      e) wie verhalte ich mich in einem „ungerechten" Krieg?
   VI. Einordnung in die Gemeinschaft:
      a) in die militärische Organisation;
      b) in den Staat.

C) Militärdienst als Dienst an der Gemeinschaft.

Seit der Französischen Revolution wird die allgemeine Wehrpflicht als die Kehrseite des allgemeinen Wahlrechts bezeichnet. Nächstes

Jahr werde auch ich das Wahlrecht bekommen, aber auch meinen Wehrdienst ableisten müssen. Welche Fragen und Probleme ergeben sich für mich aus der Verpflichtung zum Wehrdienst?
Der Wehrdienst wird meine Ausbildung unterbrechen. Nach dem Abschluß des Schulbesuchs kann ich nicht sofort mein Studium beginnen, sondern muß erst meine Wehrpflicht erfüllen. Dadurch verzögert sich meine Ausbildung um weitere eineinhalb Jahre – ein Jahr habe ich schon durch meine eigene Unentschlossenheit verloren –, so daß ich erst verhältnismäßig spät meinen angestrebten Beruf erreichen kann.
Andererseits bietet sich mir die Möglichkeit, durch Verpflichtung auf ein weiteres halbes Jahr Dienstzeit so viel Geld zu verdienen, daß ein Großteil meines Studiums finanziell gesichert ist.
Diese Frage, ob Weiterverpflichtung oder nicht, hängt wohl in erster Linie davon ab, wie der Wehrdienst aussieht. Eine militärische Organisation verlangt mit vollem Recht, daß sich der einzelne reibungslos einordnet. Wird es mir gelingen, mich einzufügen, ohne daß mir der Dienst verhaßt wird? Daß ich mich einordnen muß, steht fest. Doch kann ich meinen Widerspruchsgeist so zügeln, auch vielleicht manchen unvernünftigen Drill und Befehl zu befolgen?
Ich glaube, der Wehrdienst wird mich für einige Zeit auf andere Gedanken bringen. Er wird mich wohl zwingen, mein Hauptaugenmerk von meinem Berufsziel abzuwenden und mich mehr mit Sport, körperlicher Ertüchtigung und praktischer Tätigkeit zu beschäftigen.
Ich erwarte, daß der Wehrdienst auch mein Leben etwas bereichert. Er wird mich in weit größerem Maße als in meinem bisherigen Leben zwingen, Verantwortung zu tragen. Ich meine damit nicht so sehr die Verantwortung als Vorgesetzter; denn so weit werde ich wohl nie aufsteigen. Ich denke vielmehr an die Verantwortung, etwa bei einer Übung, nicht Leben und Gesundheit eines Kameraden zu gefährden. Beim Militärdienst werde ich vielleicht eine andere Art von Kameradschaft kennenlernen, nämlich eine Kameradschaft von jungen Leuten, die nicht ein gleiches oder ähnliches Ziel zusammengeführt hat, sondern die gezwungenermaßen eine Gemeinschaft bilden. Durch das Zusammensein mit den verschiedensten Menschen hoffe ich, mehr Erfahrung zu gewinnen im Umgang mit Leuten, die ich sonst nie kennenlernen würde. Ich glaube, durch die Bekanntschaft mit ihnen auch aufgeschlossener zu werden für ihre Interessen, die mir bislang verborgen sind.

Dem Wehrdienst könnte ich also durchaus auch angenehme Seiten abgewinnen. Doch da stellt sich unwillkürlich die Frage: Wehrdienst – wofür? Warum bin ich zum Wehrdienst verpflichtet? Ich bin verpflichtet durch ein Gesetz, das ich als gültig für alle Staatsbürger betrachte und das ich nicht ablehne, weil ich den Wehrdienst nicht verweigere. Der Soldat ist verpflichtet, sein Vaterland zu verteidigen. Doch welches Vaterland verteidigt oder schützt der deutsche Soldat? In der Praxis schützt jeder nur den Teil Deutschlands, in dem er lebt. Durch die verschiedenen politischen Bindungen von BRD und DDR kommt es so weit, daß Deutsche Deutschland vor Deutschen schützen. Hat der deutsche Soldat damit nicht eine recht eigenartige Aufgabe? Meine Aufgabe während des Wehrdienstes wird also sein, in Friedenszeiten zur Abschreckung beizutragen, im Ernstfall aber mein Vaterland zu verteidigen.

Verteidigen bedeutet aber, Gewalt anzuwenden. Schießen bedeutet im Ernstfall töten. Wer darf das? Wer tut das gerne? Wenn ich auf Grund der Wehrpflicht militärisch ausgebildet werde, werde ich auch im Ernstfall als ausgebildeter Soldat herangezogen. Ich bin dann ein Werkzeug von Politikern, vielleicht auch von solchen, die am Krieg mitschuldig sind. Was soll ich tun, wenn ich einsehen muß, daß ich nicht für „gerechte“ Gründe kämpfe? – Wenn es überhaupt welche gibt! Ich kann und soll mein Leben für die Gerechtigkeit einsetzen. Werde ich dazu fähig sein? Wenn ich mich aber für die Gerechtigkeit einsetze, auch jetzt, da es ungefährlich ist, ordne ich mich in die Gemeinschaft ein. Wenn ich meine Wehrpflicht ableiste, ordne ich mich in eine Organisation ein, die ihre ganze Existenzberechtigung nur vom Staat herleitet und der Gerechtigkeit, die er schützen soll. Damit erfülle ich als Staatsbürger eine besondere Pflicht, die von jungen Menschen verlangt wird und die auch später andere wieder für mich erfüllen werden. Den Wehrdienst abzuleisten, ist also eine Aufgabe, die von mir als Staatsbürger verlangt wird.

Der Militärdienst kann mir jederzeit Gefahr für Leben und Gesundheit bringen; sicherlich ist er auch unbequem. Doch stärker ist die Hoffnung und Zuversicht, damit der Gemeinschaft, also auch mir, gedient zu haben.

Aufgabe

Vergleichen Sie die beiden Arbeiten zum gleichen Thema! Da das Thema auch für Sie persönlich Bedeutung hat, könnten Sie Ihre Stellungnahme hier anfügen.

Meine Stellungnahme zum Wehrdienst:

22 *Sie werden bald erfaßt, gemustert und möglicherweise zur Bundeswehr einberufen. Welche Gedanken bewegen Sie für und gegen den „Dienst mit der Waffe"?*

Gliederung

A) Seit 1955 steht jeder junge Bundesbürger vor dem Problem der Wehrpflicht.

B) Meine Meinung über die allgemeine Wehrpflicht.
   I. Die Bundeswehr von der positiven Seite:
      1. Ausbildung:
         a) Technische Ausbildung:
            Militär belebt die Entwicklung der Technik,
            modernste Geräte,
            kostenlose technische Ausbildung.
         b) Körperliche Ertüchtigung.
      2. Menschliche Vorteile:
         a) Kameradschaft,
         b) gegenseitige Hilfe.
      3. Erziehung zum Staatsbürger.
   II. Die negativen Gesichtspunkte des Wehrdienstes:
      1. Zustände innerhalb der Bundeswehr:
         a) undemokratisch:
            ungerechtfertigter Zwang,
            Soldat rechtlos,
         b) der einzelne ist eine Nummer.
      2. Die persönliche Seite:
         a) Verlust von 18 Monaten:
            Unterbrechung der Ausbildung,
            Teil der schönsten Lebenszeit geht verloren.
         b) Risiko des Lebens im Krieg.
         c) Ethische Gründe:
            Aufgabe, andere Menschen zu töten,
            Widerspruch zur Völkerfreundschaft,
            neue und furchtbare Waffensysteme,
            Gewissenskonflikt.

C) Weil ich grundsätzlich gegen den Krieg eingestellt bin, kommt die Erfüllung der Wehrpflicht nicht in Frage.

Bemerkung

Die Gliederung ist gut aufgebaut und kann als gelungen bezeichnet werden. Formal könnte sie einheitlich entweder nur Sätze oder nur Stichpunkte bringen. Das würde die Zeichensetzung, die auch für die Gliederung verbindlich ist, erleichtern. Durch ganze Sätze in der Gliederung wird der Sinnzusammenhang besser gewahrt. Dabei ist nicht daran gedacht, daß jeder Gliederungspunkt ein Satz sein soll, sondern nur, daß jeder Punkt der Gliederung in einem Satzzusammenhang steht.

Die Entscheidung zur Themafrage sollte nicht erst im Schluß fallen, sondern als letzter Hauptpunkt des Hauptteils stehen. Der eigentliche Schlußgedanke soll dann über das Thema hinausführen, einen Ausblick geben.

Meine Stellungnahme zum „Dienst mit der Waffe“:

23 Welche Erfindung (Entdeckung) des 20. Jahrhunderts halten Sie für besonders wichtig? Begründen Sie Ihre Entscheidung!

Gliederung

A) Einleitung[1]

B) Hauptteil[1a]
  1. Problematik des Themas
     a) Erfindung (kurze Definition),
     b) Entdeckung (kurze Definition),
     c) die Zahl der Erfindungen,
     d) im 20. Jahrhundert,
     e) in früherer Zeit.
  2. Erfindungen (Entdeckungen), die dem technischen Fortschritt dienen:
     a) Zwischenstufen zu weiteren Erfindungen oder Entdeckungen,
     b) Erfindungen, die dem Menschen das Leben erleichtern.
  3. Erfindungen (Entdeckungen), die dem Menschen helfen, Existenzprobleme zu lösen:
     a) Kernspaltung,
     b) Medizin,
     c) Chemie: Verhütungsmittel.
  4. Entscheidung für eine Erfindung:
     Blick in die Zukunft.

C) Schluß[1b]

Oft wird behauptet, wir lebten in einem Jahrhundert der Erfindungen. Zu diskutieren, ob dies der Wahrheit entspricht, ist hier nicht der Platz, Tatsache ist jedoch, daß in keinem vergleichbaren Zeitabschnitt vorher die Entwicklung neuer Entdeckungen und Erfindungen in so

1. Statt „Einleitung" (A) sollte der Einleitungsgedanke angeführt werden!
1a. Hier sollte das Thema stehen!
1b. Hierher gehört der Schlußgedanke (z. B. Blick in die Zukunft).

kurzer Zeit und so rascher Folge vor sich ging wie in diesem Jahrhundert.[1c] Wie es in der Natur der Sache liegt, kann sich jede Erfindung sowohl positiv als auch negativ für die Menschheit auswirken.[2] Es liegt am Menschen, ob er Herr über seine Erfindung bleibt oder nicht, in jeder Erfindung liegt eine Herausforderung an die Vernunft.[3]

Um der Problematik des Themas gerecht zu werden, muß man zuerst eine Unterscheidung treffen: Was ist eine Erfindung? und: Was ist eine Entdeckung? Unter einer Erfindung ist wohl ein Gedanke zu verstehen, der Naturgesetze ausnützt und aus Materie unter Einwirkung der Naturgesetzmäßigkeiten etwas Brauchbares macht.[4] Eine Entdeckung ist, wie schon der Name sagt, die Entschleierung von Naturgesetzen, also im eigentlichen Sinne keine Erfindung. Nun bieten sich aber ungeheure Mengen[5] an Erfindungen und Entdeckungen des 20. Jahrhunderts an, und es ist fast unmöglich, hier eine Auswahl zu treffen, die nicht die eine oder andere Erfindung benachteiligt.[6] Denn, zu viele Erfindungen wurden schon von den Zeitgenossen verkannt, weil die Zeit für sie[7] noch nicht reif war. Außerdem kann man bei einer großen Zahl von Erfindungen und Entdeckungen nicht mit Gewißheit sagen, ob sie in diesem Jahrhundert entstanden oder ob sie nicht Kinder früherer Zeit sind und damals nicht gewürdigt wurden, um später nochmals entwickelt zu werden. Leonardo da Vinci z. B. hat eine Anzahl von Erfindungen gemacht, die heute erst ihre praktische Anwendung finden. Ich kann deshalb nur über Erfindungen schreiben, von denen ich glaube, daß sie aus unserer Zeit stammen.[8]

Unter diesen gibt es zum ersten Erfindungen und Entdeckungen, von denen vor allem der allgemeine technische Fortschritt und unter anderem auch der Lebensstandard des Menschen begünstigt werden, also die Teilstücke zu einem Ganzen, das man heute als Zivilisation be-

---

1c. Entgegen der Ankündigung des vorhergehenden Satzes wird die Behauptung doch bewiesen.
2. Dieser Satz führt zu einem anderen Thema!
3. Hier ist der Schreiber nun endgültig vom Thema abgekommen.
4. Umständlich, unklare Ausdrucksweise!
5. Ausdruck!
6. Dieses Thema sollte bearbeitet werden.
7. Beziehung des Fürworts ist unklar.
8. Der Schreiber legt in das einfache und klare Thema selbst die Problematik hinein und findet dann nicht mehr heraus.

zeichnet. All diese Erfindungen und Entdeckungen jedoch, so genial sie manchmal auch sein mögen, wären auch entbehrlich. Oder sie stellen Übergangsstufen zu weiteren, größeren Erfindungen dar.[9]
Auch haben manche Erfindungen nur den Zweck, dem Menschen das Leben oder die Arbeit zu erleichtern. So ist z. B. ein vollautomatisches Getriebe im Auto eine recht angenehme Sache, aber als besonders wichtig, abgesehen von der Autobranche, kann ich es nicht bezeichnen.[10]
Unter einer besonders wichtigen Erfindung verstehe ich eine solche, die dem Menschen bei der Lösung von Problemen, die die Überlebenschancen der Menschheit betreffen, helfen können.
Hier gibt es vieles, was einer Betrachtung wert ist. In der Physik werden laufend Erfindungen gemacht, die für die Menschheit ungeheuer wichtig sind, man denke nur an neue Methoden der Nachrichtenübermittlung oder ärztliche Geräte.[11] Es ist jedoch in den letzten Jahrzehnten unbestritten, die weitreichendste physikalische Entdeckung, die Kernspaltung.[12] Mit ihrer Hilfe läßt sich das Problem der Energieversorgung der Menschheit auf lange Zeit hinaus bewältigen.
Auch auf dem Gebiet der Medizin werden laufend[13] Entdeckungen gemacht. Herztransplantationen und auch neue Medikamente und Heilmittel lassen Millionen kranker Menschen neue Hoffnung schöpfen. Auf dem Sektor der Chemie werden in letzter Zeit die meisten Neuentwicklungen durchgeführt, wobei sich Chemie, Physik und Medizin oft überschneiden. Die aufsehenerregendste und wohl auch am leidenschaftlichsten diskutierte Entdeckung ist die der Verhütungsmittel. Sie machen eine wirksame Empfängnisverhütung ohne Gefahren möglich.
Nun heißt es, eine Entscheidung zu treffen, welche Erfindung oder Entdeckung besonders wichtig ist, wichtig in bezug vor allem auf die Zukunft der gesamten Menschheit. Die Zukunft liegt im Dunklen, heute mehr denn je.[14] Einige Tatsachen jedoch stehen fest. Bis zum

---

9. Kompliziert ausgedrückt, nicht anschaulich, ohne Beispiele!
10. Das Beispiel ist für die Art der Erfindungen, das Leben zu erleichtern, nicht gut gewählt. Auch sprachlich recht schwach!
11. Das sind Erfindungen neuer technischer Anwendung, nicht der physikalischen Wissenschaft! Beispiele zu allgemein!
12. Satzbau!
13. „laufend“ = im Laufen!
14. Was sagt dieser Satz??

Jahre 2000 wird die Erdbevölkerung auf 6 Milliarden Menschen anwachsen, und bei dieser Zahl wird es nicht bleiben. Der Zeitpunkt ist abzusehen, an dem die Menschen dichtgedrängt auf der Erde leben und an Hunger sterben, an dem aus Gründen des Platzmangels[15] und aus Ernährungsproblemen Kriege ausbrechen werden, die die Existenz der Menschheit in Frage stellen. So wichtig alle anderen vorher genannten Entdeckungen sind, alle können nur dazu beitragen, die Zahl der Menschen zu vermehren, oder sie können zumindest nicht sie in Grenzen halten.
Jedoch[16] ist die Bevölkerungszahl das Weltproblem Nummer 1, es kann nur durch vorausschauende Bevölkerungsplanung gelöst werden. Und hierzu sind geeignete Verhütungsmittel unentbehrlich.
Die Verhütungsmittel stellen die einzige Antwort auf die Frage der Zukunft dar:
Wird die Bevölkerungszahl ins Unermeßliche steigen, was die größte vorstellbare Katastrophe wäre, oder wird es dem Menschen gelingen, die Zahl seiner Artgenossen zu drosseln?[17] Deshalb halte ich sie[18] für die wichtigste Entdeckung unseres Jahrhunderts, die einzige Hoffnung für die Zukunft des Menschengeschlechtes, für das der Kampf gegen die Bevölkerungs-Explosion eine Überlebensfrage ist.

Bemerkung

Der Schreiber versäumte es, in seiner Einleitung auf das Thema vorzubereiten. Er weitete das Thema unzulässig aus, fand dabei gute Gedanken, die bestechen und fast vergessen lassen, daß erst gegen Ende des Aufsatzes das Thema beantwortet wird.

---

15. Satzbau! Ausdruck!
16. „Jedoch“ ist hier die falsche Verbindung.
17. Falscher Ausdruck!
18. Beziehung des Fürworts ist nicht eindeutig!

24 *Standortprobleme der Industrie*

Gliederung

A) Entwicklung des industriellen Betätigungsraumes der Menschheit
- I. Östliches Mittelmeer
- II. Westliches Mittelmeer
- III. Nordwesteuropa
- IV. Nordwesteuropa–Nordamerika[1]

B) I. Standortfaktoren[2]
1. Der räumliche Zusammenklang von Energie und Rohstoff – eine natürliche Grundlage der Industrie
   a) Eignungsräume vom Standpunkt der Energie- und Brennstoffversorgung
   b) Eignungsräume vom Standpunkt der Rohstoffversorgung
2. Die topographische Lage der Industrie
   a) Die Industrie zwischen Stadt und Land
   b) Die geographische Bindung der Industrie an das Wasser
   c) Beispiel: Farbwerke Hoechst
3. Die sozio-ökonomischen Bedingungen der Industrie
   a) Die Stellung der Industrie im Strukturgefüge der Bevölkerung:
      Bevölkerungsdichte,
      Arbeitsgeist,
      Anpassungsfähigkeit,
      Lebensstandard.
   b) Arbeiterwanderungen:
      Landflucht,
      Arbeiterpendelverkehr.
   c) Zufall und Lenkung in der industriellen Entwicklung des Wirtschaftsraumes

---

1. Nach der Gliederung scheint die Einleitung als Voraussetzung der Beantwortung des Themas zu weit auszuholen. Die Einleitung kurz fassen und in der Gliederung nicht auffächern!
2. Die Reihenfolge der Hauptpunkte ist vertauscht. Zuerst sollten die verschiedenen Industrien vorgestellt werden und dann erst ihre besonderen Standortfaktoren.

4. Konzentration und Streuung im Ausgleich von Produktions- und Absatzvorteil
5. Zusammenfassung: günstiges Zusammenspiel aller Faktoren von Bedeutung

II. Industriearten
1. Die Aufbereitungsindustrie
2. Die Verarbeitungsindustrie
a) Besonders geeignete Standorte:
die Stadt,
der Fluß,
der Hafen.
b) Besonders wichtige Zweige:
die Schwerindustrie,
die Textilindustrie.

C) I. Vereinfachte Darstellung zum Vergleich der Wirtschaftlichkeit zweier Standorte[3]
II. Bedeutungsverlust der Standortfaktoren in der Zukunft

Verwendete Literatur:
1. Obst, Prof., Dr., E., Allgemeine Wirtschafts- und Verkehrsgeographie, Berlin 1959.
2. Otremba, Dr., E., Allgemeine Agrar- und Industriegeographie, Stuttgart 1960.

Bemerkung

Das gegebene Thema ist das Thema einer Facharbeit. Ein solches muß nicht unbedingt nach den Richtlinien der Aufsatzgliederung gestaltet werden. In der Facharbeit muß sich die Gliederung ganz dem Thema anpassen. Aber gewisse Grundsätze der Aufsatzgliederung sollten doch erfüllt werden und nur bewußt, absichtlich durchbrochen werden, wenn das Thema es verlangt.

---

3. Auch der Schluß sollte in der Gliederung nicht aufgeschlüsselt werden. In diesem Fall wäre wohl C) I. besser als B) III., denn dieser Gedanke gehört inhaltlich zum Thema.

25 *Ist das Unbehagen vieler Menschen an der modernen Technik gerechtfertigt?*

Gliederung

A) Nicht alle Menschen freuen sich über die moderne Technik.

B) Ist das Unbehagen vieler Menschen an der modernen Technik gerechtfertigt?

I. Ursachen fürs Unbehagen

a) Technik bringt Gefahren für die Gesundheit des Menschen:
1. Leben hastiger, nervliche und körperliche Schädigungen,
2. Unfallsquote ist bedenklich gestiegen,
3. unmittelbare Gefahren wie Luftverpestung, Wasserverseuchung, keine Erholungsgebiete.

b) Technik bringt Gefahren für die Lebensbedingungen der Menschen:
1. Mechanisierung, Automatisierung führen zu Arbeitslosigkeit.
2. Neue Medikamente, weniger Menschen sterben, Übervölkerung der Erde.
3. Eventueller Krieg ist eine Katastrophe.

c) Unbehagen rufen die Änderungen des Wesens des Menschen durch die Technik hervor:
1. Abstumpfung – Gleichgültigkeit
2. Gefahr der Vermassung, kein eigenes Denken
3. Mensch degeneriert, Ordnung unmöglich.

II. Gerechtfertigt sind nicht alle Unbehagen

a) gerechtfertigt sind die, denen Menschen schutzlos ausgeliefert sind,
b) nicht gerechtfertigt sind die Unbehagen, die auf Gründen beruhen, denen der Mensch begegnen kann.

C) Zusammenfassung von II[1]

---

1. Hier wäre der Schlußgedanke anzuführen!

Die moderne Technik vereinfacht und verbessert laufend unsere Arbeits- und Lebensbedingungen. Die meisten Menschen, Arbeiter wie Angestellte, Beamte wie Hausfrauen, sind darüber erfreut. Manche nehmen die moderne Technik jedoch mit Unbehagen auf. Ist aber dieses Unbehagen vieler Menschen an der modernen Technik gerechtfertigt?

Das Gefühl der Ungewißheit, der Gefahren ruft Unbehagen hervor. So fürchten viele Menschen die Gefahren der modernen Technik, besonders die Gefahren für ihre Gesundheit.

Täglich lesen sie in der Zeitung oder hören sie am Radio von folgenschweren Verkehrs- und Betriebsunfällen, Erscheinungen der modernen Technik. Täglich erfahren sie von vielen Menschen, die infolge solcher Unfälle ihr Leben lang verkrüppelt sind oder gar gestorben sind. Bilder der Unglücksstellen verdeutlichen die grauenhafte Vorstellung. Hier[1a] mögen diese Menschen denken, ob sie nicht auch eines Tages solch ein tragisches Unglück ereilt. Vielleicht schon morgen ...?

Täglich erleben sie, wie das Leben der Menschen immer hastiger wird, sei es im Betrieb oder auf der Straße, wo die Menschen sich eilen, sich abhetzen. Lesen sie dann von nervlichen und körperlichen Zusammenbrüchen, so denken sie darüber nach, wie es mit ihrer Gesundheit steht. Halten sie diese Hetze des Lebens noch lange durch? Auch hier befällt sie berechtigtes Unbehagen gegenüber der Technik. Es geht um ihre Gesundheit, ihr Leben. Sie können aber gegen diese Entwicklung nichts oder kaum etwas unternehmen.

Am meisten Unbehagen flößen wohl die unmittelbaren Lebensgefahren ein, die durch die moderne Technik hervorgerufen werden. Autos, Fabriken – Erzeugnisse der modernen Technik – verpesten die Luft. Warum[2] soll es dann nicht auch bei uns, wie schon oft in London, New York, vorkommen, daß Menschen aus Sauerstoffmangel auf der Straße ohnmächtig zusammenbrechen?

Erholungsgebiete müssen Fabrikanlagen, Flughäfen, Autobahnen weichen. Werden diese Gebiete, die für den Luftausgleich der Städte so notwendig sind, entfernt,[3] so bedeutet doch auch das eine Gefahr für den Menschen, eine Gefahr, die unser Unbehagen über die Technik

---

1a. Falsche Anknüpfung!
2. Besser: „Werden auch bei uns ...“
3. Die Gebiete werden nicht „entfernt“.

(sie verursacht die Beseitigung,[4] sie dehnt sich aus, braucht neuen Platz) gerechtfertigt hervorruft.[4] Platzt eine Ölleitung, so dringt Öl in den Boden ein und verseucht unser Trinkwasser. Menschen sind dann gefährdet. Auch dieser Gedanke kann Menschen tief berühren.[5]
Unbehagen ruft auch hervor, wie die moderne Technik unsere Lebensbedingungen ändert. Alles wird mechanisiert, automatisiert. Arbeitsplätze werden eingespart, da Maschinen Menschenarbeit erledigen. Arbeiter werden ausgestellt. Heute können sie noch in anderen Betrieben unterkommen. Was soll aber geschehen, wenn überall Arbeitsmangel herrscht? Der Gedanke läßt uns erschauern.
Durch die moderne Technik werden neue Medikamente erfunden.[6] Folglich sterben weniger Menschen. Wie hat die Erdbevölkerung seit der erfolgreichen Bekämpfung von Tuberkulose, Pest, Ruhr usw. zugenommen! Binnen weniger Jahre soll sie sich verdoppeln. Schließlich kommt der Punkt, wo in Asien eine Katastrophe vorauszusehen ist.[7] Entweder es verhungern noch mehr Menschen, oder sie drängen in Länder, die mehr Nahrungsmittel haben: nach dem Westen. So ruft die moderne Technik auch die Gefahr der Übervölkerung hervor.
Auch der Gedanke an einen neuen, durch die Technik verschärften Krieg ruft unser Unbehagen hervor, da wir dagegen machtlos sind. Waffen hat es schon immer gegeben. Wie aber die Technik die Maschinen zu friedlichem Zwecke vervollständigte, verbesserte und vereinfachte, macht sie auch Kriegsmaschinen wirkungsvoller und einfacher zu handhaben.[8] So wäre[9] es die moderne Technik, die die Auswirkungen eines Krieges vervielfacht.
Bei vielen Menschen ruft auch der Gedanke, daß die moderne Technik die Lebensbedingungen gefährdet,[10] Unbehagen hervor. Gefahren

4. Im Ausdruck sehr schwach, schwerfällig, unklar!
5. Der Schreiber übersieht, daß im Thema das Wort „berechtigt“ steht. Er müßte also bei all diesen Unbehagen, die er aufzählt, erwähnen, ob er sie für berechtigt hält.
6. Neue Medikamente werden von Menschen „erfunden“, nicht von der Technik!
7. Ein schlechter Satz! Die Katastrophe ist schon jetzt „vorauszusehen“, nie aber an einem „Punkt“.
8. „Wirkungsvoller“ schon, aber nicht „einfacher zu handhaben“!
9. Besser: „So vervielfacht die Technik ...“
10. Inhaltliche Wiederholung! Der Schreiber will aber auf die Wesensveränderungen des Menschen hinweisen.

bringt die Technik auch für das Wesen, den Charakter, die Seele der Menschen. So führt sie dadurch, daß zur Bedienung vieler Maschinen nur immer dieselben Handgriffe nötig sind, zur Abstumpfung der Menschen.[11] Abgestumpfte Menschen sind gleichgültig. Wenn es für sie so bei einer Wahl nicht von Interesse ist,[12] wer an die Regierung kommt, ist es leicht möglich, daß Diktatoren die Herrschaft an sich reißen. Dieselbe Gefahr, die in Erinnerung an das 3. Reich unser Unbehagen berechtigterweise verursacht, ist die Vermassung. Erst durch die Technik wurde die Entstehung der Massen ermöglicht.[13] Sie führte die dazu nötigen Menschenmengen zusammen. Diese haben alle gleiche Interessen und Ziele. Daraus ergibt sich ein einheitliches Denken, das Denken der Masse. Diese ist bekanntlich leicht zu beeinflussen; besonders von redegewandten Politikern. Die wenigen noch klar denkenden Menschen mit eigenen Anschauungen sind dagegen machtlos. Die Versprechungen der eventuell gefährlichen Politiker sind nicht zu übertreffen. Die Masse hört nur auf die Versprechungen. So ruft diese Gefahr, der gegenüber die wenigen vernünftigen Menschen machtlos sind, sehr wohl berechtigtes Unbehagen hervor.
Auch die Gefahr, der Mensch könnte durch die Bequemlichkeiten, die durch unsere moderne Technik hervorgerufen wurden, degenerieren, ist bedenklich.[14] Wozu braucht ein Mensch, der sein ganzes Leben mit Auto, Flugzeug, Lift usw. fährt, seine Muskeln?[15] Wozu braucht ein Mensch, dem zeit seines Lebens Roboter, Elektronengehirne, Computer die geistige Arbeit abnehmen, sein Gehirn?[15] Kein Mensch wird zu Fuß gehen, wenn er fahren kann.[16] Kein Mensch denken, wenn ihm eine Maschine diese Tätigkeit abnimmt.[16] So werden Muskeln, Gehirn wieder rückentwickelt; der Mensch folgt wieder niedrigeren Trieben; eine Ordnung unter den Menschen wird unmöglich.[17]
Diese Gefahr ist um so schlimmer, da der Mensch dieser Entwicklung

---

11. Schlechter Nominalstil: „Sie führt zur Abstumpfung des Menschen"!
12. Interesselosigkeit bei Wahlen ist ein Zeichen für politische Gleichgültigkeit. Die Wahl ist also nur Unterbegriff! Der ganze Abschnitt ist inhaltlich und sprachlich recht schwach.
13. Anfechtbare Behauptung!
14. Ausdruck! „Die Bequemlichkeit ... wurde hervorgerufen", „Die Gefahr ... ist bedenklich"!!
15. Sinnlose Fragen!
16. Falsche Behauptungen! Alles ist überspitzt ausgedrückt.
17. Übertriebene Folgerungen!

ohne Schutz ausgesetzt ist. Das daraus entstehende Unbehagen vieler Menschen ist also wirklich gerechtfertigt.

Unbehagen vor Gefahren und Ungewißheit sind nur berechtigt, wenn der Mensch den Gefahren schutzlos ausgeliefert ist. Das ist beispielsweise bei der Gefahr der Nervenzusammenbrüche der Fall.[18] Hetzt sich ein Mensch ab, so kann er die Forderungen, die das Leben an ihn stellt, nicht erfüllen.[18]

Schützen kann sich der Mensch auch nicht vor den unmittelbaren Lebensgefahren, die die Technik hervorgerufen hat. Er kann doch nicht mit einer Gasmaske auf der Straße umherlaufen. Proteste gegen Beseitigung von Erholungsgebieten sind erfolglos.[19] Um Wasserverseuchung festzustellen, hat er nicht die nötigen Mittel.

Gerechtfertigt ist auch das Unbehagen vor der Arbeitslosigkeit und vor neuen Kriegen. Wie will sich ein Arbeiter vor der Entlassung wehren?[20] Ein Volk vor einem Angriffskrieg?

So[21] rechtfertigen nicht alle Gefahren der modernen Technik das Unbehagen vieler Menschen. Durch seine Vernunft kann der Mensch viele Gefahren beseitigen.

Paßt er im Betrieb und Verkehr besser auf und hält er sich an die Schutzvorschriften und Verkehrsgesetze, dann sinkt die Unfallquote wieder. Das Unbehagen vor der Gefahr der Überbevölkerung ist ebenfalls nicht gerechtfertigt. Es wird immer wieder neue Krankheiten geben. Außerdem sind die Ernährungsmöglichkeiten auf der Welt noch lange nicht ausgenützt. Den Gefahren für das Wesen des Menschen kann der Mensch durch vernünftige Freizeitgestaltung begegnen. Rätselraten regt zu geistiger Tätigkeit an.[22]

Das Unbehagen vieler Menschen an der modernen Technik kann also die verschiedensten Gefahren zur Ursache haben.[23] Gerechtfertigt ist es nur, wenn der Mensch diesen Gefahren schutzlos ausgeliefert ist und ihnen nicht durch seine Vernunft begegnen kann.

---

18. Beispiel paßt nicht hierher! Zusammenhang mit der Technik nicht aufgezeigt!
19. Nicht immer! Bloße Aufzählungen von Behauptungen!
20. Inhaltlich und sprachlich mangelhaft!
21. Falsche Anknüpfung!
22. Primitive Gedankenführung, ohne Zusammenhang!
23. Schwerfälliger, plumper Satzbau!

Bemerkung

Der Aufsatz bringt eine Reihe brauchbarer Gedanken zum Thema, jedoch hätte die Kernfrage in der Beweisführung klarer herausgearbeitet werden sollen. Die Gedankenführung ist oft ohne Zusammenhang, z. T. primitiv. Die angeführten Beispiele passen nicht immer, auch werden sie wiederholt als bloße Behauptung ohne Beweis aufgezählt. Die sprachliche Darstellung ist schwerfällig, zum Teil holprig und nicht klar genug.

Aufgaben

Klären Sie die Begriffe „Technik" und „moderne Technik"! Schreiben Sie eine Definition! (Benützen Sie Nachschlagewerke!)

26 *Lohnt sich Ihrer Meinung nach der ungeheure Aufwand, den die großen Industriestaaten für die Raumfahrt treiben?*

Gliederung

A) Früher Kriege Schrittmacher für den Fortschritt. Heute hat die Raumfahrt eine ähnliche Rolle. Wettlauf zum Mond und zu den Planeten wird mit ungeheurem Aufwand ausgetragen.[1]

B) Lohnt es sich?

I. Raumfahrtnation hat Prestigegewinn:

a) Sie dokumentiert den Leistungsstand ihrer Wirtschaft.

b) Raumfahrt ist Anliegen der gesamten Menschheit.

II. Verwirklichung militärischer Ziele:

a) Bau der Raketen:

1. Schutz vor Feinden durch Abschreckung,
2. Abwehrraketen schützen vor feindlichen Flugzeugen.

b) Bau von Beobachtungssatelliten.

III. Entwicklung von neuartigen Energiequellen:

a) Atomreaktorbau:

1. Kleinreaktoren,
2. direkte Umwandlung von Atomenergie in elektrischen Strom.

b) Stromerzeugung:

1. Brennstoffzellen,
2. Akkumulatoren.

c) Bau von Atom-Raketentriebwerken.

IV. Flugzeugbau:

a) neue Werkstoffe:

1. Kunststoffe,
2. neue Metalle.

---

1. Diese Aufgliederung des Einleitungsgedankens ist hier nicht notwendig, erschwert die Übersicht, die eine Gliederung geben soll.

b) Fortschritte beim Zellenbau:
   1. bessere Verbindung von Einzelteilen,
   2. Gewichtseinsparung durch besondere Profile,
   3. höhere Festigkeit durch spezielle Form.

V. Elektronik: Nutzbarmachung der Halbleitertechnik für:
   a) Bau von Computern:
      1. Leistungssteigerung,
      2. geringere Ausmaße,
      3. größere Zuverlässigkeit.
   b) Verwendung in Transistorgeräten:
      1. geringere Ausmaße,
      2. in einfachen Mitteln erreichbare Verstärkerwirkung,
      3. keine Anheizzeiten (Röhren),
      4. kein Verschleiß der Teile.
   c) Fernmeldetechnik:
      1. höhere Belastbarkeit der Leitungen,
      2. niedrige Betriebskosten,
      3. billigere Übertragungswege,
      4. bessere Übertragungsqualität.

VI. Bau von Satelliten und Sonden:
   a) zum Erforschen des Weltraums:
      1. Strahlengürtel um die Erde,
      2. Meteoriten,
      3. Atmosphäre der Erde,
      4. Planeten,
      5. Untersuchung der Sonne.
   b) Zur Nachrichtenübermittlung (Satelliten):
      1. billigere Übertragungswege,
      2. größere Leistungsfähigkeit,
      3. dichteres Nachrichtennetz.

C) Wirtschaft von Raumfahrtnationen hat starken Ansporn. Sie erhält wichtige Forschungsergebnisse. Deshalb müssen sich auch kleinere Industriestaaten wie z. B. Bundesrepublik an der Raumfahrt beteiligen.[1a]

1a. Auch den Schlußgedanken in der Gliederung kürzer fassen, nicht halb oder ganz ausführen!

Bis zu dem Tag, an dem der erste Sputnik die Erde umkreiste, waren die immer wieder aufflammenden Kriege der wichtigste[1b] Ansporn für die Forschung gewesen. Dieser erste, primitive Satellit hatte ein Wettrennen ausgelöst, dem von nun an eine ähnliche Schrittmacherrolle zukam. Das Zeitalter der Raumfahrt war angebrochen, und mit ihm begann der kostspielige technische Wettstreit zwischen den Vereinigten Staaten und der Sowjetunion, der mit riesigem finanziellem Aufwand ausgefochten wird. Lohnen sich diese Kosten überhaupt?

Wenn man den Begriff Raumfahrt hört, denkt man unwillkürlich an erfolgreich beendete Flüge der Astronauten, an die großen Schlagzeilen in der Weltpresse. Man ist von der Leistung der Ingenieure und Techniker angetan[2] und verallgemeinert sie sofort auf das ganze Volk: Die Amerikaner, die Russen haben das geschafft. Die Erfolge heben natürlich das Prestige dieser Staaten, denn sie geben Zeugnis von dem hohen technischen Stand ihrer Wirtschaft. Dazu kommt noch, daß die Raumfahrt ein Gebiet von allgemeinem Interesse darstellt. Es war von jeher ein Traum der Menschheit, zu den Sternen zu fliegen. Deshalb hat derjenige, der die Menschen diesem Ziel näherbringt, von vornherein die Sympathien auf seiner Seite. Ob dieser Gewinn an Prestige allerdings den hohen Aufwand lohnt, ist die Frage. Wenn ein Staat sein Ansehen erhöhen will, kann er das auch auf andere und vor allem sinnvollere Art, in Form von Hilfeleistungen für Bedürftige, tun. Er hätte dann auch nicht das Risiko der Raumfahrt – Verlust an Prestige durch Fehlschläge usw. – zu tragen. Der mögliche Gewinn an Ansehen ist[3] also nicht der alleinige Grund für die Weltraumunternehmen mit ihren hohen Kosten.

Die größere Bedeutung der Raumfahrt dürften die Staaten in der Verwendbarkeit für militärische Zwecke sehen. Sie trieben die Entwicklung von Raketen stark voran, um dem Gegner gleichwertige Waffensysteme entgegenzustellen. Damit soll er von einem Angriff abgehalten werden. Nun, wenn die Raketen einen Krieg verhindern können, dann muß man sagen, daß sich der Aufwand für ihre Kon-

---

1b. Diese Behauptung im Superlativ wohl nicht richtig, mindestens umstritten. Auch andere Notlagen der Menschheit sind Ansporn für Forschung. Aus diesem Superlativ könnte eine Berechtigung der Kriege abgeleitet werden.

2. „angetan“ ist wohl ein zu schwaches Wort für Begeisterung!

3. Besser: kann also nicht sein!

struktion lohnt. Denn sie wären in der Lage, der Welt sehr viel Leid und Elend zu ersparen. Aber Raketen werden für den Krieg gebaut. Und auch hier sind sie nach Meinung der Besitzer die Entwicklungs- und Baukosten wert. Sie sollen feindliche Flugzeuge und Geschosse vernichten und auf diese Weise Schäden verhindern, die ein Vielfaches von ihrem Preis ausmachen. Neben diesen Waffen gibt die Raumfahrt dem Militär noch ein zweites „friedliches" Werkzeug in die Hand: die Beobachtungssatelliten. Sie überwachen heute fast die gesamte Welt und melden jede Veränderung an ihre Befehlshaber.[4] Diese schützen sich so wirksam vor unangenehmen Überraschungen, die natürlich ebenfalls oft teurer wären als die Satelliten. Aus all diesen Punkten ist schon zu ersehen, daß die großen Industriestaaten ihre Gelder für die Raumfahrt nicht zum Fenster hinauswarfen, sondern sie im Gegenteil sehr gut angelegt wissen.

Neben diesen für die beiden Machtblöcke auf der Welt beinahe lebensnotwendigen Errungenschaften aus dem Raumflug zieht aber noch die Industrie, und nicht nur die russische und amerikanische, unschätzbare Vorteile.

Unter anderem wird für sie die intensive Forschung an Dingen[5] aktuell, die man ohne den Ansporn der Raumfahrt nicht betreiben würde. Sehr bedeutend ist dabei die Entwicklung von raumsparenden und trotzdem leistungsfähigen Energiequellen. Besonders geeignet wäre hier natürlich ein Atomreaktor. Man arbeitet auch bereits fieberhaft an der Konstruktion von immer kleineren und leichteren Geräten. Und diese könnte man dann auf der Erde mindestens ebenso gut gebrauchen. Die Nachfrage nach derart wirtschaftlichen, bis heute leider noch zu umfangreichen Anlagen, steigt ständig. Mit neuen Verfahren wie mit der direkten Umwandlung von Atomenergie in elektrischen Strom wird man bald zu einer ebenso rationellen als[6] raumsparenden Lösung kommen. Wenn solche Reaktoren auf dem Markt sind, kann man mit ihnen ein enormes[7] Geschäft machen, das letzten Endes durch die Entwicklungsarbeit für die Raumfahrt vorbereitet wurde. Dadurch fängt man die ungeheuren Kosten für sie wieder auf und erzielt sogar noch Gewinne. Vor allem dann, wenn man noch das

---

4. Ausdruck paßt hier nicht! Auftraggeber?
5. Besser: in Bereichen!
6. Grammatikfehler: ebenso ... wie!
7. Warum nicht: ungeheueres Geschäft?

Gebiet der Brennstoffzelle und des Akkumulatorenbaus hinzuzählt.[8] Gerade die Brennstoffzelle kann bei weiterer Vervollkommnung im Kraftfahrzeugwesen eine Revolution auslösen, die sich in Gewinnen niederschlagen würde. Ähnlich ist die Lage bei der Entwicklung von neuen Batterien. Auch sie werden die Ausgaben für die Forschung durch ihren Vertrieb zumindest amortisieren.[9] Bei der Herstellung von neuen Energiequellen entsteht also kein Verlust durch die Raumfahrt, sondern wahrscheinlich ein nicht unerheblicher Gewinn.[10] Ein weiteres Gebiet ist der Bau von Atomtriebwerken für Raketen. Man wird mit ihnen auf der Erde zwar wenig anfangen können, aber doch aufschlußreiche neue Erkenntnisse zur Nutzung der Atomkraft erhalten. Vielleicht senken sie einmal die Kosten für den Raumflug und bringen auf diese Weise noch einen Vorteil. Jedenfalls lohnen sich gerade auf dem Gebiet der Entwicklung neuer Energiequellen die Aufwendungen für die Reise ins Weltall.

Der der Raumfahrt am meisten verwandte Industriezweig ist die Fliegerei.[11] Dadurch gewinnt diese Wissenschaft auch mehr als andere Sparten der Wirtschaft.[12] Auf dem Gebiet der Werkstoffe konnte man den Raketenkonstrukteuren vieles abschauen. Die Kunststoffe, die man zum Beispiel für die Hitzeschilder der Raumkapseln verwendet, werden in einigen Jahren bereits die Außenhaut der Überschallflugzeuge schützen. Für besonders hoch beanspruchte Teile stehen heute Metalle wie Elektron oder Titan zur Verfügung. All diese Werkstoffe wurden erst durch die Forschungsarbeit der „Raumfahrer“ verfügbar und dienen heute der größeren Sicherheit und Wirtschaftlichkeit der Flugzeuge. Und allein schon die größere Sicherheit, die viele Menschenleben retten kann, rechtfertigt den Aufwand für diese Entwicklungen. Aber nicht nur die Materialien, auch die neuen Erkenntnisse für ihre Verarbeitung bewirken diese Vorzüge. Neue Verfahren, wie das Metallkleben, das Einsparen von Gewicht durch besondere Profile bei tragenden Elementen, sind der Raumfahrtfor-

---

8. Satzbau! Besser mit Komma an „Gewinne“ anschließen! Das zweite „noch“ ist entbehrlich!
9. Ich glaube, das kann man als Außenstehender nicht beurteilen.
10. Gewinne für wen?
11. Die „Fliegerei“ (Ausdruck!) ist kein Industriezweig.
12. In diesem Satz sind die Begriffe durcheinandergeraten. Zusammenhang, Beziehung und Sinn sind nicht mehr ersichtlich.

schung zu verdanken. Für Behälter wurden ebenfalls günstigere Formen entwickelt. Man entdeckte die Kugel als idealen Tank für die Lagerung von Stoffen unter hohem Druck. Diese und noch viele andere Anregungen, die teilweise erhebliche Einsparungen ermöglichen, tragen mit dazu bei, daß sich die Raumfahrt bezahlt macht.

Die Industriesparte, die von dem Unternehmen des Fluges in den Weltraum bisher am meisten gewonnen hat, ist die Elektronik oder genauer gesagt, die Halbleitertechnik. Sie hat innerhalb von zwanzig Jahren einen ungeheuren Aufschwung genommen, der aufs engste mit dem des Raumfluges verbunden ist. Ohne sie hätte wahrscheinlich noch kein Mensch die Lufthülle der Erde verlassen können, denn es wäre unmöglich, die notwendigen Berechnungen etwa von Hand auszuführen. Die Entwicklung der Computer geht rasend schnell voran. Die Rechengeschwindigkeiten nehmen wie die Kapazitäten der Speichersysteme ständig zu. Ihre Ausmaße werden im Verhältnis zur Leistung immer geringer. Die Zuverlässigkeit vergrößert sich unaufhörlich. Durch diese ungeheure Aufwärtsentwicklung ist der Computer heute zu einem in allen Industriezweigen unentbehrlichen Instrument geworden. Er spart enorme Personalkosten ein und erhöht damit die Konkurrenzfähigkeit der Wirtschaft. Sowohl seinem Benützer als auch seinem Hersteller bringt er nicht unerheblichen Gewinn. Und all das ist im Grunde genommen der Raumfahrt zu verdanken, die seine Entwicklung so stark beschleunigt hat. Die Umsätze der Hersteller von Elektronenrechnern zeigen deutlich, wie gut das Geld für den Raumflug angelegt ist. Aber die Großrechenanlagen sind nur ein Teilgebiet der Elektronik. Auch in normalen Radio- oder Haushaltsgeräten feierte die Halbleitertechnik ihren Einzug. Man kann die Apparate heute viel kleiner und leichter bauen, wozu erstens die geringen Ausmaße der Einzelteile beitragen und zweitens die mit bescheidenen Mitteln erreichbare große Verstärkerwirkung. Außerdem unterliegen Transistorgeräte praktisch keinem Verschleiß und sind auf einen Knopfdruck hin sofort betriebsbereit, da nicht erst Röhren erwärmt werden müssen. All diese Vorzüge durch diese neuartigen Bauelemente gehen letzten Endes auf die Entwicklungsarbeit für die Raumfahrt zurück. Und wenn man nur die erwähnten Punkte betrachtet und dann an den geschäftlichen Erfolg der Produkte der Elektronik denkt, wird klar, daß sie sich tatsächlich lohnt. Doch die Elektronik hat noch in einem weiteren Gebiet ihren Einzug gehalten:

in der Fernmeldetechnik. Die Übertragungswege können heute viel höher belastet und damit wirtschaftlicher genutzt werden. Daraufhin wurden die Betriebskosten vielfach niedriger. Neu zu schaffende Übermittlungswege sind durch Satelliten manchmal billiger zu erstellen, wobei noch die Qualität der Übertragung gewinnt. So ist auch hier die Bilanz für die Raumfahrt positiv. Für die Elektronik hat sie so viele Fortschritte gebracht, daß man wirklich von einem echten Gewinn sprechen kann.

Außer im ersten Abschnitt wurde bisher nur von den Vorteilen der Raumfahrt für die Industrie gesprochen. Sie brachten den Unternehmen höhere Gewinne, von denen der Staat seinen Anteil abschöpfte und seine hohen Ausgaben für die Weltraumunternehmungen deckte. Aber es gibt auch direkte, wenn auch nicht immer finanzielle Vorzüge, die die Raumfahrt rentabel machen. Das sind die Erkenntnisse, die man aus den Flügen von Satelliten und Sonden schöpfen kann. Auf diese Weise wurden die Strahlengürtel der Erde und die Stärke sowie der Aufbau des erdmagnetischen Feldes entdeckt und erforscht. Auch der Einfluß der Meteoriten auf die Erde konnte untersucht werden. Diese Forschungen laufen bis heute, wenn man auch über manche Gebiete, wie zum Beispiel die Erdatmosphäre, schon sehr viel weiß. Die weiter in den Weltraum vordringenden Raumsonden nehmen Temperaturmessungen in der Nähe von oder auf anderen Planeten vor und untersuchen deren Atmosphäre sowie Gesteinsarten. Dabei wird[13] auch die Intensität und Art der Sonnenstrahlung und das Verhalten der Sonnenflecken festgestellt. Kurzum, man gewinnt durch die moderne Technik eine Fülle von Informationen, die erst eine umfassende Erforschung des Weltraumes[14] möglich machen. Darum lohnt es sich auch, diese teuren Sonden zu starten, obwohl man keinen finanziellen Vorteil wie etwa bei Nachrichtensatelliten hat. Damit sind wir bei dem Punkt, an dem die Raumfahrt schon heute zu einem gewinnbringenden Unternehmen geworden ist. Die Nachrichtensatelliten amortisieren sich bereits nach einigen Jahren und bringen dann ihren Besitzern sogar Einnahmen. Ein Übertragungsweg mit Hilfe von Satelliten ist billiger als die Verlegung eines Seekabels. Außerdem

13. Häufiger Grammatikfehler, daß bei nachgestellten Subjekten die Pluralform des Prädikats übersehen wird.
14. Ist diese Erforschung notwendig? Diese Frage sollte nicht vergessen werden.

ist er leistungsfähiger und ermöglicht eine Erfassung[15] der gesamten Erdoberfläche. Er kann also viel mehr bieten und ist zudem billiger; dann muß sich wohl seine Konstruktion lohnen. Nimmt man nun noch alle anderen Gebiete, die erwähnt wurden, dazu, so kann man nur sagen, daß die Ausgaben für die gesamte Raumfahrt kein verschwendetes Geld sind.

Die Wirtschaft einer Raumfahrtnation hat, wie gezeigt werden konnte, aus diesem großen Abenteuer der Menschheit einen ungeheueren Vorteil. Durch den ständigen Ansporn bleibt sie konkurrenzfähig und erhält zudem stets die neuesten Forschungsergebnisse. Aus diesen Gründen heraus[16] ist es auch für kleinere Industriestaaten wie die Bundesrepublik wichtig, den Anschluß nicht zu verlieren und einen angemessenen Beitrag zu leisten.

Bemerkung

In der Arbeit werden die wesentlichen Gesichtspunkte zur Themafrage angeführt. Die Gedanken werden überzeugend entwickelt und begründet. Die Beweisführung ist logisch. Die sprachliche Darstellung ist sachlich und klar.

Da es sich bei diesem Aufsatz um eine Arbeit handelt, die zu Hause angefertigt wurde, stellt sich die Frage nach den Quellen. In welchen Büchern und Zeitschriften hat sich der Verfasser Auskünfte geholt? Oder hat er sich dieses Wissen im Laufe der Zeit angeeignet und selbst verarbeitet?

---

15. Statt substantivisch besser verbal ausdrücken: zu erfassen.
16. Das Wort „heraus“ ist hier überflüssig.

27 Lohnt sich Ihrer Meinung nach der ungeheure Aufwand, den die großen Industriestaaten für die Raumfahrt treiben?

Gliederung

A) Die Endphase des Wettlaufs zum Mond hat begonnen.[1]

B) Die Auswirkungen der Raumfahrt erstrecken sich auf die vielfältigsten Gebiete:

I. Auswirkungen im Bereich der Technik:
  a) Entwicklung neuer Materialien und Herstellungsverfahren,
  b) Entwicklung neuer technischer Geräte und Anlagen,
  c) Entwicklung neuer Prüfverfahren.

II. Wirtschaftliche Aspekte der Raumfahrt:
  a) Stärkung der Wirtschaft durch staatliche Aufträge (Konkurrenzfähigkeit, größere Umsätze, neue Arbeitsplätze),
  b) Wettersatelliten für Wettervorhersage und Hurrikanwarnungen.

III. Der militärische Bereich:
  a) Entwicklung neuer Waffensysteme,
  b) neuartiger Kampfmethoden,
  c) Abschreckung des Gegners,
  d) Sicherung des eigenen Landes und Überwachung des Gegners.

IV. Anwendung der Raumfahrterfolge auf politischem Gebiet:
  a) Propaganda,
  b) Prestige.

V. Wissenschaft und Forschung:
  a) neue Erkenntnisse der Wissenschaft,
  b) Anwendung dieser Erkenntnisse auf das Leben,
  c) Notwendigkeit hoher Ausgaben für Forschung, da sonst Rückschritt.

---

1. Geschrieben 1969!

VI. Stellen, an denen die Aufwendungen für die Raumfahrt fragwürdig werden könnten.
   a) Bemannter Mondflug – eine Angelegenheit des Prestiges.
   b) Gefahr der Vernachlässigung der übrigen Wissenschaft und sozialer Aufgaben des Staates.

C) Leider hat man bei uns in Europa die dringende Notwendigkeit staatlicher Förderung auf dem Gebiet der Raumfahrt noch nicht in vollem Umfang erkannt.

Aufgaben

Versuchen Sie eine eigene Gliederung zu dem Thema unter Benützung der beiden gegebenen Gliederungen!

Informieren Sie sich über den derzeitigen Stand der Raumfahrt und schreiben Sie darüber für Ihre Schülerzeitung einen kurzen Artikel!

28 *Die politische Gemeinde ist die Elementarschule der Demokratie. Ist diese Behauptung richtig?*

Gliederung

A) Demokratie ist dem Menschen nicht von vornherein gegeben, sondern sie muß erst erlernt werden, und zwar auf jeder Ebene. Nur wer die Spielregeln der Demokratie im kleinen (Gemeinde) erlernt hat, kann sie im großen (Staat) beherrschen.
Die Themenfrage wäre: Was spricht für, was gegen die politische Gemeinde als Elementarschule der Demokratie?
Einengung des Themas: Wer die Demokratie verneint, ist wahrscheinlich auch gegen die politische Gemeinde als ihre Elementarschule. Wenn man aber die Demokratie bejaht, so kann ich mir nicht vorstellen, welche Argumente gegen die politische Gemeinde als ihre Elementarschule vorzubringen wären. Deshalb Umformung des Themas zu der Frage:[1]

B) Warum ist die politische Gemeinde Elementarschule der Demokratie?
  I. Der einzelne lernt hier, daß seine eigenen Angelegenheiten erörtert werden,
    a) weil die politische Gemeinde leicht überschaubar ist,
    b) weil jeder von den Maßnahmen unmittelbar betroffen ist.
    c) Das führt zu gesteigertem Interesse,
    d) zu größerer Einsatzfreude,
    e) zu erhöhter Achtsamkeit, als wichtige Voraussetzung für die Demokratie.
  II. Der einzelne lernt hier, daß er die Gemeinschaft braucht,[2]

---

1. Es ist nicht einzusehen, warum in einer Gliederung die Einleitung als einziges ausgeführt werden soll. In der Gliederung interessiert nur der Einleitungsgedanke, der in einem kurzen Satz zu kennzeichnen ist. Die Ausführung des Einleitungsgedankens ist dem Aufsatz überlassen. Wie ist der Inhalt dieser Einleitung zu beurteilen? Ist dies, wie angekündigt, eine Umformung des Themas? Die Behauptung des Themas kann am Ende der Einleitung in eine Frage umgeformt werden, der Inhalt muß aber der gleiche sein.
2. Die Begriffe „Gemeinschaft“ und „Gemeinde“ sind nicht identisch! Begriffserklärung!

1. a) weil in einer Gemeinde jeder auf den anderen angewiesen ist,
   b) weil ein einzelner einer Behörde gegenüber im allgemeinen weniger erreichen kann.[3]

2. Das führt:
   a) zu einem Zusammengehörigkeitsgefühl,
   b) zu einer Konzentration aller Kräfte, um ein gemeinsames Ziel zu erreichen,

   was ja der Sinn einer Demokratie ist.

III. Der einzelne lernt hier das richtige Verhalten seinen Nachbarn (Mitbürgern) gegenüber,

1. weil er sich, um ein gemeinsames Ziel zu erreichen, mit den anderen verständigen muß.

2. Das führt:[4]
   a) zu einer Achtung vor der Person des anderen,
   b) zu diszipliniertem Verhalten,
   c) zu Toleranz (Respektierung der Ansicht des anderen),
   d) was aber Meinungsverschiedenheiten nicht ausschließt.[5]

IV. Der einzelne lernt hier, daß die Interessen der Gemeinschaft seinen Ansprüchen übergeordnet sind,

1. weil es zu keinem befriedigenden Ergebnis kommen würde, wenn jeder nur seine Interessen verfolgt.

2. Das führt dazu,
   a) bei Differenzen die für die Allgemeinheit günstigste Lösung zu suchen,
   b) nötigenfalls die eigenen Interessen zurückzustellen,
   c) eine Verantwortung den anderen gegenüber auf sich zu nehmen.

---

3. Die äußere Form der Gliederung, an sich eine Sache der Vereinbarung, ist nicht ganz logisch, denn warum sollten hier noch 1. und 2. eingeschoben werden. Vergleiche dazu die Verbesserung bei I.!

4. Hier ist die äußere Form richtig!

5. Beachten Sie die richtige Zeichensetzung in der Gliederung! Im Satzzusammenhang müssen die Kommas und Punkte sinngemäß gesetzt werden. Manche schreiben die Gliederung ohne jedes Satzzeichen, verkennen dabei aber den sinnvermittelnden Zweck der Satzzeichen. Sie erleichtern mindestens die Sinnerfassung und das Erkennen der Zusammenhänge.

C) Demokratie ist nicht etwa nur eine Staatsform, sondern eine besondere Art des menschlichen Zusammenlebens, ein besonderer „Lebensstil". Nur wenn in den Gemeinden nach ihren Grundsätzen gelebt wird, kann der Staat ein wirklich demokratischer Staat sein.[6]

Aufgaben

Verbessern Sie diese Gliederung! Arbeiten Sie den Aufsatz aus!

Verfolgen Sie eine Debatte im Stadtrat und schreiben Sie Ihre eigene Stellungnahme zu dem behandelten Problem!

---

6. Der erste Satz vom Schluß sollte noch im Hauptteil stehen, der zweite Satz ist die eigentliche Beantwortung der Themenfrage. Man kann sie in den Schluß setzen, obwohl das Ergebnis der Untersuchung doch wohl besser dem Hauptteil vorbehalten sein soll.

29 Welches sind nach Ihrer Ansicht die Voraussetzungen für den Erfolg der Demokratie?

Gliederung

A) Das Schicksal des Staates bestimmt das Schicksal des einzelnen.

B) Die Voraussetzungen für den Erfolg der Demokratie:

I. In der gesetzlichen Verankerung der Demokratie.

1. Übersicht:
a) die Grundrechte des Menschen,
b) die Verfassung (Aufbau der Demokratie).

2. Entscheidende Faktoren im parlamentarischen System:
a) Wahl,
b) Partei,
c) Opposition,
d) Abgeordneter.

II. Beim Menschen:

1. Die Gemeinschaft:
a) Demokratie als Gesinnung,
b) der Einfluß der Geschichte,
c) Reife des Volkes,
d) wirtschaftliche Sicherheit,
e) die Elite,
f) die Presse.

2. Das Individuum: (Die Demokratie ist gekennzeichnet durch das Vorhandensein des Staatsbürgers.)
a) der Wert der Freiheit:
die Freiheit und ihre Grenzen,
die innere Freiheit,
der Gebrauch der geistigen Freiheit.
b) die Toleranz,
c) die Verantwortung,
d) die positive Einstellung dem Staat gegenüber.

III. Die notwendigen Konsequenzen:

1. Erkennen der Gefahren:

a) in der Regierung:
Vertrauensschwund
Vergiftung der Innenpolitik
Demokratie im Parlament

b) im Volk:
Gleichgültigkeit
Masse, Krisen, Organisationen
unfreie, gelenkte Presse

2. Schutz der Demokratie

C) Jugend, Demokratie und Kommunismus.

Ausarbeitung eines Abschnitts dieser Gliederung

Das Schicksal des einzelnen Menschen hängt arg[1] mit dem Schicksal seines Volkes zusammen. Das Individuum ist unentrinnbar in das allgemeine Geschehen miteinbezogen. Das Leben, das Lebensglück wird vom Wohlergehen des Staates, vom gesunden[2] Arbeiten seiner Institutionen in starkem Maße beeinflußt: Wirtschaftskrisen, Terror, Diktatur und Krieg brachten Verwirrung und großes Leid unter die Menschen, und auch heute kann man dem nicht entfliehen.
Gerade deshalb müßte sich der einzelne lebhaft für den Staat, für seine Probleme interessieren; das bedeutet für einen Menschen, der in einem demokratischen Land wohnt, daß er sich über die Voraussetzungen der Demokratie klar wird, die einen Erfolg dieser Staatsform garantieren, und daß er in gleicher Weise die Gefahren und die Gefährdung der Demokratie erkennt und zu verstehen lernt. Denn nur so kann er die Pflicht des wirklichen Staatsbürgers erfüllen, des Staatsbürgers, der, wie wir in diesem Aufsatz sehen werden,[3] geradezu als die Voraussetzung für das Funktionieren des demokratischen Systems anzusehen ist.
Unsere Aufgabe nun wird es sein, diese Gedanken aufzuzeichnen und dabei ab und zu einen Blick auf die Wirklichkeit, also auf unsere Bundesrepublik zu werfen.[4]

1. Überflüssiges Wort! Dafür: eng!
2. Nicht nur vom „Wohlergehen", mehr noch von den „Krisen" des Staates; Ausdruck „gesundes Arbeiten" nicht gebräuchlich, besser: „... von der Art, wie die Institutionen arbeiten ..."
3. Keine Vorwegnahme dessen, was im Hauptteil folgt!
4. Am Ende der Einleitung soll die Kernfrage des Themas stehen.

1. Die Demokratie ist die gerechteste Staatsform.[5] In ihr geht alle Gewalt vom Volke aus. Das Individuum, der einzelne Mensch, ist unverletzlich; ihm wird in höchstem Maße Freiheit gewährt. Nötigenfalls kann sie sogar mit Nachdruck selbst gegenüber dem Staat mit Erfolg verteidigt werden.

Unsere heutige Auffassung von der Demokratie unterscheidet sich in einem Punkte wesentlich von der Demokratie des alten Hellas oder des alten Rom:[6] „der Mensch ist als solcher heilig" (Eduard Spranger), seine Würde ist unantastbar.

Dieser Gedanke ist engstens[7] verbunden mit dem Glauben an die unbedingte Gleichheit aller Menschen. Wir führen diese Vorstellung auf den christlichen Einfluß (Gleichheit aller Menschen vor Gott) und auf die Wirkung der Aufklärung (die naturbedingte Gleichheit aller Menschen) zurück.

Der Mensch hat Anspruch auf diese Rechte, auf die Unverletzbarkeit seiner Person und auf die Gleichheit; es sind seine Urrechte. Dazu gesellt sich aber noch das Recht auf Freiheit, die dem Menschen von der Natur her gegeben ist, die ihm innewohnt. Und gerade die Freiheit ist ja auch ein wesentliches Element, das unsere Auffassung von der Demokratie beseelt und durchdringt, das aber gleichzeitig als ihre grundlegende Voraussetzung überhaupt gelten darf.

Die Demokratie stellt die einzig mögliche Form dar, die nicht etwa bloßer Selbstzweck ist, sondern auch das Mittel, lebendige und wichtige Lebensinteressen eines Volkes zu regeln und zu vertreten.[8]

Die Demokratie ist die Staatsform eines Volkes, das ein ernstes Interesse beseelt, das Miteinanderleben seiner einzelnen Glieder in Freiheit und durch Vernunft zu ermöglichen.[9]

Es müssen hierbei aber auch gewisse Verpflichtungen (moralischer und materieller Art) herrschen[10] und Rechtsbeziehungen[11] bestehen, die das Miteinanderleben in Freiheit überhaupt erst ermöglichen.

Diese sind in ganz allgemeiner Form in der Verfassung niedergelegt,

---

5. Diese Behauptung sollte am Ende der Gedankenfolge als Ergebnis stehen.
6. Man kann bei „Demokratie" Hellas und Rom nicht zusammenfassen!
7. Den Superlativ sparsam verwenden! Besser: „... eng verbunden".
8. Unklare Aussage!
9. Wirkt schablonenhaft und überzeugt nicht! Behauptung ohne Beweise!
10. Verpflichtungen „herrschen" nicht, sondern „Verpflichtungen bestehen".
11. Nicht „Rechtsbeziehungen", sondern „Rechtsverhältnisse".

deren Artikel 1 bis 5 die bereits erwähnten Grund(oder Ur-)rechte ausführlich beschreiben: das Recht auf freie Meinungsäußerung, auf freie Entfaltung der Persönlichkeit, auf freie Entfaltung des Glaubens.

Bemerkung
Die ausführliche Gliederung gibt einen Einblick in die sehr umfangreiche Arbeit, von der eine Probe geboten wird. Es ist dem Schreiber nicht gelungen, seine guten Gedanken klar und überzeugend darzustellen.

Aufgabe
Versuchen Sie, einen Abschnitt aus dieser Gliederung, der Sie besonders anspricht, auszuarbeiten!

30 Welches sind nach Ihrer Ansicht die Voraussetzungen für den Erfolg der Demokratie?

Gliederung

A) Wesen und Begriff der Demokratie

B) Nach meiner Ansicht sind die Voraussetzungen für den Erfolg einer Demokratie:

I. Gewährleistung der Menschenrechte:
1. Unantastbarkeit der Würde und Freiheit des Menschen,
2. Gleichheit aller vor dem Gesetz,
3. Glaubensfreiheit,
4. Versammlungsfreiheit,[1] Recht auf Freizügigkeit und freie Berufswahl,
5. Recht der freien Meinungsäußerung und Pressefreiheit,
6. Beschwerderecht und Wahrung des Brief- und Postgeheimnisses.

II. Demokratische Lebenshaltung des einzelnen Menschen:
1. Überwindung der Gleichgültigkeit,
2. aktive politische Mitarbeit,
3. objektive Meinungsbildung,[2]
4. Verantwortungsgefühl,[3]
5. politische Erziehung – Debatte und Diskussion,[4]
6. Kritik und Mitentscheidung.

III. Bedingungen äußerer Art:
1. Bestehen einer Verfassung, mehrerer Parteien und einer Opposition,
2. demokratisches Wahlrecht,
3. Gewaltenteilung,
4. Kontrolle des Staatssystems.

C) Der Untertanengeist der Deutschen im Hinblick auf die Demokratie

---

1. Die Versammlungsfreiheit paßt besser zur Meinungsfreiheit (5.).
2. Fragwürdiger Begriff.
3. Verantwortungsgefühl für?
4. Unklare Beziehung zum Thema und untereinander!

Bemerkung

So übersichtlich die Gliederung in Stichwörtern zu sein scheint, sie läßt vom Inhalt und vom Zusammenhang meist wenig erkennen. Stichwörter können auch in der Gliederung nur im Satzzusammenhang verständlich sein.

Aufgaben

Schreiben Sie eine eigene Gliederung zu diesem Thema!

Vergleichen Sie die beiden Gliederungen (Nr. 29 und 30)!

Welches Verhalten und welche Vorgänge können nach Ihrer Ansicht die Demokratie gefährden? Schreiben Sie diese „Gedankensammlung" nieder! (Vorarbeit für einen Aufsatz)

31 In einer Demokratie haben die Grundrechte nur Bestand, wenn auch die Grundpflichten ernstgenommen werden

Gliederung

A) Demokratie ist kein Zustand, sondern eine stete Aufgabe aller Volksteile. Sie steht und fällt mit der Bereitschaft des einzelnen, an einem gemeinsamen Schicksal mitzuformen.[1]

B) „Der einzelne muß vor dem Staat, der Staat aber auch vor dem einzelnen geschützt werden." Dieses Wort von Theodor Heuss macht deutlich, daß die Grundrechte dem demokratischen Staatsbürger eigentlich nur dann zustehen sollten, wenn er auch bereit ist, die freiheitlich demokratische Grundordnung eines Gemeinwesens durch Erfüllung seiner Grundpflichten zu schützen und weiter zu festigen.[2]

I. Demokratische Gesinnung:[3]
   1. Verantwortungsbewußtsein, aufgebaut auf:
      a) Bürger- und Gemeinschaftssinn,
      b) Redlichkeit,
      c) gesundem Rechtsempfinden und Toleranz.
   2. Wille zur Mitarbeit:
      a) Wachsamkeit in allen Lebensbereichen,
      b) Mißtrauen,
      c) Bemühen um objektive Meinungsbildung durch Ausnutzung aller zur Verfügung stehenden Informationsquellen,
      d) Kritik auf der Basis von Anstand und Fairneß.

II. Verpflichtung zur Ausübung der staatsbürgerlichen Rechte:
   1. Wahlrecht:
      a) moralische Wahlpflicht,

---

1. Zweiter Satz der Einleitung ist überflüssig.
2. Der Verfasser identifiziert das gegebene Thema fälschlicherweise mit dem bekannten Zitat von Theodor Heuss. Diese Art „Vorwort" bei B), sozusagen als 2. Einleitung des Hauptteils führt nicht zum Thema, sondern verwirrt und lenkt vom Thema ab.
3. Die demokratische Gesinnung wird anscheinend hier als Grundpflicht bezeichnet.

b) Stimmenthaltung als legitimes, gewaltloses Mittel des Widerstandes gegen Parteienunwesen.

2. Freie Meinungsäußerung in Wort, Schrift, Druck und Bild:

   a) aber nur soweit kein Verstoß gegen die staatliche und sittliche Ordnung vorliegt,

   b) als Mittel positiver sowie negativer Kritik an staatlichen und gesellschaftlichen Verhältnissen.[4]

3. Versammlungs- und Verbandsfreiheit:[5]

   a) Anschluß an Interessenverbände[6] und Parteien als Ausdrucksmittel des Willens und der Meinung gleichgesinnter Staatsbürger,

   b) Massenproteste und politische Streiks ohne Gewaltanwendung.[7]

III. Erfüllung der staatsbürgerlichen Pflichten:[8]

1. In der Familie:
   Erziehung der Jugend zu demokratischen Staatsbürgern

2. Außerhalb der Familie:

   a) Anerkennung der allg. Menschenrechte,

   b) Gleichmaß an egoistischen und altruistischen Regungen,

   c) Einsicht bei selbstgemachten Fehlern,

   d) Vorgehen gegen Rechthaberei, Herrschsucht, falsche Eitelkeit, Gleichgültigkeit und Trägheit.

3. Im öffentlichen Leben:

   a) Steuerpflicht,

   b) Wehrpflicht.

---

4. Die Satzzeichen helfen auch in der Gliederung, den Sinn zu erfassen.
5. Hier wird ein Grundrecht in die Reihe der Grundpflichten aufgenommen.
6. Wer sich also nicht einem Interessenverband anschließt, handelt undemokratisch? Vermutlich falscher Ausdruck, vielleicht ist gemeint „Organisationen" der demokratischen Willensbildung.
7. Hier wird deutlich, daß das Fehlen eines Satzzusammenhangs zu Mißverständnissen führen kann. Was kann hier gemeint sein? – Verpflichtungen zu Massenprotesten? Problematik des politischen Streiks! Widerspricht der politische Streik nicht der demokratischen Regel, daß die Volksvertretung die politischen Entscheidungen fällt, daß nur über Wahlen die Zusammensetzung der Volksvertretung geändert werden kann?
8. Vergleiche II.! Diese Unterscheidung scheint nicht besonders günstig zu sein!

C) Die Vernachlässigung der staatsbürgerlichen Grundpflichten leistet totalitären Bestrebungen Vorschub.

Bemerkung

Dieser Arbeit fehlen die Vorbesinnung auf das eigentliche Thema und die klare Vorstellung von Rechten und Pflichten.

Aufgabe

Was verlangen Sie vom Staat? Antworten Sie in Stichwörtern!

32 *„Die Bildung eines politischen Bewußtseins der breiten Volksschichten ist eine Schicksalsfrage unserer Demokratie." – Stimmen Sie diesem Wort des früheren bayerischen Ministerpräsidenten Högner zu?*

Gliederung

A) Historischer Rückblick auf die Weimarer Republik; Erläuterung der Beweisführung

B) Ist die Bildung eines politischen Bewußtseins der breiten Masse für unsere Demokratie eine Schicksalsfrage?

I. Was bedeutet „Demokratie"?

1. Alle Macht soll vom Volk ausgehen.
2. Das Volk übt die Kontrolle über die Regierung aus.
3. Jedem Staatsbürger werden Freiheitsrechte und das Prinzip der Chancengleichheit garantiert.

II. Von welchen Seiten besteht heute eine Bedrohung der Demokratie?

1. Konformismus führt zur gefährlichen Stärkung der etablierten Hierarchie.
2. Meinungsmache durch Pressekonzentration nimmt dem einzelnen Staatsbürger eine echte Kontrollmöglichkeit.
3. Übersteigerter Lobbyismus führt zum Übergehen und Mißachten demokratischer Rechte breiter Bevölkerungsgruppen.
4. Durch Manipulation können die Massen zum willenlosen Stimmvieh werden.

III. Inwiefern kann die Bildung eines politischen Bewußtseins breiter Bevölkerungsschichten Schutz vor diesen Gefahren bieten?

1. Politisches Bewußtsein bewirkt kritisches Mitdenken und führt zur Ablehnung des gefährlichen Konformismus.
2. Kritisches Denken fördert die persönliche Meinungsbildung und stellt somit einen Schutz vor der gefährlichen Meinungsmache dar.

3. Politisches Wissen führt zu politischem Engagement breiter Volksschichten.
4. Wenn man sich ständig mit politischen Fragen beschäftigt, werden Wahlen zu einer echten Kontrolle von Parlament und Regierung.

IV. Persönliche Stellungnahme:
1. Der politischen Bewußtseinsbildung kommt eine wichtige Kontroll- und Schutzfunktion zu.
2. Unsere Demokratie ruht noch auf weiteren Stützen:
   a) verantwortungsbewußte Demokraten als Politiker,
   b) verantwortungsbewußte Sachverständige,
   c) arbeitsfähige Regierung.

C) Eine Demokratie kann nicht nur durch verfassungsrechtliche Bestimmungen geschützt werden.

Bemerkung
Diese Gliederung zeichnet sich durch klaren, logischen Aufbau aus. Die persönliche Stellungnahme zum Thema wird durch Begriffserklärung sowie Überlegungen, wodurch unsere Demokratie gefährdet sein kann, vorbereitet. Welche Ansichten und Gedanken im Aufsatz vertreten werden, ist aus dieser Gliederung zu ersehen, da sie in kurzen Sätzen abgefaßt ist.

Aufgabe
Schreiben Sie nach dieser Gliederung einen Aufsatz zum Thema!

33 Ist die Vergangenheit tot?

Gliederung

A) Vergangenheit: Begriff für zeitlich Zurückliegendes oder etwas, dem eine neue Generation fremd gegenübersteht. Relativität der Vergangenheit.

B) Ist die Vergangenheit tot?

I. Kann die Kultur der Vergangenheit für eine neue Generation tot sein?

1. Das Wesen der Kultur und Kunst im Zeitlosen; ihre enge Verbindung mit der gesamten Menschheitsgeschichte; organische Aufeinanderfolge der einzelnen Kulturepochen.
2. Die Entwicklung einer Kultur von der Schaffung ihrer Voraussetzungen bis zur Blüte über mehrere Generationen hinweg.
3. Zeitlos unbeschränkte Gültigkeit wahrer Kunst und wahrer Geister. Vorbilder aller Generationen.
4. Allgemeine Ziele und Fragen der Menschheit verbinden alle, die sich unter sie stellen. Urfragen der Menschheit. Die Antworten gehen über gemeinsame Leistungen, über Orts- und Zeitgrenzen hinaus.

II. Kann die Vergangenheit in der Persönlichkeit eines Menschen tot sein?

1. Tradition in Glauben, Moral, Denkweise und Idealen verbinden Generationen.
2. Innerhalb eines Menschenlebens:
   Jugend und Alter
   Psychologie
   Vergessen und Vergeben
   das Gewissen.
3. Entwicklung der Persönlichkeit:
   Erfahrung
   Lebenserfüllung
   Sinn des Lebens.

III. Kann politische Vergangenheit sterben?
   1. Unbewältigte Vergangenheit;
   2. Vergangenheit – ein Schatten, über den man nicht springen kann.

C) Auseinandersetzung zwischen Altem und Neuem

Bemerkung

Gliederungen zu Problemaufsätzen sollen entweder in Stichwortform oder in kurzen Sätzen abgefaßt werden. Diese Arbeit zählt unter einem Gliederungspunkt zu viele Einzelgedanken auf, ohne sie gedanklich und formal einzuordnen (z. B. II, 2. oder I, 1.!).

Aufgabe

Arbeiten Sie zu diesem Thema eine formal bessere Gliederung aus und verwenden Sie dabei die in diesem Aufsatz gebotenen Gedanken!

Aufsatz

Es ist immer wieder interessant, den Begriff der „Vergangenheit" zu bestimmen, weil es eigentlich nie richtig gelingt. Was zählt man zur Vergangenheit? Die Jahre vor 1945 werden für Böll zum Beispiel niemals völlig Vergangenheit werden. Für einen Menschen dagegen, der jene Zeit unbewußter durchmachte, könnte sie leichter in Vergessenheit geraten. Im Grunde genommen aber sind jene schrecklichen Jahre längst Geschichte. Warum also zählt man ein Erlebnis oder einen ganzen Zeitabschnitt zur Vergangenheit? Sobald etwas aus dem Kreis eines gewissen Zeitradius[1] herausgetreten ist und somit nicht mehr der Gegenwart angehört (und bei der Behandlung des Themas möchte ich sie so verstanden wissen); oder aber, sobald uns ein lebendiges Verhältnis zu etwas verlorengegangen ist – dann drückt die Bezeichnung Vergangenheit von vornherein ein gewisses „Todesurteil" aus. Meist scheint das eine das andere in gewissem Maße zu bedingen. Gerade in unserer kurzlebigen Zeit bedeutet, „aus dem Rampenlicht

1. Das Wort ist eigenwillig geprägt, kann angefochten werden.

der unmittelbaren Aktualität gerückt zu sein", auch vergessen sein. Aber hier handelt es sich um „Eintagsfliegen", die nicht einmal bis zum Stadium der Vergangenheit überleben. Kann aber eine Vergangenheit auf kulturellem, politischem oder rein menschlichem Gebiet von heute auf morgen tot sein? Liegt dieses Vergessen[2] überhaupt im Gebiet des menschlichen Willens? Kann das, womit und wofür unsere Großeltern ihr Leben aufbauten, für uns plötzlich ganz bedeutungslos werden?[3] All diese Fragen möchte ich nun behandeln und versuchen, die einzig richtige Antwort zu beweisen: Nein, die Vergangenheit kann nicht einfach absterben.[4]

Am eindeutigsten ist dieser Beweis auf dem Gebiet der Kultur zu führen. Ist nicht gerade die Zeitlosigkeit ein Erkennungsmerkmal echter Kultur und Kunst? Denn Kunst ist keine Modesache. Und was könnte enger mit der gesamten Menschheitsgeschichte verbunden sein als Kultur? Die organische Aufeinanderfolge der einzelnen Kulturepochen verbindet wie ein roter Faden die einzelnen Jahrhunderte. Ohne die Klassik wäre keine Renaissance möglich, ohne Orthodoxie kein Pietismus. Ein „Die Renaissance ist tot – es lebe das Barock!" – eine solche These würde nur geschichtliches Unverständnis offenbaren. Der Mensch steht auf einem Berg, den Generationen vor ihm schufen, und will er weiterbauen, so nur auf der Grundlage des Vergangenen. Wie lächerlich wäre es, wollte er einen weiten Horizont nur damit erklären wollen, daß er sich selbst auf die Zehenspitzen stellt.

Die Schaffung der Voraussetzungen zu einer neuen Kulturepoche und die Zeit ihrer Blüte trennen[5] Jahrzehnte, ja manchmal ein Jahrhundert.[6] Ein Beweis dafür, daß Vergangenheit nicht nur weiterleben,

---

2. Vergangenheit ist nicht mit „Vergessen" gleichzusetzen!
3. „bedeutungslos" für das Wort „tot" im Thema ist angebrachter.
4. Besser wäre es, am Ende der Einleitung die Themafrage offen zu lassen und dann als Ergebnis der Erörterung die Frage zu beantworten. Der Verfasser dieses Aufsatzes hat schon seine Meinung festgelegt und will diese nur begründen, auch eine Möglichkeit, den Aufsatz aufzubauen. Diese Vorwegnahme des Ergebnisses liegt hier im Thema, da es dieses Ergebnis bereits unterstellt.
5. Ausdruck und Satzbau schwach! Jahrzehnte liegen zwischen dem Schaffen der Voraussetzungen und der Blütezeit einer Kultur.
6. Der Sinn des Satzes ist noch nicht zu Ende gebracht, deshalb Komma statt Punkt!

sondern festgefügt und vollendet werden kann. Die gemeinsamen Ziele und Fragen verbinden alle, die sich unter sie stellen. Wie oberflächlich wäre die Generation, die sich nicht von neuem die Urfragen der Menschheit brennend stellt: die Fragen nach dem Lebenssinn, nach Gott und den Gesetzen des Universums! Das Streben nach einem Ideal vereint die Menschheit über die Zeit hinaus. Die Antworten auf ewige Fragen sind wie große, unvollkommene Mosaikplatten, denen jede Generation höchstens ein Steinchen hinzufügen darf.

Nicht nur technische,[7] auch philosophische Erkenntnisse besitzen ewige Gültigkeit. Wie könnten die Forderungen des Christentums an den Menschen jemals Vergangenheit sein, wie könnte die Sprache[8] Christi, Goethes oder Luthers jemals tot sein? Ist das Streben der alten Griechen nach stiller Größe und edler Einfalt etwa auf diese Zeit beschränkt,[9] kann man solchen reinen Gedanken jemals verständnislos gegenüberstehen?

Das Wissen und das Leben in der Gegenwart muß in der Vergangenheit wurzeln. Und nie darf aus einer organischen Entwicklung ein Glied herausfallen. Das beste Beispiel der Beziehung zwischen Jugend und Alter bringt das menschliche Leben. Gerade die moderne Psychologie hat eindrucksvoll gezeigt, wie bestimmend die Kindheit auf das spätere Leben wirkt. Schon manchem Verbrecher konnte man durch Berücksichtigung der Kindheitserlebnisse Verständnis und echte Hilfe entgegenbringen. Die Trennung in Vergangenes und Gegenwärtiges scheint im Leben des Menschen am willkürlichsten: das Unterbewußtsein stellt eine geheimnisvolle Verbindung dar. Das Verhalten in der Gesellschaft, die Stellung zu den Lebensproblemen werden in den Kindesjahren für das ganze Leben entscheidend durch Elternhaus, Erziehung und Umgebung geprägt. Erlebnisse der Kindheit können zu lebenslänglichen Komplexen führen. Im Leben gibt es kein Heute und Gestern, man kann Vergangenes nicht einfach wie eine schmutzige Jacke ablegen, ein „ganz neuer Adam“ ist psychologisch unerreichbar. Um einen Menschen beurteilen zu können, muß man seine Vergangenheit kennen. Aber man muß auch einmal bereit sein, seine Vergangenheit vergessen zu können. Ein Verbrecher muß die Chance zu einem

7. Bisher war von technischen Erkenntnissen nicht die Rede.
8. Das Wort „Sprache“ ist hier mißverständlich; sie kann durchaus veralten.
9. Dieses Streben hat eine spätere Zeit den Griechen unterstellt.

neuen Start bekommen, ein einmal Geirrter[10] muß sich korrigieren dürfen. Man kann niemandem wirklich verzeihen, ohne seine Schuld vergessen[11] zu wollen. „Wir wollen die Vergangenheit begraben", das kann ein neuer Anfang sein. Das Recht, zu irren, hat jeder Mensch. Aber ist damit Vergangenheit wirklich tot? Jener Flieger,[12] der die Bomben über Hiroschima auslöste, mag vor der Welt entschuldigt sein. Aber niemals wird ihn sein Gewissen entschuldigen können. Er wird von seiner Vergangenheit ein Leben lang verfolgt werden. Und jene Menschen, die in schrecklichen Kriegsstunden das Grauen und die Verzweiflung erlebten – werden sie jemals Vergangenes vergessen können? Werden die KZ-Wächter jemals Vergangenes totschweigen können? Camus sagt nein. „Obgleich sie meinten, sie könnten die Pest überleben, ohne ihr Herz zu verändern."
Auch die Persönlichkeit erhält ihren Wert durch Einbeziehen des Vergangenen in das Heute. Erfahrung gewinnt man nach Jahren, in denen man nicht vergißt. Lebensweisheit, Abgeklärtheit – Eigenschaften, die man im Laufe der Jahre erhält. Maßstäbe, die deshalb so geschätzt sind, weil sie Vergleiche mit Vergangenem ermöglichen, weil sie auch das Gestern in sich tragen.
Wie könnte ein Leben jemals erfüllt sein, wenn man Jahre oder gar ganze Entwicklungsstufen vergessen würde? Der Mensch lebt nicht von der dinghaften Realität allein. Er lebt auch von der Erinnerung – den Gedanken an die Vergangenheit, ebenso wie von der Hoffnung –, den Gedanken an die Zukunft. Der Mensch lebt sehr selten in der Gegenwart. „Das Aktuelle ist nur ein Schlüssel", sagt Böll. Was wäre ein Schlüssel wert, könnte er uns nicht verborgene Räume eröffnen? Gedanken – zurück in die Jugend, zurück in die alte Heimat, zurück in die „gute alte Zeit". Vergangenheit kann ein Schatz sein, mit dessen Verlust man das Leben um vieles ärmer machen würde.
Der Sinn des Lebens ist das ständige Erweitern der Persönlichkeit in das Zeitlose hinein. Das Streben des Menschen geht auf das Ewige. Selbst der Tote sträubt sich gegen das Vergessen.[13] Generationen nach

10. Besser: „ein Gestrauchelter" oder „ein Irrtum", „jemand, der einmal geirrt hat".
11. Hier werden „Irrtum" und „Schuld" gleichgesetzt!
12. Dieses Beispiel und die folgenden passen nicht zu „Irrtum"!
13. Ist es der Tote oder sind es die Hinterbliebenen?

ihm werden sein Grab besuchen, Blumen niederlegen und seiner gedenken.[14] Um die Vergangenheit immer wieder in die Gegenwart zu tragen, in die neue Generation. Aber wie neu ist sie eigentlich? Meist genügen zwanzig Jahre, um aus dem Revolutionär einen Konservativen gegenüber dem Leben zu machen. Die Tradition in Glauben, Moral und Idealen, die althergebrachten Vorurteile und Grundsätze, die alten Angewohnheiten, um das Leben überleben zu können.[15] Nie werden sie absterben in der breiten Masse.[16] Am Beispiel der Tradition zeigt sich der darin liegende Gewinn, aber auch die Gefahr, durch Erstarrung neues Leben zu verhindern. Tradition kann auch einer Ritterrüstung gleichen, die nur einengt und keine großen Veränderungen zuläßt. Die Reformation beweist, wie schwer es fällt, veraltete, der Vergangenheit angehörige Traditionen zu beseitigen.[17]

Und damit kommen wir zu dem Problem der „Bewältigung" der Vergangenheit, was bedeuten soll, man möchte sich die Vergangenheit „vom Halse schaffen". „Es soll Gras darüber wachsen." „Die alten Wunden sollen nicht ständig neu aufgerissen werden." „Es muß einmal Schluß sein mit der Vergangenheit." Irgendwie soll die Vergangenheit[18] totgeschlagen[18] werden.

Aber hierin liegt eben der Irrtum. Die Vergangenheit zu bewältigen, das heißt nicht, einfach unbewältigt jene[19] Ereignisse links liegenlassen, sondern sie sich nochmals zu Herzen nehmen, sie genau zu überdenken, die Fehler zu erkennen und sich zu fragen: Wie kann es das zweite Mal verhindert werden? Also nichts totschweigen, auch nichts vergessen. Denn Vergangenheit, auch politische Vergangenheit, kann nie tot sein. Es wäre eine zu elegante[20] Lösung.

Die intensive Beschäftigung mit der Vergangenheit ist Grundvoraussetzung, sie zu bewältigen, aus ihr zu lernen. Denn aus der politischen

---

14. Der erweiterte Infinitiv (um zu) gehört zum Hauptsatz, deshalb Komma statt Punkt!
15. Dieser „Satz" hat keine Mitte, keine Aussage, weil ihm das Prädikat (die Satzaussage) fehlt.
16. Im Ausdruck sehr schwach. Aber auch der Sinn ist fraglich!
17. Der Sinn ist nicht ganz klar.
18. Welche „Vergangenheit"? Hier wird der Begriff eingeengt, weil eine schreckliche, schuldhafte Vergangenheit gemeint ist. „Totschlagen" ist hier ein schlechter Ausdruck.
19. Welche Ereignisse?
20. Das Wort hat einen hier nicht zutreffenden Sinn!

Geschichte kann ein Volk besonders lernen: hier offenbaren sich Fehler und Irrtümer der Generationen. Aber wie schwer fällt das Umlernen! Die breite Masse[21] lebt immer in der Vergangenheit, und ehe allgemeine Erkenntnisse und Einsichten in den Alltag aufgenommen worden sind, wären bereits andere Probleme so wichtig.[22] Auf die Frage, ob es in Deutschland noch Nationalsozialismus gibt, antwortete Böll einmal: „Natürlich, oder hätten Sie geglaubt, daß ab 1. Januar 1946 alle Menschen klug geworden wären?" Der absolute Bruch mit der Vergangenheit ist meist ein völlig unrealistischer Wunschtraum. Auch Revolutionen, mögen ihre Ideale noch so hoch stehen, verfallen nach kurzer Zeit wieder an den Krankheiten der Vergangenheit. Die Tätigkeit des menschlichen Geistes, die Gewohnheit als Lebensbedingung binden den Menschen an die Vergangenheit, an das Alt-Hergebrachte. Die Vorteile der Demokratie mögen ihn überzeugen. Aber das undemokratische Denken seiner Großväter ist deswegen noch lange nicht abgeschafft. Die eigentliche Heimat des Menschen ist die Vergangenheit, das vorgelebte Schema.

Die Auseinandersetzung zwischen Altem und Neuem.[23] Nicht vergessen oder vernichten, sondern Überführung des Alten in einen der Gegenwart angepaßten, sinnvollen Zustand. Dies ist das Problem, dem jede neue Generation gegenübersteht. Das Vergangene in Ehrfurcht erhalten und würdigen, aber auch fähig sein, totes Geäst einer sich ständig weiterentwickelnden Zivilisation auszuschneiden, um Platz für das neue Leben zu schaffen, das ist ihre Aufgabe. Eine Denkmalspflege der Vergangenheit würde sie außerhalb unseres Lebenskreises setzen – vielleicht bewundert, niemals aber verstanden. Aufgabe ist es, ein glückliches Maß zwischen Verbundenheit mit dem Alten und Aufgeschlossenheit für alles Neue zu erreichen.[24] Und kraft des Geistes und der Fähigkeiten einer neuen Generation die Vergangenheit zu läutern und sie mit einzubeziehen in eine bessere Gegenwart.

---

21. Ausdruck! Auch die Aussage ist falsch!
22. Der Sinn dieses Satzes ist unklar! Die Beziehung für „so" fehlt!
23. Unvollständiger Satz! Sinn?
24. Satz führt weiter, deshalb Komma statt Punkt!

34 Wie sind die Ideen der Aufklärung in der Französischen Revolution verwirklicht worden?

Gliederung

A) Die Selbstverwaltung in den amerikanischen Kolonien wirkt anregend auf die Französische Revolution.

B) I. Die Ideen der Aufklärung sind:
   1. Die Herausstellung des einzelnen und des Volkes in der Volkssouveränität.
      a) passive:
         1) Herrscher garantiert vorstaatliche Rechte (Staatsvertragslehre; John Locke),
         2) Recht des Volkes auf Widerstand (Calvinisten in Frankreich);
      b) aktive:
         1) Gewaltenteilung (Montesquieu),
         2) Ermittlung des volonté générale (Rousseau);
   2. Kritik an der Kirche. Auseinandersetzung mit ihren Verrichtungen.
   3. Negation der feudalen Gesellschaft;
   4. Einsatz für die Bauern. Wirtschaftlicher Liberalismus;
   5. Ausgangspunkte der Aufklärung:
      a) Vernunftglaube,
      b) Menschenwürde.

   II. Die Verwirklichung dieser Ideen:
   1. der Volkssouveränität, des Einflusses des Volkes;
      a) zu Beginn der Revolution:
         1) nachteilige Entwicklung:
            Eröffnung der Reichsstände
         2) vorteilhafte Entwicklung:
            Erste Kapitulation des Königs nach dem Ballhausschwur;
      b) unter der radikalen Welle (1791–1795)
         1) vorteilhafte Entwicklung:
            Kapitulation des Königs nach dem Sturm auf die Bastille;

Erklärung von 1789
Verfassung von 1791
2) nachteilige Entwicklung:
Einführung des Radikalen, beispielsweise an den Bauernaufständen.
Prägung des öffentlichen Geschehens und der Nationalversammlung durch das Radikale;
c) die gemäßigtere Epoche (1795–1799)
1) Direktorialverfassung: Volksvertretung,
2) unter Napoleon: statt Volksvertretung persönliche Rechte.
d) Wertung dieser Entwicklungen;
e) über die Legislative,
1789 – 1781 – 1793 – 1795 – 1799,
f) durch Widerstand: vom Volk selbst verkannt oder durch die Revolutionsführer lahmgelegt,
g) durch den allgemeinen Willen: Mißbrauch,
da er diktiert wird,
da er gegen die Menschenrechte ausgespielt wird,
da die Einschränkungen der Erklärung von 1789 an den rechtmäßigen Gebrauch des allgemeinen Willens gebunden sind,
da die Mehrheit durch Schrecken zur Einwilligung gebracht wird;
2. der Freiheit, Gleichheit, Brüderlichkeit,
a) der Freiheit: keine freie Meinungsäußerung in dieser Zeit,
b) der Gleichheit: Vergleich der Verfassungen,
c) der Brüderlichkeit:
unter dem Volk;
gegenüber den anderen Staaten;
Wertung;
3. des Wirtschaftsliberalismus und der Rechte der Bauern
a) Abhängigkeit der Bauern von der gegebenen Gleichheit;
b) Freihandel unmöglich;
4. des Angriffs auf die Kirche:
a) Säkularisierung,
b) Verfolgung.
5. der Grundprinzipien der Revolution:

a) Widerspruch zwischen der zugestandenen Freiheit und der Christenverfolgung!
b) Widerspruch zwischen dem alleinigen Glauben an die Vernunft und dem Verhalten des Volkes.

C) Die Französische Revolution erfüllt die Ideen der Aufklärung unzureichend, verletzt sie, und verwirklicht am Ende nur einige Vorstellungen der Aufklärung, wobei eine neue Gesellschaftsform die alte ablöst.

Bemerkung

Die Gliederung zu diesem Erörterungsthema oder zu dieser „Facharbeit aus der Geschichte" ist sehr reichhaltig und bringt eine Fülle von Fakten zum Thema. Die äußere Form ist bestechend übersichtlich, hat aber, wenn man die Gliederung als Grundlage für den Aufsatz benützt, einige Schwächen:

1. Für eine Facharbeit mit so genauer Gliederung eignet sich das übliche Gliederungsschema nicht besonders. Man sollte dafür besser die Gliederungsform wissenschaftlicher Abhandlungen größeren Umfangs benützen, also I, 1,1 – I, 1,2 – I, 2,1 usw. Die hier gebotene Gliederung I, 1. a) 1) usw. verwirrt.

2. Längere Gliederungen von einem einzigen Einführungssatz abhängig zu machen, ist schwierig und umständlich. Siehe II, 1.–5.! Die Verwirklichung dieser Ideen: 1. der Volkssouveränität usw. 2. der Freiheit, Gleichheit und Brüderlichkeit usw. 3. des Wirtschaftsliberalismus usw. 4. des Angriffs auf die Kirche usw. 5. der Grundprinzipien der Revolution usw.

Es ist besser, immer einen neuen, unabhängigen Satz zu bilden.

Aufgabe:

Versuchen Sie, diesen ausgebreiteten Stoff zum Thema kürzer und sprachlich besser zu gliedern!

35 *Die Freiheit hat drei Feinde: das Geld – die Macht – die Masse*

Gliederung

A) Die Forderung nach Freiheit ist aus dem Willen Gottes berechtigt.

B) Die Freiheit hat drei Feinde: das Geld – die Macht – die Masse

I. Freiheit als Überwindung des Zwanges von außen:
   a) negativer Einfluß des Geldes,
   b) der Macht,
   c) der Masse.

II. Überwindung der Willkür:
   a) Hinderung durch die Masse,
   b) durch Macht,
   c) durch Geld,
   d) Überwindung der Willkür durch Beseitigung der „bloßen Meinungen".

III. Freiheit als Verantwortung:
   a) Zerstörung der Verantwortung durch Macht,
   b) durch Geld,
   c) durch Vermassung.

C) Zitat über die Freiheit von Montesquieu

Eine eigentümliche Bewandtnis hat es mit der Freiheit: jeder Mensch muß sterben, auch bei seiner Geburt wird er nicht nach seinem Willen gefragt, und sogar bei dem Akt, mit dem er sich dem Zwang des Lebens zu entziehen vermeint, begeht er eine Handlung, die im tiefsten Innern dem Lebenmüssen entspringt. Woher nimmt also der Mensch den Anspruch auf Freiheit im Leben? Ich glaube, er kann ihn letztlich nur als Ebenbild Gottes fordern, des Gottes, der ihm mit der Willensfreiheit von Gottes ewigen Gesetzen auch die Freiheit auf Erden geschenkt hat. Damit wird die Freiheit Kennzeichen des Menschen, seines Hinausgehobenseins über die anderen Lebewesen, und er muß sich der Bedrohungen gegen die Freiheit erwehren, indem er sich ihrer größten Feinde: Geld – Macht – Masse bewußt wird.
Mächtige Feinde sind es, da sie den Menschen in seiner negativen

Größe in vollem Glanz erstrahlen lassen können, da sie der Bequemlichkeit das Wort reden; die Freiheit aber, die wahre Freiheit, läßt den Menschen nicht immer auf einem bequemen Pfad wandeln, sondern sie wird ihn zuweilen durch Gesetze zu einer Überwindung zwingen. Will der Mensch frei sein, muß er das Äußere, die äußeren Notwendigkeiten bezwingen. Er muß, wie ein berühmter Philosoph sagt, das äußerlich Notwendige, das ihn doch bezwingt, zu einem Gegenstand, Moment seines Daseins machen, bewußt und gestaltet. Kann aber ein Mensch, der Geld hat – es ist bekanntlich sehr schwierig, so zu besitzen, als besäße man nicht – noch zu wahrer Erkenntnis gelangen? Wird er sich nicht in vollem Bewußtsein seiner Unabhängigkeit versteifen, vergeblich um innere Überwindung ringen? Die Macht – oft mit Geld verknüpft – ein sehr gefährliches Paar – wird ebenfalls den Menschen abhalten von der Einsicht, von dem Sichfügen und damit von der befreienden inneren Überwindung. Dies alles sind Mittel, die der Mensch in Händen hat, über die er verfügen kann, er kann sich von ihnen trennen. Schwierig wird es, wenn der Mensch etwas ist,[1] wenn er einem Zustand verfallen ist, sich dem Massesein hingegeben[2] hat, Gemeinschaft zu bilden, das den anderen als Mitmenschen anerkennt. Er ist Mitläufer geworden in einem johlenden oder in stumpfem Schweigen verharrenden, behäbigen oder reißenden Haufen, der rücksichtslos alle Hindernisse niederwalzt. Eigene gezielte Empfindungen und klares, ungehemmtes Denken sind nicht mehr sein. Der Mensch hat die Fähigkeit verloren, sich durch innere Überwindung vom äußeren Zwang zu befreien. Die Fähigkeit der Selbstüberwindung setzt voraus, daß sein Denken und Handeln frei von Willkür ist.[3] In wahrer Freiheit will der Mensch nicht, weil er will,[4] sondern weil er eingesehen hat, daß es so am besten ist. Der Mensch in der Masse besitzt keinen freien Willen und damit auch nicht die Möglichkeit, von Massensuggestion seiner klaren Erkenntnis beraubt,[5] der Willkür zu entgehen. Die Masse ist nicht wie die Gemeinschaft eine zweckvolle Form des Zusammenschlusses, sie besitzt

1. Unklarer Ausdruck!
2. Ausdruck!
3. Unklarer Ausdruck!
4. Unklarer Ausdruck! Unverständliche Aussage!
5. Falscher Satzbau! Besser: „... und damit auch, von Massensuggestion seiner klaren Erkenntnis beraubt, nicht die Möglichkeit, der Willkür zu entgehen."

kein eigenes Ziel, sondern sie wird in einem Kraftfeld unausgerichteter Triebkomponenten hin- und hergeworfen. So wird der Massenmensch ein Willkürmensch ohne jede sittliche Verankerung in Gott. Er gehört in die „Masse der Verdammten", nicht zu der „Zahl der Seligen". Der Mensch tritt aus der Masse, wird wieder Mensch, und doch bleibt er der Willkür verhaftet. Er ist Herrscher, ihm ist Macht gegeben. Wird er sie zum Wohl der Menschheit, wird er sie als Ebenbild Gottes zur Vollendung seines sittlichen Auftrags nützen? Die Verlockung der Macht ist zu groß, der Genuß der Macht zu süß, die gefallene Menschennatur kann ihnen nicht widerstehen, und mit ihr ist die Freiheit vom Siegespodest der Menschheit in die Untiefen der Versklavung gestürzt. Der Mensch ist Sklave, er hat sich freiwillig unter das Joch der Willkür gebeugt, nicht aus Zwang, sondern um des persönlichen Vorteils willen, und er tritt seine Freiheit, des Menschen höchstes Gut, in den Staub. Schlimmer noch, er hat sie um Geld verkauft. Er nimmt, das Geld in Händen, die Willkür des anderen auf sich oder verteilt sie, er ist sich seines Sieges bewußt. Der Sieg der Willkür droht auch in der Auffassung, jede Meinung habe ihr eigenes Recht, weil sie von einem Individuum vertreten wird. Doch zu den „bloßen Meinungen" muß die Einsicht als das lenkende Element treten. Der Massenmensch insbesondere entbehrt dieser Überwindung der bloßen Meinungen, da er vom Strudel der Gemeinheit mitgerissen wird. Die Macht und das Geld werden ebenfalls den Menschen in seinem Selbstbewußtsein daran hindern, von seinen spontanen, unkontrollierten Entschlüssen abzugehen. So müssen die Flächen, die entstehen, wenn die Interessenssphären in weiten Bögen sich überschneiden, Schauplatz werden von erbitterten Machtkämpfen, die die Freiheit als ihr Opfer zu Grabe tragen.

„Frei ist der Mensch in dem Maße, wie die anderen frei sind." Die Freiheit bedarf also, um sichtbar zu werden, der Gemeinschaft, und in ihr erst kommt sie zur Vollendung. Verantwortung der Gemeinschaft, dem anderen gegenüber wird zum beherrschenden Wesenszug. Verantwortung und Macht gehören eng zusammen. Die Macht, richtig geführt, ist eine Zierde des Menschen. Er soll, dem göttlichen Auftrage gemäß, sich die Erde untertan machen und so den Willen des Schöpfers vollenden. Mit der Macht hat er aber auch die sittliche Pflicht der Verantwortung gegenüber dem Mitmenschen übernommen, ihn nach Gottes Willen zu leiten und ihm die von Gott gewollte Frei-

heit zu bewahren. Die Macht als Selbstzweck verleugnet den Dienst am Nächsten und raubt ihm die Freiheit. Auch Geld verleiht Macht über die Mitmenschen, und es erlegt seinem Besitzer soziale Verantwortung auf. Dem stehen Klassenhaß, Habsucht, krankhafte Verehrung des Machtmittels Geld und Machtgier gegenüber. Wir sehen, nicht Geld, Macht sind Feinde der Freiheit, sondern die menschlichen Unzulänglichkeiten, die in diese Hüllen schlüpfen und dann ihre rauschenden Feste feiern.[6] Im gewissen Sinne unschuldig, wird der Mensch in der Masse zum Verächter der Freiheit. Die wohltuende Anonymität in der ungegliederten Herde umfängt ihn mit der schmeichelnden Gewißheit, den inneren Störenfried, das lästige Gewissen, einzulullen. Der Mensch versinkt, angenehm von quälenden Sorgen um sittliche Skrupel befreit, in einen Trancezustand, der ihn der so lästigen Verantwortung enthebt, und, ohne es zu merken, raubt er sich mit seiner klaren Einsicht, seinem Verantwortungsbewußtsein sein höchstes Gut, seine Freiheit.
Die Freiheit ist ein hohes menschliches Ideal – auf der einen Seite vor allen Dingen gepriesen, auf der anderen Seite von mannigfaltigen Gefahren bedroht – und ihr wird immer ein Hauch des Pathetischen anhaften. So möchte ich ein Wort Montesquieus an den Schluß stellen, das uns fest an diese Erde bindet: „Wir müssen zwischen Unabhängigkeit und Freiheit unterscheiden. Freiheit ist, was die Gesetze erlauben. Wenn die Bürger tun dürften, was die Gesetze verbieten, besäßen sie keine Freiheit mehr; denn dann hätten andere auch diese Macht."

Bemerkung
Die Arbeit ist gut angelegt und gegliedert, ist aber inhaltlich zu theoretisch, bringt keine Beispiele und entbehrt dadurch der Anschaulichkeit. Das Pathetische, das der Arbeit anhaftet, wird vom Verfasser gespürt und als Merkmal der „Freiheit" gedeutet. In Wirklichkeit wird das Thema vom Verfasser nur so pathetisch aufgefaßt. Ein anderer Bearbeiter würde es wahrscheinlich ganz sachlich, nüchtern auffassen. Das ist das Persönliche an Problemaufsätzen, die sich deshalb jedem „Muster" entziehen, aber auch in der Bewertung Schwierigkeiten machen können.

---

6. Übertriebener Ausdruck!

36 *„Woche der Brüderlichkeit": Mahnung und Verpflichtung nur für die ältere Generation?*

Gliederung

A) Die „Woche der Brüderlichkeit" als Appell in Hinblick u. a. auf die nationalsozialistische Vergangenheit, nur für die ältere Generation?

B) Die „Woche der Brüderlichkeit" ist
   I. Mahnung für die ältere Generation:
      1. Schuld bzw. Mitschuld:
         a) Vorurteile gegen Juden,
         b) Judenverfolgung und -vernichtung ohne Widerstand der Bevölkerung.
      2. Keine Bewältigung der Vergangenheit:
         a) Gleichgültigkeit und Vergeßlichkeit,
         b) Abschieben der Schuld aufs Regime,
         c) Haß einer gefährlichen Minderheit.
   II. Mahnung und Verpflichtung für die junge Generation (nicht nur für sie!):
      1. Lernen aus Fehlern der Eltern:
         a) genaue Analyse der Vergangenheit,
         b) aufmerksame Kritik der gegenwärtigen politischen Situation.
      2. Verpflichtung und Aufgabe für die Zukunft:
         a) Kollektivverantwortung mit Pflicht der Wiedergutmachung,
         b) Aussöhnung mit Israel durch Gespräche.
      3. Verpflichtung, in allen Bereichen die Idee der Brüderlichkeit zu vertreten, damit eine sinnvolle Existenz der Menschen garantiert ist.

C) Was kann der einzelne tun?

Alljährlich wird in der Bundesrepublik die sogenannte „Woche der Brüderlichkeit" abgehalten. Sie wurde vor allem in Hinblick auf die jüngste Vergangenheit Deutschlands eingeführt. Man wollte diese Woche insbesondere als Mahnung an die grauenhaften Exzesse des Antisemitismus im Dritten Reich verstanden wissen. Vor dem Hintergrund dieser entsetzlichen Geschehnisse, die zeigen, welche Folgen das Gegenteil von humaner Brüderlichkeit – nämlich unmenschlicher, fanatischer Haß – haben kann, appelliert man jedes Jahr an unser Volk, „dem Menschen ein Bruder zu sein". Dabei wird Brüderlichkeit als Gesinnung aufgefaßt, die soziale, weltanschauliche, religiöse oder rassische Gegensätze zwar nicht aufheben kann und will, aber menschlich zu überwinden sucht. Es erhebt sich nun aber die Frage,[1] ob die „Woche der Brüderlichkeit" nur eine Angelegenheit der älteren Generation ist, welche durch die Geschehnisse während des Dritten Reiches unmittelbar betroffen ist, oder ob sie nicht auch der heutigen Jugend Mahnung und Verpflichtung sein muß.

Zweifellos stellt die „Woche der Brüderlichkeit" für die ältere Generation eine ernste, berechtigte Mahnung dar, da sie an der Entwicklung des Antisemitismus und dessen Folgen schuldig oder wenigstens mitschuldig ist. Sie hat es nicht fertiggebracht, alte Vorurteile abzubauen oder gar zu überwinden. Vor allem auf religiösem Gebiet herrschten solche Vorurteile gegen die Juden, denen man beispielsweise die Schuld am Tode Christi anlastete. Man betrachtete allgemein das jüdische Volk als einen minderwertigen Haufen von Parasiten, der die gesamte Gesellschaft zersetzen wolle und den man deshalb ausrotten müsse. Insbesondere den Einfluß der Juden im Wirtschaftsleben prangerte man ständig als außerordentlich schädlich an. All diese durch nichts gerechtfertigten Vorurteile,[2] die den unmenschlichen Haß gegen eine unschuldige Minderheit entstehen ließen und förderten, wurden von der älteren Generation geschürt oder doch meist geduldet. Dadurch sind unsere Eltern, wenigstens teilweise, mitschuldig an der Entwicklung und den Auswirkungen des Judenhasses geworden.

---

1. Das ist eine formelhafte, nichtssagende Wendung, die zwar sehr beliebt ist (Politiker! Reden!), aber stereotyp, klischeehaft wirkt und deshalb vermieden werden sollte; dafür besser: Wir müssen uns aber fragen, ...
2. Diese Vorurteile sind zwar nicht zu rechtfertigen, aber im Aufsatz hätte der Verfasser wenigstens versuchen sollen, die Zusammenhänge zu analysieren, die zur Entstehung dieser Vorurteile geführt haben, um deutlich zu machen, daß auch heute noch solche Vorurteile entstehen können.

Wir können sie auch mit bestem Willen von dieser Kollektivschuld nicht freisprechen. Selbst als es offensichtlich war, welches Schicksal den Millionen Juden im Herrschaftsbereich des Dritten Reiches bereitet wurde, regte sich kaum Widerstand gegen diese Greueltaten. In erster Linie war wohl mangelnde Zivilcourage des einzelnen Bürgers der Grund. Kaum einer wagte, über die Tatsache der Judenvernichtungen in großem Maßstab überhaupt zu sprechen. Man verschloß Augen und Ohren und gab vor, von alledem nichts zu wissen, um so die Verantwortung abzuschütteln.[3] Doch nicht so sehr der einzelne Bürger, sondern vor allem mannigfache Institutionen, wie das Militär, die Gewerkschaften und insbesondere die Kirchen, haben sich an den entsetzlichen Greueltaten des Naziregimes mitschuldig gemacht; denn diese zum Teil sehr einflußreichen und somit auch politisch mächtigen Institutionen hätten Hitler durchaus zwingen können, zumindest die letzte Konsequenz seiner Judenverfolgung, die Massenvernichtungen, aufzugeben, wenn sie sich gemeinsam für Humanität und Brüderlichkeit eingesetzt hätten. So besteht eine Kollektivschuld, die der älteren Generation angelastet werden muß, da sie es in der Vergangenheit – zu einer Zeit, in der sie für das Geschehen in Deutschland verantwortlich war – fahrlässig unterlassen hat, sich gegen unmenschliche Taten der politischen Führung aufzulehnen.

Aber nicht genug damit, daß sich die ältere Generation (womit ich alle diejenigen bezeichnen möchte, die vor 1930[4] geboren wurden) in der Vergangenheit nicht mit Zivilcourage und Überzeugung für eine humanitäre, brüderliche Gesinnung im Hinblick auf ein anderes Volk eingesetzt hat; nach dem Kriege, bis in unsere Tage, haben viele ältere Menschen es noch nicht fertiggebracht, diese Vergangenheit zu verarbeiten und zu bewältigen. In diesen Jahren des „Wirtschaftswunders" hat sich im deutschen Volk eine große Gleichgültigkeit breitgemacht. Anstatt sich offen mit dem Dritten Reich und seinen viel-

3. Dieser Abschnitt urteilt von den Erfahrungen des demokratischen Rechtsstaates aus und läßt entscheidende Tatsachen der damaligen Zeit, des Lebens im totalitären Staat, außer acht. Daß der Terror in einem totalitären Staat vom einzelnen oder großen Gruppen, die Widerstand leisten, nur sehr schwer verhindert bzw. gebrochen werden kann, hat die Geschichte der Nachkriegszeit wiederholt bewiesen. Der Abschnitt vereinfacht zu sehr.

4. Ein im Jahre 1929 Geborener war bei der Machtergreifung Hitlers vier Jahre alt, beim Beginn des Zweiten Weltkriegs zehn Jahre alt!

fältigen und vielschichtigen Ursachen und Folgen auseinanderzusetzen, strebte man häufig danach, diese „bösen Zeiten“ zu vergessen.
Immer wieder wird gefordert, man solle die Vergangenheit endgültig begraben und nicht mehr im Schmutz des eigenen Vorlebens während dieser Zeit wühlen. Menschen, die eine aufrichtige Auseinandersetzung mit der Zeit der Herrschaft des Nationalsozialismus fordern, werden oft als „Nestbeschmutzer“ verleumdet.
Man beschwichtigte sein eigenes Gewissen damit, daß man ja dem Staate Israel und anderen betroffenen Ländern eine materielle Wiedergutmachung zahle, mit der jedoch die schrecklichen Verbrechen während des Krieges nicht ungeschehen gemacht werden können. Danach glaubte man, ruhig den Völkermord vergessen oder verharmlosen zu können. Oft flüchtete man sich auch in die Ausrede, daß man selber ja gar nichts getan habe, nichts dafür könne und deshalb völlig unschuldig sei. Doch kann man sich der Mitschuld nicht dadurch entledigen, daß man die ganze Verantwortung auf das autoritäre Regime abschiebt.
Trotz alledem gibt es immer noch manche, die einen fortdauernden Haß gegenüber allen Juden hegen. Diese unbelehrbare Minderheit hat aus der Vergangenheit keine Lehren gezogen und hält unbeirrt an solch vollkommen[5] abwegigen Gedanken fest. Diese Erscheinungen treten beispielsweise bei der Nationaldemokratischen Partei Deutschlands und in einigen Publikationen (Deutsche Soldatenzeitung) offen zutage. Sie zeigen, daß ein Teil der älteren Generation die Ereignisse während des Dritten Reiches immer noch nicht bewältigt hat. Dadurch wird das deutsche Volk im Ausland – vor allem in Israel – erneut in Mißkredit gebracht. Es ist ganz klar, daß sich bestimmte Gruppen der älteren Generation den Gedanken der Brüderlichkeit noch nicht zu eigen gemacht haben und sich nicht von der Vergangenheit lösen können.
Was soll nun aber die „Woche der Brüderlichkeit“ der jungen Generation – und nicht nur ihr – sagen? Sie ist als erstes als eine Mahnung gedacht, aus den Fehlern und Unterlassungen der Eltern zu lernen, damit sie selbst nicht abermals auf gleiche oder ähnliche Art und Weise in eine solche Situation gerät, der auch sie dann wohl kaum gewachsen wäre. Dazu ist es dringend notwendig, daß sich die heutige

---

5. Begriff „vollkommen“ wird oft mit „völlig“ verwechselt!

Jugend intensiv mit der Vergangenheit beschäftigt. Sie muß sich darum bemühen, die Ursachen, die Symptome, die Entwicklung und die Folgeerscheinungen des Antisemitismus genau zu analysieren.

Dabei darf sie nicht an Treblinka oder Auschwitz vorübergehen; sie muß bestrebt sein, das volle Ausmaß dieser Katastrophe mit all ihren Erscheinungsformen und Symptomen zu erfassen. Falls sie sich auf diese Weise objektiv informiert und sodann die logische Konsequenz daraus zieht, daß nur ein verständnisvolles, friedliches Miteinanderleben, nicht aber haßerfüllte Ressentiments und brutale Gewaltanwendung solche religiösen, rassischen und sozialen Probleme lösen kann, darf man hoffen, daß die Jugend gegen solche Verletzungen unempfänglich wird. Dazu gehört, daß sie ständig die politische und gesellschaftliche Situation genau und kritisch unter die Lupe nimmt, damit sie sich sogleich gegen ein Wiederaufflackern solchen Gedankengutes bei Gruppen, die im öffentlichen Leben stehen, wenden und die Gefahr im Keime ersticken kann.

Weiterhin muß sich die junge Generation voll darüber im klaren sein, daß sie zwar an der Kollektivschuld der Judenvernichtungen im Dritten Reich nicht beteiligt war, aber zusammen mit der älteren Generation eine kollektive Verantwortung trägt. Sie ist verpflichtet, alles zu tun, um die Verbrechen der Vergangenheit, so gut es geht, wenigstens teilweise wiedergutzumachen oder zu mildern. Das darf nicht nur durch eine finanzielle Wiedergutmachung geschehen. Im Sinne der „Woche der Brüderlichkeit" muß sich die Jugend bemühen, mit den Juden, insbesondere mit Israel, zu einer nicht nur formellen Aussöhnung zu gelangen. Hierbei ist allerdings ein übersteigerter, hysterischer Philosemitismus schädlich, es ist ein toleranter, bedächtiger und verständnisvoller Liberalismus vonnöten. Der sachliche, aber nicht kühle Dialog, die offene Aussprache mit den Betroffenen, sind dabei eines der wichtigsten Mittel. Dieser Weg wurde ja auch schon von vielen beschritten; auch die Regierung der Bundesrepublik brachte es fertig, ein besseres Verhältnis zu Israel zu schaffen, was beispielsweise in der Aufnahme der diplomatischen Beziehungen zum Ausdruck kommt. Leichter war diese Versöhnung mit einigen ehemaligen Feindmächten des zweiten Weltkrieges zu bewerkstelligen. Besonders die Jugend hat dazu viel beigetragen, indem sie versucht, sich aus den alten, erstarrten Vorurteilen zu lösen und die Schranken zwischen den Staaten und Völkern abzubauen.

Durch eine solche tolerante, humane, kosmopolitische Einstellung können sie[6] durchaus Spannungen mildern und auch auf die ältere Generation manchmal ausgleichend einwirken. Darauf soll uns die „Woche der Brüderlichkeit" alljährlich hinweisen. Sie erinnert uns an die verpflichtende Aufgabe, durch brüderliche Haltung gegenüber Menschen anderer Rasse und Religion, anderer gesellschaftlicher Stellung, anderer Überzeugung und Anschauung Haß und Fanatismus nicht mehr entstehen zu lassen oder sie abzubauen.
Es handelt sich hierbei nicht nur um das jüdische Volk und den Antisemitismus, obwohl dieses Problem natürlich in Deutschland im Vordergrund steht. Man muß jedem Menschen, ob er nun ein Neger oder ein Asiate, ein Moslem, Heide oder Buddhist, ein Konservativer oder ein Kommunist ist, als verständnisbereiter Mitmensch begegnen. Diese Forderung nach Brüderlichkeit gilt für junge und alte Menschen. Diese Pflicht ist keine Frage der Generation. Jeder Mensch muß sich an diese Grundsätze halten, wenn ein friedliches, fruchtbares Zusammenleben der Menschen und Völker gewährleistet sein soll. Die Menschheit kann nur dann sinnvoll fortbestehen, wenn aus ihr eine Gemeinschaft wird, die sich nicht mehr untereinander anfeindet, einander mißtraut, unterdrückt und bekämpft, sondern zusammen alle auftretenden Probleme (wie zum Beispiel das der Kernenergie, der Überbevölkerung, der Ernährung) in Angriff nimmt.
Welche Folgen fanatischer Haß haben kann, hat unter anderem das Dritte Reich gezeigt. Auch heute kann man ihn vielerorts beobachten: in den afrikanischen Entwicklungsländern mit ihren nationalistischen und rassischen Spannungen (Kongo, Biafra), im Nahen Osten, wo nach wie vor Unversöhnlichkeit, Terror und Krieg zwischen Israel und den arabischen Staaten herrschen, in den Vereinigten Staaten, wo die Negerfrage die amerikanische Gesellschaft in einen anarchistischen Zustand zu bringen droht. Hier zeigt es sich, daß nur eine brüderliche Haltung[7] Katastrophen großen Ausmaßes zu verhindern mag. Durch Haß und Fanatismus ist die menschliche Existenz bedroht. Deshalb dürfen wir alle nicht den Appell der „Woche der Brüderlichkeit" außer acht lassen.
Angesichts dieser großen Probleme fragt sich mancher, was er persön-

---

6. Wer? Die Jugend kann (Singular)!
7. Unpassende Ausdrucksweise!

lich als einzelner, allein doch machtloser Mensch tun kann. Ich bin der Auffassung, daß auch der einzelne verhältnismäßig viel dazu beitragen kann, daß die „Woche der Brüderlichkeit“ nicht zu einer leeren Floskel wird, daß deren Gedanken eine weite Verbreitung in der Bevölkerung finden. Er kann dies meines Erachtens dadurch erreichen, daß er in seinem Wirkungskreis, das heißt unter seinen Bekannten und Kollegen, über die oben angeschnittenen Probleme spricht. So kann er hoffentlich auf seine Umgebung positiven Einfluß nehmen und auf diese Weise die Idee der Brüderlichkeit verbreiten helfen. Vor allem in jenen Kreisen, die das öffentliche Leben leiten und meinungsbildend wirken, ist eine derartige ständige Diskussion über diese Fragen unumgänglich notwendig. So kann auch der einzelne durchaus seinen oft nicht unwesentlichen Beitrag zur Brüderlichkeit leisten.

Bemerkung

Die Arbeit ist klar aufgebaut, bringt gute Gedanken zum Thema in gewandter Darstellung und stellt den persönlichen Standpunkt deutlich und unmißverständlich heraus. An einigen Stellen macht es sich der Verfasser zu leicht, geht zu oberflächlich über Probleme hinweg, die einer Analyse bedürfen; z. B. verlangt der Antisemitismus eine gesellschaftlich-historische Analyse, damit die Wurzeln der Vorurteile bloßgelegt werden. Nur dann können Vorurteile überwunden werden.

37 Ist es nach Ihrer Ansicht gerechtfertigt, die menschliche Existenz als Lebenskampf zu sehen?

Gliederung

A) Begriff des „Kampfes";[1] Abhängigkeit der menschlichen Existenz

B)[1a]

I. Die Stellung des Menschen im Leben:
   1. Beruf, wirtschaftlich[1b]
   2. Stand, Würde, gesellschaftlich[1b]

II. Der Kampf des Menschen mit sich selbst:
   1. gegen Triebe und Veranlagungen;
   2. Entwicklung von persönlicher Moral und Ethik.

III. Das Ringen des Menschen um Lösung der in seinem Wesen beschlossenen Fragen:
   1. Sinn des Lebens,
   2. Frage um Schöpfer des Lebens,
   3. Frage nach „Gut" und „Böse".

C) Das Wesen des Lebens ist Kampf.

Eigentlich mag diese[1c] Frage etwas zu früh gestellt sein.[2] Der Schritt „aus der Schule ins Leben" steht uns noch bevor, was gleichbedeutend sein mag mit dem Schritt hinaus aus Geborgenheit und Schutz auf das Kampffeld der selbständigen Bewährung und Kraftprobe. So setzt man schon im unbewußten Sprachgebrauch „Leben" mit „Kampf"

---

1. Entspricht nicht der Ausführung! Dort wird der Begriff „Kampf" im zweiten Abschnitt, dem ersten des Hauptteils, gebracht.

1a. Hier fehlt das Thema.

1b. Auch in der Gliederung ist der Sinnzusammenhang wichtig. Daher ist eine Gliederung, die aus kurzen Sätzen besteht, besser als eine Gliederung mit Stichwörtern.

1c. Wenn es Sinn der Einleitung ist, zum Thema hinzuführen, kann sich der erste Satz nicht auf die Überschrift beziehen. Vermeiden Sie jeden Hinweis auf die Überschrift wie z. B. hier „diese Frage"!

2. Ausdruck „mag zu früh gestellt sein" ist in der Aussage nicht sinnvoll, klingt aber sehr überlegen.

gleich und spricht der Ordnung und Unterstützung, die ein Mensch in Schule oder Elternhaus erhält, die volle Realität des „Lebens" ab.
Was aber versteht man nun unter „Kampf" in bezug auf das Leben in einer „christlichen und sozialen" Gesellschaft? Eine Auseinandersetzung, ein Kräftemessen, eine Kraftprobe, deren Ausgang den Besitz oder Verlust einer Sache[3] entscheidet. Im Lebenskampf einer „lebensnotwendigen" Sache.[3] Der Gegner bei diesem Ringen kann der Nachbar oder Arbeitskollege, kann eine Idee oder Meinung, kann das eigene Ich sein. Denn alles[4] kann die menschliche Existenz bedrohen.
Die Existenz umfaßt das „Sein". Was könnte komplizierter und vielschichtiger sein als die Voraussetzung zum Leben eines Menschen, einer Persönlichkeit. Der Mensch ist abhängig von den materiellen Gütern, ebenso wie er seine geistigen Ansprüche befriedigen muß. Er lebt nicht vom Brot allein. Aber nicht einmal das Brot bekommt er geschenkt. Die Ansprüche des Menschen an seine Mitmenschen und die Umwelt und die Erfüllung der Forderungen der Gesellschaft an ihn, die ich nun näher untersuchen möchte, können als Ursachen eines Kampfes im Leben gelten. Der Mensch kann sich ihnen stellen, oder er kann die Flucht ergreifen.
Der älteste Kampf des Menschen geht um die materielle Grundlage seiner Existenz. Der Kampf um das tägliche Brot ist in allen Wirtschaftssystemen geblieben, und auch der größte Geist kann nicht über ihm stehen. Je nach wirtschaftlicher Lage und persönlichen Ansprüchen gewinnt er an Härte, ja, kann er das ganze Sein des Menschen ausfüllen. Die Häufigkeit der Verbindung zwischen „Kampf" und „Arbeitsplatz, Beruf, Existenzminimum" in unserem Sprachgebrauch zeigt, daß gerade heute, im Jahrzehnt der Hochkonjunktur und Konkurrenz, der Mensch hart, wendig und geschickt sein muß, um sich behaupten zu können. „Man fordert ihm alles ab."[5] Eine unbarmherzige Auswahl der Stärkeren[6] ist in unserer Gesellschaftsform möglich. Kein Stand, keine Zugehörigkeit zu irgendeiner Gesellschaftsklasse kann ihn davor[7] schützen. Um die Ansprüche einer Familie befriedigen zu

---

3. Was ist damit gemeint?
4. „alles"? – Der Nachbar kann die menschliche Existenz bedrohen? (In einer „christlichen und sozialen Gesellschaft"?)
5. Was für ein Zitat ist das? Warum Anführungszeichen?
6. In welchem Sinn „der Stärkeren"?
7. Ausdruck „davor"? Vor der Auswahl der Stärkeren?

können, um dem Sohn das Studium zu ermöglichen, muß der materielle Kampf den Menschen 8 Stunden pro Tag ausfüllen.[8] Um aber beruflich vorwärtszukommen, um Ansehen und Anerkennung zu erhalten, muß über das normale Soll geschafft werden. Je höher die Stellung, der Rang, desto notwendiger auch die Anerkennung der eigenen Persönlichkeit.[9] Je eigenartiger und unbequemer aber die Persönlichkeit, desto größer der Widerstand, sich ihr geistig zu stellen, sich mit ihr auseinanderzusetzen.[10] Jeder Mensch, der etwas zu sagen hat, der sich verantwortlich fühlt, der deshalb Mißstände erkennt und zu beheben versucht, stößt auf kühle Ablehnung, er macht sich Feinde und verliert Freunde. Er muß gegen Unsichtbare kämpfen, muß sich durchsetzen auf eine Art, die durch das eigene Gewissen, nicht durch den Zweck allein geheiligt werden kann. Der Kampf um eine Stellung innerhalb der Gesellschaft, der man angehört und dennoch auch widersprechen kann, ist mit der härteste, und die Wahl der Mittel, wie wir gerade im Verlauf der Bildung einer neuen Regierung sehen, oft nicht einfach. Erst wenn der Mensch somit durch Stellung und Besitz finanzielle Sicherheit und eine gewisse Unabhängigkeit erhält, kann er als Persönlichkeit auftreten,[11] wie der Ritter erst in den Kampf ziehen kann, wenn er sich Pferd und Rüstung beschafft hat.[12]

Pferd und Rüstung aber machen noch keinen Ritter. Sie sind äußere Voraussetzungen. Der Mensch und seine Gestaltung[13] sollte das Wichtigste im Leben sein. Hier steht der Mensch mit sich selbst allein. Hier liegt meiner Ansicht nach die eigentliche Lebensaufgabe. Was der Mensch aus sich macht, wie und in welcher Form er die Gaben, die er vor der Geburt auf geheimnisvolle Weise bekam, nach dem Tod abgibt, danach könnte der Sinn seines Lebens beurteilt werden. Die Gaben, die er vor der Geburt erhielt . . . all die Triebe, Leidenschaften und alles Verlangen, die im Laufe der Entwicklung daraus hervorgehen, sie in rechter Form einzuschränken und zu gestalten, zu veredeln oder sie eben zu ihrem eigentlichen Wesen zurückzuführen,

---

8. „. . . muß den Menschen ausfüllen . . .“ Die Wortwahl erscheint unangebracht.
9. Anerkennung? Von wem?
10. Nicht ganz verständlich!
11. Hängt die Persönlichkeit nur von der finanziellen Sicherheit ab?
12. Schwacher Vergleich!
13. Was meint der Schreiber?

darin liegt der Kampf des Menschen beschlossen. Goethe sagte einmal, er wisse kein Verbrechen, zu dem er nicht fähig sei. Im Kampf gegen diese Triebe und in ihrer Bewältigung mag eine Quelle seiner Persönlichkeit liegen. Alle moralischen und ethischen Werte sind Früchte der Selbstüberwindung. Neigungen und Fähigkeiten Maß zu verleihen,[14] sich verantwortungsvoll und selbstbewußt von ihnen[15] leiten zu lassen, in Maß und Natürlichkeit[16] also, ist eine der Selbstüberwindungen, die uns Größe verleihen können. Selbstbeherrschung ebenso wie mühevolles Entwickeln einer nur geringen Fähigkeit zu persönlicher Bereicherung sind Ergebnis harter Arbeit. Einer Arbeit, die nicht mit Kraft × Weg, sondern in einer anderen, schwerer faßbaren Dimension gemessen werden könnte.[17] Einer Arbeit, deren Werkstücke, Charakter und Seele für unseren Verstand nur abstrakte Begriffe sind und deren Kern sich nur fühlend und tastend nach mühevoller Selbsterkenntnis aufspüren läßt.[17] Ein griechischer Philosoph, auf die geistlosen und verbrecherischen Züge seines Gesichtes im Gegensatz zu seiner großen Persönlichkeit aufmerksam gemacht, erwiderte: „Das habe ich aus mir gemacht." Es muß ein Kampf gewesen sein, aber in was für einem Leben!

Der geistige Existenzkampf, die Frage, ob er über Tod und Leben entscheidet,[18] hängt ganz von der einzelnen Persönlichkeit ab. Hängt ab von den Zielen, die gesetzt, von den Pflichten, die erkannt sind. Luther wäre fast zu Tode verzweifelt,[19] weil er auf der Suche nach Gottes Gerechtigkeit nur das vernichtende „Jedem das Seine" finden konnte.[20] Goethe wollte in der Jugend seinem Leben ein Ende setzen, weil er die eigentliche Lebensaufgabe, die seinem früh erkannten Genie entsprach, nicht finden konnte. Ein unbekannter Mensch in der Großstadt springt aus dem Fenster, weil er „mit dem Leben nicht fertig wird", ein übersättigter Sohn rast mit dem Sportwagen in den Tod, weil das Leben für ihn keinen Sinn mehr zu haben scheint. Jeder Mensch scheint tief in seinem Wesen Fragen zu spüren, von deren

---

14. Vermutlich gemeint: „Den Neigungen und Fähigkeiten Maß zu geben..."
15. Von den Neigungen?
16. Unverständlich!
17. Vorsicht mit den unvollständigen Sätzen!
18. Das müßte deutlicher gesagt werden!
19. Ungebräuchlicher Ausdruck!
20. Unklar!

Lösung sein Leben abhängt. Fragen, die sowohl jenseits von Brot und Wasser als auch von Vernunft und Verstand stehen. Die Frage nach dem Sinn des Lebens, um einen Sinn, für den es sich kämpfen ließe. Die Frage nach dem Schöpfer alles Lebens, der Antwort auf Angst, Verzweiflung und Hoffnungslosigkeit. Die Frage nach Gut und Böse, nach einem Maßstab für eine letzte Verantwortung.[21] Wer diese Fragen nicht erkennt, rast mit dem Sportwagen in den Tod, weil ihm die Welt nichts mehr zu bieten hat. Wer diese Fragen erkennt, für den bedeutet es die Herausforderung zu einem lebenslänglichen Ringen. Forschen und Suchen, Verwerfen und wieder neu Anfangen, das bedeutet geistiger Kampf. Dieser Kampf kann die Existenz vernichten, Verzweiflung und Ausweglosigkeitsgefühl hervorrufen, aber er kann auch den Menschen mit der Anforderung wachsen lassen, ihn zu tiefem Weltverständnis führen.

Das Leben des Menschen hängt somit, wie andeutungsweise gezeigt wurde, von vielen materiellen und geistigen Ansprüchen ab. Der Wunsch nach Sachen und Werten verleiht ihm Dynamik und Steigerung. Je schwieriger die Erfüllung war, desto größer die damit verbundene Freude, der Stolz auf die eigene Leistung. Je offener sich der Mensch diesem Kampf stellt, desto intensiver und ausgefüllter ist sein Leben. Dem langen, aber äußerst „normalen" Leben hat in einer Sage ein Held das kurze, aber spannungsreiche des Ruhms, also das ausgefüllte Leben vorgezogen. Er war auch ein Philosoph, denn er hatte den Sinn und das Wesen des Lebens erkannt. Das Leben muß ein Kampf sein, denn es ist kein „Sein", sondern ein „Werden". Keine Beamtenlaufbahn, sondern ein Abenteuer. Kein enträtseltes Gesetz, sondern Geheimnis, von Anfang bis Ende. „Und wenn es köstlich gewesen ist, so war es Mühe und Arbeit . . ."

Bemerkung

Erfassen der Probleme, Darstellung und Form sind überzeugend, obwohl die Darstellung manche Unebenheiten und auch gewollten Manierismus zeigt. Vor allem die unvollständigen Sätze werden vom Schreiber zu absichtlich verwendet.

---

21. Die unvollständigen Sätze werden zum persönlichen Stil, der gefährlich ist.

38 Wir können uns als Volk nicht behaupten, wenn wir den Wohlstand für das höchste aller Güter halten

Gliederung

A) Der Wohlstand ist heute in unserem Volk breiter gestreut als je zuvor, aber auch seine Problematik tritt heute am deutlichsten zutage.

B) Wie können wir durch richtige Einschätzung des Wohlstandes und durch Besinnung auf unsere eigentlichen Aufgaben wieder zur Selbstbehauptung finden?[1]

I. Welche Ursachen hat die primäre Wertschätzung des Wohlstandes?

1. Bedingt durch die rasche Aufbauleistung und die folgende Hochkonjunktur wurde für breite Volksschichten das Streben nach Wohlstand zur ersten und ausschließlichen Zielsetzung.
2. Durch die planmäßige Werbung in den Massenmedien wird der Wohlstand als Leitbild propagiert.

II. Welche verhängnisvollen Auswirkungen hat diese vorherrschende Einschätzung des Wohlstandes?

1. Durch das primäre Streben breiter Volksschichten nach Wohlstand tritt das Streben nach (Fort-)Bildung in den Hintergrund.
   a) Folge davon ist, daß Industrie und Wirtschaft einen Mangel an qualifizierten Fachkräften leiden.[2]
   b) Folge davon ist, daß wir auf die Dauer ins Hintertreffen gegenüber den bildungsbeflissenen Ostblockstaaten geraten.
2. Mit dem primären Streben nach Wohlstand verbindet sich eine zunehmende Interesselosigkeit breiter Volksschichten an der Politik.

---

1. Das Thema, das als Behauptung formuliert ist, wird vom Schreiber in eine Frage umgestaltet. Vorsicht, daß dabei das Thema nicht verändert wird! In diesem Fall ist die Gefahr gegeben.
2. Ausdruck! Besser: „... es mangelt an ...“

a) Folge davon ist, daß staatsgefährdende Kräfte wieder verstärkt auftreten.

b) Folge davon ist letzten Endes die Selbstaufgabe.

III. Wie kann unser Volk in der Zukunft wieder zur Selbstbehauptung finden?

1. Erste Zielsetzung der deutschen Politik darf nicht mehr die Erhaltung des Wohlstandes, sondern muß eine systematische Bildungsförderung sein.

a) Die Einsicht muß sich durchsetzen, daß die bisherige Politik auf Kosten der Bildungsförderung ging.

b) Die Bildungsförderung muß den gleichen Rang einnehmen wie bei den Ostblockvölkern, muß zu einer nationalen Aufgabe werden.

2. Die Träger des Staates (Regierung, Parlament, Gewerkschaften, Presse, usw.) müssen die breiten Volksschichten wieder für die Politik als Bestimmung ihres Geschicks gewinnen.[3]

a) Das Interesse an der vielschichtigen politischen Arbeit muß geweckt werden.

b) Breite Schichten müssen zur aktiven Mitarbeit im Staat angeregt werden.

C) Unser Volk muß sich darauf besinnen, den Staat nicht allein als Hüter des allgemeinen Wohlstandes anzusehen.[4]

Bemerkung

Diese Gliederung ist zwar wortreich, im einzelnen Satz sogar zu ausführlich, in der Substanz jedoch nicht ausreichend, denn sie bleibt manche Antwort auf die Themafrage schuldig. Es fehlt vor allem die Antwort auf die Frage, warum wir uns nicht behaupten können, wenn ... Auf die Problematik des Wohlstandsdenkens wird überhaupt nicht eingegangen, die Folgen für ein Volk werden nicht bedacht. Was heißt „sich als Volk nicht behaupten können"?
Die sog. Vorbesinnung auf das Thema kam hier zu kurz.

---

3. Reihenfolge und Auswahl der „Träger des Staates"! Die Presse z. B. ist nicht Träger des Staates.

4. Der Schlußgedanke ist unbefriedigend.

39 In den letzten Jahren nimmt auch in der Bundesrepublik die Anwendung von Gewalt in erschrekkender Weise zu. Versuchen Sie, Gründe dafür zu finden, und erläutern Sie die Möglichkeiten, dieser Entwicklung entgegenzutreten!

Gliederung

A) Der Polizeibericht meldet täglich neue Verbrechen.

B) Gründe für Zunahme der Gewalt und mögliche Gegenmaßnahmen:

I. Verbrecherische Kriminalität:

1. Verschiedene Delikte:
   a) Einbrüche, Banküberfälle;
   b) Kidnapping;
   c) Vergewaltigungen;
   d) Bandenkrieg;
2. Gründe für die sich häufenden Gewaltverbrechen:
   a) Auswirkungen des Wirtschaftswunders;
   b) zu milde Bestimmungen des Strafgesetzes;
3. Möglichkeiten, dieser Entwicklung entgegenzutreten:
   a) Strafrechtsreform;
   b) Verbesserungen bei der Polizei;
   c) staatliche Maßnahmen zum Freizeitproblem.

II. Politisch motivierte Kriminalität:

1. Beispiele für politische Gewaltakte:
   a) Anschlag auf Casino in Frankfurt;
   b) Anschlag auf Landeskriminalamt in München;
   c) Anschlag auf das Polizeipräsidium in Augsburg;
   d) geplanter Anschlag auf Richter;
2. Gründe für diese politischen Aktionen:
   a) ideelle Gründe bei Linksradikalen;
   b) unerfüllte Forderungen der studentischen Linken;
3. Möglichkeiten, diesen kriminellen politischen Aktionen entgegenzutreten:

a) hartes Durchgreifen;
b) Versuch einer demokratischen Kompromißlösung sowie Zugeständnisse.

III. Synthese und Zusammenfassung

C) Zustände wie in Amerika sind abzusehen.

Bemerkung

Im Thema steckt die Gliederung: 1. Dokumentation der Gewalttaten, 2. Gründe für die Gewalttaten, 3. Möglichkeiten, sie einzuschränken. Diese drei Punkte können als Hauptgliederung verwendet werden, oder wie in obigem Beispiel als Untergliederung. Hier wurde die Anwendung der Gewalt (ein Begriff des Themas) zur Hauptgliederung aufgefächert.

Aufgabe

Nehmen Sie diese Gliederung als Stoffsammlung, die Sie nach Ihren Erfahrungen und dem letzten Stand ergänzen können! Arbeiten Sie Ihre persönlichen Ansichten über die Gründe und die Möglichkeiten, dieser Entwicklung entgegenzutreten, ein!

40 *Erziehungsstrafe und Resozialisierung oder Schuld- bzw. Vergeltungsstrafe? – Wie denken Sie über diese grundsätzlichen Haltungen gegenüber dem modernen Strafvollzug?*

Gliederung

A) Ruf nach härteren Strafen bei spektakulären Verbrechen

B) Erziehungsstrafe oder Vergeltungsstrafe?

I. Das Schuld- bzw. Vergeltungsprinzip im Strafrecht:

1. Welchen Überlegungen entspringt es?
   a) Vergeltung für ein Verbrechen übt der Staat anstelle des Geschädigten;
   b) psychologisches Phänomen der Projektion alles Bösen auf die Verbrecher;
   c) Todesstrafe als Gewähr, daß der Täter keine neuen Verbrechen begehen kann.
2. Wie erfolgt der Strafvollzug?
   a) Der Verbrecher wird von der Gesellschaft abgesondert.
   b) Dem Verbrecher wird das Bewußtsein vermittelt, daß er schlecht ist und aus der Gemeinschaft ausgestoßen werden muß.

II. Das Erziehungs- und Resozialisierungsprinzip im Strafrecht:

1. Welchen Überlegungen entspringt es?
   a) Einsicht, daß der gegenwärtige Strafvollzug menschenunwürdig (inhuman) ist;
   b) Gewalt kann durch Vergeltung nicht beseitigt werden;
   c) zunehmende Kriminalität ist Beweis, daß der bisherige Strafvollzug unwirksam ist.
2. Wie können die angestrebten Ziele des neuen Strafvollzugs verwirklicht werden?
   a) Beibehaltung einer Anstaltsverwahrung unter Absonderung der Wiederholungstäter;
   b) die nötigen Voraussetzungen für die Resozialisierung der Straffälligen in der Gesellschaft sind zu schaffen.

III. Dem Resozialisierungs- und Erziehungsgedanken ist im Strafrecht der Vorzug zu geben.

C) Der Rache- und Vergeltungsgedanke ist unchristlich.

Bemerkung

Das Thema birgt die Gliederung in sich: 1. Erziehungsstrafe, 2. Vergeltungsstrafe, 3. Eigene Stellungnahme. Da der Verfasser für die Erziehungsstrafe eintritt, wählt er die Reihenfolge 1. Vergeltungsstrafe, 2. Erziehungsstrafe. Das ist eine Steigerung der Gedankenfolge in seinem Sinn.

Meine Stellungnahme zum heutigen Strafvollzug:

41 *Die Bundesrepublik steht mit ihrer Selbstmordquote an dritter Stelle in der Welt. Wie beurteilen Sie diese Tatsache in einer Zeit des wirtschaftlichen Wohlstandes?*

Gliederung

A) Selbstmord ist für viele unverständlich.

B) BRD steht mit ihrer Selbstmordquote an dritter Stelle in der Welt. Warum?

I. Vorüberlegung:

1. Der Selbstmord in der Menschheitsgeschichte:
   a) die Befähigung zum Selbstmord;
   b) der Selbstmord in der Antike;
   c) erste Folgerungen;
2. das Ergebnis der Vorüberlegung:
   a) Arten der Selbstmörder;
   b) Selbstmörder in unserer Zeit.

II. Der Selbstmord in unserer Gesellschaft:

1. die Rolle des Materiellen: Wohlstand–Armut;
2. die Motive der Selbstmörder:
   a) Ausweglosigkeit der Lage;
   b) Einsamkeit;
   c) Minderwertigkeitsgefühle;
   d) sonstige Motive;
3. die Ursachen der hohen Selbstmordquote bei uns:
   a) Auflösung der Familie;
   b) Vermassung;
   c) Mangel an Leitbildern;
   d) Leistungsdruck und Reizüberflutung.

C) Unmenschlichkeit unserer modernen Massengesellschaft hat entscheidenden Anteil an der steigenden Selbstmordziffer.

Bemerkung
Im Schluß (C) bringt diese Gliederung ein Argument, das in den Hauptteil (B) gehört, nämlich zu II. 3. Ursachen der hohen Selbstmordquote.

Die Statistik beweist, was viele Politiker noch nicht wahrhaben wollen und worüber man nicht gerne spricht: die erschreckend hohe, ständig wachsende Selbstmordziffer.[1] Schon der Ausdruck „Selbst*mord*" zeigt, wie völlig verständnislos man dem Problem der Selbstaufgabe des Lebens gegenübersteht. Daß der Freitod mit dem Mord, dem schwersten aller Verbrechen, in Verbindung gebracht wird, macht deutlich, daß die derzeitige Auffassung von Mord[2] auch im Selbstmord etwas Verwerfliches sieht. Daß trotzdem immer mehr Menschen diesen letzten Ausweg wählen, ist für viele Zeitgenossen unverständlich. Verwundert fragen sie: „Der hat doch alles gehabt.[3] Warum beging er Selbstmord?" Genau dies ist auch die Fragestellung meines Aufsatzes,[4] in dem ich Motive und Ursachen der hohen Selbstmordquote untersuchen werde.
Ein wesentlicher Unterschied zwischen Tier und Mensch ist die Fähigkeit des Menschen, Selbstmord zu begehen. Ein Tier – ursprünglich auch der Mensch – ist vom Trieb zum Leben geprägt. Wie stark dieser Trieb ist, zeigt sich darin, daß ein Tier in verzweifelten Situationen niemals,[5] auch nicht für einen Augenblick, den Kampf gegen die Lebensbedrohung aufgibt. Das Huhn versucht noch zu entfliehen, wenn ihm der Kopf bereits abgeschlagen ist,[6] der Frosch im Magen der Schlange zappelt noch, bis der letzte Lebensfunke erloschen ist. Der Mensch jedoch hat neben dem Kampf bis zum Letzten die Möglichkeit, sein Leben durch Selbstaufgabe zu beenden.
Ein Mensch wird, dies ist die logische Folge des eben Ausgeführten,

---

1. Entspricht nicht dem Einleitungsgedanken in der Gliederung!
2. Unklar, was der Verfasser meint!
3. Dieser Gedanke gehört zum Hauptteil!
4. Dieser Hinweis, daß es sich um einen Schulaufsatz handelt, ist unnötig, lenkt von der Themenfrage etwas ab. Auch Absichtserklärungen wie „Ich werde jetzt das untersuchen" sind unpassend.
5. Stimmt diese Behauptung?
6. Die Beispiele erscheinen unpassend. Steckt Lebenswille hinter diesen Erscheinungen?

um so eher zum Selbstmord fähig sein, je mehr er durch philosophische Studien, durch einen fanatischen Glauben oder durch Einwirkung der Zivilisation seine instinkthaften Verhaltensformen abgelegt hat.
Es ist nicht überraschend, daß wir mit der Kunde über die ersten Hochkulturen auch Nachrichten über die ersten Selbstmorde haben. In Babylon und Mittelamerika ließen sich Menschen oft freiwillig als Opfer für die Götter hinschlachten. Dies ist ein Beispiel für den Selbstmord aus emotionalem Fanatismus. Bei den Griechen entwickelte sich eine Lehre, die sich durch eine bis zum Exzeß getriebene Körperfeindlichkeit auszeichnete. Für einen Anhänger einer solchen Lehre ist es nur ein kleiner Schritt, sein sinnlos gewordenes Leben auf Grund eines vernunftbedingten Fanatismus wegzuwerfen.
Diese Beispiele, die sich bei den Römern und im Mittelalter beliebig fortsetzen ließen, haben alle gemeinsam, daß der fanatische Glaube an eine Lehre, ein Dogma, eine Moralvorstellung (Ehre!) oder einen Leitsatz zum Selbstmord führen kann. Aus diesen Überlegungen erkennt man jedoch auch, daß für ein solches Motiv nur eine kleine gebildete Schicht in Frage kommt; der kleine Mann, der einfache Bürger, muß andere Motive für seinen Entschluß, Selbstmord zu begehen, haben.
Aus diesen Vorüberlegungen ergibt sich, daß es die ganze Menschheitsgeschichte hindurch drei große Gruppen von potentiellen Selbstmördern gab:

1. die psychisch Kranken, deren Selbstmordmotiv sich aus ihrer Krankheit ergibt, die zu allen Zeiten vorkamen und in jeder sozialen Schicht zu finden sind;
2. die Fanatisierten, die sich hauptsächlich aus halbgebildeten oder außergewöhnlich gebildeten Angehörigen der oberen sozialen Schichten rekrutieren;
3. die Verzweifelten, die vor allem aus der in ihrer Existenzgrundlage bedrohten Unterschicht stammen.

Die Untersuchung, aus welcher „Kategorie von Selbstmördern“ die Selbstmörder unserer Gesellschaft stammen, läßt bereits wichtige Rückschlüsse auf deren Motive zu. Herrschten im Mittelalter unter den Selbstmördern die Fanatisierten vor, die wegen einer Lehre freiwillig den Ketzertod auf dem Scheiterhaufen wählten, so rekrutieren sich die Selbstmörder unserer Zeit aus der Gruppe der Verzweifelten. Dies ist leicht einzusehen, wenn man bedenkt, daß die Macht, die den

Fanatismus des Mittelalters schürte, das Christentum,[7] mit der industriellen Revolution an Einfluß verlor, während die Umstände, die zu Verzweiflung führen können, durch die Umschichtung der Gesellschaft und durch die Auflösung der starren Strukturen immer mehr an Bedeutung gewannen.

Die Bedeutung dieses Ergebnisses, das die breit angelegte Vorüberlegungen rechtfertigt, liegt in der Tatsache, daß ich nunmehr in der Lage bin, die Rolle des Wohlstandes bei der Erhöhung bzw. Senkung der Selbstmordziffer zu analysieren. Es ergibt sich nämlich, daß sich die Selbstmordquote je nach der Struktur des Gesellschaftssystems insgesamt und innerhalb der drei Selbstmördergruppen verschiebt, daß aber der Umwelteinfluß, der aus den materiellen Gegebenheiten erwächst, die Selbstmordziffer praktisch nicht beeinflußt. Es gibt Gesellschaftsformen, in denen das Individuum reich ist und nicht zum Selbstmord neigt, genauso wie es Systeme gibt, in denen das Individuum trotz oder gerade wegen seines Reichtums zum Selbstmord neigt. Damit kann man feststellen, daß unsere derzeitige hohe Selbstmordziffer in keinem ursächlichen Zusammenhang mit unserem hohen Lebensstandard steht, sondern daß die Anfälligkeit für den Selbstmordgedanken in den Industriestaaten in der Struktur der kapitalistisch orientierten Leistungsgesellschaft liegt.

Um die strukturbedingten Ursachen der hohen Selbstmordquote aufzudecken, müssen nunmehr die Hauptmotive untersucht werden, die den Menschen unserer Zeit zum Selbstmord treiben.

An erster Stelle steht hierbei das Motiv der Ausweglosigkeit. Der Mensch aller Schichten ist in einen erbarmungslosen Leistungsprozeß eingespannt, der bei fast allen im Laufe der Jahre eine Entfremdung von der Umwelt mit sich bringt. Wird die langsame, unbemerkt vor sich gehende Entfremdung zu groß, so genügt ein besonderes Ereignis, ein Unfall, die Geburt eines Kindes, ein Film, um dem Menschen plötzlich seine verfahrene Lebenssituation deutlich zu machen. Kommen zu dem großen Schock einer solchen Erkenntnis auch noch schwere materielle Sorgen, so erscheint dem Menschen die Welt und sein Leben plötzlich trostlos und ausweglos. Hätte dieser Mensch jetzt einen Vertrauten, so würde er zu ruhiger Überlegung fähig sein und sich be-

---

7. Daß es Glaubensvorstellungen gibt, die den Selbstmord verbieten, läßt der Verfasser unberücksichtigt.

raten. Existiert dieser Vertraute nicht, beschließt der Mensch im plötzlichen Affekt, Selbstmord zu begehen. Die typische Todesart für diese Gruppe von Selbstmördern ist daher die Tablettenvergiftung.[8]
Ein nicht minder häufiges Motiv ist die Einsamkeit. Auch sie wird letztlich durch den unerbittlichen Leistungsdruck verursacht, der gerade den schwächeren, sensiblen Menschen in einen Lebensrhythmus drängt, der aus Arbeit, Essen, Schlafen besteht. Wieder ist es gerade der sensible Mensch, der unter Abgeschiedenheit und Anonymität des Appartementhauses oder Mietblocks, losgelöst von Freunden und Familie, leidet. Besonders schwer wird die Last für diese Gruppe von Menschen an den „frohen Festtagen" wie Weihnachten, Pfingsten oder zur Urlaubszeit. Dann nämlich steigt die Selbstmordquote sprunghaft an, was fast ausschließlich auf diese Gruppe von Vereinsamten zurückzuführen ist.
Ein weiteres wichtiges Motiv ist das des Gefühls der Minderwertigkeit. Dieses Gefühl ist z. T. eine Folge der geschickten, unterschwellig wirksamen Werbung. Unsere Konsumgesellschaft ist darauf angewiesen, daß die Leute kaufen und sinnlos konsumieren. Durch die Werbung wird also ständig eine Fülle von Begierden geweckt, indem uns die Schönheit von „Konsum-Leben" eingeimpft wird. Diese Massenkampagnen verfehlen ihre Wirkung auf den einzelnen nicht. Man stelle sich die Wirkung auf einen ehrgeizigen Menschen vor, der nicht recht vorangekommen ist und mit Leben und Beruf unzufrieden ist, wenn man ihm über Jahre hinweg vorgaukelt, wie viele schöne Mädchen es gibt, die offensichtlich zu vielem bereit sind, wenn er unzufrieden ist,[9] wie schön es sich im Eigenheim am Stadtrand leben ließe, wenn er selbst in einer Mietswohnung haust,[10] wie leicht sich ein Auto erwerben ließe, wie viele herrliche Genüsse das Leben biete, von denen er ausgeschlossen ist. Auch dieser Mensch wird am Leben verzweifeln, wird sich einreden, er sei ein minderwertiger Versager. Ein Versager zu sein, ist jedoch ein schicksalhaftes Mißgeschick in unserer Leistungsgesellschaft. Es kann daher nicht verwundern, daß so ein Mensch sein Leben für sinnlos hält und sich entschließt, den Kampf aufzugeben.

---

8. Vergiftung mit Tabletten.
9. Der Fehler liegt hier im Satzbau, nicht in der Gedankenfolge.
10. Besser: ... er aber haust in einer Mietswohnung.

Selbstverständlich ist, daß es noch eine Fülle anderer Motive gibt, die jedoch fast alle auf eine ähnlich verzweifelte Situation hinauslaufen. Unter allen Selbstmordfällen sind jedoch diejenigen, die aus einem politischen oder religiösen Fanatismus heraus begangen werden, überhaupt nicht ins Gewicht fallend, so daß einzig die folgenden, verhängnisvollen Tendenzen, die unsere heutige Gesellschaftsform prägten, an der hohen Selbstmordquote schuld sind:

Die Auflösung der Familie durch die immer größere Verschiebung der Arbeitskräfte führt zu einer Isolation des einzelnen. Die natürlichen Bande zu den Verwandten können eben oft nicht von[11] anderen Beziehungen ersetzt werden. Das Ergebnis ist, in Verbindung mit dem sehr entscheidenden Prozeß der Vermassung, daß das Individuum zu einer einsamen, unpersönlichen Nummer wird.

Ein schweres Manko[12] unserer heutigen Situation ist der völlige Mangel an Leitbildern und Zielen. So irrt der Mensch ohne Ziel und Orientierungshilfe durch das Leben – die wichtigste Voraussetzung für die aushöhlende Wirkung von Zweifel und Verzweiflung.

Der Leistungsdruck in Verbindung mit der ständigen Reizüberflutung führt dazu, daß der einzelne nicht mehr zur Ruhe kommt; er kann sich nicht mehr auf das ihn Interessierende, Wichtige konzentrieren, sondern sieht sein Leben in sinnlosen Nichtigkeiten zerflattern. Auch dies trägt entscheidend zur Entwurzelung des modernen Menschen bei; dies ist ebenfalls eine Voraussetzung für einen Selbstmord.

Abschließend läßt sich feststellen, daß die Struktur unserer Gesellschaft in immer stärkerem Maß dem natürlichen Verlangen des Menschen zuwiderläuft. Der Mensch ist, von seiner Natur her, ein Herdentier,[13] das auf den engen sozialen Kontakt mit wenigen ausgerichtet ist und das sich nicht, ohne schwere Schäden an Leib und Seele zu nehmen, in beliebiger Verdichtung, in völliger Selbstabkapselung zusammendrängen läßt.

Das Problem des Selbstmords ist daher nur ein kleiner Teilaspekt, der symptomatisch für die Unmenschlichkeit unserer Lebensbedingungen ist, genauso wie das Drogenproblem, die zunehmende Kriminalität,

---

11. „durch" andere Beziehungen ersetzt werden!
12. Ausdruck erscheint in diesem ernsten Zusammenhang unpassend.
13. Der Mensch ist . . . ein (Herden-)Tier!! Statt: ein geselliges Wesen!

die wachsende Brutalität. Dieses Problem kann jedoch erst mit einer Neuorientierung bzw. Reform unserer Gesellschaft gelöst werden.

Aufgabe

Nehmen Sie Stellung zu den Aussagen dieses Aufsatzes! Greifen Sie eine Behauptung heraus und versuchen Sie, die Behauptung besser zu begründen oder sie zu widerlegen! Eine sehr gute Übung!

42 *„Wir suchten Arbeiter, und es kamen Menschen." (Max Frisch) – Wie können die Gastarbeiter als Mitbürger und Mitmenschen in unsere Gesellschaft eingegliedert werden?*

Gliederung

A) Die Gastarbeiter sind für unsere Wirtschaft lebensnotwendig, unser Wohlstand ist auch von ihrer Arbeit abhängig.

B) Eingliederung der Gastarbeiter:

I. Eingliederungshilfe für Gastarbeiter vor ihrer Ankunft im Gastland:
1. Abbau von Illusionen im Hinblick auf das Gastland:
a) schlagartig bessere Einkommensverhältnisse,
b) glücklicheres Leben;
2. Sprachkurse;
3. Einführung in die Lebensart des Gastlandes.

II. Eingliederungshilfe bei der Ankunft im Gastland (Starthilfe):
1. Anerkennung des Gastarbeiters als gleichwertigem Kollegen am Arbeitsplatz;
2. Hilfe bei der Wohnungssuche;
3. Hilfe bei der Erledigung von behördlichen Formalitäten.

III. Eingliederungshilfe nach den Anfangsschwierigkeiten:
1. Abbau von Vorurteilen gegenüber den Gastarbeitern in unserer Gesellschaft:
a) Gastarbeiter oft als neuer „Jude", Prügelknabe gesehen;
b) Anerkennung der andersartigen Mentalität;
2. Es ist zu vermeiden, daß Gastarbeiter in kulturellen Ghettoverhältnissen leben:
a) durch Anschluß an das kulturelle Leben;;
b) durch Mitarbeit in Pfarrgemeinden;
c) Mitgliedschaft in Sportvereinen;
d) durch Fortbildungskurse;
3. Besserstellung der Angehörigen der Gastarbeiter:
a) gerechte Bezahlung der Gastarbeiterinnen;

b) Verbesserung der Lage und Ausbildung der Schulkinder der Gastarbeiter;
vorschulische Sprachförderung;
Verbesserung der Schulen für Ausländerkinder.

C) Eine Eingliederung der Gastarbeiter zu Mitbürgern und Mitmenschen ist möglich, wenn neben den Gastarbeitern auch unsere Gesellschaft und auch der einzelne etwas dazu beitragen.

Bemerkung

Aus der Gliederung ist nicht ersichtlich, ob der Verfasser auf das Wort von Max Frisch überhaupt Bezug nimmt. In diesem Zitat steckt der Einleitungsgedanke. Daß unser Wohlstand auch von der Arbeit der Gastarbeiter abhängig ist, kann kein Anlaß sein, sie als „Mitmenschen" zu betrachten. Weil sie Menschen sind, nicht nur Arbeiter, erwächst uns die Verpflichtung. Die beiden Begriffe des Themas „Mitbürger und Mitmenschen" dürfen nicht unberücksichtigt bleiben. Sie können sogar den Aufsatz gliedern helfen: „Mitbürger", mit allen bürgerlichen Rechten und Pflichten, vor allem mit der rechtlichen Gleichstellung, und „Mitmenschen" in der Achtung und Würde des Menschen. Rechte als Bürger, Rechte als Mensch!

Aufgaben

Nehmen Sie Stellung zum Gastarbeiterproblem!

Zeigen Sie an Beispielen auf, wie Gastarbeitern (deren Kindern) geholfen werden könnte!

43 *Eindrücke und Beobachtungen auf einer Auslandsreise*

Gliederung

A) Der lockende Süden

B) Eindrücke und Beobachtungen auf einer Auslandsreise:
   I. Aufräumen mit:
      a) Illusionen,
      b) Vorurteilen.
   II. Beobachtungen an:
      a) dem Reisebetrieb,
      b) den Reisenden.
   III. Eindrücke:
      a) der Landschaft,
      b) der Sehenswürdigkeiten.
   IV. Einblick in:
      a) soziale Verhältnisse,
      b) die Mentalität der Einwohner.

C) Wert einer Auslandsreise

Zu allen Zeiten übte das Ausland, insbesondere der Süden, eine starke Anziehungskraft auf uns Deutsche aus. Schon zur Zeit der Germanen war dieser Drang bemerkbar,[1] selbst Goethe war von ihm angesteckt[2] worden und verbrachte einige Studienjahre in Italien. Seiner Meinung vom Reisen verlieh er in der Sentenz: „Daß wir uns in ihr zerstreuen, darum ist die Welt so groß", Ausdruck. In den letzten Ferien war es mir auf einer Reise durch unsere Nachbarländer Italien und Frankreich vergönnt, einige Eindrücke vom Ausland zu gewinnen und selbst Beobachtungen anzustellen.

---

1. Die Wanderzüge der Germanen passen nicht in diesen Zusammenhang. – In der Einleitung sollte man nicht zu weit ausholen. Nicht immer bei „Adam und Eva" beginnen! Der Weg zum Thema ist dann so weit.
2. Schwächen im Ausdruck: „selbst Goethe" ... „von ihm" (?) ... „angesteckt".

Die ersten Begegnungen mit der Fremde räumten sehr schnell mit einigen Vorstellungen auf, die ich aus der Beeinflussung durch Film, Bücher und die Werbung der Reisebüros bekommen hatte. Wo waren jene schwarzhaarigen Gondolieri, die in schmelzenden Tönen zum Klang ihrer Gitarren singen sollten? Wo neigten sich Palmen über einen endlosen weißen Strand? Nichts von alledem! Das Sirenengeheul der Motorboote in Venedigs Kanälen war noch widerwärtiger als der brackige Gestank des Wassers. Die Mittelmeerküste entsprach in den seltensten Fällen meiner Erwartung. Breite Kiesstreifen, durch Überreste verrottenden Tangs verunreinigt, wechselten mit graubraunen Sandstränden, über denen der Wind die Luft mit beißendem Staub erfüllte.

Nicht nur Illusionen, auch Vorurteile müssen der besseren Erkenntnis weichen. Die Italiener, liebevoll „Spaghettifresser" genannt, so heißt es, seien faul und säßen lieber beim Wein, anstatt zu arbeiten. Wer aber die lähmende Hitze eines wolkenlosen Mittags in Italien oder gar Südfrankreich selbst erlebt hat, bricht schnell mit dieser Ansicht.[3] Unter solchen Umweltbedingungen, wo die Sonne den Schatten geradezu aufsaugt und wo selbst der Griff nach der eisgekühlten Limonade schon einen kleinen Schweißausbruch verursacht, von jemandem verlangen zu wollen, daß er arbeiten solle, ist blanker Unsinn.

Die Italiener seien feige, heißt es weiterhin. Gewiß, ihre Armee des Zweiten Weltkriegs hat sich nicht gerade mit Ruhm überhäuft,[4] aber darf man daraus auf das ganze Volk schließen. Wenn es gilt, den Mut unter Beweis zu stellen, zeigt sich der einzelne Italiener genauso tapfer oder feige als[5] jeder von uns.[6]

Die Franzosen sind als deutschfeindlich verschrien. Meine damaligen Erfahrungen sind anderer Art. Man begegnete uns überall sehr zuvorkommend, ich schloß auch manche nette Bekanntschaft. Nirgends fiel ein böses Wort oder gab es schiefe Blicke.

Inzwischen führten ja Staatsmänner beider Völker eine politische Versöhnung herbei, und es bleibt zu hoffen, daß dies ins Bewußtsein beider Völker eindringen möge.

Es ist eigentlich traurig, daß man erst das Ausland bereisen muß, um

---

3. „mit einer Ansicht brechen" ist ein schlechter Ausdruck!
4. „nicht mit Ruhm *bedeckt*"!
5. „so feige *wie*" – „als" nur nach Komparativ („feiger als du").
6. Hat der Schreiber das beobachtet, oder behauptet er nur? Thema!

zu erkennen, wie wenig die eigene und die Volksmeinung über das Ausland der Wahrheit entsprechen.

Was mir weiter auffiel, war, wie sehr der heutige Reise- und Fremdenverkehrsbetrieb doch die ursprünglichen Verhältnisse verändert hat. Das Reisefieber, ungemein durch die heutigen Verkehrsmittel begünstigt, trug die Unsitten unserer Zeit bis in die verträumtesten Winkel hinein. Jedes Fischerdorf, jede ländliche Kleinstadt an den großen Durchgangswegen des Reiseverkehrs stellt sich auf die Fremden um und ist dadurch zum großen Teil von ihnen abhängig geworden. Was waren St. Tropez, Nizza und Cannes z. B. vor ihrer Entdekkung als mondäner Badeort? Mit dem Erliegen des Fremdenverkehrs wäre ihr Dasein aufs schwerste bedroht. Ihr Bruch mit der Vergangenheit ist nur allzu deutlich. Die Sitten dort lockerten sich, Lärm und Unruhe machen sich überall breit. Die anspruchslose Bevölkerung ist meist den Verlockungen des Geldes erlegen, selbst altes Brauchtum wird in klingende Münze umgesetzt. Was vielerorts den Fremden als Folklore dargebracht wird, ist nur Gaukelspiel, um den Fremdenstrom anzulocken, wie bei den Blumenfesten vieler Rivieraorte.

Diese Entwicklung ist ein Feind jeglichen echten Kennenlernens und spricht nicht gerade für das Gastgeberland.

Von seiten der Reisenden ist jedoch meist wenig von einem derartigen Bestreben zu erkennen.[7] Die Rekordsucht hat viele von ihnen ergriffen. „Mehr besichtigen in kürzerer Zeit!“ lautet der Wahlspruch jener Kameratouristen, die alles, was im Baedeker Sternchen besitzt, im Vorbeieilen auf ihren Film bannen wollen.

Andere verlieren auf Reisen völlig ihre Würde. Sie zwängen sich in enge Hosen, tragen grellbunte Kleidung und legen ein unmögliches, überhebliches Benehmen an den Tag.

Manche wiederum verleugnen ihr Volkstum und geben sich ganz in der Art der Einheimischen. Gelegentlich gehen sie dabei so weit wie jene Dame, die ich in Südtirol beobachtete. Sie entstieg ihrem Wagen mit deutschem Kennzeichen und fragte einen alten Südtiroler Bauern unter Benützung italienischer Ortsnamen auf italienisch nach dem Weg. Wie verraten mag er sich vorgekommen sein! Daß solche Vorkommnisse den Reisenden und damit ihrem Heimatland nicht gerade zur Ehre gereichen, liegt auf der Hand.

---

7. Was meint der Schreiber? Unklare Beziehung!

Die Schönheit und Ursprünglichkeit der Landschaft bleiben von dieser Entwicklung größtenteils unberührt. Der Anblick des lichtblauen Meeres bei Marseille, das gischtend gegen die rötlichen Kalkfelsen brandet, war zur Zeit Goethes sicher nicht schöner als heute. Es mag sein, daß dies ihn tiefer beeindruckt hätte als mich in unserer an äußeren Eindrücken so übersättigten Zeit. Wie sprunghaft und für Deutsche unvorstellbar kam dann der Wechsel von der an üppiger Pflanzenwelt so reichen Küste mit ihren Pinien, Zypressen, Agaven und Feigenkakteen zu den kahlen, in der Sonne glimmenden Höhen, die die Bodenauswaschung fast ihres gesamten Baumwuchses beraubt hatte.
In diese Landschaft gebettet, liegen wie seit eh und je alle jene Überreste der Vergangenheit, Bauten und Kunstwerke, die allgemein unter dem Begriff „Sehenswürdigkeiten“ zusammengefaßt werden. Hier bietet gerade Italien, Schauplatz großer Ereignisse der Geschichte, mit dem Forum Romanum oder dem Kolosseum, aus deren Ruinen der Hauch der Vergangenheit zu uns spricht und uns, gemessen an ihrem Alter, unser Eintagsfliegenleben vor Augen führt, dem Besucher ungemein viel.[8] Des weiteren Venedig mit Dogenpalast, Markuskirche und Rialtobrücke, die von seinem einstigen Reichtum künden und mit gleichmütiger Erhabenheit auf die Nichtigkeit der um sie rundum wimmelnden Menschen herabsehen.
Wieviel ansprechender für Geist und Seele ist doch die persönliche Begegnung mit all diesen Dingen als jene des Hörensagens!
Der aufmerksame Reisende bekommt Einblick in manche Verhältnisse, ohne den die Kenntnis des Landes und seiner Bewohner unvollständig ist. Der Baedekertourist gelangt wohl selten einmal in eine jener engen Gassen und Hinterhöfe, abseits der Pracht der Hotels und Villen. Hier spielt sich das Leben ungeschminkt ab. Unvergeßlich in all seiner Häßlichkeit und Elendheit[9] wird mir der Anblick eines Gäßchens in Marseille bleiben. Zwischen den Häuserwänden flatterte die Wäsche, Arbeitslose saßen trübsinnig auf ihren Türschwellen, auf dem Fleisch in der offenen Auslage eines Metzgerladens, das dem Straßenstaub und den schmutzigen Händen der Käufer preisgegeben war, wimmelten die Fliegen. Über allem lag das fröhliche Lachen der Kinder, die in der Gosse spielten. Auch solche Eindrücke gehören zu einer Auslandsreise.

8. Satzbau! Sachlich erörtern, nicht schildern!
9. „das Elend“ – nicht „Elendheit“!

Die Mentalität der Einheimischen bleibt dem Beobachter nicht lange verborgen. Die Südländer sind bekannt für ihre Überschwenglichkeit, sie lachen gern und laut und bewahren sich ihr fröhliches Herz trotz ihrer oft elenden Umgebung. Fremden gegenüber benehmen sie sich höflich, sind anfangs jedoch mißtrauisch. Gefährlich sind ihre heftigen Gefühlsausbrüche, in denen sie nicht mehr Herr ihrer selbst sind und sich zu allem hinreißen lassen. Dies zeigt sich schon bei geringfügigsten[10] Anlässen, einer Verkehrsstockung etwa. Sofort ertönt ein Hupkonzert, und drohend geschwungene Fäuste verheißen dem Schuldigen nichts Gutes. Weiterhin bezeichnend sind ihre Geschäftstüchtigkeit, ihr Hang zum Feilschen. Sie sind oft geradezu enttäuscht, wenn ein Fremder den geforderten Preis anstandslos bezahlt, freuen sich aber diebisch, wenn Sie einen, der sich im Handeln ebenso hartnäckig zeigt wie sie, doch noch übervorteilen.

Alle jene aufgezeigten Punkte,[11] und sicher noch einige andere mehr, runden erst das Gesamtbild eines Landes ab. Goethe will seine Sentenz wohl so verstanden wissen, daß Sinn und damit wahrer Wert der Reise darin liegen, sich in der Welt zu zerstreuen und sie mit offenen Augen zu betrachten, um mit einem vertieften Wissen um diese Dinge in die Heimat zurückkehren zu können.

Bemerkung

Dieses Thema kann als eine Art Reisebericht mit kritischer Stellungnahme aufgefaßt werden. Diese Bearbeitung erörtert das Thema unter verschiedenen Gesichtspunkten (Erörterung). Man kann darüber jedoch auch ein Stimmungsbild schreiben.

Aufgabe

Greifen Sie den Schlußgedanken der vorliegenden Arbeit auf und schreiben Sie über das Thema: Welchen Wert haben Auslandsreisen? (Erörterung) einen Aufsatz!

Wandeln Sie das Thema ab: „Wenn Sie die Wahl zwischen einer Reise in Deutschland und einer Auslandsreise hätten, welche Entscheidung würden Sie dann treffen?“ (Problemaufsatz)!

---

10. Mit dem Superlativ sparsam umgehen! „Geringfügig“ reicht und kann kaum gesteigert werden!
11. „Eindrücke und Beobachtungen“ – nicht „Punkte“!

44 *„Die beste Bildung findet ein gescheiter Mensch auf Reisen." – Stimmen Ihre Erfahrungen mit diesem Goethe-Wort überein?*

Gliederung

A) Durch den wirtschaftlichen Wiederaufstieg Deutschlands nach dem Kriege konnten breite Schichten der Bevölkerung wieder daran denken, Reisen im Inland oder in das Ausland zu unternehmen. Neben den üblichen Ferien-, Erholungs- und Vergnügungsreisen hat sich heute auch die „Bildungsreise" durchgesetzt.[1]

B) I. Welche Argumente könnte man gegen Goethes Behauptung anführen?

1. Während Goethe bei seinen Reisen genügend Zeit und Mittel zur Verfügung standen, kann das für den heutigen Reisenden nur in begrenztem Maße gelten.
2. Der gescheite Mensch wird durch die Anforderungen im Beruf so sehr in Anspruch genommen, daß seine Reisen zunächst der gesundheitlichen Erholung dienen müssen.
3. Aus diesem Grunde kann die Begegnung mit der Geschichte und mit der Kultur einer Stadt bzw. eines Landes nicht in vollem Maße bildend wirksam gemacht werden, weil die Zeit für eingehendes Studium fehlt.[2]
4. Die Verständigung mit der Bevölkerung durch gegenseitiges Kennenlernen wird auf ein Minimum beschränkt bleiben.

II. „Die beste Bildung findet ein gescheiter Mensch auf Reisen."

1. Die Schönheit der Natur und das Charakteristische einer Landschaft zeigt sich dem Menschen in seiner Vielfalt nur auf Reisen.
2. Gebildet ist nicht, wer nur Kenntnisse besitzt und Praktiken beherrscht, sondern wer auch teilhat am geistigen und kul-

---

1. Diese Aufgliederung in der Einleitung erscheint abwegig, weil nicht von „Bildungsreisen" die Rede ist, sondern vom Reisen. Auch auf einer Erholungsreise kann man „Bildung finden".
2. Zweifache Begründung der Behauptung: 1. Aus diesem Grunde . . . 2. . . . weil die Zeit für Studium fehlt. (Ein häufiger Fehler!)

turellen Leben. Diese Tatsache kann, so glaube ich, eine Reise gut vermitteln.[3] (Gedenkstätten, Museen, Galerien, Theater usw.)

3. Der Reisende kann an den geistigen Gehalten eines ihm fremden Lebens- und Kulturkreises seine Kenntnisse erweitern und seine Anlagen weiterentwickeln. Darüber hinaus kann er ein eigenständiges Verhältnis zu den kulturellen Inhalten[4] gewinnen.
4. Besonders auf Reisen lernt der gescheite Mensch das Wertvolle zu erfassen, als auch[5] Takt, Anstand, Verständnis, Aufgeschlossenheit, Geschmack und Urteil zu erwerben:
   a) Beschäftigung mit der Kultur, Geschichte und Sprache.
   b) Internationale Verständigung (Gespräche mit den Menschen).
   c) Fremde Bräuche, Sitten und Charakteristiken usw.

C) Meinen persönlichen Erfahrungen nach ist es – mit Einschränkungen – auch heute noch möglich, auf Reisen den eigenen Bildungsstand zu erweitern.

Bemerkung

Der Verfasser ist zu sehr der üblichen Vorbereitung eines solchen Themas erlegen. Er glaubte, in der Einleitung die im Unterricht wahrscheinlich besprochene Aufgliederung des Begriffs „Reisen“ unterbringen zu müssen. Solche Unterrichtsgespräche wollen aber für viele Themen über das Reisen vorbereiten, man kann nicht in jedem Aufsatz davon etwas unterbringen.

Die Gliederung (und wahrscheinlich auch der Aufsatz) nimmt keinen Bezug auf die einzelnen Begriffe des Themas: „beste Bildung“ – „gescheiter Mensch“ – „Reisen“ – „eigene Erfahrungen“. (Diese werden nur am Schluß erwähnt.)

Die Adjektive „beste“ und „gescheit“ dürfen nicht übersehen werden.

---

3. „Diese Tatsache kann eine Reise vermitteln.“ Wenn man einen längeren Satz auf die Grundaussage verkürzt, ergibt sich oft Sinn oder Unsinn der Aussage.
4. Klingt phrasenhaft, weil jeder Bezug zu Beispielen fehlt.
5. Unklarer Satzbau!

Bildung kann man auf verschiedene Weise erwerben, „beste Bildung“ auf Reisen, sagt Goethe. Nicht jeder Mensch erwirbt sich beste Bildung auf Reisen, nur der „gescheite Mensch“ sagt Goethe. Was für Reisen das sein sollen, darüber sagt Goethe nichts.
Diese Bemerkung will am Beispiel aufzeigen, wie man an ein Thema herankommt, welche Vorbesinnung nötig ist, das Thema richtig aufzufassen, die einzelnen Begriffe des Themas zu erfassen, keinen Begriff des Themas zu übersehen.

Aufgaben
Klären Sie den Begriff „Bildung“ mit Hilfe eines Nachschlagewerks! Welche Bildungsmöglichkeiten bieten sich heute an?

Schreiben Sie diese Gedankensammlung nieder, ordnen Sie den Stoff und fassen Sie die einzelnen Gruppen mit Überschriften zusammen!

45 *Rundreise oder Aufenthalt an einem Ort? Welche Art der Urlaubsgestaltung halten Sie für besser, wenn Sie ein fremdes Land kennenlernen wollen?*

Gliederung

A) Verlockende Angebote beeinflussen die Urlaubsplanung.

B) Rundreise oder Aufenthalt an einem Ort?

I. Rundreisen haben ihre
   1. Vorteile.
      a) Man sieht mehr von dem Land:
         andere Städte,
         verschiedene Landschaften.
      b) Der Urlauber lernt mehrere Lebensgewohnheiten kennen.
   2. Nachteile.
      Der Urlauber muß in kurzer Zeit zuviel „verdauen".[1]

II. Der Aufenthalt an einem Ort ist
   1. zu befürworten
      a) Er lernt die Landschaft intensiver kennen.
         (Mehr Zeit zum Anschauen)[1a]
      b) Er bekommt mehr Kontakt mit der Bevölkerung.
         (Kennenlernen der Sitten und Bräuche)[1a]
   2. zu verneinen.
      Der Urlauber neigt dazu, das Bild, das er bekommt,[1b] als Beispiel für das ganze Land zu betrachten.
      (Gefahr der Enttäuschung)[1a]

C) Der Aufenthalt an einem Ort bietet größere Vorteile als eine Rundreise.

---

1. Unter der Überschrift „Nachteile" ist nur ein Nachteil aufgeführt. Ausdruck!

1a. Der Text in den Klammern ist in der Gliederung nicht angebracht. Er gehört in die Ausführung.

1b. Ausdruck!

Die meisten Leute verbringen heutzutage ihren Urlaub im Ausland. Ihre Urlaubsplanung wird natürlich durch die verlockenden Angebote der Reisegesellschaften beeinflußt. „Lernen Sie die Schönheiten unseres Landes kennen!" oder „Das Land der aufgehenden Sonne. In wenigen Tagen kennen Sie es!" usw. lauten die Parolen, mit denen die Länder um die Gunst der Urlauber werben. Da aber aus einem einzigen Land solch eine Fülle von Angeboten vorliegt, können sich die Urlauber oft nicht entscheiden, ob sie an einem Ort bleiben sollen oder ob sie zu einer Rundreise antreten wollen. Welche der beiden Urlaubsgestaltungen ist nun besser, wenn man ein fremdes Land kennenlernen will?[1c]

Die Punkte,[2] die für eine Rundreise sprechen, sind natürlich nicht zu übersehen. Der Urlauber sieht zweifelsohne viel mehr von dem fremden Land, als wenn er sich nur an einem Ort aufhalten würde. Jede Stadt und jede Landschaft haben ja ihre eigenen Sehenswürdigkeiten und Eigentümlichkeiten. Auch die Menschen, die in den einzelnen Gebieten wohnen, sind sehr verschieden. Baustil, Landschaftsbild und Lebensgewohnheiten ändern sich innerhalb eines Landes oft mehrmals. Als Beispiel hierfür wäre Jugoslawien zu nennen. Kommt man in die größeren Städte des Landes, so ist man beeindruckt von der Vielfalt der Industrien und Geschäfte. Fährt man dann jedoch einige Kilometer aus der Stadt hinaus, so wechselt das Bild sofort. Der Urlauber kommt in die kleinen Dörfer, in denen noch mehr oder weniger Armut und Bescheidenheit herrscht.[3] Hier lernt man erst die wirkliche Seite[4] dieses Landes kennen. In den Städten und Dörfern, die am Meer liegen, wird der Urlauber wieder großartige und moderne Hotels, Badestrände und Anlagen antreffen. In diesen Gebieten ist alles auf den Fremdenverkehr ausgerichtet. Würde nun der Reisende nur in einer dieser Küstenstädte seinen Urlaub verbringen, so würde er doch sicherlich von diesem Lebensstil getäuscht werden. Ihm würden auch die Eigenheiten der einzelnen Landschaftsgebiete ent-

---

1c. Eine gute Einleitung, die klar und eindeutig zum Thema hinführt!

2. Schwacher Ausdruck! „Gründe"!

3. Zwei Substantive bedingen Pluralform des Verbs: herrschen! (Häufiger Fehler!) Singularform nur möglich, wenn „Armut und Bescheidenheit" als ein einziger Begriff aufgefaßt werden könnte.

4. Ausdruck! „Das wahre Gesicht".

gehen. Denn jede auch noch so eintönig wirkende Landschaft hat ihre Reize und Schönheiten.

Das[5] kann aber der Urlauber auf einer Rundreise kennenlernen, und er kann auch den verschiedenen Lebensgewohnheiten der fremden Bevölkerung begegnen. Es ist doch wahrscheinlich in jedem Land der Fall,[6] daß die einzelnen Gebiete nicht nur durch Grenzen[7] voneinander getrennt sind, sondern auch durch eigene Sitten und Bräuche. Selbst die Sprache ist in einem Land oft sehr verschieden. Dies muß man jedoch wissen, wenn man ein Land kennenlernen will.[8] Auf einer Rundreise sieht man in kurzer Zeit alles[9] von dem fremden Land.

Eben[10] in der kurzen Zeit liegt der große Nachteil einer Rundreise. Der Urlauber muß in seinem Urlaub, der eigentlich der Ruhe und Erholung dienen soll, zuviel Eindrücke auf einmal verdauen. Er hastet von einer Stadt zur anderen, um ja nicht irgend etwas zu vergessen. Die Sehenswürdigkeiten werden „abgelaufen", es wird schnell noch ein Foto gemacht, und dann geht es weiter. Von Urlaub kann keine Rede sein. Der Urlauber kann zwar, zu Hause angelangt, seinen Freunden und Bekannten berichten, daß er dieses und jenes berühmte Bauwerk gesehen hat, daß er diese und jene Landschaft durchquert hat, aber ob er das fremde Land nun kennt, das bleibt wohl die größte Frage.[11]

Der Urlauber, der sich nur an einem Ort aufhält, kann aber wirklich sagen, daß er die Gegend, in der er war, kennt. Der Aufenthalt an einem Ort bietet nämlich dem Fremden auch große Möglichkeiten, um das Land kennenzulernen. Er wird nicht von einer Zeitnot gedrängt.[12] Er kann sich in aller Ruhe die Sehenswürdigkeiten seines Ortes anschauen; zwar nicht so viele wie auf einer Rundreise, die wenigen aber um so intensiver. Auch findet hier der Urlauber Zeit, um einige Tagesausflüge in die nähere Umgebung zu unternehmen.

Dabei kann er wirklich die Schönheiten der Landschaft bewundern.

---

5. Beziehung ist unklar!
6. Ausdruck! „In jedem Land unterscheiden sich die einzelnen Gebiete ..."
7. Unklar!
8. Was muß man wissen?
9. Wenn man „alles" sieht, ist die Frage des Themas schon entschieden.
10. Schlechte Überleitung!
11. Der Schreiber meint „fraglich"!
12. Ausdruck! „Er gerät in Zeitnot".

Er hat die Möglichkeiten, in die Dörfer zu fahren und die Lebensgewohnheiten dieser Menschen kennenzulernen.
Darin, so glaube ich, liegt auch der größte Vorteil eines Aufenthaltes an einem Ort. Je länger man sich in einem Ort aufhält, desto mehr Kontakt bekommt man mit den Einwohnern. In Jugoslawien, zum Beispiel, ist es oft der Fall, daß eine Familie, die schon länger ihren Urlaub in einem kleinen Dorf verbringt, von einer Familie des Dorfes eingeladen wird. Man kommt dabei mit diesen Leuten ins Gespräch und erfährt somit viele Einzelheiten über ihr Leben. Man lernt ihre Kost kennen, ihre Sitten und Bräuche und ihre Arbeitsweise. In den Fischerdörfern wird man manchmal von den Fischern eingeladen, am Abend mit ihnen auf Fischfang zu gehen. Hierbei kommt man dann auch in diese zauberhafte, fast romantische Stimmung hinein, die dieses Land umgibt.[13] Nach solch einem Urlaub kennt man wirklich ein Stück des fremden Landes.
Die negative Seite eines Aufenthaltes an einem Ort liegt aber gerade darin, daß man nur einen Teil des Landes kennt. Man kann leicht dazu neigen,[14] das Bild, das man bekommt, als Beispiel für das gesamte Land anzunehmen. So birgt sich oft[15] die Gefahr einer Enttäuschung. Es kann auch mal passieren, daß der Urlauber an einen Ort kommt, in dem er nur die schlechten Seiten zu Gesicht bekommt. Deswegen hört man häufig einen Touristen sagen, daß ihm das Land überhaupt nicht gefallen habe.
Trotz solcher Fälle möchte ich behaupten, daß einem Urlauber, der ein fremdes Land kennenlernen will, mit einem Aufenthalt an einem Ort mehr gedient ist als mit einer Rundreise. Auf dieser hat er zwar mehr gesehen, aber dennoch das Wichtigste nicht verstanden. Um ein Land kennenzulernen, braucht man länger als nur einen Urlaub. Dem Argument, daß man bei einem Aufenthalt an einem Ort nur ein Stück des Landes sieht, kann man dadurch entgegentreten, daß man seinen nächsten Urlaub an einem anderen Ort des Landes verbringt.

---

13. Ausdruck! „erfüllt"?
14. Ausdruck! „Man kann leicht zu der Ansicht kommen" oder „Man neigt dazu, ..."
15. Schlechter Ausdruck; besser: „das birgt die Gefahr ..."

46 Ist der Naturschutzgedanke heute noch zeitgemäß?

Gliederung

A) Der Naturschutzgedanke war früher eng mit romantischer Naturbetrachtung verbunden.

B) I. Was will der Naturschutzgedanke?
- a) Allgemeine Begriffsbestimmung: Schutz der verschiedenen Naturräume
- b) Spezielle Aufgabenbereiche:
  - 1) Schutz seltener Pflanzen, Tiere
  - 2) Wahrung des Landschaftsbildes zur Erhaltung von Erholungsgebieten
  - 3) Erhaltung bzw. Wiederherstellung des biologischen Gleichgewichts

II. Warum ist ein Teil dieser Aufgaben heute besonders zeitgemäß?
- a) Durch die Belastung in der Industriegesellschaft braucht der Mensch Erholungsgebiete, die bedroht sind durch
  - 1) Landschaftsverbauung,
  - 2) Lärm,
  - 3) Verschmutzung.
- b) Das biologische Gleichgewicht ist bedroht
  - 1) in der Luft,
  - 2) in den Gewässern.

III. Warum ist ein Teil der Aufgaben heute weniger zeitgemäß? Der Schutz seltener Tier- und Pflanzenarten ist gegenüber den anderen Aufgaben heute unbedeutend.[1]

C) Der Naturschutzgedanke hat sich gewandelt zum Umweltschutzgedanken (= Schutz des Menschen selbst) und ist somit heute aktueller denn je.

Aufgabe

Schreiben Sie eine Gliederung zum Thema: Warum müssen Maßnahmen für den Umweltschutz durchgeführt werden?

---

1. Bei III. fehlen Unterpunkte.

47 *Sehen Sie Möglichkeiten, der beängstigend zunehmenden Umweltverschmutzung Einhalt zu gebieten?*

Gliederung

A) Nach Meinung eines wissenschaftlichen Instituts kann die Umweltverschmutzung zum Untergang der Menschheit führen.

B) Gibt es Möglichkeiten, der Umweltverschmutzung Einhalt zu gebieten?

I. Möglichkeiten des einzelnen:
1. Selbst keine Abfälle achtlos wegwerfen;
2. man sollte sich an öffentlichen Aktionen gegen die Verschmutzung beteiligen;
3. man sollte nicht unnötig mit dem Auto fahren.

II. Möglichkeiten der Industrie:
1. Einbau von Kläranlagen für die Abwässer der Fabriken;
2. Einbau von Filteranlagen für Abgase und Rauch;
3. ungefährliche Beseitigung von Abfallprodukten;
4. Förderung der Forschung nach:
   a) ungiftigen Insektiziden;
   b) ungiftigen Düngemitteln;
   c) weniger giftigem Treibstoff;
   d) leicht abzubauendem Verpackungsmaterial;
   e) biologisch sauberen Waschmitteln.

III. Möglichkeiten des Staates:
1. bessere Gesetzgebung;
2. bessere Aufklärung der Bevölkerung;
3. Unterstützung der Naturschutzverbände;
4. Unterstützung der Forschungen der Industrie;
5. finanzielle Unterstützung der finanzschwachen Gemeinden bei den umweltfreundlichen Maßnahmen.

C) Die Zukunft wird zeigen, ob der Mensch reif genug ist, den Ernst der Lage zu erfassen.

48 Sehen Sie Möglichkeiten, der beängstigend zunehmenden Umweltverschmutzung Einhalt zu gebieten?

Gliederung

A) Umweltverschmutzung ist heute schon gesundheitsgefährdend.

B) Kann man der zunehmenden Verschmutzung der Umwelt wirkungsvoll begegnen?

I. Beseitigung der störenden Erscheinungen der Umweltverschmutzung:
  1. Luftverschmutzung:
    a) Verringerung des Bleigehalts im Benzin;
    b) Bau von umweltfreundlicheren Motoren;
    c) Filterung von Industrieabgasen;
    d) Abschaffung von Kohle- und Ölheizungen.
  2. Verschandelung der Landschaft:
    a) Verringerung der Anteile an schädlichen Abgasen;
    b) Errichtung von zentralen Müllverbrennungsanlagen;
    c) harte Geldbußen für „Müllsünder".
  3. Verschmutzung des Wassers:
    a) Bau von Kläranlagen;
    b) Verbot des Ablassens von Öl durch Schiffe.

II. Beseitigung der Ursachen:
  1. Schaffung eines Umweltbewußtseins bei allen Bürgern:
    a) durch Erziehung in den Schulen;
    b) durch Aufklärung der Erwachsenen;
  2. bessere Ausrüstung der Verkehrsmittel:
    a) mehr Komfort;
    b) Nulltarif einführen;
    c) statt Kurzstreckenflugzeugen Magnetschienenbahnen.
  3. Bau von Wohnungen in der Nähe der Arbeitsstätten;
  4. Verwendung umweltfreundlichen Verpackungsmaterials.

C) Durch vernünftige Maßnahmen kann Leben lebenswert bleiben.

49 *Sehen Sie Möglichkeiten, der beängstigend zunehmenden Umweltverschmutzung Einhalt zu gebieten?*

Gliederung

A) Die Umweltverschmutzung nimmt immer mehr zu.

B) Gibt es Möglichkeiten, die Umweltverschmutzung einzudämmen?

I. Möglichkeiten für den einzelnen:

1. Der Luftverschmutzung kann begegnet werden:
   a) durch weniger Kohle-, Ölfeuerungen,
   b) durch richtiges Einstellen der Autovergaser;
2. die Müllawine kann bekämpft werden:
   a) keinen Unrat an ungeeigneten Plätzen wegwerfen,
   b) keine Gegenstände mit unnötigen Kunststoffverpackungen kaufen,
   c) sich freiwillig an Aufräumaktionen beteiligen.
3. Die Wasserverschmutzung läßt sich eindämmen durch:
   a) Einschränken des Waschmittelverbrauchs,
   b) indem man keinen Abfall in Flüsse und Seen wirft.

II. Möglichkeiten für den Staat:

1. Grundlegende Möglichkeiten:
   a) Einführung eines besseren Überwachungs- und Alarmsystems,
   b) härtere Strafen gegen Umweltverschmutzung,
   c) Steuerbegünstigung für den Bau von Kläranlagen,
   d) mehr staatliche Beihilfen für Umweltforschung;
2. Einzelmaßnahmen:
   a) Behebung der Luftverpestung durch:
   Entwicklung abgasfreier Antriebsmotoren,
   Einbauen von Filtern in Schornsteine, Abwasseranlagen,
   Ersetzen der Ölheizung durch Stromheizungen,
   b) Stoppen der Müllawine durch:
   verstärkten Bau von Müllverbrennungsanlagen,
   Einschränkung der Kunststoffproduktion;

c) Bekämpfung der Wasserverschmutzung durch:
beschleunigten Bau von Kläranlagen,
Anreicherung gefährdeter Flüsse und Seen mit Sauerstoff,
Verhinderung der künstlichen Aufheizung des Wassers.

C) Ich persönlich versuche auch, meinen Beitrag gegen die Umweltverschmutzung zu leisten.

Bemerkung

Diese drei Gliederungen (47, 48, 49) zum gleichen Thema – keine Mustergliederungen! – sollen zeigen, welche verschiedenartigen Möglichkeiten es gibt, ein Thema zu gliedern. Inhaltlich führen alle drei Beispiele dieselben wichtigen Gesichtspunkte an, aber in anderer Reihenfolge und Gruppierung. Dadurch soll deutlich werden, daß es nicht nur *eine* brauchbare Gliederung zu jedem Thema gibt.

Aufgabe

Wählen Sie eine der drei Gliederungen aus und fügen Sie in diese Gliederung die fehlenden Gedanken aus den beiden anderen Gliederungen ein; ergänzen Sie diese Gliederung durch weitere Ihnen wichtig erscheinende Gesichtspunkte!

50 *„Wir kaufen nicht, was wir wollen, sondern was andere wollen." Nehmen Sie Stellung zu dieser Behauptung!*

Gliederung

A) Man wird gerade heute in besonders großem Maße beim Einkauf beeinflußt.

B) Ist es wirklich so, daß wir nicht kaufen, was wir wollen, sondern was andere wollen?
  I. Beeinflussung des Käufers von außen:
    a) durch Werbung,
    b) durch die Mode,
    c) durch den Konkurrenzkampf der Firmen,
    d) durch die Überredungskünste von Vertretern.
  II. Beeinflussung des Käufers durch die eigene Person:
    a) Vorurteile,
    b) Zeitdruck und Bequemlichkeit.

C) Zusammenfassung[1]

Fast jeder Mensch, in besonderem Maße natürlich die Hausfrau, sieht sich in der heutigen Zeit beim Einkauf vor das Problem gestellt, aus einem riesigen Angebot von Produkten das seiner Meinung nach beste und preiswerteste Erzeugnis herauszufinden und zu kaufen. Er wird sich bei seiner Wahl wahrscheinlich unbewußt nach Gesichtspunkten entscheiden, die er teilweise selbst findet, die ihm aber auch von außen suggeriert werden. Kann man somit sagen, daß wir nicht das kaufen, was wir wollen, sondern was andere wollen?
Am meisten beeinflußt wird der Käufer heute meiner Meinung nach von der Werbung. Sie fängt morgens mit dem Einschalten des Radioapparates oder mit dem Lesen der Zeitung an und hört abends mit dem Ausschalten des Fernsehgerätes auf. Aus jeder Werbefunksen-

1. Die Zusammenfassung wäre in diesem Fall wohl besser bei B). Bei C) sollte der Schlußgedanke (Ausblick, Erwartung, Nutzanwendung) stehen.

dung und Zeitung, von jeder Litfaßsäule tönen die neuesten Werbeslogans oder blicken prominente Sportler, in ihren Händen ein neues Rasierwasser haltend, das sie nie benutzen werden.[1a] Mit allen erdenklichen Mitteln versuchen Firmen und Betriebe, auf ihre Erzeugnisse aufmerksam zu machen. – Und viele haben Erfolg! Von der Werbung wird der Käufer heute, teilweise unterschwellig, so weit beeinflußt, daß er sich beim nächsten Kauf vielleicht nicht mehr nach eigenen Gesichtspunkten für ein bestimmtes Produkt entscheidet. So hat vor einiger Zeit eine Statistik gezeigt, daß sich über die Hälfte der Käufer von der Werbung beeinflussen ließ und Artikel erstand, die sie entweder schon besaßen oder aber ohne Werbung nie gekauft hätten. Die Werbung und alles, was damit verbunden ist, wird von den Firmen, Betrieben und Fabriken gemacht, von den „anderen". Wir, oder zuzmindest ein großer Teil von uns, werden also tatsächlich dazu gezwungen,[2] das zu kaufen, was andere wollen.

Ebenso ist es meiner Meinung nach mit der Mode. Sie ist es, die den Menschen beim Kauf von Artikeln beeinflußt, die der Mode unterliegen, wie zum Beispiel bei der Anschaffung von Kleidungsstücken oder Wohnungseinrichtungen und ähnlichem. Immer wird der Käufer darauf aus sein, den letzten Schrei,[3] das Modernste zu erwerben. Die Mode wird aber nicht vom Verbraucher gemacht, sondern allein vom Hersteller. Da es für die meisten Menschen selbstverständlich[4] ist, sich nach der Mode zu richten, sind sie gezwungen, das Kleid oder den Anzug zu kaufen, der vom Hersteller gefertigt und als „modern" auf den Markt gebracht wurde. Den Beweis dafür liefert die heutige Jugend, die sich nur[5] nach der Mode richtet und somit den Fabrikan-

---

1a. So bestimmt kann man das nicht behaupten! Der Verfasser nimmt das nur an.

2. Ist „gezwungen" das richtige Wort? Gelenkt? Dazu gebracht? Veranlaßt? So beeinflußt?

3. Etwas übertrieben! „Immer?" „Der Käufer?" – „der letzte Schrei"?

4. Der Zusammenhang zwischen dem Diktat der Mode und der Entscheidung des Käufers wird hier nicht klar aufgezeigt; hier spielen auch noch andere Gesichtspunkte herein, die uns unsere Entscheidung aufzwingen (Rücksichtnahme auf den Geschmack anderer, gesellschaftlich-berufliche Verpflichtungen, Geltungsbedürfnis usw.).

5. Diese Behauptung trifft in dieser Ausschließlichkeit nicht zu, denn ein großer Teil der heutigen jungen Menschen richtet sich zwar nach der Mode, aber sehr viele Jugendliche machen nicht alle Moderichtungen mit.

ten und Erzeugern ausgeliefert ist. Andererseits bestimmt der Hersteller damit die Mode, daß er nur noch den Artikel herstellt, den er als modern betrachtet. Da sich die Großzahl der Erzeuger ebenso verhält, wird der Käufer, selbst wenn er sich nicht nach dem Neuesten richtet, förmlich dazu gezwungen, den letzten Schrei[6] der modischen Entwicklung zu übernehmen und zu kaufen.

Ich glaube, daß eine Beeinflussung des Käufers auch durch den Konkurrenzkampf der Firmen und Erzeuger erzielt wird. Um einander den Rang abzulaufen und damit den Verbraucher für sich zu gewinnen, kommt es zum Herabsetzen der Preise,[7] zu Sonderangeboten. Ob es sich bei diesen „günstigen Angeboten" um gleich- oder minderwertige Ware[8] handelt, sei dahingestellt. Auf jeden Fall aber sind die Käufer, die sich bei der Wahl der Erzeugnisse nach dem Preis richten müssen, und das sind auch heute nicht wenige, darauf angewiesen, diese Sonderposten auszunützen.[9] Sie sind also gezwungen, die Produkte zu erwerben, die von den Herstellern verbilligt werden, und nicht die Artikel, die sie gerne kaufen würden.[10]

Eine nicht ganz so große Rolle spielen die Überredungskünste von Vertretern. Es hängt nämlich von der Willensstärke des Kunden, aber auch von der Hartnäckigkeit des Verkäufers ab, ob es zum Kauf kommt. Trotzdem gibt es Millionen von Menschen, die jährlich auf der ganzen Welt den psychologisch aufgebauten „Erzählungen" der Vertreter der Firmen ausgesetzt sind und die sich dann aus irgendeinem Grund[11] für das angebotene Erzeugnis entscheiden und es erwerben.

---

6. Wiederholung im Ausdruck!
7. Sprachlich schwerfällig dargestellt (Hauptwortstil!); besser: sind sie gezwungen, die Preise herabzusetzen (zu senken).
8. Man kann nur von gleichwertiger Ware sprechen, wenn der Bezugspunkt aufgezeigt ist, also der Wert einer bestimmten Ware erwähnt ist. Hier fehlt jedoch dieser Bezugspunkt.
9. Ausdruck!
10. Dieses Beispiel ist nicht treffend gewählt, denn diese Leute sind zwar gezwungen, sich nach dem günstigeren Preis zu richten, aber sie werden im allgemeinen nur diejenigen Waren kaufen, die sie wirklich brauchen, also wollen. Der Kauf ist bei ihnen nicht eine Entscheidung, die die Interessen anderer berücksichtigt.
11. „Aus irgendeinem Grund", also nicht durch die Überredungskunst des Vertreters?

Diese Menschen werden also, oftmals mit ans Verbrecherische grenzenden Mitteln, dazu gebracht, ein Produkt zu kaufen, an dessen Erwerb sie früher niemals gedacht und geglaubt hatten und für das sie manchmal keine Verwendung finden. Diese Leute kaufen also nicht, was sie wollen, sondern was andere wollen, oder besser gesagt, was andere uns einreden, kaufen zu müssen.

Manchmal ist es jedoch keine Beeinflussung von außen, die uns zu einem Kauf zwingt. So wurde schon oft ein Kauf rein[12] aus „eigenen" Vorurteilen getätigt. Diese Vorurteile,[13] ganz gleich von wem sie hervorgerufen werden, lassen uns einige Artikel und Erzeugnisse von vornherein ablehnen, ohne daß wir uns von der Richtigkeit unserer Meinung überzeugt haben. Meistens werden uns solche Vorurteile von anderen Menschen, oftmals auch durch Werbung, suggeriert. Es können Jahre vergehen, bis wir von diesen Vorurteilen, die wir inzwischen übernommen haben und als eigene Meinung betrachten, zum Erwerb eines bestimmten Produkts gezwungen werden. Wir glauben, uns nach eigenen Gesichtspunkten zum Kauf entschlossen zu haben. In Wirklichkeit richten wir uns nach fremden Meinungen, die wir unbewußt übernommen haben, und kaufen das, was anderen gefällt, und nicht, wofür wir uns selbst entscheiden.[14]

Weitere Gründe, die uns beim Einkaufen anders handeln lassen als sonst,[15] können Zeitdruck und Bequemlichkeit sein. Beide sind in der Lage, uns soweit zu bringen, daß wir uns durch Werbung, Reklame und ähnliches beeinflussen lassen. Aus den schon angeführten Gründen werden wir dann gezwungen[16] zu kaufen, was die anderen wollen, die diese Reklame machen.

Aus diesen Gesichtspunkten heraus kann man, so glaube ich, ohne weiteres sagen, daß sich der heutige Mensch häufig nicht nach seiner eigenen Meinung beim Kauf eines Artikels entscheidet, daß er meist tatsächlich nicht das kauft, was er will, sondern was andere wollen.

---

12. Ausdruck!
13. Solche Wiederholungen vermeiden!
14. Hier werden die Gesichtspunkte vertauscht!
15. Was heißt das?
16. Für diese Behauptung fehlt die Begründung, der überzeugende Beweis, weshalb Zeitdruck, Bequemlichkeit uns für die Werbung besonders anfällig werden lassen, so daß wir uns beim Kauf nicht mehr frei entscheiden.

Bemerkung

Wesentliche Gesichtspunkte zur Themenfrage werden zwar angeführt, entbehren aber der Anschaulichkeit, da der Verfasser es versäumt, die für dieses Thema erwarteten Beispiele anschaulich auszuführen. Manche gute Überlegung hätte sich noch weiterführen und ergänzen lassen. Die Zusammenfassung gehört noch in den Hauptteil, dafür sollte im Schlußabschnitt ein Ausblick oder eine Empfehlung stehen, wie wir persönlich uns verhalten sollten.

Aufgabe

Suchen Sie Beispiele dafür, wie wir durch das Werbefernsehen zum Kauf bestimmter Artikel veranlaßt werden!

51 Halten Sie den Kampf gegen den Kitsch für notwendig oder überflüssig?

Gliederung

A) Die widersprechenden Meinungen des Themas werden durch ihre Folgen zum Entscheid gebracht.

B) Ist der Kampf gegen den Kitsch notwendig oder überflüssig?

I. Der Begriff Kitsch:
   a) philosophisch und soziologisch,
   b) psychologisch.

II. Gesellschaftliche Folgen des Kitsches:
   a) Entstehung des Wortes,
   b) literarisches Auftreten,[1]
   c) falsch verstandene Demokratie.

III. Folgen für die Kunst:
   a) Existenzialismus,
   b) bundesrepublikanische Situation,[1a]
   c) soziale Lage der Kunst.

IV. Die Unausweichlichkeit des Kitsches:
   a) allgemeine Formulierung,
   b) Geschmacksrecht des einzelnen,[1b]
   c) Bekämpfung.

C) Nur in Selbstbestimmung reift der Mensch.

Mit dem Wort Kitsch ist im allgemeinen eine gewisse Abwertung des damit bezeichneten Gegenstandes verbunden. Schon darin kommt die in Kritikerkreisen vorherrschende Meinung zum Ausdruck, daß der Kitsch, da er ohne Zweifel eine nur negative Erscheinung ist, bekämpft werden müsse, wo er auch auftrete. Dieser Meinung stehen aber einige Einwände, die nicht so sehr in das Gebiet der reinen ästhe-

---

1. Besser: Auftreten in der Literatur ...
1a. Besser: Situation, Verhältnisse in der BRD.
1b. Besser: Recht auf eigenen Geschmack.

tischen Theorie als vielmehr in den Bereich der Psychologie und Soziologie fallen, entgegen. Auch sie verdienen, da sie, falls man sie nicht über ihren beanspruchten Geltungsbereich hin ausdehnt,[1c] durchaus zutreffend erscheinen, genauer geprüft zu werden. Dann wird man vielleicht sagen können, welcher der beiden Ansichten der Vorzug zu geben ist.

Zunächst aber muß man, um überhaupt eine Grundlage der Auseinandersetzung zu haben, den Begriff des Kitsches annähernd umreißen. Große Schärfe[2] wird er nicht gewinnen können; je größer der Umfang eines Begriffes ist, desto weniger Begrenzung im logischen Sinne hat er. Nun ist aber das, was unter den Begriff „Kitsch" fällt, d. h. sein Umfang, außerordentlich mannigfaltig und verwirrend, so daß die Definition dürftig ausfallen muß.

Vielleicht kann ein Weg der Annäherung an sie[3] von verschiedenen Wissensgebieten aus gefunden werden. Soziologie und Philosophie, die die Kunst etwa als eine relativ selbständige Einheit innerhalb der Kultur mit eigengesetzlichen inneren Zusammenhängen definieren, werden uns klarmachen, daß der Kitsch ein Kunstersatz ist, dem das Entscheidende, das, was die Kunst mit ausmacht, fehlt: die ständige Spannung zur Zeit, in der sie stattfindet,[4] das korrelative Verhältnis zu anderen Gebieten der menschlichen Kultur.

In einem existenziellen Sinn mangelt dem Kitsch auch die der Kunst wie der Sprache gegebene Möglichkeit, ein „Ort der Seinserhellung" (M. Heidegger) zu sein. All dies fehlt dem Kitsch, der, wie viele komplexe Kulturphänomene, negativ leichter bestimmbar erscheint.

Aus der Psychologie und der Theorie des Schaffens und Nachvollziehens von Kunst, entnehmen wir, daß alle echte Kunst, ob man sie nun im obigen Sinne Heideggers zu interpretieren geneigt ist oder nicht, auf den empfänglichen Menschen eine schwer beschreibbare Wirkung der Erschütterung ausübt. Diese Möglichkeit der Kunst, die qualitas, das Wesen des Menschen zu verändern, ihn eben – ut venia verbo – zu verwesentlichen, geht dem Kitsch vollständig ab.

1c. Zu allgemein ausgedrückt!
2. Ausdruck! Besser: „Genau und scharf wird der Begriff nicht erfaßt (umrissen) werden können."
3. Ausdruck! „... ein Weg der Annäherung an sie ..." (Gemeint ist die Definition!)
4. Ausdruck! Besser: „entsteht"!

Mit diesen negativen Beschreibungen mag vielleicht das Wesen des Kitsches umrissen sein. Die Beantwortung der uns gestellten Frage muß aber mehr von den Folgen des Kitsches ausgehen als von seinem Begriff. Welche Folgen ziehen also die verschiedenen Erscheinungsformen des Kitsches durch ihr Wirken auf die menschliche Psyche nach sich?

Zuerst ist festzustellen, daß das Wort Kitsch in einer bestimmten Epoche, nämlich zu Ende des 19. Jahrhunderts, also in einer Blüte- und gleichzeitigen Verfallszeit des Spätbürgertums, entstanden ist. Das läßt darauf schließen, daß in einer gesellschaftlichen Verfassung wie damals eine Struktur herrschen muß, die die spontane Entstehung und anschließende planmäßige Hervorbringung von Kitsch besonders begünstigt. Aus dem Mittelalter kennen wir zwar schlecht gestaltete religiöse Kunst, aber, soweit mein Wissen reicht, keinen Kitsch dieser Art.

In allen Bereichen der modernen Gesellschaft aber tritt dieser und anderer Kitsch auf, zum Teil unschwer erkennbar, zum anderen in äußerst raffinierten Verhüllungen. Als Paar von Gegensätzen seien hier nur die traditionelle Heimatliteratur als Massenausstoß kitschiger Romane und dagegen der Kitsch eines Pseudoexistenzialismus in zahlreichen Romanen der Gegenwart sowie in Filmen der französischen „nouvelle vogue“ und des italienischen „neoverismo“ genannt. Eine polare Erscheinung dazu ist die „beaten generation“, d. h. die beatniks (Jack Kerouac), in den USA.

Zur Exemplifizierung der diesen Formen innewohnenden Gefahr wählen wir zwei dem Obengenannten entsprechende Erscheinungen der Literatur: Zuerst den gewöhnlichen, hausbackenen, gut gemeinten Roman, wie er in halb- und ganzseriösen Zeitungen erscheint und auch als Buchgeschenk an Weihnachten Verwendung findet. Als zweites Beispiel mögen uns gewisse moderne Romane und Theaterstücke dienen.

Beim ersten Beispiel liegt die m. E. größte Gefahr darin, daß hier alles konventionell ist: die Szene, die Handlung, die Personen und die Konflikte. Es dreht sich um gewichtige Dinge, um Liebe oder Ehe oder sonst etwas.

Was stellt ein solcher Roman dar? Doch wohl auch eine Projektion der Sehnsüchte, die der ihn begierig verschlingende Leser in sich hegt. Das zeigt sich am deutlichsten darin, daß das Weltbild, das diesen

Romanen implicite zugrunde liegt, von oft erschreckender Primitivität ist. Hier wird stillschweigend eine heile, ganze, geistig und seelisch kleinräumige, infantile Welt vorausgesetzt. Auf diesem Hintergrund spielen sich dann herzzerreißende Dramen ab.

Die Gefahr ist auch darin gegeben, daß die Lektüre weiter Kreise[5] sich nur aus solchen Machwerken zusammensetzt.

Nun war zwar der Geschmack des durchschnittlichen Bürgers schon immer kitschig gewesen: Es gab aber bis ca. 1900 einen gewichtigen Unterschied. Damals war noch sehr deutlich, oft in ausgesprochen hochfahrenden Tönen, von den ungebildeten Massen die Rede. Das beinhaltete die Erkenntnis, daß die Kunst ihrem Wesen nach immer etwas sei, das wenigen Einzelnen vorbehalten bleiben müsse. Diese heilsame Trennung ist nicht mehr im öffentlichen Bewußtsein, das, dank einer falschen Auffassung von Demokratie, die politische Gleichheit mit persönlicher zu verwechseln geneigt ist und wegen dieser Tendenz der Kunst oft feindlich gegenübersteht.

Daher kann der oben angeführte augenscheinliche Literaturkitsch heute z. T. mit dem Anspruch auftreten, Kunst zu sein, und nur wenige wagen es, diesem Dünkel ein klares Nein entgegenzusetzen. Auch in dieser Verzerrung der Maßstäbe liegt eine noch lange nicht groß genug gesehene Gefahr.

Viel subtiler arbeitet aber der Kitsch der modernen Existenzler. Hier werden in oft platter Nachäfferei der Kunst Erzeugnisse in die Welt gesetzt, die ihresgleichen suchen. Mangelnde Gedanken werden durch Stimmungen wie das populär gewordene und dadurch mißinterpretierte[7] „Geworfensein" ersetzt, die Unfähigkeit, eine ausgereifte Form zu finden, wird in künstlerische Ehrlichkeit umbenannt, die Erzeugung dessen, was bestenfalls Rohmaterial für ein Kunstwerk sein könnte, als Ereignis ersten Ranges gefeiert. Man sehe um sich! Jeden Monat erscheint mindestens ein Roman von europäischem Anspruch, jedes Jahr einer, der[8] der Weltliteratur beizumessen ist. Welche Verrückung[9] der Maßstäbe! Besonders heikel[10] ist leider die Situation in

---

5. Ausdruck!
6. Schwacher Ausdruck!
7. Besser: „falsch interpretierte"!
8. Angeblich!
9. Besser: „Verrücken"; „Verzerrung".
10. Was will der Schreiber mit diesem Wort ausdrücken?

der Bundesrepublik. Hier ist im öffentlichen Bewußtsein noch der Anspruch lebendig, eine große Literatennation zu sein, was ja bis 1933 durchaus zutraf. Nun sind aber fast alle damaligen Vertreter einer deutschen Literatur von ihrem eigenen Volk[11] entweder in den Konzentrationslagern umgebracht oder im Lande zum Schweigen gezwungen oder in die Emigration getrieben worden. Wir stehen m. E. vor einer noch nicht gefüllten großen Leere. Da dieser oben genannte Anspruch aber noch da ist, sucht man möglichst nach einem Vorwand, um ihn zu rechtfertigen, und so kommt es, daß alles, was ein wenig intellektuelle Brillanz aufweisen kann, mit zu hastig gespendetem und übertriebenem Lob bedacht wird.

Hierher gehört auch die in solchen Produktionen betriebene Überproblematisierung des menschlichen Daseins. Es ist ja so schön, dauernd gesagt zu bekommen, daß man eine verrissene, promethëische, in Existenzqualen sich windende Person sei! Das tut wohl und gibt eine willkommene Ausflucht vor der Last der Eigenverantwortung.

Die hier offenbar werdende Gefahr liegt jedoch vor allem in folgendem:

Kitsch in alter und neuer Form beherrscht großenteils die Stunde. Die Kunst ist nur in relativ kleinen Kreisen zu Hause, wird nur von wenigen verstanden. Diese Situation läuft aber darauf hinaus, die Kunst in eine gefährliche Esoterik zu zwingen und gleichzeitig den allgemeinen Geschmack immer mehr zu verschlechtern. So wird es der Kunst unmöglich gemacht, in universale Kommunikation mit den Menschen zu treten, und sie wird auf das „l'art pour l'art" zurückverwiesen. Um es allgemein zu formulieren: Der Geschmack der überwiegenden Mehrheit irgendeines sozialen Gebildes von größerem Umfange, der alle Bildungsschichten umgreift, wird immer kitschig sein. Alles andere scheint mir Utopie zu sein, Wettlauf nach einem gar nicht existierenden Ziel. Hier sind wir aber bei einer Konsequenz von hoher Bedeutung angelangt: Es ist unklug, den Kitsch als solchen bekämpfen und ausrotten zu wollen, da er für die Mehrheit der Bevölkerung eine psychologische Notwendigkeit darstellt. Jedenfalls darf man die Bekämpfung nicht kategorisch verlangen, denn wieso sollte sich jemand, dem der Kitsch lieb und teuer ist, nicht an ihm erfreuen dürfen? Wieso sollte jemand dazu gebracht werden, den

11. Von den damaligen Machthabern!

Kitsch äußerlich zu verwerfen, innerlich aber daran zu hängen, wie es im deutschen Bildungsbürgertum öfters geschieht? Es gibt keine Verpflichtung, die dem einzelnen vorschriebe, stets das Absolute, das Letzte zu erreichen, nämlich die Kunst. Das ist schaffend oder reproduzierend wenigen einzelnen vorbehalten. Bekämpft werden muß also nur die Anmaßung eines falsch verstandenen Demokratismus, über geistige Dinge ein Majoritätsurteil fällen zu können. Diese Verkehrung richtet sich letzten Endes immer selbst. Sie muß bekämpft werden, die Dummheit als solche, der Kitsch als solcher aber sind etwas, wogegen niemand etwas vermag.
Wo immer sich also ein Erzeugnis des Massengeschmackes zu stark breit macht und die Sphäre der Kunst verletzt, muß mit aller Deutlichkeit darauf hingewiesen werden, daß nichts Kunst ist, was nicht zu einem „Pathos der Distanz" (Nietzsche) führt, die Kunst also nicht für alle da ist, eben um dieser aller willen. Das mag ein hart klingendes Paradox sein, aber wer unverständig[12] mit Kunst in Kontakt gerät,[12] mißversteht sie und sich selber. Dieser Satz, daß der Kitsch eine Inhärenz der Massen ist und die Kunst sich an einzelne wendet, muß festgehalten werden. Wo immer er verletzt wird, ist der Kitsch zu bekämpfen; ansonsten wird die Einsicht in seine Notwendigkeit den Denkenden dazu führen, ihn ruhen zu lassen.
Es liegt hier ähnliches vor wie bei der Frage der religiösen Bindungen. Nicht der ist der wahre Aufklärer und Aufgeklärte, der bei jeder Gelegenheit gegen die Religion eine Attacke reitet, sondern der, der sie, ihrer Notwendigkeit bewußt, in Frieden läßt und sie nur dann angreift, wenn sie seine persönliche Sphäre verletzt. Nur in der Freiheit des Geschmacks und des Urteils über Dinge höheren Anspruchs vermag der Mensch das zu erlangen, was ihm gemäß ist; dieses aber wird bei jedem Individuum verschieden sein.

Bemerkung

Der vorliegende Aufsatz wurde 1964 geschrieben und soll zeigen, wie weit der geistige Bewegungsraum des einzelnen Schülers innerhalb einer Klasse sein kann.

---

12. Eigenwillige, ungebräuchliche Ausdrucksweise!

52 *Halten Sie den Kampf gegen den Kitsch für notwendig oder überflüssig?*

Gliederung

A) Als Weiterführung im Sinne des Studientags ergibt sich die Diskussion des Kampfes gegen den Kitsch.

B) Halten Sie den Kampf gegen den Kitsch für notwendig oder überflüssig?
   I. Das Wesen des Kitches: die Unwahrheit der Aussage.
   II. Kampf gegen Verschiebung der Wertmaßstäbe
      1. in der Literatur,
      2. in der Musik.
   III. Kampf gegen den religiösen Kitsch:
      1. als verletzende Verweltlichung religiösen Gutes,
      2. als falsches Leitbild für das Kind.
   IV. Kampf gegen Stilimitation im Kirchenbau:
      1. als Beispiel: Imitation der Romanik,
      2. allgemeine Ausweitung.
   V. Der Kampf des einzelnen gegen den Kitsch als Kampf für die Kunst:
      1. Wahrhaftigkeit und Verantwortungsbewußtsein des Kunstschaffenden,
      2. Selbsterziehung des Publikums zum Kunstwerk hin.

C) In diesem Kampf leistet der Studientag wertvollen Beitrag.

Daß der Studientag, den unsere Klasse vor einigen Wochen abhielt, keine dogmatische Abgrenzung der Begriffe „Kunst und Kitsch“ bringen würde, war vorauszusehen. Denn ich glaube nicht, daß eine allgemeingültige Abgrenzung überhaupt möglich ist. Trotzdem hat wohl der Studientag seinen Zweck erfüllt, denn er konnte uns eine Fülle von Anregungen zu weiterem Nachdenken geben. Leider mußten infolge des Zeitdruckes u. a. zwei Beiträge mit den Titeln „Plädoyer für den Kitsch“ und „Plädoyer gegen den Kitsch“ ausfallen. Diese Beiträge hätten wahrscheinlich die Notwendigkeit des Kampfes gegen

den Kitsch diskutiert. Doch auch so konnte der Studientag anregen, über dieses Thema nachzudenken.
Um dem Kern des Problems näherzukommen, ist es nötig, auf das Wesen des Kitsches einzugehen. Der Kitsch stellt keine echte künstlerische Aussage dar. Er erhebt jedoch Anspruch auf echte Aussagekraft. Wir haben es also beim Kitsch mit einer Unwahrheit zu tun.
Der Kitsch in der Literatur trägt einen übermäßig starken Gefühlsausdruck, verursacht durch laufend vorkommende[1] Klischeewendungen, wie uns schon nach wenigen Zeilen Ganghofer deutlich wird. Solche Literatur ist natürlich gegenüber der starken und persönlichen Darstellung eines echten Kunstwerkes sehr vereinfacht und ist deshalb bequem zu lesen. Beim Lesen des echten Kunstwerkes ist es nötig, sich immer wieder mit dessen Schöpfer auseinanderzusetzen. Der Lohn dafür ist das tiefe künstlerische Erlebnis. An seine Stelle tritt in der Kitschliteratur die Darbietung einer oberflächlichen Gefühlswelt. In unserer hastigen, ohnehin oberflächlichen Zeit befriedigt diese oft schon, und so kommt es, daß manche Leute die Kitschliteratur als gut, ja künstlerisch empfinden und etwas Wertloses als wertvoll ansehen. Diese Verschiebung der Wertmaßstäbe stellt eine große Gefahr des Kitsches gerade in unserer Zeit dar, und ich glaube, diese Gefahr sollte man bekämpfen.
Noch krasser stellt sich uns diese unechte Gefühlswelt auf musikalischem Gebiet dar. Der Gegensatz zwischen der echten Musik, deren Hören geistige Sammlung voraussetzt, und der gefühlsüberladenen Schnulze, die als lauwarme Berieselung jederzeit aufzunehmen ist, läßt so manchen Menschen zum Anhänger des Kitsches werden und bewirkt bei ihm die bedenkliche Verschiebung der Wertmaßstäbe, die ich im letzten Abschnitt schon erwähnt habe. Es gehört zum Wesen des Kitsches, daß er etwas verfälscht, aber der Votivkitsch, der in allen Wallfahrtsorten angeboten wird, verzerrt und entstellt geradezu. Denn diese Andenken rücken den Tourismus in ein bedenkliches Licht.[2] Dieser[3] Verquickung von weltlichen Gebrauchs- und Ziergegenständen mit religiösen Motiven gebührt eine scharfe Kampfansage. Sie stellt oft eine Verletzung des religiösen Empfindens dar.

---

1. Ausdruck! Besser: „häufige"!
2. Dieser Satz paßt nicht in den Gedankengang.
3. Welcher? Beziehung?

Eine andere Erscheinung auf dem Gebiet des religiösen Kitsches, deren Wirkung einem im ersten Augenblick vielleicht gar nicht ganz klar wird, sind kitschige christliche Darstellungen. Diese wertlosen[4] Bilder und Bildchen verzerren und vermenschlichen[5] die Heiligengestalten. Für Kinder sind diese Darstellungen oft geschätzt, weil man meint, sie entsprächen der kindlichen Vorstellungswelt. Ich glaube, man macht sich dabei nicht klar, daß man einem kleinen Kind damit keinen guten Dienst tut.[6] Denn, da das Kind noch nicht zur Abstrahierung fähig ist, richtet sich seine Andacht auf die Darstellungen, die es sieht. Deshalb ist es besonders wichtig, daß der Ausdruck solcher Bilder echt ist.

Wenn im letzten Abschnitt von einer Art des Kitsches gesprochen wurde, der sich auf den einzelnen Menschen – nämlich das Kind – persönlich bezieht, so will ich jetzt diesen kleinen Rahmen verlassen.[7] In der Baukunst sind es besonders die Kirchenbauten, die nicht auf das Persönliche des einzelnen eingehen, sondern den reinsten Ausdruck einer ganzen Geistesepoche verkörpern.[8] Und doch wurden um die Wende des 19./20. Jahrhunderts Kirchen gebaut, die ich in ihrer Ganzheit als Kitsch bezeichnen muß. Verschiedene Stilrichtungen, wie z. B. die Romanik, wurden einfach kopiert. Hinter dem Wesen des romanischen Kirchenbaues steht das Bild der Gottesburg. Der Bau ist zwar gegliedert, aber doch wuchtig und dunkel. Mit dem Bild einer solchen Kirche verbindet sich untrennbar der Geist des Mittelalters. Die sog. „neuromanischen“ Kirchen sind jedoch nicht mehr in diesem Geist erbaut. Der Baukomplex ist so zergliedert, daß das Wesen der Romanik verlorengegangen ist, ohne daß eine andere Stilgrundlage an seine Stelle getreten wäre. So ist die künstlerische Aussage der Romanik ohne eigenes Anliegen[9] verfälscht worden, und es geht von einem solchen Bauwerk überhaupt keine künstlerische Aussage aus über den Glaubensgeist seiner Erbauungszeit. Damit ist aber der tiefere Sinn des Kirchenbaus völlig verlorengegangen. Damals wurde

4. Wertung ist vorweggenommen!
5. Das Wort „vermenschlichen“ ist hier nicht angebracht. Der Schreiber meint wohl etwas anderes. (Die Heiligen waren ja Menschen!)
6. Besser: „schadet“!
7. Gute Überleitung!
8. Ausdruck: „. . . den reinsten Ausdruck . . . verkörpern . . .“
9. Was heißt das?

gegen diese kitschigen Imitationen nicht angekämpft. Dies ist als Zeichen dafür zu werten, daß eine einheitliche, echte Glaubenswelt nicht mehr vorhanden war.
Vielleicht wird jemand entgegnen, die Stilverfälschung einer Kirche sei für ihn nicht wesentlich, da sie seine Andacht nicht störe. Dieses Argument trifft jedoch nicht den Kern des Problems. Jede Kirche wird als Ehrenmal Gottes gebaut und ist daher in ihrer künstlerischen Aussage Ausdruck des Glaubenslebens ihrer Zeit. Deshalb halte ich den Kampf auch gegen diese Art von Kitsch – als verfälschte Aussage über das Glaubensleben – für notwendig.
Wie soll der Kampf gegen den Kitsch nun aussehen? Wer ein Kunstwerk schaffen will, muß Wahrhaftigkeit üben in seiner Aussage und muß verantwortungsbewußt sein denen gegenüber, die er mit dieser Aussage vertritt. Jeder Mensch aber, dem Kitsch und Kunst begegnen, sollte sich selbst zum Kunstwerk hin[10] erziehen. Er wird so das Kunstwerk schätzen lernen und nicht durch den Einfluß des Kitsches dazu gebracht werden, seine Wertmaßstäbe zu verschieben.
In dieser Erziehung zum Kunstwerk hin[10] leistete unser Studientag Wertvolles, und er möge als Anregung dienen, diese Selbsterziehung weiterzuführen.

Bemerkung
Mit Absicht werden zu diesem Thema zwei ganz verschiedene Bearbeitungen gezeigt, ohne eine besondere, abschließende Wertung auszusprechen. Der Leser möge daraus erkennen, daß es für ein Thema keinen „Musteraufsatz“ gibt, daß jeder Schreiber aus sich heraus, mit seinen Gedanken und seinem Sprachschatz, ein Thema bearbeiten soll. Jeder Verfasser hat eine andere Ausgangsbasis. Gerade die persönliche Überzeugung sollte dabei geachtet und höher bewertet werden als das Nachplappern von allgemein gültigen Aussagen. Diese Toleranz hat ihre Grenze dort, wo individuelle Behauptungen falsch sind oder wo falsche Folgerungen gezogen werden.

---

10. Irreführende, unklare Ausdrucksweise! Dafür: „zum besseren Kunstverständnis erziehen“.

53 *„Die Würde des Menschen ist unantastbar." (Art. 1 GG) Wie ist dieser Satz zu verstehen?*

Gliederung

A) Die geschichtliche Entwicklung des Gedankens von der Menschenwürde

B)

I. Definition der Menschenwürde:
   1. Der Mensch ist das Ebenbild Gottes.
   2. Er ist das einzige vernunftbegabte Wesen auf Erden.
   3. Aus der Definition gehen unmittelbare Rechte und Pflichten des Menschen hervor.

II. Der 1. Artikel des Grundgesetzes fordert die Garantie der Grund- und Menschenrechte, nämlich:
   1. der Freiheitsrechte,
   2. der Gleichheitsrechte,
   3. der sozialen Grundrechte,
   4. der Unverletzlichkeitsrechte.

III. Es fordert jeden einzelnen auf:
   1. zur Erhaltung der persönlichen Freiheit und der des Mitmenschen;
   2. zur Toleranz;
   3. zu Anstand und Höflichkeit;
   4. zum kritischen Urteil;
   5. zur politischen Mitarbeit.

C) Das Grundgesetz gilt auch für geistesgestörte Menschen.

Der Gedanke von der Würde des Menschen ist sehr alt. Schon in der Antike sprachen griechische Philosophen dem Menschen auf Grund seiner besonderen Stellung in der Welt, also auf Grund seiner Würde,[1] unveräußerliche Rechte zu, die aber erst in der Renaissance verfas-

---

1. Zusammenhang unklar: die besondere Stellung in der Welt hat nichts mit „Würde" zu tun.

sungsrechtlich verankert wurden.[2] In der englischen Habeas Corpus-Akte aus dem Jahr 1679 wurden erstmals solche Rechte gesetzlich festgelegt.[3] Später fanden sie Eingang in die Verfassungen der nordamerikanischen Staaten, wurden in der Französischen Revolution durch die Nationalversammlung verkündet und daraufhin in viele Verfassungen des 19. Jahrhunderts aufgenommen. In Deutschland befaßte sich erstmals die Frankfurter Nationalversammlung mit den Grundrechten, die dann später die Grundlage[4] der Weimarer Verfassung wurden. Heute werden die von der Menschenwürde abgeleiteten Menschenrechte in unserem Grundgesetz gewährleistet, dessen erste Bestimmung lautet: „Die Würde des Menschen ist unantastbar."
Um diesen Satz verstehen zu können, muß ich mir zuerst über die Menschenwürde Gedanken machen. Sie ist eine Eigenschaft, die allein dem Menschen zukommt und durch die er sich von allen anderen Lebewesen unterscheidet. Wenn wir im Schöpfungsbericht der Bibel nachlesen, finden wir folgende Aussage: „Gott sprach: Lasset uns Menschen machen, ein Bild, das uns gleich sei, die da herrschen über die ganze Erde." Gott hat also den Menschen, im Gegensatz zu allen anderen Lebewesen, zu seinem Ebenbild gemacht. Er hat ihn mit besonderen Gaben ausgestattet, durch die er zwischen gut und böse unterscheiden und die Welt regieren kann. Die Würde des Menschen besteht also nach biblischer Auffassung darin, daß er das gottähnlichste Lebewesen ist und durch bestimmte Tätigkeiten die Welt regieren, d. h. den Ablauf der geschichtlichen Ereignisse beeinflussen kann. Im Gedankengut der Aufklärung erhält der Mensch seine Würde durch seine Vernunft. Als einziges vernunftbegabtes Wesen kann und muß er sich immer wieder neu zwischen gut und böse entscheiden und um die Erkenntnis der Wahrheit ringen. Der Mensch hat also nach theologischer und philosophischer Auffassung seine Würde, um auf der Erde für Ordnung zu sorgen, sich für das Gute zu entscheiden und den Frieden zu sichern. Die Menschenwürde ist demnach Bestandteil der göttlichen Weltordnung. Wenn ich zum Beispiel einen Mitmenschen durch falsche Gerüchte verdächtige und ihm so seine

2. Eine solche Behauptung müßte bewiesen werden.
3. Also nicht während der Renaissance! Hier fehlen die Kenntnisse!
4. Grundlage für die Grundrechte! Zur Einleitung: Der Verfasser müßte nicht von der Würde des Menschen, sondern von den Grundrechten ausgehen.

Ehre, die er ja nur durch seine Würde erhalten hat, nehme, so untergrabe ich seine Autorität[5] und störe seine Beziehungen zur Umwelt. Ich kann ihn dadurch sogar seiner Existenzgrundlage berauben und ihm seinen Auftrag, der ihm auf Erden zugedacht ist, unerfüllbar machen. Dadurch greife ich aber in die Regeln und Gesetze dieser Welt ein. Wenn also die göttliche Weltordnung erhalten bleiben soll, muß die Menschenwürde unverletzlich sein. Der Mensch, der sich durch seine Würde von allen anderen Lebewesen unterscheidet, muß auch besondere Rechte und Pflichten haben, um seine besonderen Aufgaben ausführen zu können. Er muß berechtigt sein, sich immer wieder neu in aller Freiheit und mit dem Einsatz seiner ganzen Persönlichkeit zu entscheiden, und er ist auch dazu verpflichtet.

Die Menschenwürde ist nur dann unantastbar, wenn die Menschenrechte gewährleistet sind. Diese Aufgabe fällt vor allem dem Staat als Hüter der allgemeinen Ordnung zu. Unsere Bundesrepublik, wie alle echten demokratischen Staaten, schützt die Würde ihrer Bürger durch die Garantie der Grundrechte. In ihnen werden uns die Freiheit, die Gleichheit, soziale Rechte und die Unverletzlichkeit der Person zugesichert. Eines der wichtigsten Freiheitsrechte fordert die ungehinderte Entfaltung der Persönlichkeit. Die Vernunft regt den Menschen an, sich geistig zu entwickeln, seine Würde zu stärken. Er lernt es, selbst zu entscheiden, welchen Beruf er ausüben will, wo er wohnen will und welche religiöse Haltung ihm am meisten entspricht. Wenn der Staat einen Bürger bevormundet, traut er ihm eine eigene richtige Entscheidung nicht zu. Er zweifelt an seiner Vernunft und damit auch an seiner Würde. Im Laufe der Geschichte erhoben sich mehrmals Leibeigene gegen ihre Herren, da sie nicht in Unfreiheit leben wollten. Sie wurden wie Arbeitstiere behandelt, mit denen man nach eigenem Gutdünken umgeht. Ihre Lebensbedingungen wie Wohnung, Nahrung und Besitz, ihre Religion und Bildung unterlagen den Bestimmungen ihres Landesherrn. Sie waren geradezu sein Eigentum. Den Menschen steht es aber zu, allein Eigentum des Gottes zu sein, der sie erschaffen hat. Wenn also menschliche Würde unantastbar bleiben soll, muß auch die persönliche Freiheit gesichert sein. In unserem Grundgesetz steht aber auch, daß diese Freiheit durch Gesetze

---

5. Was hat die Würde mit Autorität zu tun? Unklare, unlogische Gedankenführung!

eingeschränkt werden kann. Das geschieht vor allem dann, wenn gegen die staatliche Ordnung verstoßen würde. Der Schuldige muß in diesem Fall eine vom Gericht verhängte Strafe auf sich nehmen. Heutzutage wird jeder Angeklagte nach gleichen Grundsätzen verurteilt, während früher Adelige anders als Bauern behandelt wurden. Der einfache Landarbeiter war also vor Gericht minderwertiger als der Grundbesitzer. Wie läßt sich das aber mit der Menschenwürde vereinbaren? Jeder Mensch ist doch in gleicher Weise ein Ebenbild Gottes, hat doch in gleicher Weise das Recht, sich die Erde untertan zu machen. Dieses Recht hat der Neger wie der Chinese, der Inder wie der Europäer. Man bezweifelte oft die Denkfähigkeit der afrikanischen Eingeborenen. Es ist jedoch erwiesen, daß sie, wenn sie richtig geschult werden, uns Europäer sogar überflügeln können. Eine verschiedene Einstufung der Menschen[6] verstößt also gegen den Gedanken von der Menschenwürde. Die jüngste Vergangenheit lehrt uns, daß eine übersteigerte Rassenunterscheidung zur Vernichtung ganzer Völker führen kann. Leider wird die Menschheit immer wieder nach einseitigen Gesichtspunkten eingeteilt und behandelt. Wenn in den Ostblockstaaten Nichtkommunisten verfolgt werden, sprechen die Regierungen dieser Länder ihren Untergebenen[7] das Recht zur freien Entscheidung ab, das ihnen auf Grund ihrer Vernunft zusteht, und mißachten so ihre Würde. Da aber allen Menschen besonders geistige Eigenschaften zugesprochen werden können, müssen sie auch gleich behandelt werden.[8]

Was nützt mir jedoch die zugesicherte Unverletzlichkeit meines Menschseins, wenn mir das Notwendigste zum Leben fehlt, wenn ich Hunger leiden muß? Als Mensch habe ich ein Recht auf das Existenzminimum. In der Tierwelt gilt das Gesetz des täglichen Kampfes, in dem der Schwächere vom Stärkeren gefressen wird, in dem die kranken oder hilflosen Tiere oft auf sehr grausame Weise ums Leben kommen. Von

---

6. Unklar! Die Menschen können nach ihrer Haltung, nach ihrer Leistung, nach Ihrem Wollen eingestuft werden. Der Verfasser meint, daß sie nicht nach Vorurteilen „eingestuft" werden dürfen und meint mit der Einstufung ein Werturteil.
7. Schon der Begriff „Untergebene", den der Verfasser verwendet, verstößt gegen die Würde des Menschen; außerdem in diesem Zusammenhang ein schiefer Ausdruck!
8. Hier ist ein Gedankensprung.

dieser Naturregel muß sich doch das Gesetz des menschlichen Lebens unterscheiden. Wenn jemand hungern muß, kann er keine objektiven Entscheidungen treffen, denn er wird immer danach trachten, sich satt essen zu können. Aber gerade die freien Entscheidungen zeichnen den Menschen aus. Nach der großen Weltwirtschaftskrise im Jahre 1929, als die Bevölkerung nach Brot schrie, hatte es Hitler verhältnismäßig leicht, durch Versprechungen die Gunst des Volkes zu gewinnen. Um den Auftrag, nämlich durch die Vernunft den Ablauf der geschichtlichen Ereignisse mitzubestimmen, richtig erfüllen und so seiner Würde gemäß handeln zu können, braucht der Mensch also eine gesicherte wirtschaftliche Lebensgrundlage, die durch das Recht auf Arbeit, gerechten Lohn und Hilfe in Notfällen gegeben ist. Andererseits darf der Arbeitende aber auch nicht überfordert und nicht wie eine Maschine behandelt werden. Wenn er sich seiner Arbeit, dem Rhythmus der Maschinen unterordnen muß, wird er von dem Werk seiner Hände unterdrückt. Seine Maschinen werden zu seinem Gott und machen ihn zu ihrem Ebenbild. Soll die Menschenwürde unantastbar sein, dann muß jedermann das Recht auf eine menschenwürdige Arbeit haben, durch die seine Arbeitskraft geschont wird, bei der er immer wieder Zeit findet, seine Vernunft, seine Entscheidungskraft zu üben und auszubilden. In unserer Zeit, in der der Mensch immer wieder in der Gefahr steht, von der Arbeit, von seinen Leistungen überrollt[9] zu werden, wird auch die Gefahr der Vermassung immer größer. Die Aufgabe jedes einzelnen besteht aber darin, durch den Gebrauch seiner Vernunft sich zu einer Persönlichkeit zu entwickeln. Gott hat den Menschen nicht als Rädchen einer großen Maschine geschaffen, sondern als eine Einzelperson, er hat ihm einen Namen gegeben und keine Nummer. Der Mensch hat daher als Persönlichkeit das Recht, seine Umwelt zu gestalten, sich selbst eine kleine Welt aufzubauen, mit der er untrennbar verbunden ist und die er durch seine Person vertritt. Solch ein Gebiet kann die Familie, die Wohnung oder ein bestimmtes Arbeitsfeld sein. Dieser Bereich gehört unmittelbar zum menschlichen Leben, in ihn darf, von bestimmten Ausnahmen abgesehen, niemand eindringen. Er muß durch gesetzliche Bestimmung für unantastbar erklärt werden. Da ich vor allem durch meine Person diesen Lebensraum gestalte, muß hauptsächlich mein Körper geschützt

9. Wie kann der Mensch von seinen Leistungen „überrollt“ werden? (Bild!)

sein.[10] Wenn der Schutz des menschlichen Lebens nicht besteht, dann ist der Brutalität und dem Terror Tür und Tor geöffnet. In diktatorischen Staaten[11] ist es ja üblich, immer wieder Menschen, die doch von Gott ihr Leben erhalten haben, unter irgendeinem Vorwand[12] zu töten. Ihre Würde wird so mit Füßen getreten und ihre Daseinsberechtigung mißachtet.[13] Unser Bundesparlament hat es bis heute abgelehnt,[14] die Todesstrafe wieder einzuführen. Es will dadurch jeden Irrtum ausschließen, durch den ein Unschuldiger, der also noch im Besitz seiner Ehre ist,[15] sein Leben verlieren könnte. Unsere Gesetze lehnen auch Folterstrafen ab, weil diese Art einer körperlichen Züchtigung menschenunwürdig ist.[16] So wie meine Person ist auch mein Eigentum auf den staatlichen Schutz angewiesen. Müßte ich meinen Besitz und das Recht auf Geheimhaltung[17] meiner persönlichen Angelegenheiten selbst verteidigen und somit einem Stärkeren überlassen,[18] dann wäre das menschliche Zusammenleben dem der Tiere gleichgestellt. Jeder Mensch muß den Schutz des Staates, dem er sich anvertraut, erhalten, auch wenn er als Opfer ideologischer Gegensätze aus einem anderen Land fliehen mußte.[19] Unsere Menschenwürde und damit die Menschenrechte[20] werden uns ja nur gewährt,[21] wenn wir Staatsangehörige eines echten demokratischen Staates sind, der die Grundrechte in seine Verfassung aufgenommen hat. Mit einem Weltbürgerpaß wären wir keinem Staat verpflichtet, könnten aber ebensowenig einen rechtlichen Schutz in Anspruch nehmen. Erst wenn wir

---

10. Person ist nicht gleich Körper.
11. Besser: „In Staaten mit diktatorischen Regierungen."
12. Nicht „Vorwand", sondern „Grund". Diese „Gründe" sind zu erläutern.
13. Besser umgekehrte Reihenfolge!
14. Gab es einen Antrag, der abgelehnt wurde?
15. Ist ein Schuldiger nicht mehr im Besitz seiner Ehre?
16. „Folterstrafen" gibt es nicht: Prügelstrafen! Das Foltern ist nicht eine Strafe, sondern ein Mittel, um z. B. Geständnisse zu erpressen. Hier besser eine neue Zeile!
17. Passen diese Begriffe zusammen: Eigentum und „Geheimhaltung"? Hier ist wohl das Recht auf die Intimsphäre gemeint.
18. Wieso „somit einem Stärkeren überlassen"?
19. In diesem Satz steckt zu viel!
20. Die Menschenwürde ist ein Teil der Menschenrechte.
21. Das Wort „gewährt" ist falsch, denn das Recht steht mir zu, kann nicht „gnädig gewährt" werden.

uns jederzeit auf die Menschenrechte berufen[22] können, ist die Unverletzlichkeit der Menschenwürde garantiert.

Wir sehen also, daß der erste Artikel unseres Grundgesetzes nur dann gültig ist, wenn er durch die sich daraus ergebenden Rechte gestützt und getragen wird. Er hat nur dann einen Sinn, wenn er die ganze Gesetzgebung bestimmt und ausrichtet. In der Rechtsordnung der DDR wird wohl auch die Menschenwürde für unantastbar erklärt, und auch die Menschenrechte sind gesetzlich verankert. Diese Bestimmungen sind jedoch nur Phrasen, weil sie durch einen kleinen Nebensatz sämtlich aufgehoben werden können.[23] Der echte demokratische Staat zeichnet sich dadurch aus, daß seine Grundrechte und ihre Anwendungen genau festgelegt sind. Trotzdem liegt es im Sinne der Unantastbarkeit der Menschenwürde, daß die Menschenrechte auch ohne ein Verschulden der Staatsbürger eingeschränkt werden können, nämlich dann, wenn durch äußere Bedrohung oder höhere Gewalt die Ordnung im Lande gefährdet und damit die Garantie der Grundrechte bedroht ist. So hat heute jeder junge Mann die Pflicht, um der Sicherheit des Staates willen, den Wehr- oder Ersatzdienst abzuleisten. In diesen eineinhalb Jahren werden seine Freiheitsrechte eingeschränkt. Im Kriegsfall ist es die Pflicht aller, an der Aufrechterhaltung der öffentlichen Ordnung mitzuwirken. In Katastrophenfällen wie Sturmfluten, Erdbeben, Seuchen und ähnlichen unabwendbaren schlimmen Ereignissen wird die Lebensgrundlage vieler Menschen bedroht, und um der Menschenrechte der Allgemeinheit willen muß der einzelne in einem bestimmten Zeitraum seine Grundrechte einschränken. Jedoch birgt jede Verminderung der Menschenrechte große Gefahren, denn sie kann auch von Leuten, die dadurch zur Macht kommen wollen, mißbraucht werden. Sie muß deshalb im Gesetz genauestens fixiert sein. Wie schwierig es ist, solche einschränkenden Bestimmungen zu erlassen, zeigt uns der Bundestag, der erst nach langen Debatten zu einer gültigen Entscheidung über die sog. Notstandsgesetzgebung gekommen ist. Wir sehen also, daß auch eine begrenzte Verminderung der elementarsten Rechte ein Schutz der Menschenwürde sein kann.

---

22. Mit der „Berufung auf die Menschenwürde" ist sie doch nicht garantiert.
23. Durch welchen „kleinen Nebensatz"? Bloße Behauptung, die nicht bewiesen wird!

Wie wir jedoch alle wissen, kann unser Grundrecht einen Verstoß gegen die Menschenrechte wohl verbieten, aber nicht verhindern. Das bedeutet, daß es unsere Aufgabe ist, als Staatsbürger mit für die Erhaltung der Menschenwürde zu sorgen. Wir machen es uns zu leicht, wenn wir mit dem Finger auf die diktatorisch regierten Staaten deuten und uns auf unserem Grundgesetz ausruhen. Es ist auch viel einfacher, das kommunistische Regime anzuklagen als im eigenen Land gegen Mißachtungen der Menschenwürde anzugehen. Die Freiheit ist uns gesetzlich zugesichert. Machen wir aber auch Gebrauch davon? Wenn ein Manager von Konferenz zu Konferenz gehetzt wird, nachts Aktenstöße zu bearbeiten hat und schließlich mit einem Herzinfarkt im Krankenhaus liegt, so hat er auch nicht mehr Freiheit als ein leibeigener Bauer des 16. Jahrhunderts. Wenn ein Familienvater regelmäßig sein Gehalt in Alkohol umsetzt, ruiniert er sich selbst und seine Familie und tastet so seine Menschenwürde und die seiner Angehörigen an. Wir leben heute oft schon so stark unter dem Zwang der Massenmedien, daß sich jeder eigene Entschluß dem Rundfunk- oder Fernsehprogramm unterwirft. Es gibt Familien, in denen jeden Tag zur gleichen Zeit das Fernsehgerät angeschaltet wird und stundenlang Eltern und Kinder in seinen Bann zieht. Hier begeben sich Menschen ihrer Freiheit, ohne es zu merken und ohne daß sie ein Gesetz daran hindern könnte. Im täglichen Leben geschehen auch viele Mißachtungen der Rechte und Freiheit des Mitmenschen, die gar nicht geahndet werden können. Wenn sich Nachbarn oder Mieter durch stetige gegenseitige Schikanen bekriegen, verleugnen sie ihre Vernunft und benehmen sich wie Hunde, die sich gegenseitig anbellen. Nur wenn wir nach dem Grundsatz leben, daß unsere Freiheit durch die des Mitmenschen begrenzt wird, handeln wir im Sinne des Grundgesetzes und werden seinem ersten Artikel gerecht.

Und wenn wir diese Devise beherzigen, fällt es uns sicher auch nicht schwer, Toleranz zu üben. Leider werden immer wieder Werturteile nach Hautfarbe, Religion und politischer Anschauung gefällt. Obwohl im Gesetz die Gleichberechtigung aller Menschen verankert ist, kommt es in den USA öfters zu Ausschreitungen gegenüber den Negern, die eine ihren Fähigkeiten angemessene Ausbildung beanspruchen. Vereinzelt treten bei uns immer wieder Leute auf, die die Juden abschieben oder vernichten wollen, obwohl doch Juden und Christen in gleicher Weise Menschen sind. Hier ist eine Aufgabe für uns, mitzuhelfen, daß die Toleranz über Neid, Haß und Streitigkeiten siegt. Dieser Auftrag kann nur durch die Selbstüberwindung jedes einzelnen erfüllt werden. Wenn wir den Mitmenschen, welcher Gesinnung er auch sein mag, achten und ihn uns gleichstellen, dann werden wir ihm auch taktvoll begegnen. Anstand und Höflichkeit bringen die Achtung der Menschenwürde zum Ausdruck. Es ist doch bezeichnend, daß Staatsmänner, die die elementarsten Rechte ihrer Untergebenen[24] verletzen, auch mit ihren Kollegen grob umgehen, sie beschimpfen, ja sogar erpressen.[25] Durch ein gutes Benehmen können wir den anderen als gleichwertigen Mitmenschen anerkennen und seine und unsere Würde achten. Es ist ja unsere Aufgabe, all das, was uns vom Tier unterscheidet, was uns zu Gottes Ebenbild macht, zu erhalten und zu pflegen. Wir bauen dadurch an dem Werk der Kultur, an dem schon unzählige Generationen gearbeitet haben, weiter. Die Grundbedingung für diese Aufgabe ist die Fähigkeit zu denken und kritisch zu urteilen. Wenn wir dagegen Vorurteile annehmen und verbreiten, verletzen wir die Ehre anderer Menschen und machen uns schuldig. Man hört immer wieder, die Italiener seien ein faules Volk, und übersieht dabei, daß die Bewohner Italiens, vor allem Siziliens, einen sehr harten Lebenskampf führen müssen. Wenn wir dieses Vorurteil übernehmen, sind wir mit an der Armut dieser Leute, an ihrem menschenunwürdigen Dasein schuld. Und wenn wir uns allgemeine Redensarten und die öffentliche Meinung ungeprüft zu eigen machen, gleichen wir einer Schafherde, die blindlings einem Leithammel folgt. In unserer politischen Lage, in der jeder Bürger Träger des Staates sein soll, müßte vor allem das politische Denken, das Interesse am Staat gestärkt werden. Wie könnte der Schöpfungsbefehl Gottes: „Macht euch die Erde untertan!“ besser erfüllt, wie könnte die Menschenwürde besser bewiesen werden als durch politische Mitarbeit und Verantwortung? Wir dürfen auch nicht übersehen, daß die demokratische Freiheit, in der wir leben, eine große Gefahr birgt. Das hat uns das Dritte Reich deutlich gezeigt. Leider kann man heute schon wieder Stimmen hören, die nach einem starken Mann rufen, der einem sagt, was zu tun ist. Der Gefahr eines neuen totalitären Systems können wir nur ausweichen, wenn wir uns immer wieder neu durch kri-

24. Wer ist „Untergebener“? Ausdruck!
25. Welche Staatsmänner werden erpreßt?

tisches Urteil für die Erhaltung der Menschenrechte einsetzen. Der erste Artikel des Grundgesetzes fordert uns ja direkt dazu auf, dafür zu sorgen, daß er immer gültig bleibt.
Die Unantastbarkeit der Menschenwürde ist der Grundsatz aller Staaten, die es sich zur Aufgabe gemacht haben, ihre Ordnung so gut wie möglich den allgemeinen menschlichen Eigenschaften und Fähigkeiten anzupassen. Sie wird aber erst dann Wirklichkeit, wenn sie durch die Grundrechte als unmittelbar gültiges Recht bestätigt wird. Der erste Artikel des Grundgesetzes fordert zugleich alle Staatsbürger auf, die Achtung der Menschenwürde zu einem Grundsatz des eigenen Lebens zu machen. Ich habe bisher nur von gesunden, normalen Menschen gesprochen, aber das Grundgesetz gilt auch für Geisteskranke. Die christliche Religion lehrt uns ja, in jedem Menschen das Ebenbild Gottes zu sehen. Natürlich muß um der Sicherheit der Allgemeinheit willen die Freiheit dieser kranken Menschen eingeschränkt werden. Niemand hat jedoch das Recht, sie als lebensunwert zu bezeichnen. Im Gegenteil, gerade weil sie uns unterlegen sind, fordert uns das Gebot der Nächstenliebe in besonderem Maße dazu auf, ihnen ein möglichst angenehmes Leben zu sichern.

Aufgabe
Welche Grundrechte haben Sie nach dem Grundgesetz?

Was verstehen Sie unter dem Begriff „Menschenrechte“?

54 *Welche Möglichkeiten sehen Sie, das heutige Verkehrsproblem zu meistern?*

Gliederung

A) Der Schaden, der heute der Volkswirtschaft durch Verkehrsunfälle zugefügt wird, ist sehr hoch (Reparaturkosten, Krankengelder, Ausfall eingelernter Beschäftigter).[1] Das Auto dient nicht mehr in vollem Maße seinem eigentlichen Zweck (schnelle Überwindung von Entfernungen, Erholung, Vergnügen ...).[2]

B) Bei der augenblicklichen Entwicklung im Verkehrswesen erscheinen verbessernde Neuerungen dringend angebracht, um nicht in absehbarer Zeit ein Chaos auf den Straßen zu erleben.[3]

I. Verbesserungen an den Kraftfahrzeugen:
1. stärkere Ausrichtung auf Zweckmäßigkeit (kompaktere Bauweise, weniger Blech),
2. Betonung der Sicherheit (Sicherheitsgurte, Konstruktionsfragen),
3. Vorkehrungen zum indirekten Schutz Dritter (Entgiftungsanlagen),
4. für die Zukunft Übergang zu Elektroautos im Stadtverkehr.

II. Verbesserungen im Straßensystem:
1. städtischer Straßenbau:
   a) schnelle Ausfall- und Ringstraßen (vorfahrtsmäßig begünstigt, Tunnels etc.),
   b) ein ausgeklügeltes System von Einbahnstraßen im engen Stadtkern,
   c) Trennung des Individualverkehrs (eigener Gleiskörper der Tram),

---

1. Sollte nicht zuerst der Schaden am Menschen gesehen werden und nicht nur an den wirtschaftlichen Schaden gedacht werden?
2. Der zweite Satz der Einleitung ist als solcher überflüssig, aber auch inhaltlich unpassend.
3. Das „Chaos auf den Straßen“ wäre ein guter Einleitungsgedanke, an den sich das Thema zwanglos anschließen könnte. Als Anhängsel an das Thema wirkt dieser Infinitivsatz fast wie eine Einschränkung oder in der Ausführung des Aufsatzes wie eine nachgeholte Einleitung.

d) eine allgemeine Erhöhung der Kapazität der Straßen (Spurenzeichnung, Einordnungsgebote, Parkbuchten – Parkhäuser, geschickte Ampelregelung, Radwege, bessere Geschwindigkeitsstaffelung ...).

2. Fernstraßenbau:
   a) straffe Fortführung des Autobahnbaus,
   b) auf Bundesstraßen Vermeidung von Ortsdurchfahrten,
   c) Entschärfung von gefährlichen Stellen (Kurven, Bergstrecken),
   d) Geschwindigkeitseinschränkung auf frequentierten[4] und unübersichtlichen Strecken.

III. Verbesserungen im Verhalten der Verkehrsteilnehmer:

1. schärfere Kontrolle bei der Vergabe von Fahrerlaubnissen (Betonung einer besseren physikalischen und technischen Bildung) – schärferer Gebrauch des Führerscheinentzugs bei Alten und Verkehrssündern.
2. Propagierung der „defensiven Fahrweise". (Beseitigung von Autofahrerkomplexen)
3. Hervorhebung des Verantwortungsbewußtseins bei Kraftfahrern (z. B. Betriebssicherheit der Fahrzeuge).
4. Bemühen der Kraftfahrer und auch Fußgänger um Übersicht im Straßenverkehr (Verzicht auf eigene Rechte, um den Verkehr flüssig zu erhalten – „sinnvolle" Verkehrsübertretungen),[5]
5. sinnvolle Verwendung von Autos im Stadtverkehr (Übergang zu den öffentlichen Verkehrsmitteln).

C) Die Teilnahme am Straßenverkehr stellt heute besonders an die Führer von Kraftfahrzeugen keine geringen Anforderungen und schließt Verantwortungsgefühl, Willen zur Ordnung und Verpflichtung vor dem Nächsten ein.[6]

---

4. Sinn des Fremdwortes? Der Schreiber meint „stark frequentierte Straßen".
5. Die Gedanken in den Klammern passen nicht zu der Ankündigung „Übersicht im Straßenverkehr".
6. Diese Gedanken sollten bei III. hervorgehoben werden. Im Schluß sollte dann nur die Aufforderung zur Selbstbesinnung, zur Selbsterziehung stehen.

Bemerkung

Die Gesamtgliederung ist gut und bietet viel Stoff zur Ausführung. Wer sich im Aufsatzschreiben wirklich üben will, sollte diese Gliederung einem Aufsatz zugrunde legen, bei der Ausführung aber besondere Sorgfalt auf die Wortwahl, den Ausdruck und das stilistische Ausfeilen legen.

Aufgabe

Schreiben Sie einen Leserbrief über ein Verkehrsproblem Ihres Wohnviertels!
(Kritik und Vorschlag)

55 Großstadtprobleme

Gliederung

A) Zunehmende Vergroßstädterung unserer Gesellschaft

B) Besondere Probleme der Großstadt
   1. Einwohnerzahl und räumliche Ausdehnung:
      a) Problem der Größe,
      b) Stadt – Umland – Beziehung.
   2. Wachstum und Wachstumsursachen:
      a) eigene Reproduktion,
      b) Zuwanderung – Motive,
      c) Eingemeindungen.
   3. Folgen des schnellen Wachstums der Großstädte:
      a) Wohnraumproblem,
      b) Notwendigkeit der Stadtgliederung:
         aa) Citybildung,
         bb) Vorortbildung,
         cc) Außenbezirke (Trabantenstädte).
   4. Der Verkehr – das größte „Sorgenkind" moderner Großstadtplanung:
      a) Parkplätze,
      b) Straßenbahn,
      c) notwendige Baumaßnahmen, besonders im Hinblick auf den stark anwachsenden Individualverkehr,
      d) besondere Verschlechterung des Stadtklimas durch Fahrzeugabgase,
      e) Spannungen zwischen dem Fußgänger und dem Verkehr der Großstadt (Ladenstraßen),
      f) Durchgrünung, Auflockerung (Entballung, Sanierung), auch im Hinblick auf den Verkehr.
   5. Versorgung der Großstadt:
      a) Wasserbeschaffung und Abwasserbeseitigung,
      b) Energie (Gas, Elektrizität etc.),
      c) Lebensmittel.

6. Betreuung der Bevölkerung:
   a) alte Menschen, Kinder,
   b) Polizei (Verbrechertum).
7. Der Großstadtmensch – negative Umwelteinflüsse

C) Die gut funktionierende Verwaltung – ein Schlüssel zur Lösung der Großstadtprobleme

Verwendete Literatur:

1. Schwarz, Gabriele: Allgemeine Siedlungsgeographie 1957
2. Schneider, Wolf: Überall ist Babylon 1960
3. Otremba, Erich: Allgemeine Geographie des Welthandels und des Weltverkehrs 1957

Bemerkung

Diese Gliederung einer Facharbeit über die Großstadtprobleme kann als gute Grundlage für eine Erörterung oder für einen Problemaufsatz dienen. Das Erörterungsthema „Vorteile und Nachteile des Großstadtlebens" müßte als Voraussetzung die „Großstadtprobleme" erfassen. Ein Vergleich zwischen dem Leben in der Großstadt, in der Kleinstadt und auf dem Land und der Problemaufsatz „Warum ziehen Sie persönlich das Leben in der Großstadt dem Leben auf dem Lande vor?" könnten auf den Gedanken dieser Gliederung aufbauen. Bei der Bearbeitung solcher Themen wird oft übersehen, daß die Fakten vorher geklärt werden müssen, bevor man zu einer persönlichen Entscheidung mit ausführlicher Begründung kommen kann. Zuerst muß die „Sachfrage" geklärt werden, dann erst kann die „Wertfrage" beantwortet werden.

Begriffserklärungen

56 Definition des Begriffs „Establishment"

1. Zitate (typische Beispiele für die Verwendung des Begriffes):
   a) Die Menschen müssen erkennen, daß sie Brüder, nicht Konkurrenten sind. Alles das lernen sie in der Aktion, im Kampf gegen das Establishment. (Rudi Dutschke[1])
   b) Durch Bewußtseinsverflachung der Menschen wird die Gesellschaft unfähig zum Erkennen der repressiven Manipulation durch das Establishment. (Der Spiegel 1968/Nr. 14/S. 57)
   c) Alle bisherigen Normen der Etablierten werden in Frage gestellt. (Rudi Dutschke,[2] rororo 1034 A/S. 63)
   d) Ideologie statt Politik, Fanatismus und Aufruhr kennzeichneten den Protest der radikalen Studenten gegen das Establishment des gebrochenen Rückgrats. (Der Spiegel 1968/Nr. 17)[3]
   e) Die Führer des SDS gelten seit den Unruhen der letzten Zeit im Establishment als „anarchistisch-revolutionäre Terroristen". (Der Spiegel 1968/17)[4]
   f) ... zwei Menschen, von denen der eine ein bißchen von der APO und der andere ein bißchen vom Establishment hatte ... (konkret 1969/Nr. 5/S. 18)
   g) Der Widerstand gegen das Partei-Establishment wird größer. (tz, 25. Febr. 1969)
   h) Die schwarzen Campus – Rebellen streiten wider das weiße Establishment, weil es rassistisch sei und die Neger zur Anpassung an die Wertvorstellungen der weißen Mittelklasse zwingen will.[5] (Der Spiegel 1969/Nr. 8/S. 120)

---

1. Unvollständige Quellenangabe!
2. Titel des Buches fehlt!
3. Seitenangabe fehlt!
4. Seitenangabe fehlt!
5. Grammatikfehler! Konjunktivform erforderlich (wolle)!

2. Andere Wortformen des Begriffes:
das Etablierte, die Etablierten (Etablissement), etablieren, etabliert (etablierte Gesellschaft, etablierte Hierarchie), Anti-Establishment, Partei-Establishment.

3. Etymologie:
etablieren: „einrichten; begründen" häufiger reflexiv im Sinne von „sich niederlassen"; im 17. Jh. aus frz. ètàblir (eigentlich „festmachen) entlehnt, das auf das lat. stabilire „befestigen" zurückgeht. Über das zugrunde liegende Adjektiv lat. stabilis „feststehend, fest" (vergleiche stabil) zu Substantiv Etablissement „Einrichtung; Niederlassung" geworden. (Der Große Duden/Herkunftswörterbuch)[6]

4. Definitionsversuch:
„Etablissement" und „Establishment" sind ihrer Herkunft nach verwandte Begriffe mit gleichen Grundbedeutungen. Während „Etablissement" in seiner ursprünglichen Form erhalten[7] geblieben ist, hat sich „Establishment" zu einem politischen Schlagwort entwickelt.

Als solches bezeichnet es die herrschenden Kräfte in Staat und Gesellschaft, die Behauptung und Verfestigung ihrer Macht erstreben. Um dies zu erreichen, bedienen sie sich der bestehenden Gesellschaftsordnung,[8] die auf „festgefahrenen" Vorstellungen über das politische, soziale und kulturelle Leben des einzelnen in der Gesellschaft beruht (Zitat h). Werden diese Normen vom einzelnen nicht anerkannt (Zitat c), bzw. widersetzt er sich diesen,[9] so läuft er Gefahr, als „Außenseiter der Gesellschaft" ausgestoßen zu werden (Zitat e). Fügt sich der einzelne jedoch, verzichtet er damit auf die freie Entfaltung wesentlicher Teile seiner Persönlichkeit. Die Größe dieses Verlustes an Freiheit hängt von dem Maß an Repression ab, das jeweils ausgeübt wird (Zitat b). Es gab bisher aber noch keine Gesellschaft, die ohne Zwang auskam, insofern gab es zu allen Zeiten Formen des Establishments.

---

6. Herkunft des Begriffes „Establishment" nicht erklärt!
7. Ausdruck nicht treffend genug; daher unklar!
8. Unklare Aussage! Der Schreiber meint vielleicht: „... bedienen sich der Institutionen der ..."
9. Beziehung des Fürworts nicht eindeutig!

Das Establishment sind also jene, die sich durch die Verfechtung der bestehenden Gesellschaftsordnung behaupten wollen, oder: die „Alten".

5. Anwendungsbereich:
Establishment ist ein politisches Schlagwort und gehört zum Wortschatz der APO. In Zusammensetzungen kann es sinngemäß auf jedes Fachgebiet bezogen werden.[10]

Bemerkung:
Eine knappe, sprachlich meist gewandte Arbeit mit einigen Mängeln, die jedoch den Wert des eigentlichen Definitionsversuches nicht beeinträchtigen. Zwar ist die Begriffsbestimmung nicht aus den Beispielen entwickelt, aber sie ist sinnvoll auf sie angewendet.

---

10. Unklare Aussage!

57 Definition des Begriffs „reaktionär"

1. Zitate:
„Die reaktionären Ideen dienen den Interessen der Mächte, die nach der Aufrechterhaltung der alten gesellschaftlichen Ordnung streben. Sie hemmen die Entwicklung der Gesellschaft."
(H. Ingensand: „Die Ideologie des Sowjetkommunismus" 1962)[1]
„Im gesellschaftlichen Ablauf führen alle reaktionären Kräfte am Rande ihrer Vernichtung einen letzten verzweifelten Kampf gegen die revolutionären Kräfte . . ."
(Mao-tse-tung: „Der Wendepunkt im 2. Weltkrieg", Bd. 3 1942)[2]
„Alle Reaktionäre sind Papiertiger. Die Reaktionäre erscheinen zwar furchterregend, in Wirklichkeit sind sie aber nicht so stark. Auf lange Sicht gesehen, sind es nicht die Reaktionäre, sondern ist es das Volk, welches stark ist."
(Mao-tse-tung im Jahre 1966)[3]
„Unter den Weißen in den Vereinigten Staaten sind es nur die herrschenden reaktionären Kreise, welche die schwarze Bevölkerung unterdrücken. Sie können in keiner Weise die Arbeiter, Farmer, revolutionären Intellektuellen und andere aufgeklärte Menschen repräsentieren, welche die überwältigende Mehrheit der weißen Bevölkerung bilden."
(Mao-tse-tung in einer Erklärung am 8. August 1963)
2. Andere Wortformen des Begriffes:
Der Begriff „reaktionär" ist der Form nach ein Adjektiv oder ein Adverb. Das zugehörige Substantiv leißt „Reaktionär" oder „Reaktion".
3. Etymologie:
Das Verb „reagieren" taucht erstmals in der chemischen Fachsprache des 18. Jahrhunderts auf und ist eine Präfixneubildung zu lat. „agere" (deutsch: tun, treiben, handeln). Im 19. Jahrhundert wird das Wort „Reaktion" aus dem Neulateinischen ins Deutsche übernommen, jedoch nur als zur chem. Fachsprache gehörig. Das poli-

---

1. Seitenangabe fehlt!
2. Seitenangabe fehlt!
3. Quellenangabe unvollständig!

tische Schlagwort der „Reaktion“ wird dagegen aus dem gleichbedeutenden französischen „réaction“ gebildet. Das Wort „Reaktion“ sowie alle anderen unter 2. genannten Formen folgen den Gesetzmäßigkeiten der deutschen Grammatik.

4. Definitionsversuch:
Um den gegebenen Begriff gegen verwandte, ähnliche und konträre Begriffe abgrenzen zu können, muß er erst definiert werden. Die Begriffe „Reaktionär“ und „reaktionär“ haben lediglich eine politische Bedeutung, wohingegen das ebenfalls dem politischen Vokabular angehörende „Reaktion“ drei weitere Bedeutungsbereiche besitzt,[4] nämlich erstens einen allgemeinen im Sinne von „Gegenwirkung, Rückwirkung, Antwort usw.“, zweitens einen chemischen im Sinne eines Vorganges, der unter stofflichen Veränderungen abläuft, sowie drittens einen physiologischen und psychologischen im Sinne eines Ansprechens eines Organismus[5] auf Reize der Umwelt. Die „Reaktion“, das Anliegen des „Reaktionärs“, ist eine politische und soziale Haltung und Richtung, die sich angesichts der Gegenwart an der Vergangenheit orientiert und ein veraltetes System wiederherstellen will.
Im folgenden soll nur auf die politische Bedeutung des Begriffs eingegangen werden.
Sinnähnlich zum Begriff der „Reaktion“ ist der der „Restauration“ (eines Wortes, das der lateinischen Sprache entstammt). In der Politik bedeutet es die Wiedererrichtung vergangener Verfassungen oder die Wiedereinsetzung gestürzter Herrscherhäuser. Im Vergleich zu „Reaktion“ ist also der Bedeutungsumfang kleiner. „Restauration“ ist immer etwas „Reaktionäres“, die „Reaktion“ dagegen beschränkt sich nicht auf die „Restauration“.
„Reaktionäre“ haben viel mit „Konservativen“ gemeinsam, vor allem ihre ablehnende Haltung gegenüber radikalen politischen und sozialen Reformen. Während aber der „Konservative“ eine Richtung vertritt, die die Bezeichnung „bewahrend“ charakterisiert, orientiert sich der „Reaktionär“ an nicht mehr bestehenden Ordnungen der Vergangenheit. Der „Konservative“ lehnt die orga-

---

4. Ausdruck! Besser: „... hat“.
5. Schwerfällige Ausdrucksweise!

nische Entwicklung des Neuen nicht ab, für den Vertreter der reaktionären Richtung war jedoch „früher alles viel besser".

In gewissem Sinne ist hier auch die „Konterrevolution" anzuführen, da sie versucht, Zustände, wie sie vor dem Ausbruch der Revolution herrschten, wiederherzustellen. Da man aber die Zeit vor dem Revolutionsausbruch meist nicht schon als Vergangenheit bezeichnen kann, wenn die Revolution noch im Gange ist, halte ich die „Konterrevolution" vorwiegend für eine Sache des „Konservatismus".[6] Der Begriff der „Revolution" ist schon gefallen, und er ist es, der das genaue Gegenteil zur politischen „Reaktion" darstellt. Der „Revolutionär" blickt in die Zukunft und hofft, durch die Revolution bessere Zustände als die bestehenden zu erreichen. Ein „Reaktionär" hat seinen Blick in die Vergangenheit gerichtet und glaubt, dort das zu finden, was sich der „Revolutionär" in seiner Zukunft vorstellt.[7] Auch der „Fortschritt" stellt einen Gegensatz zur „Reaktion" dar. Selbst wenn heutzutage ein moralischer Fortschritt nicht mehr anerkannt wird, so steht[8] der „Reaktionär" dem zivilisatorischen Fortschritt, besonders auf sozialem Sektor, abwehrend[9] gegenüber.

Die „Evolutionstheorie" steht sowohl zur „Reaktion" in Kontrast, da die genannte Theorie eine Weiterentwicklung der Gesellschaft bezeichnet, als auch zur „Revolution" in Gegensatz, weil Evolution eine Weiterentwicklung auf friedlichem Wege vorsieht.[10]

In zwei Zitaten, die in Punkt 1 aufgeführt sind, werden die „Reaktionäre" als eine Minderheit der Gesellschaft hingestellt; als eine Minderheit, die jedoch die Macht in den Händen hat und diese zur Unterdrückung anderer mißbraucht. Mao-tse-tung ist aber überzeugt, zumindest sagt er es, daß die „reaktionären" Kräfte im Endeffekt den „revolutionären" unterlegen sein werden, eben deshalb, weil sie nur eine Minderheit sind, und weil sie nicht der Masse der aufgeklärten Menschen, wie Mao sich ausdrückt, angehören, die die „Reaktionäre" schließlich entmachten werden.

---

6. Fragwürdige Behauptung!
7. Unklare Aussage!
8. Zusammenhang und Inhalt unklar!
9. Vielleicht besser: „ablehnend", oder „. . . wehrt sich dagegen".
10. Besser: „anstrebt"!

Als möglichst kurze Übersetzung des Begriffs „reaktionär" ins Deutsche schlage ich „rückschrittlich" vor.[11]

5. Anwendungsbereich:
Man kann sagen, daß der politische Begriff „Reaktion" ein Modeschlagwort revolutionärer und linksradikaler Gruppen geworden ist, was der häufige Gebrauch des Begriffs in ihren Schriften beweist. Mit Vorliebe verwenden auch Politiker und Propagandisten des (politischen) Ostens dieses Schlagwort und bezeichnen vor allem die Regierung der BRD als „reaktionär".

Bemerkung

Dieser Definitionsversuch aus dem Jahr 1969 ist eine sehr sorgfältige, ausführliche Arbeit, an der besonders der Vergleich des Begriffsinhalts „reaktionär" mit anderen, ähnlichen oder entgegengesetzten, Begriffen überzeugt. Der sprachliche Ausdruck weist einige Schwächen auf. Literaturangaben nicht immer vollständig!

---

11. Dieser Abschnitt des Definitionsversuchs führt über die Zitate nicht hinaus.

58 Definition des Begriffs „oktroyieren"

1. Zitate:

a) Schülervertreter müssen mit Sitz und Stimme im Lehrerrat vertreten sein, damit den Schülern nicht immer wieder Entscheidungen gegen ihre Interessen aufoktroyiert werden.
(Klenzissimus extern, Febr. 1969, S. 17)

b) Wenn man dann den Studenten eine Hochschulreform wird aufoktroyieren wollen, die einige Beamte aus dem Erziehungsministerium sich ausgedacht haben und die die Studenten in das Ghetto einer Karriere sperren soll: Dann müssen wir bereit sein.
(Linksradikalismus, Cohn-Bendit, 1968, S. 94)[1]

c) Es (damit ist das System eines Staates gemeint) hat keine Strategie auf lange und läßt sich das Gesetz des Handelns nicht aufoktroyieren.
(Linksradikalismus, Cohn-Bendit, 1968, S. 140)[1]

d) Die Lösungen, die die Bürokratie dem System aufzuoktroyieren suchte, mochten auf materielle Forderungen beschränkt bleiben.
(Linksradikalismus, Cohn-Bendit, 1968, S. 180)[1]

e) Ich habe vor fünfzehn Jahren weiter ausgeführt, daß ein wiedervereinigtes Deutschland bereit sein müsse, im Wege von Verträgen – nicht durch Oktroyierung, sondern durch Verträge – politische und militärische Bindungen auf sich zu nehmen.
(Carlo Schmid/Heinrich Pleticha, Zeitgeschichte aus erster Hand, 1. Auflage 1967)[2]

f) Aber man erläßt ein Gesetz, wie etwa das oktroyierte Dreiklassenwahlgesetz vom Jahre 1849, durch welches man das Land in drei Wählerklassen aufteilt, gemäß der Höhe des Steuerbetrages, den die Wähler entrichten und der sich natürlich nach ihrem Kapitalbesitz bestimmt.
(Aus seinen Reden und Schriften, Ferdinand Lassalle 1964, S. 86)[3]

---

1. Quellenangabe: Reihenfolge beachten! (Verfasser, Titel, Erscheinungsjahr, Seite.)
2. Seitenangabe fehlt!
3. Siehe Anmerkung 1.!

g) Der Oktroi von Paris wurde erst 1943 abgeschafft. (Der Große Brockhaus, 16. Auflage, 8. Band 1955).

2. Andere Wortformen des Begriffes:
Neben dem Verb „oktroyieren“ gibt es noch das Substantiv „Oktroyierung“ und das Adjektiv[4] „oktroyiert“. Für das Verb ist jedoch die Zusammensetzung „aufoktroyieren“ üblicher.

3. Etymologie:
Das Verb wurde im 17. Jahrhundert in der Bedeutung „(landesherrlich) bewilligen oder bevorrechten“ vom gleichbedeutenden französischen Verb „octroyer“ entlehnt. Über das altfranzösische Wort „otroier“ kann man „oktroyieren“ weiter zurückverfolgen zum mittellateinischen Wort „aucytorizare“, was soviel heißt wie „sich verbürgen, bestätigen“. Das Grundwort ist das lateinische Substantiv „auctor“. Man versteht darunter einen „Förderer, Schöpfer, Urheber, Verfasser oder Gewährsmann“. Die bei uns heute übliche Bedeutung beruht auf einer Sonderentwicklung im Deutschen während des 19. Jahrhunderts.[5]

4. Definitionsversuch:
a) Verwandte Wörter zu „oktroyieren“ sind „Oktroi“ und „Autor“. Im Gegensatz zu „Oktroi“, dem man die Verwandtschaft noch ansieht, ist „Autor“ nur im Grundwort „auctor“ mit oktroyieren verwandt. Das heute nicht mehr gebräuchliche „Oktroi“ hatte mehrere Bedeutungen. Allgemein meinte man damit eine Genehmigung oder Bewilligung. Aber es bedeutete auch ein an Handelsgesellschaften verliehenes Privileg und eine als Binnenzoll bezeichnete städtische Verbrauchssteuer auf eingeführte Lebensmittel, die im 19. Jahrhundert in Frankreich und Deutschland erhoben wurde, sowie die Verwaltung dieser Aufgabe.
b) „Oktroyieren“ hat mehrere Übersetzungsmöglichkeiten.[6] Die erste und veraltete Übersetzung meint etwa „bewilligen“ und „verleihen“, aber auch „etwas eigenmächtig erlassen“ oder „von höherer Machtvollkommenheit anordnen“.[7]

---

4. „oktroyiert“ ist Partizip!
5. Quellenangabe fehlt!
6. Ausdruck! Besser: „... kann durch verschiedene deutsche Begriffe wiedergegeben werden ...“
7. Gehört zu einem weiteren Bedeutungsbereich!

Die zweite Übersetzung[8] meint z. B. ein Gesetz oder eine Verfassung dem Volk aufdrängen wollen. So ist eine oktroyierte Verfassung eine einseitig vom Herrscher oder Diktator gegebene Verfassung, im Unterschied zu einer von einer Volksvertretung vereinbarten oder beschlossenen Verfassung. „Oktroyieren" heißt allgemein, irgend jemandem gegen seinen Willen oder sein Interesse eine Entscheidung aufdrängen. Auch wenn einem Staats- oder Regierungssystem Lösungen aufgezwungen werden, kann „oktroyieren" stehen.[9] Wenn die Regierung oder das Kultusministerium den Studenten eine Hochschulreform aufzwingen wollen,[10] kann „oktroyieren" auch verwendet werden. Das Substantiv kann man, z. B. als Gegensatz zu Verträgen,[11] mit „Zwang" übersetzen.

c) Als kürzeste Übersetzung für oktroyieren eignen sich am besten die beiden Verben „aufdrängen" und „aufzwingen". (Die veraltete Form[12] könnte man am kürzesten mit „verleihen" oder „bewilligen" übersetzen.)

5. Anwendungsbereich:
Im Sinne von „verleihen" und „bewilligen" kommt „oktroyieren" hauptsächlich im Handel und in der Wirtschaft[13] vor, während die andere Bedeutung des Wortes am häufigsten in Politik und Schulwesen[14] verwendet wird.

Bemerkung

Eine im ganzen gut gelungene Arbeit, erfreulich insbesondere in ihrer sorgfältigen sprachlichen Form. Die Definition selbst (4 b) hätte noch deutlicher auf die im 1. Abschnitt gesammelten Beispiele Bezug nehmen sollen. Im übrigen wird sie dem Begriff durchaus gerecht. Im Abschnitt 5 fehlt ein Hinweis auf die kritische Verwendung des Wortes in der heutigen politischen Literatur.

---

8. „Übersetzung" ist falscher Ausdruck; gemeint ist „Bedeutung".
9. Besser: „... verwendet werden..." oder: „...kann man von...sprechen".
10. Das Prädikat bezieht sich auf *ein* Subjekt (Regierung *oder* Ministerium!): deshalb „will"!
11. Unklare Aussage!
12. „Bedeutung" statt „Form"!
13. Umgangssprache, aber schiefe Ausdrucksweise: Besser: „in der Wirtschaftssprache"!
14. Grammatikfehler! „... in Politik und *im* Schulwesen ..."

59 *Indifferentismus – Toleranz – Fanatismus. Versuchen Sie, diese Begriffe voneinander abzugrenzen!*

Gliederung

A) Überschwemmung der deutschen Sprache mit Fremdwörtern; häufig unklare Verwendung dieser Fremdwörter

B) Indifferentismus – Toleranz – Fanatismus

I. Indifferentismus:

1. Definition,
2. Abgrenzung: keine eigene Stellungnahme, sogar Verleugnung der eigenen Überzeugung; Duldung von Fehlern und Irrtümern;
3. Beispiel für Indifferentismus.

II. Toleranz:

1. Definition,
2. Abgrenzung: feste eigene Überzeugung, aber Anerkennung jeder anderen Auffassung.

III. Fanatismus:

1. Definition,
2. Abgrenzung: feste eigene Überzeugung; rücksichtsloser Kampf gegen andere Anschauungen;
3. Beispiel für Fanatismus.

C) Sinnvolle Grundhaltung ist nur die Toleranz.

Es gab eine Zeit, in der man darauf versessen war, alle in die deutsche Sprache eingedrungenen Lehn- und Fremdwörter zu verdeutschen. Heute scheint es beinahe umgekehrt zu sein. Seit dem Ende des Zweiten Weltkrieges wimmelt es in unserer Sprache von Fremdwörtern. Selbst Dinge, für die es gute deutsche Wörter gibt, werden vorzugsweise mit Fremdwörtern bezeichnet. Wer spricht heute noch von seiner Arbeit oder seinem Broterwerb? Die meisten, vor allem junge Leute, nennen so etwas „Job". Ähnliche Beispiele ließen sich in großer

Zahl finden. Grundsätzlich bin ich der Meinung, daß man für gute deutsche Ausdrücke keine Fremdwörter verwenden sollte. Natürlich ist man auf Fremdwörter angewiesen, wenn man für gewisse Bezeichnungen kein treffendes deutsches Wort zur Verfügung hat. Aber dann muß man sich über die Bedeutung des Fremdwortes klar sein. Man darf z. B. nicht Indifferentismus mit Toleranz oder Fanatismus verwechseln. Ich möchte daher versuchen, diese drei Begriffe gegeneinander abzugrenzen, und dabei zeigen, daß sich mit einem einzigen Fremdwort die Geisteshaltung eines Menschen gelegentlich präziser umreißen läßt als mit einer Vielzahl deutscher Wörter.[1]

Der Begriff „Indifferentismus" ist von dem lateinischen Wort „indifferens" abgeleitet und bedeutet „gleichgültig". Indifferentismus bezeichnet also Gleichgültigkeit gegenüber bestimmten Einstellungen, Meinungen, Lehren, vor allem auf religiösem, konfessionellem, sittlichem oder politischem Gebiet. Ein indifferenter Mensch zeigt sich gegenüber seinen Mitmenschen völlig uninteressiert. Er verzichtet bewußt auf eine eigene Stellungnahme und sagt zu allem ja und amen. Das tut er nur, um bei den Mitmenschen nicht anzuecken. Es macht ihm nichts aus, Irrtümer gutzuheißen oder zu billigen und Fehler zu dulden. Ein gutes Beispiel für Indifferentismus bot das nationalsozialistische Deutschland. Tausende und Abertausende guter Deutscher gaben ihre Überzeugung auf oder äußerten sie nicht mehr und ließen die verwerflichen Thesen und Lehren der nationalsozialistischen Machthaber unwidersprochen. Alles geschah letztlich nur deshalb, um Vorteile beruflicher oder persönlicher Art zu erlangen bzw. keine Nachteile in Kauf nehmen zu müssen. Diese Haltung hatte nichts mit Toleranz zu tun, denn man konnte die Lehren nicht billigen.[2]

Toleranz ist auch Duldsamkeit, aber von ganz anderer Art. Das Wort Toleranz ist vom lateinischen Verbum „tolerare" abgeleitet, das „ertragen" bedeutet. Toleranz setzt eine feste Überzeugung voraus, zu

---

1. Das hängt natürlich vom verwendeten Fremdwort ab. Ist es jedoch so einfach, die Geisteshaltung eines Menschen zu beurteilen? Auf Grund *eines* von ihm verwendeten Ausdrucks?
2. Bei dieser Argumentation ist die zum Begriff gehörige Gleichgültigkeit gegenüber anderen Meinungen zu wenig herausgearbeitet; auch die Schwierigkeiten, in einem totalitären System eine von der offiziellen Linie abweichende Meinung zu vertreten, werden nicht berücksichtigt in diesem Beispiel.

welcher der tolerante Mensch steht.[3] Aber ebensosehr ist er entschlossen, die ehrliche Überzeugung seiner Mitmenschen anzuerkennen und zu achten. Schließlich ist der andere ja auch ein Mensch, der das Recht hat, nach eigenem Ermessen[4] zu denken und zu urteilen, zu handeln. Tolerant ist also nur der Mensch, der seinen Mitmenschen die gleichen Rechte und die gleiche Glaubwürdigkeit einräumt wie sich selbst.[5] Im allgemeinen unterscheidet man eine religiöse, eine politische und eine rassische Toleranz. Toleranz beruht letztlich auf der Überzeugung, daß alle Menschen vor Gott gleich sind. Toleranz ist schwer zu üben. Nur wer die nötige Urteilsfähigkeit hat und Einfühlungsvermögen besitzt, um den Standpunkt und die ehrliche Überzeugung Andersdenkender, Andersgläubiger oder Andersrassiger zu verstehen und zu würdigen, kann tolerant sein. Er muß auch über die Tugend der Selbstbeherrschung verfügen. Nur wenige von uns können für sich beanspruchen, als tolerant bezeichnet zu werden. Gibt es unter uns nicht genug Menschen, welche die Menschen anderer Rassen noch immer nicht als gleichwertig betrachten? Und wie steht es in der Politik? Die Auswüchse, die man hier findet, haben mit Toleranz nichts gemein. Da herrscht bisweilen reinster Fanatismus.
Der Begriff „Fanatismus" kommt ebenfalls aus der lateinischen Sprache. Das Verbum „fanari" bedeutet „umherrasen", das Adjektiv des Stammes „fanaticus" heißt „schwärmend" oder „rasend". Unter Fanatismus versteht man also das völlige Ergriffensein von einer religiösen, politischen oder rassischen Idee, einer Weltanschauung, einer Doktrin, einer Ideologie, wobei man ein Ziel, die Verwirklichung dieser Idee, blind verfolgt, keine vernünftigen Gegenargumente gelten läßt. Der Fanatiker hat also sehr wohl eine Überzeugung. Aber ihm mangelt es an Toleranz. Er duldet keine anderen Anschauungen neben seiner eigenen und neigt zum bedenkenlosen und rücksichtslosen Kampf gegen alle, die anderer Ansicht sind. Epochenweise tritt der Fanatismus als Massenbewegung auf. Ich erinnere an die politische Massenpsychose, die Deutschland in der Zeit von 1933 bis 1945 erlebt hat. Übereifer und rücksichtsloser Einsatz unter Mißachtung der

3. Gute Abgrenzung und Klärung des Begriffs!
4. Schiefer Ausdruck, denn hier geht es nicht so sehr um den Ermessensspielraum als vielmehr um die kritische Urteilsfähigkeit!
5. Gedankensprung, denn die Teilbereiche der Geltung des Begriffs „Toleranz "werden etwas unvermittelt aufgezählt!

elementarsten Menschenrechte sind die Kennzeichen solcher vom Fanatismus geprägter Epochen. Man kann also den Fanatismus als das Gegenteil der Toleranz bezeichnen. Aber ebenso richtig dürfte sein, wenn man behauptet, daß auch Indifferentismus in gewissem Sinne Gegensätze sind.[6]

Indifferentismus und Fanatismus vertragen sich nicht mit dem Wesen des demokratischen Menschen.[7] Beides sind Extreme, und Extreme gehören nicht in den Gedankenkreis[8] einer demokratischen Welt. Die Tugend, die eine demokratische Grundhaltung erfordert, heißt Toleranz, auch wenn sie zur Gefahr für die Demokratie werden kann.

Bemerkung

Im ganzen werden in diesem Aufsatz die Begriffe gut geklärt, etwas verschwommen und lückenhaft ist die Begriffsklärung von „Toleranz"; auch Überleitungen sowie einzelne Stellen der Ausführungen wirken konstruiert. Die Gedanken werden logisch entwickelt, der Gedankengang ist konsequent, die sprachliche Darstellung sachlich und klar.

---

6. Unklare Aussage!
7. Besser: der demokratischen Haltung, Einstellung, dem demokratisch gesinnten Menschen.
8. Unklarer Ausdruck!

60 *Partnerschaft – Kameradschaft – Freundschaft. Klären Sie diese Begriffe und erläutern Sie ihre Bedeutung für den Einzelmenschen und die menschliche Gemeinschaft!*

Gliederung

A) Die Wichtigkeit der Beziehungen zu den Mitmenschen

B) Partnerschaft – Kameradschaft – Freundschaft

I. Klärung der Begriffe:

1. Partnerschaft,
2. Kameradschaft,
3. Freundschaft,
4. Beziehungen zwischen den drei Begriffen.

II. Die Bedeutung dieser drei Begriffe:

1. Partnerschaft:
   a) Einzelmensch,
   b) Gemeinschaft.
2. Kameradschaft:
   a) Gemeinschaft,
   b) einzelner.
3. Freundschaft:
   a) einzelner,
   b) Gemeinschaft.

C) Notwendigkeit von Partnerschaft, Kameradschaft, Freundschaft heute

Bemerkung

Die Gliederung besteht aus Einzelwörtern, nicht aus kurzen Sätzen, die den Sinnzusammenhang wiedergeben. Deshalb wird aus der Gliederung nicht deutlich, welche Gedanken der Aufsatz enthält. Die Gliederung muß jedoch die im Aufsatz vertretenen Ansichten erkennen lassen.

Das Leben wird von so vielen Dingen und von Einflüssen aller Art bestimmt. Natürlich kann man in keiner Weise sagen, welche Einflüsse am stärksten wirken; bei diesem Menschen ist es ein schwerwiegendes Ereignis wie der Tod des Vaters oder ein Unfall, beim anderen spielen ganz banale Dinge eine große Rolle, sei es der Umzug in eine andere Stadt oder die Bekanntschaft einer bestimmten Person. Im Leben jedes Menschen spielen aber Begriffe wie „Liebe", „Freundschaft", „Partnerschaft" eine große Rolle. Jeder hat sich mit seinem Nächsten auseinanderzusetzen, sei es zu Hause mit seinen Angehörigen, am Arbeitsplatz mit den Kollegen, in der Schule oder beim Militär. Man ist oft jahrelang mit den gleichen Menschen zusammen. Dabei bildet sich dann Kameradschaft, vielleicht sogar Freundschaft oder aber Partnerschaft heraus.

Was ist das eigentlich, Freundschaft, Kameradschaft, Partnerschaft? Wie hängen diese Begriffe zusammen? Haben sie etwas Gemeinsames? Partnerschaft führt uns hinein[1] in die Berufswelt, in das Leben der selbständig Arbeitenden, aber auch in die Welt des Sports. Partner sind zwei Menschen, die sich aus rein zweckdienlichen Gründen zusammengeschlossen haben. Im Geschäftsleben bilden zwei eine Partnerschaft, der eine hat das Geld, der andere das Köpfchen.[2] Einer allein kann nicht viel anfangen, aber zu zweit sind sie in der Lage, ein Geschäft aufzuziehen.[3]

Beim Sport ist es umgekehrt. Während im Geschäftsleben die Partner miteinander arbeiten, kämpfen sie beim Sport gegeneinander.[4] Partnerschaft ist also eine Bindung ohne jede seelische Bindung zwischen den Beteiligten, die zu irgendeinem Zwecke geschaffen wurde.[5]

Während die Partnerschaft durch bewußte Auswahl der Personen zustandekommt, entsteht die Kameradschaft dadurch, daß man durch Zufall in eine Gemeinschaft gerät, mit der man leben und sich auseinandersetzen muß. In der Schule ist man vielleicht jahrelang in der gleichen Klasse. Man macht Ausflüge, Reisen und dergleichen. Wenn in der Klasse keine Kameradschaft herrscht, geht alles drunter und

1. Wenig treffender Ausdruck.
2. Wirkt sehr salopp.
3. Besser: zu eröffnen, zu führen.
4. Das muß durchaus nicht der Fall sein, denn Partner im Sport können auch gemeinsam gegen andere Sportler kämpfen.
5. Der Gesichtspunkt der Dauer müßte noch berücksichtigt werden!

drüber, und keiner ist zufrieden. Kameradschaft bedeutet also, sich in eine Gemeinschaft einfügen, seine eigenen Wünsche zurückstellen und sich nach den übrigen richten. Dabei ist die Kameradschaft, wie auch die Partnerschaft, ohne seelische und geistige Bindung.[6]

Im Gegensatz zu diesen beiden Begriffen steht die Freundschaft, deren Hauptmerkmal die tiefe seelische und geistige Einheit der Befreundeten ist. Gute und ausdauernde Freundschaft ist deshalb nur zwischen zwei Menschen möglich, die geistig etwa auf gleicher Höhe stehen[7] und die sich harmonisch ergänzen. Durch ihre geistige Verbundenheit verstehen sich Freunde auch ohne viele Worte. Sie helfen einander in allen Nöten, und einer steht dem anderen bei. Die Freundschaft gipfelt in der Liebe zwischen den Geschlechtern, die ja, wenn sie durch eine ideale Freundschaft entstanden ist, normalerweise ein Leben lang dauert.

Partnerschaft, Kameradschaft und Freundschaft bilden also einen Komplex, dessen Glieder nur durch graduelle Unterschiede voneinander verschieden sind.[8] Partnerschaft ist auf rein materieller Grundlage zustande gekommen,[9] während Kameradschaft und vor allem Freundschaft durch nicht materielle Gründe entstehen.[10] Freundschaft kann aus Kameradschaft entstehen, ebenso wie Kameradschaft aus Partnerschaft sich entwickeln kann.[11] Die gemeinsame Grundlage ist das Zusammenleben der Menschen. Daraus erwächst dann eine dieser Beziehungen, die für jeden einzelnen und für die Gemeinschaft von großer Bedeutung sind.

Die Bedeutung der Partnerschaft für den einzelnen Menschen ist vorwiegend materieller Art und bringt meist wirtschaftlichen Vorteil. Für die menschliche Gemeinschaft kann diese Bindung unter Umstän-

---

6. Der Zusammenhalt, die Gewißheit, sich auf den anderen verlassen zu können, sind weitere wichtige Merkmale der Kameradschaft.
7. Klingt das nicht etwas überheblich?
8. Wenig gewandte Ausdrucksweise; außerdem ist diese Feststellung sachlich falsch, denn diese drei Begriffe sind wesensverschieden.
9. Diese Behauptung trifft in dieser Ausschließlichkeit nicht zu, denn es gibt auch Partnerschaft in Wissenschaft und Kunst, die auf gleicher Begabung oder ähnlichen Interessen beruht.
10. Schwerfällige Ausdrucksweise!
11. Sprachlich wenig gewandt und eintönig! Sind Kameradschaft und Partnerschaft nicht zu wesensverschieden, um sich auseinander entwickeln zu können?

den von großer Bedeutung sein, nämlich wenn das Unternehmen, das durch die Partnerschaft gegründet wurde, einen außerordentlichen Aufschwung nimmt und dadurch vielleicht eine Änderung des Marktes hervorruft.[12]

Die Bedeutung der Kameradschaft erfährt man wohl am besten, wenn man selbst in einer Gemeinschaft lebt, in der gute Kameradschaft herrscht. Ich denke hierbei an die Schule oder an die Soldaten im Kriege. Echte Kameraden werden hier alles unternehmen, um dem anderen zu helfen, oft in aussichtsloser Lage. Dem einzelnen gibt die Kameradschaft Kraft, er fühlt sich zu seinen Kameraden zugehörig, er merkt, daß er nicht allein auf der Welt ist, nicht einsam und verlassen Gefahren meistern muß, vor allem lernt er das Pflichtgefühl und die Verantwortung anderen gegenüber. Er wird zum Rädchen in einem Getriebe, ohne das vielleicht die ganze Sache[13] nicht laufen würde. Das gibt ihm Aufschwung und unter Umständen neuen Lebensmut.[14]

Durch die Freundschaft, die ja die Steigerung der Kameradschaft[15] ist, gewinnt der einzelne, wie bei der Kameradschaft, nur eben auch in höherem Maße, Kraft und Aufschwung, Lebensmut. Er hat in seinem Freund eine Stütze, auf die er sich in einer Notlage verlassen kann. Auch weiß er, daß ihn sein Freund verstehen wird und er ihm alles anvertrauen kann. Daneben bekommt er noch viele Anregungen in Gesprächen und Auseinandersetzungen. Aber, und das ist das Wichtigste, er ist auch zum Helfen[16] und zur Stütze für seinen Freund da. Wenn dieser einmal nicht ein noch aus weiß, muß ihm sein Freund auch helfen und seinen Rat geben. Dadurch kommt man in ein starkes

---

12. Auch dieses Beispiel ist sehr einseitig und faßt den Begriff „Partnerschaft“ zu eng. Beispiel und sprachliche Darstellung wirken wenig überzeugend, die Beweisführung ist nicht zwingend; sie bleibt zu allgemein, zu abstrakt. Welche Veränderungen des Marktes sind für die Gemeinschaft günstig? Warum? Woran denkt der Verfasser?
13. Unklarer Ausdruck!
14. Auch dieses Beispiel ist zu allgemein, zu abstrakt; hier müßten überzeugende Beispiele angeführt werden (z. B. Bergsteigen, Sportunfall, Katastrophenhilfe usw.), damit der Wert der Kameradschaft deutlich herausgearbeitet wird.
15. Hier widerspricht der Verfasser seinen eigenen Ausführungen im vorhergehenden Teil des Aufsatzes!
16. Schwerfällige, wenig gewandte Ausdrucksweise ohne Beweiskraft!

Abhängigkeitsverhältnis[17] zueinander, und man ist für jemanden da. Besonders deutlich wird dies bei der Freundschaft zwischen den Geschlechtern bzw. in der Liebe und in der Ehe. Hier muß der Mann für seine Frau den Unterhalt verdienen, die Frau führt ihm dafür den Haushalt.[18] Ein jeder Partner[19] ist immer da, wenn ihn der andere braucht. Ein jeder vertraut dem anderen und hilft ihm. Die wichtige[20] Freundschaft der Ehepartner ist auch für die Kinder wichtig. Wie kann ein Kind sich richtig entwickeln, wenn seine Eltern dauernd streiten und sich nicht verstehen.[21]
In unserer Zeit, in der ein Mensch so viele Aufgaben und Pflichten gegenüber seinen Mitmenschen hat, ist es also von ungeheurer Wichtigkeit, daß er das Gefühl für seine Mitmenschen nicht verliert, weil er den Pflichten des Alltags allein viel weniger gewachsen ist, als wenn ihm jemand helfend zur Seite steht. Deshalb kann man nicht ohne Partnerschaft, Kameradschaft oder Freundschaft auskommen.

Bemerkung
Die Einleitung ist etwas breit geraten, die Überleitung zum Thema wirkt etwas gezwungen. Die Themabegriffe sind im ganzen richtig erfaßt; die Trennung ist jedoch unscharf, die Begriffe werden sehr einseitig und zu eng gefaßt. Die Beispiele sind zu abstrakt, damit wenig überzeugend; auch die Begriffserläuterungen sollten reichhaltiger sein. Die sprachliche Darstellung ist an mehreren Stellen zu wenig treffend, nicht gewandt genug.

Aufgabe
Verwerten Sie die Gedanken dieser Arbeit und fertigen Sie einen Besinnungsaufsatz zum gleichen Thema an, aber mit überzeugenderen Beispielen!

---

17. Ist das positiv oder negativ zu verstehen?
18. Trifft diese Vorstellung von der Ehe heute noch allgemein zu? Außerdem geht das doch über den Begriff „Freundschaft“ hinaus. Gerade bei der Begriffserklärung ist es jedoch nötig, daß man die miteinander verwandten Begriffe streng gegeneinander abgrenzt, sie nicht miteinander vermengt.
19. Auch hier werden die Begriffe, die im Aufsatz erläutert werden sollen, vermengt.
20. Besser: echte!
21. Schiefes Beispiel, denn Ehe ist nicht gleichbedeutend mit Freundschaft!

Themen aus der Literatur

61 Welche Rolle und Bedeutung weist Goethe dem Mephisto im „Faust" zu?

Gliederung

A) Goethes „Faust" – ein großes Werk der Weltliteratur

B) Welche Rolle und Bedeutung weist Goethe dem Mephisto im „Faust" zu?
   I. Mephisto als Widersacher Gottes
   II. Mephisto als Verkörperung niedrigster Sinnlichkeit und Gewissenlosigkeit
   III. Die dämonische Seite Mephistos in seiner Rolle als Verderber
   IV. Mephisto, der Verführer
   V. Die Masken des Mephisto
   VI. Die Grenzen der Macht Mephistos

C) Abschließende Betrachtung Mephistos

Goethes „Faust" ist eines der großen Werke der Weltliteratur. Er behandelt die Entwicklung eines Menschen, der sich trotz edlem, rastlosem Streben in Irrtum und Schuld verstrickt, schließlich aber doch geläutert und gerettet wird. In dieser bedeutenden Weltanschauungsdichtung spielt das Problem des Bösen im Leben des Menschen, und zwar auch im Leben des guten Menschen, eine entscheidende Rolle. Wenn man den Sinn des „Faust" verstehen will, muß man sich deshalb über die Stellung und das Wesen Mephistos klarwerden. Denn Mephisto wird von Goethe als die Verkörperung des Bösen schlechthin gesehen. Was hat es nun mit dieser Gestalt des Mephisto auf sich, in welchem Licht ist er zu sehen?
Mephisto begegnet uns bereits im Prolog zur Faustdichtung. Es überrascht, daß er sich unter dem Gesinde Gottes befindet, und zwar in

einer durchaus zwiespältigen Rolle als Untergebener wie auch als Widersacher des Herrn. Er erscheint wie die Engel als ein Geist, wenn auch als ein abgefallener Geist. Er ist die Verkörperung des Nihilismus, der keinen Sinn für die Größe und die Schönheit der Natur hat. Seinem Wesen ist eine Einstellung zur Schöpfung Gottes, wie sie aus dem Lobpreis der Erzengel spricht, völlig fremd. Mephisto preist nicht, er kritisiert und karikiert. Nicht Sonnen und Welten sind der Gegenstand seiner Kritik, sondern die Erde und der Mensch. Dies ist der Bereich seines Wirkens. In seinem Sarkasmus und Spott verkennt er alles Große und Erhabene. Nichts ist ihm recht. Selbst das, was den Menschen zum Menschen macht, die Vernunft, übergießt er mit seinem Spott und sieht darin nur etwas Negatives. Denn nach Mephistos Ansicht gebraucht der Mensch seine Vernunft widersinnig. Sie führt nur dazu, daß er „tierischer als jedes Tier" lebt. So kommt er zu dem Schluß, daß es viel besser wäre, wenn Gott dem Menschen die Vernunft überhaupt nicht gegeben hätte.

Der Herr selbst, indem er am Schluß des „Prologs" den Engeln ihre Aufgabe zuweist, deutet damit an, was dem Mephisto fehlt: er kennt keine echte Liebe, keine Freude an dem lebendig-reichen Schönen und die große Bedeutung der Ideen für die Würde und das Weltbild des Menschen.[1] In diesem Licht ist auch die Wette des Herrn mit Mephisto zu sehen. Gott, der Mephisto trotz seines Nihilismus eine positive Rolle im Weltplan zuweist, läßt ihm freie Hand in der Versuchung Faustens. Mephisto hingegen, der bei all seiner überragenden Intelligenz keines hohen Gedankens fähig ist, Mephisto, der Skeptiker, zweifelt doch nicht daran, daß es ihm gelingen wird, Faust zu verderben. Er baut fest darauf, daß dieser unter seiner Führung lernen wird, mit Lust Staub zu fressen. Mephisto, der Nihilist, erscheint somit als der große Versucher und Verführer. In der Art, wie er diese Rolle im „Faust" durchführt,[2] zeigen sich die verschiedenen Seiten seiner bösen Natur in aller Deutlichkeit. Ich will nun im folgenden auf diese einzelnen Seiten des Bösen in Mephisto näher eingehen.

Mephistos Programm für Faust lautet also: „Staub soll er fressen, und mit Lust." Es ist das Programm niedrigster Sinnlichkeit. Schon

1. Der Satzbau ist hier unlogisch, widersinnig (er kennt *keine* ... und *die* große Bedeutung ...), denn auch der letzte Teil des Satzes ist sinngemäß verneint, hier aber bejaht und damit sinnwidrig dargestellt.
2. Schiefer Ausdruck; besser: „spielt", „verkörpert".

im „Prolog“ des „Faust“ zeigt sich Mephisto als Feind alles Hohen und allen Strebens, das auf die Ewigkeit gerichtet ist. Nur das Geistige, das Ideelle kann dem menschlichen Streben Dauer verleihen, ist dem Sinnlich-Materiellen überlegen. Aber für Mephisto gibt es keine Ewigkeit. Alles, was besteht, ist ja wert, zugrunde zu gehen, und je eher desto besser. Der Mensch, der in Sinnlichkeit ertrinkt, verliert das Gute, das Schöne, das Wahre aus seinem Sinn. Darum führt Mephisto Faust zunächst in Auerbachs Keller, wo sich im Weinrausch die Studenten so kannibalisch wohlfühlen. Als dies bei Faust nicht fruchtet, soll ihn der gewissenlose Sinnengenuß mit Frauen von seinem rechten Wege abführen. Faust soll durch niedriges Genußleben zur Untätigkeit verleitet werden. Um leichter ans Ziel zu kommen, gibt ihm Mephisto einen Zaubertrank, der die sexuelle Begierde Fausts steigern und ihm alle Hemmungen nehmen soll. Dies sind alles Mittel, die ihm zur Verfügung stehen, um Faust Schuld aufzuladen und ihn zu verderben. In dieser Rolle zeigt sich Mephisto als völlig gewissenloses Element, das mit satanischer Genugtuung das Leben guter Menschen zerstört. Er ist die Verkörperung der Gewissenlosigkeit.

Mephisto verfügt über Zaubermittel. Er hat Herrschaft über Hexen, er beherrscht das Zauberwesen, somit eignet ihm etwas durchaus Dämonisches. Das Dämonische ist hier gemeint als eine widergöttliche Kraft, wenn auch Goethe in etwas optimistischer Weise diese Kraft in den Dienst eines göttlichen Weltplans stellt. Aber die Walpurgisnacht macht doch deutlich, daß mit den Mächten der Unterwelt, der niedrigsten Sinnlichkeit und größten Gemeinheit, nicht zu spaßen ist. Auf jeden Fall ist hier kritisch zu fragen, ob diese dämonische Kraft immer dazu dienen wird, den Menschen lediglich vor Erschlaffung zu schützen. Die Rolle, die Mephisto hier im Bereich des Sinnlichen spielt, zeigt ihn als Vertreter völliger Sinnlosigkeit. Denn wo nur noch das Sinnliche herrscht, ist dem Leben kein Sinn zu geben.[3] Der Mensch, dem durch solche dämonische Versuchung, wie sie Mephisto gegenüber Faust ausübt, das Bewußtsein für Gut und Böse genommen wird, hört auf, wirklich Mensch zu sein.

Neben seiner Rolle als Versucher und Verführer ist also Mephisto auch der Verderber. So trachtet er, alles, was Faust beginnt, ins Nich-

---

3. Etwas schwerfällige sprachliche Darstellung, eine ungebräuchliche Wendung.

tige zu wenden. Beispielhaft ist hier die Tätigkeit, die Faust in den Dienst eines sozialen Werkes stellt (Dammbau, II. Teil). Er will Land schaffen für Millionen Menschen. Um dies verwirklichen zu können, braucht er aber Macht, die ihm Mephisto verschafft. Aber dieser hat die Absicht, Faust durch eine schrankenlose Machtgier zu verderben. Die Machtgier Fausts zeigt sich darin, daß er unbedingt das Stückchen Land haben möchte, das Philemon und Baucis gehört. Dies wissen auch die alten Leute: „Gottlos ist er, ihn gelüstet unsere Hütte, unser Heim! Wie er sich als Nachbar brüstet, soll man untertänig sein." Fausts Besitz- und Machtgier wird sofort erkannt. Er selbst gesteht sie sich ein, als er den Befehl gibt, die alten Leute umzuquartieren. „So geht und schafft sie mir zur Seite!" Mephisto scheint sein Ziel erreicht zu haben, Faust durch grenzenlose Machtgier zu verderben. Aber plötzlich, nach dem Mord an den Alten, tritt eine Änderung in Fausts Haltung ein. Er gebraucht nun seine Macht nur im Dienste nützlicher politischer und sozialer Werke.[4] Das ist bezeichnend für die veränderte Rolle, die Mephisto im 2. Teil des „Faust" spielt. Im 1. Teil ist er mehr der Herr über Faust, während im 2. Teil Faust den Mephisto immer stärker in den Dienst seiner eigenen Pläne stellt.

Angesichts dieser Entwicklung ist zu fragen, warum Faust, ein geistig und auch sittlich hochstehender Mensch, so leicht der Versuchung des Mephisto erliegen kann. Aber Mephisto ist ein genialer Verführer. Er ist ein glänzender Psychologe, der die Schwächen in der Stimmung Faustens, vor allem seine Verzweiflung und vorübergehende Hoffnungslosigkeit, raffiniert ausnützt. Er gaukelt ihn ein[5] mit Halbwahrheiten, die vielfach zunächst von echten Wahrheiten kaum zu unterscheiden sind. Er ist ein Meister der Täuschung und der Verwirrung des Denkens. Sein leise gesprochenes Wort: „Du siehst, mit diesem Trank im Leibe, bald Helenen in jedem Weibe", ist im Grunde symbolisch für alles, was er Faust rät und sagt. So macht er Faust zum Opfer der Illusion und Täuschung. Auch hier zeigt er sich als der große Widersacher Gottes. Aber gleichzeitig wird er dadurch zu einem höllischen Dämon, der auf Vernichtung aus ist. In seiner Rolle als Verführer bietet sich ein Vergleich mit der Bibel an. Um den Menschen zu verderben und zum Abfall zu bringen, tritt der Teufel als

4. Wenig gewandte Darstellung.
5. Besser: „umgaukelt ihn", „umgarnt ihn", „gaukelt ihm vor".

Versucher und Verführer auf. Seine Methode ist die Lüge und die Maske. So offenbart sich z. B. der Teufel als Schlange beim ersten Sündenfall im Paradies. Goethe hat Mephisto auch als Verführer gekennzeichnet. Einige Beispiele hierfür: Ehe Faust Mephisto zum ersten Male begegnet, wird er noch von Wagner vor den Dämonen gewarnt, deren Wesen die Täuschung, der Betrug und die Heuchelei ist, die Gutes vortäuschen, in Wirklichkeit aber Böses beabsichtigen. Und schon begegnet Faust dem Dämonischen in der Gestalt eines Pudels, eines harmlosen Tieres, ohne ihn zu erkennen. Der Pudel, den Faust in sein Zimmer gelassen hat, ändert bald seine Gestalt und tritt ihm als fahrender Scholar gegenüber. Diese Maske verbirgt das Böse, und Mephisto hat viele Masken. Er ist nicht gestaltgebunden. Beweise dafür finden sich in der Szene „Auerbachs Keller“ oder in der „Hexenküche“ bzw. im ganzen „Faust“. Er tritt bald als Junker, bald als Scholar auf.

In all diesen Rollen versucht Mephisto, das Böse zu verharmlosen bzw. zu verheimlichen. In diesem Sinne bietet er Faust seine Dienste an. Der Böse gibt vor, dem Menschen zu dienen. Und Faust fällt auch darauf herein und muß in der Studierzimmerszene lachen, weil alles so „harmlos“ erscheint. Bezeichnend hierfür ist sein Ausspruch: „Das also war des Pudels Kern! ...“ Faust fragt Mephisto dennoch nach seinem Namen. Und da das Wesen des Bösen mit seinem Namen verraten wäre, versucht[6] Mephisto eine Ausrede. Würde er nicht seinen Namen verschweigen, wäre er ein entlarvter Verführer. Das Böse muß sich als harmlos und verlockend zeigen, um überhaupt wirken zu können. Das gelingt Mephisto vollkommen, und zwar dadurch, daß er das Böse enthüllt, den Bösen aber verhüllt. In diesem Sinne bekennt er: „Ich bin ein Teil von jener Kraft, die stets das Böse will und stets das Gute schafft.“ Überall tritt hier deutlich zutage, wie Mephisto versucht, das Böse zu verharmlosen bzw. zu rechtfertigen. Die Kraft des Bösen schafft das Gute. Das Böse wäre demnach nicht mehr absolut böse. In dieser Verwirrung des Geistes gipfelt die eigentliche Verführung Faustens. So erweist sich Mephisto also als der Verführer, Versucher und Verderber.

Um der Gestalt Mephistos gerecht zu werden, muß man aber beide Seiten sehen: er ist ein höllischer Dämon, der auf Vernichtung aus ist;

---

6. Dafür: „versucht es Mephisto mit ...“; „benützt ...“

aber bleibt dennoch gebunden an die himmlische Ordnung der Dinge. So will es jedenfalls Goethe. Mephisto ist also nicht der Teufel im radikalen Sinn, da seine Macht auf das zwiespältige Erdendasein beschränkt ist, und so kann er nicht den Menschen endgültig ins Nichts hinabreißen. Wie Gott selber sagt, gehört der Teufel in seine Welt, zu seinem Gesinde. „Ich geb' dem Menschen[7] gern den Gesellen zu, der reizt und wirkt und muß als Teufel schaffen."
Auch Mephisto ist ein Teil der Schöpfung, und so ist er ein Werkzeug, ein Diener Gottes, der kein eigentliches Gegengewicht zu ihm darstellt. Dies gibt Mephisto zu, da er den Herrn um Erlaubnis fragt, Faust in seinem Sinn zu führen. Gott gibt ihm zu bedeuten, daß Mephisto sich frei fühlt, es aber nicht ist, da er von seinem Schöpfungsplan abhängig ist. Selbst auf der Erde besitzt Mephisto nicht die uneingeschränkte Macht, die er zu haben glaubt. So kann er z. B. im I. Akt des 2. Teils nicht selbst dem Faust Paris und Helena zeigen, sondern er kann ihm nur den Schlüssel, d. h. die Anleitung, geben, wie er ins Reich der Mütter eindringen und Helena sehen kann.
Aus welchem Grunde hat Gott überhaupt Mephisto, der sein Untergebener und das Bindeglied zwischen Himmel und Erde ist, geschaffen? Welche Bedeutung hat also Mephisto bei Goethe? Mephisto, der der Widersacher Gottes und der Verführer des Menschen ist, handelt, wie wir wissen, im Auftrag Gottes. Warum er dies tut, sagt der Herr im „Prolog": „Des Menschen Tätigkeit kann allzuleicht erschlaffen, er liebt sich bald die unbedingte Ruh; drum geb ich gern ihm den Gesellen zu, der reizt und wirkt und muß als Teufel schaffen." Hier liegt also der Grund für das Vorhandensein des Teufels. Das Böse ist als Ansporn notwendig, damit der Mensch zur Tätigkeit angeregt wird und nicht „versumpft". Ohne das Böse gäbe es nur einen unvollständigen Menschen, da ja gerade das Böse das rastlose Tätigsein, die Verantwortung des Menschen sowie die Möglichkeit zu eigener Entscheidung fordert. Das Böse setzt sich also in das Gute um. So will Mephisto die Welt zerstören, den Menschen verführen und glaubt auch, sein Ziel zu erreichen, aber seine Tätigkeit steht, ohne daß er es will und sieht, im Dienste des Herrn. Er spricht ja selbst das Wort aus, daß er das Gute letzten Endes schaffe. „Ich bin die Kraft, die

7. Dieses Zitat ist verändert worden und entspricht nicht dem Wortlaut im Drama („Drum geb ich gern ihm den Gesellen zu, ...", „Prolog im Himmel"); Zitate dürfen jedoch nicht verändert werden.

stets das Böse will und stets das Gute schafft." Er vermutet selber, daß Gott seinen zerstörenden Haß in den Dienst der schöpferischen Liebe stellt und daß er nicht frei, sondern von diesem abhängig ist.

Die Verführung Faustens im ersten Teil, die ihn in die Gretchentragödie stürzt, ist zugleich ein Wendepunkt für Faust. Er sieht seine Unzulänglichkeit ein und erkennt die Grenzen des Menschen an. Dadurch wird er zu noch größerem Streben[8] angeregt. So sagt er am Beginn des 2. Teils: „Du regst und rührst, ein kräftiges Beschließen zum höchsten Dasein immerfort zu streben." Das böse Wollen Mephistos setzt sich in das gute Schaffen Gottes um.[9] Ganz ähnlich führt auch die letzte Verführung Fausts, die Gewalttat an Philemon und Baucis, dazu, daß er nun erst recht sein großes Ziel, Millionen von Menschen Land zu geben, verwirklichen will. In beiden Fällen wird Mephisto, der Verführer und Lügner, selber getäuscht. Nach Fausts Tod sieht er sich um seinen Lohn betrogen.

Der Versuch, Rolle und Bedeutung Mephistos darzustellen, hat immer wieder das Schillernde und Zwiespältige im Wesen des Mephisto gezeigt. Was Goethe von seiner ganzen Faustdichtung sagt, daß sie im Grunde begrifflich nicht voll auszudeuten sei, gilt auch für Mephisto. Er verkörpert, wie ich es dargestellt habe, das Böse. Man kann in diesem Sinne Mephisto als den Versucher, den Verführer und den Verderber deuten. Man kann seine magische und dämonische Gewalt hervorheben, auf die mannigfachen Masken hinweisen, die er trägt, aber damit hat man Mephisto und das Böse immer noch nicht fest genug im Griff. Es bleibt ein Widerspruch, wie er vielen religiösen Symbolen eigen ist. Die Gestalt und die Rolle Mephistos machen deutlich, daß auch Goethes Vorstellung vom Bösen nicht ohne Widersprüche ist. Er betrachtet Mephisto als ein Werkzeug Gottes, und doch führt dieses Werkzeug, mit der Duldung Gottes, Faust in der Gretchentragödie in eine so tiefe Schuld, daß das nicht im Sinne Gottes sein kann. Andererseits ist Mephisto häufig auch das Sprachrohr berechtigter Kritik. Insgesamt darf gesagt werden, daß Goethe die positive Rolle des Bösen vielleicht ein wenig zu optimistisch deutet. Er meint in bezug auf das Leben auch bedeutender Menschen: „Wo viel Licht ist, ist auch viel Schatten." Wie der Schatten das notwendige Gegenstück

---

8. An dieser Stelle wird die Beziehung nicht aufgezeigt, wonach Faust strebt, welches Höhere bzw. höhere Streben Faust beherrscht.
9. Schlechte und unklare Ausdrucksweise!

des Lichts ist, so gehört für Goethe das Böse in den Bereich der göttlichen Macht. Die Gestalt des Mephisto, die Faust durch ein so langes Leben begleitet, steht sinnbildlich dafür, daß auch der gute, tüchtige Mensch in seinem Leben nicht ohne Schuld bleibt und dem Bösen Tribut zollen muß. Das ist ein wesentlicher Zug am Sinngehalt des „Faust". Hieraus erklärt sich auch Fausts Erlösung, mit der Goethe das Werk schließen läßt. Ob man ihr ganz zustimmt, hängt stark von der Weltanschauung und Religion des Betrachters ab.

Bemerkung
Die Gliederung ist zu wenig durchdacht und sollte übergeordnete und untergeordnete Gesichtspunkte enthalten. Der Schlußgedanke wird nicht angeführt.
Im Aufsatz sind entscheidende Gedanken zum Thema ausgewählt, die verschiedenen Deutungen sind verwertet und selbständig verarbeitet. Die Zitate müßten jedoch genau belegt werden. Die Arbeit bietet viel Stoff. Die Sprache ist im allgemeinen sachlich und klar. Das gestellte Thema wird gut bewältigt.

62 *Sind Goethes Vorstellungen von Beruf, Gemeinschaft, Besitz in „Wilhelm Meisters Wanderjahren" überholt oder modern?*

Gliederung

A) „Wilhelm Meisters Wanderjahre" gehören zu Goethes Alterswerk.

B) Es schildert Begegnungen mit verschiedenen Personen und kommt dabei auch auf die Begriffe: Beruf, Besitz, Gemeinschaft.

I. Gemeinschaft:
- a) Individualität der Menschen;
- b) Führung für Gemeinschaft nötig;
- c) Rücksichtnahme auf Allgemeinheit;
- d) Hilfe für in Not Geratene;

II. Besitz:

1. Definition:
   - a) Vergünstigungen für bestimmte Gruppen;
   - b) Privatinitiative – Vorteile für Allgemeinheit;
2. Verwendung von Besitz für Gemeinschaft:
   - a) neue Arbeitsplätze; Errichtung von Fabriken; Gefahr durch Fabriken,
   - b) Hilfe für Geschädigte (Hochwasser),
3. Macht durch Besitz.

III. Beruf:

1. Berufswahl:
   - a) Neigung, Talent,
   - b) Ausbildungsmöglichkeiten: Beruf des Vaters, Lehrstellen,
   - c) Anwendung des Berufes.
2. Ausbildung:
   - a) Anleitung durch Lehrer (deren Ausbildung),
   - b) breite Grundlagen,
   - c) spezielle Förderung der Anlagen.
3. Spezialisierung:
   - a) heute notwendig,
   - b) „Fachidioten".

C) Aktualität der Begriffe Beruf, Besitz, Gemeinschaft erhält „Wilhelm Meisters Wanderjahre" jung.

Die Erzählung[1] von „Wilhelm Meisters Wanderjahren“ ist zum Alterswerk Goethes zu zählen. Er schildert darin unter anderem die Begegnung des Helden mit verschiedenartigen Personen und bringt dabei auch seine Ansichten über Beruf, Gemeinschaft und Besitz zum Ausdruck. Sind Goethes Vorstellungen nun verstaubt und überholt, oder muten sie uns sogar modern an?
Zunächst möchte ich den Begriff der Gemeinschaft im Sinne des Themas untersuchen. Goethe hat die in „Wilhelm Meisters Wanderjahren“ auftretenden Personen sicherlich als eine einheitliche Gesellschaft gesehen. Das zeigt sich meiner Meinung nach daran, daß fast alle Akteure irgendwie miteinander bekannt oder verwandt sind und dadurch beinahe eine große Familie darstellen. Aber obwohl Goethe somit den Wert der Gemeinschaft würdigt, vergißt er doch nicht, auch das Individuum in seiner Bedeutung zu werten. Mehrmals in der Erzählung kommt zum Ausdruck, daß die Leistung einzelner für die Gesamtheit von großem Wert sein kann, so zum Beispiel, als er von den Fähigkeiten des Schippfassers oder dem Geschäftssinn des Oheims berichtet. Goethe wertet also die Gemeinschaft sehr hoch, läßt aber daneben auch Individualisten gelten. Und ich bin der Ansicht, daß gerade dieser Mittelweg heutzutage als richtungsweisend bezeichnet werden kann. Der Dichter vermeidet es, die Gemeinschaft oder das Individuum allein herauszustellen, darum halte ich seine Auffassung für durchaus modern.[2]
Im Verlauf der Erzählung wird auch das Funktionieren des Zusammenlebens einer Gesellschaft genauer aufgezeigt und untersucht, so beispielsweise bei einer Gruppe von Auswanderern, zu der ein sehr geschickter Handwerker stößt. Der Ausspruch: „Sollte nicht eben dieser Mann, dieser mit Werkzeug und Geschirr so meisterhaft umgehende, für unsere Gesellschaft das nützlichste Mitglied werden können?“ (3. Buch, 5. Kapitel) macht deutlich, für wie wichtig es Goethe hält, daß es einzelne Spitzenkönner in einer Gemeinschaft gibt, die in der Lage sind, die anderen zu beraten, anzuleiten und durch ihre Tatkraft mitzureißen. Bis heute ist das nicht anders geworden. Eine

1. Schiefer Ausdruck, denn „Wilhelm Meister“ ist keine Erzählung, sondern ein Bildungs- bzw. Entwicklungsroman.
2. Für diese Ansicht sollte der Verfasser eine überzeugende Begründung anführen, weshalb ihm diese Wertung Goethes sehr zeitgemäß erscheint.

Gruppe, ein „Team", kann erst dann richtig zusammenarbeiten, wenn Führungskräfte vorhanden sind, die das Ganze leiten. In der modernen Wirtschaft ist das Funktionieren von Arbeitsgruppen im Sinne Goethes sogar unbedingt notwendig, was erneut die Aktualität des Begriffes „Gemeinschaft", den der Dichter vertritt, bestätigt.

In einem weiteren Punkt kommt eine Haltung zum Ausdruck, die man wohl mit „Gemeinnutz geht vor Eigennutz" am besten wiedergeben kann. Es handelt sich in diesem speziellen Fall um das Erlernen von Musikinstrumenten. Goethe schreibt: „Besonders die Mißtöne der Anfänger sind in gewisse Einsiedeleien verwiesen, wo sie niemand zur Verzweiflung bringen" (2. Buch, 1. Kapitel). Der einzelne muß also hier Rücksicht auf die Gemeinschaft nehmen, seine Wünsche stehen hinter denen der Gemeinschaft zurück. Dieses Prinzip gewinnt gerade heute, in einer Zeit, in der die Bevölkerungsdichte ständig steigt, zunehmend an Bedeutung. Als Beispiel seien nur die Seeufer genannt, die der Allgemeinheit zugänglich gemacht werden sollen, zuungunsten[3] einiger Einzelpersonen. Die zugrunde liegende Haltung ist im Prinzip dieselbe wie bei Goethe, der sie schon vor über hundert Jahren in moderner Form vertrat.

Aber der einzelne wird durch die Gemeinschaft nicht nur in seinen Rechten beschnitten. Er hat auch Vorteile durch sie, so zum Beispiel, daß ihm bei Naturkatastrophen, soweit möglich, geholfen wird. Bei der in Goethes Roman geschilderten Überschwemmung eines weiten Gebiets werden die vom Wasser eingeschlossenen Bauernhöfe mit dem Nötigsten versorgt. Die Gemeinschaft denkt also an die von Unglücksfällen Betroffenen, um sie nach Kräften zu unterstützen, und zwar zu Goethes Zeiten genauso wie heutzutage bei Naturkatastrophen. In solchen Fällen helfen die Menschen zusammen und lassen dabei erkennen, daß die Vorstellung des Dichters von der Gemeinschaft immer noch Bedeutung hat.

Ein zweiter Begriff, zu dem Goethe seine Anschauungen deutlich macht, ist der des Besitzes. An mehreren Stellen in „Wilhelm Meisters Wanderjahren" erwähnt er ihn und läßt ihn einmal sogar von Juliette erklären. Dabei sagt sie unter anderem: „Jeder suche den Besitz, der ihm von der Natur, vom Schicksal gegönnt ward, zu würdi-

---

3. Schlechte sprachliche Formulierung; dafür: „gegen die Interessen einiger"; „ohne Rücksicht auf die Vorteile einzelner".

gen, zu erhalten, zu steigern." (1. Buch, 6. Kapitel.) Hier ist deutlich die Privatinitiative angesprochen. Der einzelne bemüht sich, mehr zu verdienen oder zumindest nichts zu verlieren. Und gerade das ist heute die Triebfeder der modernen Wirtschaft, ja man kann fast sagen, eine Voraussetzung. Daß sich Goethe schon mit diesem Begriff beschäftigt hat, zeigt uns, wie modern seine Auffassung von Besitz war, zumal er auch noch Konsequenzen aus der Privatinitiative aufzeigt.

Der Besitzer einer Baumschule richtet sich beim Verkauf der Pflanzen im Preis nach den Käufern. So gibt er fleißigen, sorgfältigen Anbauern die Bäumchen umsonst, nachlässigen zu einem geringen Entgelt und Weiterverkäufern zu einem höheren. Es ergeben sich also Vorteile für bestimmte Gruppen, von denen sich der Unternehmer erneuten Gewinn verspricht. Aus dem gleichen Grund erhalten heute die Arbeiter einer Fabrik die Produkte, an deren Herstellung sie selbst beteiligt sind, zu einem niedrigeren Preis. Oder Großabnehmer bekommen Rabatt. Es werden also zum Vorteil des Geschäfts bestimmte Schichten bevorzugt.[4] Goethe hat damit in „Wilhelm Meisters Wanderjahren" eine Erscheinung beobachtet, die heute ebenfalls große Bedeutung hat. Seine moderne Auffassung vom Begriff „Besitz" tritt erneut hervor.

Aber die Privatinitiative bringt nicht nur Vorteile für einzelne Gruppen, sondern für die ganze Gemeinschaft. Goethe spricht hier von der Erschließung neuer Gebiete. Die Privatinitiative ist zum Beispiel entscheidend dafür, daß auch weniger risikofreundliche Menschen in unbesiedelte Räume vordringen: „... der Eigentümer verläßt seinen erst gerodeten Neubruch, sobald er ihn einem weniger gewandten Besitzer erst angenehm gemacht hat." (3. Buch, 9. Kapitel) Der Antrieb dazu ist die Möglichkeit, noch mehr zu erwerben: „Er dringt in die Wüste, macht sich abermals in den Wäldern Platz, zur Belohnung jenes ersten Bemühens einen doppelt und dreifach großen Raum." (3. Buch, 9. Kapitel). Aber nicht nur Besitzer von Ländereien profitieren von der Erweiterung des Landes. Sie schaffen damit neuen Raum für Pächter, die ihnen ja Einnahmen bringen sollen. Nebenbei wird auch die Nahrungsmittelproduktion gesteigert, was wiederum der Gemeinschaft zugute kommt. Alle oben erwähnten Punkte sind bei der Erschließung

---

4. Vergleich und Beweisführung sind unzutreffend!

neuer Gebiete bis heute in vollem Umfang gültig. Deshalb muß uns auch die Ansicht über den Besitz und seine Auswirkungen für die Gemeinschaft hier durchaus modern erscheinen.

Die Ansammlung von Eigentum in wenigen Händen hat natürlich auch negative Folgen, die ja gerade heute diskutiert werden. In eine Unterhaltung hat Goethe dieses Problem eingeflochten, indem er die Frage stellt: „Warum verehrt man den Fürsten, als weil er einen jeden in Tätigkeit setzen, fördern, begünstigen und seiner absoluten Gewalt gleichsam teilhaft machen kann." (1. Buch, 6. Kapitel). Der Regent hat unter anderem durch seinen großen Besitz gleichzeitig die Gewalt, über andere zu herrschen und sie zu richten. Wenn man heute von der Macht des Kapitals spricht, denkt man allerdings nicht mehr an Fürsten, sondern an die Unternehmer. Denn sie haben die Möglichkeiten, durch die Lobby, durch Drohungen oder gar durch Bestechung die Politik in die gewünschten Bahnen zu lenken. Goethe geht in „Wilhelm Meisters Wanderjahren" auf dieses in unserer Zeit hochaktuelle Problem ein und ermöglicht damit erneut eine positive Antwort auf die Frage des Themas.

In der gerade erwähnten Unterhaltung kommt aber auch noch ein weiterer Punkt zur Sprache, den man mit dem Ausdruck „Eigentum verpflichtet" vielleicht am besten umschreiben könnte. Besitz bedeutet bei Goethe eine Verpflichtung gegenüber der Gemeinschaft. Er schreibt: „Immer denke er (der Besitzer) dabei, wie er andere (am Besitz) daran teilnehmen lasse." (1. Buch, 6. Kapitel) Oder an einer anderen Stelle spricht der Oheim: „Das Mindere der Einnahme (von seinem Besitz) betrachte ich als Ausgabe, die mir Vergnügen macht, indem ich andern dadurch das Leben erleichtere." (1. Buch, 6. Kapitel). Im Ablauf von „Wilhelm Meisters Wanderjahren" erwähnt Goethe mehrere Beispiele, wie der Gemeinschaft wirklich ein Nutzen aus dem Eigentum erwachsen kann. Es handelt sich im ersten Falle um eine Heirat, durch welche ein größerer Besitz in neue Hände kommt. „Hiedurch wird die Einrichtung einer neuen Fabrikation durch Lokal und Zusammenwirken möglich und die Bewohner des arbeitslustigen Tales werden auf eine andere, lebhaftere Weise beschäftigt" (3. Buch, 14. Kapitel). Die Gemeinschaft dieses Tales genießt also hier den Vorzug, aufgrund des Besitzes einzelner neue Arbeitsplätze zu bekommen. Die Einstellung neuer Arbeitskräfte ist auch heute noch ein Hauptanliegen unserer Industrie und kommt der Gesellschaft zugute, wenngleich der Grund für die Bemühungen vor allem die Steigerung der Produktion und der Gewinne ist. Aber die Grundauffassung Goethes, daß Privatbesitz letzten Endes wieder im Sinne der Gemeinschaft verwendet werden muß, ist erhalten geblieben.[5] Aber von der Errichtung von Fabriken geht auch eine große Gefahr aus. Die zunehmende Mechanisierung während der Industriellen Revolution zeigte Auswirkungen, die Goethe schon im voraus erkannte: „Ich käme mir verächtlich vor, sollt ich diese guten Menschen plündern und sie zuletzt arm und hilflos wandern sehen." (3. Buch, 13. Kapitel). Dieser Ausspruch in „Wilhelm Meisters Wanderjahren" stammt von einer Dame, die die Errichtung einer modernen Fabrik erwägt. Und sie benennt bereits genau die Folgen der Industrialisierung für die Arbeiterschaft, nämlich die durch niedrige Löhne verursachte Ausbeutung. Goethe hatte also damals schon die Auswirkungen einer übertriebenen Privatinitiative vorausgesehen. Sein Begriff vom Eigentum ist damit nicht nur hochmodern, sondern auch sehr umfassend. Außerdem wird noch darauf hingewiesen, daß die Maschinen nicht nur Arbeit bringen, sondern sie dem Menschen vielfach auch abnehmen. Es wird gesagt: „Ich weiß recht gut, daß man in der Nähe mit dem Gedanken umgeht, selbst Maschinen zu errichten und die Nahrung der Menge an sich zu reißen." (3. Buch, 13. Kapitel). In diesem Fall geht es darum, daß den Menschen, die in einem Gebirgstal von Heimarbeit leben, die Erwerbsgrundlage entzogen wird, und zwar durch Leute, die aufgrund ihres Kapitals Fabriken errichten und die Arbeit mit Maschinen billiger ausführen können. Tatsächlich hat es sich nach dem Zweiten Weltkrieg in den Vereinigten Staaten von Amerika gezeigt, daß viele Leute arbeitslos wurden, weil ihre Arbeit von Maschinen getan werden konnte. Durch die Rationalisierung werden auch auf uns noch viele brotlose Arbeiter zukommen,[6] die sich eine neue Tätigkeit suchen müssen, weil sie durch die Automation verdrängt werden. Goethe hat derartige Folgen des Privatbesitzes schon vorausgesehen und sie in seine Vorstellungen zum Begriff „Besitz" eingebaut, so daß dieser auch heute noch modern ist.[7] Besonders deutlich herausgestellt hat der Dichter seine Auffassung vom Eigentum bei der Schilderung einer Naturkatastrophe. Infolge einer Überschwemmung waren viele

5. Hinweis auf Verfassung wäre angebracht!
6. Ist diese Ausdrucksweise so treffend, wie der Verfasser beabsichtigt?
7. Besser: die Auffassung vom Begriff „Besitz"!

Bauernhöfe in der Umgebung eines Schlosses von der Umwelt abgeschnitten. Aber nach dem Grundsatz, „Eigentum verpflichtet", war man „auf solche zwar seltene, aber denkbare Fälle eingerichtet; die Hausfrau befahl, die Diener führten aus. Nach der ersten allgemeinen Beihilfe ward Brot gebacken, Stiere wurden geschlachtet, Fischerkähne fuhren hin und her, Hilfe und Vorsorge nach allen Enden hin verbreitend." (2. Buch, 5. Kapitel).

Anhand dieser zitierten Stelle wird, so glaube ich, noch einmal besonders deutlich, wie modern Goethes Auffassung von Besitz ist. Gerade heute ist es nämlich ein allgemeiner Grundsatz, daß der Reiche den Ärmeren nach Kräften unterstützen muß, besonders, wenn dieser in Not geraten ist. Insgesamt möchte ich sagen, daß uns Goethes Vorstellung von Besitz durchaus modern anmutet, da er viele Phänomene, die erst in späterer Zeit zur Auswirkung kamen, bereits richtig erkannte und einschätzte.

Schließlich ist noch des Dichters Auffassung zum Begriff „Beruf" zu klären. Um ein wirklich umfassendes Bild zu erhalten, ist es nötig, zunächst einmal die Vorstellungen Goethes zur Wahl des Berufes zu untersuchen. Einen ganzen Abschnitt lang schreibt er über diese Problematik und bringt dabei deutlich zum Ausdruck, daß vor allem das Talent, die Neigung des jungen Menschen bei der Entscheidung beachtet werden müssen. Das erscheint mir doch eine ganz wesentliche Feststellung, vor allem deshalb, weil man gerade heute durch Tests und Untersuchungen vor der Berufswahl versucht, das für den Kandidaten[8] Richtige herauszufinden. Denn man hat erkannt, daß es ungeheuer wichtig ist für den einzelnen, später ein Verhältnis zu seiner Tätigkeit zu bekommen. Da Goethe diesen Punkt ebenfalls so sehr betont, möchte ich feststellen, daß er in dieser Frage die heutige, moderne Auffassung sehr klar vertritt.

Trotz ihrer großen Bedeutung darf jedoch die Neigung nicht allein ausschlaggebend für die Entscheidung sein. Es spielen noch andere Einflüsse entscheidend mit, so zum Beispiel der Beruf des Vaters. Es bedeutet für den Sohn auf jeden Fall eine Erleichterung bei seiner Ausbildung, wenn er zu Hause Tips bekommt und sich helfen lassen kann. Goethe schreibt dazu: „Im Durchschnitt sind die Menschen am

---

8. Der Begriff „Kandidat" ist hier falsch verwendet, denn es handelt sich um die Berufswahl eines Menschen. Kandidat ist jedoch immer ein Bewerber um etwas (z. B. ein Amt, Anstellung, in einer Prüfung usw.).

glücklichsten, die ein angeborenes, ein Familientalent im häuslichen Kreise auszubilden, Gelegenheit finden." (2. Buch, 11. Kapitel). Wenn schon nicht diese Möglichkeit besteht, so kommt es laut Goethe und auch heute noch bei der Wahl der Tätigkeit auf die zur Verfügung stehenden Lehrstellen an. Es soll sich um gut eingeführte Betriebe handeln, in denen ein Lehrling auch wirklich etwas profitieren kann. Natürlicherweise ist das nach wie vor eine Grundforderung an einen Ausbildungsbetrieb, an der sich auch in Zukunft nichts ändern wird. Die Vorstellungen Goethes von den Möglichkeiten der Lehre sind somit immer noch modern und tragen dazu bei, daß auch über seine Auffassungen zum Gesamtgebiet des Berufes im Sinne des Themas positiv geurteilt werden kann.

Ein dritter Faktor, der ebenfalls noch mit eine Rolle bei der Entscheidung über das spätere Arbeitsgebiet spielen kann, ist die Anwendbarkeit für private Zwecke. Ein junger Mann, der Zimmermann geworden ist, erzählt: „Ich erkläre meinen (Berufs-) Wunsch; man war mir nicht entgegen, um so weniger, als bei so mancherlei Baulichkeiten der Zimmermann oft von uns in Anspruch genommen ward." (1. Buch, 2. Kapitel). Durch die selbst ausgeführten Arbeiten ergibt sich eine Ersparnis, die man als nicht unbeträchtliche Lohnzunahme[9] betrachten kann. Daß gerade heute berufliche Fähigkeiten, zum Beispiel im Haushalt bei der Reparatur von Geräten, sehr von Nutzen sein können, wird angesichts der hohen Kosten für Handwerker niemand abstreiten. Deshalb ist auch dieser, wenn auch nicht sehr bedeutende Punkt, der modernen Vorstellung Goethes vom Beruf zuzuschreiben.

Nun ist als nächstes Kapitel in logischer Folge nach der Berufswahl die Ausbildung selbst zu betrachten. Und auch hier zeigt es sich, daß Goethe heute noch gültige Ansichten vertritt. Vor allem erscheint ihm die richtige Anleitung der Schüler äußerst wichtig: Er schreibt: „Nichts sei der Willkür des Lernenden überlassen" (2. Buch, 8. Kapitel). Er soll vom Lehrer so angeleitet werden, daß er alles gleich in der richtigen Weise lernt und sich nicht falsche Techniken angewöhnt. Dementsprechend wird auch heute eine intensive Ausbildung des einzelnen gefordert, bei der er ständig belehrt werden kann und nicht sich selbst überlassen bleibt. Damit sind natürlich auch Forderungen an die Lehrer verbunden, deren Fachwissen ausreichend sein muß, um andere

9. Falscher Begriff!

wirklich belehren zu können. Goethe stellt als Forderung an die Lehrer: „Es ist nichts schrecklicher, als ein Lehrer, der nicht mehr weiß, als die Schüler allenfalls wissen sollen. Wer andere lehren will ... darf nicht halbwissend sein." (1. Buch, 4. Kapitel). In moderner Form könnte man sagen: der Lehrer muß sein Gebiet soweit überblicken, daß er dem Schüler wirkliche Kenntnisse vermitteln und auf dessen Fragen verständliche Antworten geben kann. Wir sehen also, Goethes Forderung an die Lehrer entspricht voll und ganz den heutigen Auffassungen.

Eine heute bei der Ausbildung ganz besonders dringlich gestellte Forderung ist die nach breiten und sicheren Grundlagen. Gerade in unserer Zeit ist es mehr als je zuvor nötig, daß man sich auf andere Tätigkeiten umstellen kann, wenn eine Berufssparte etwa an Bedeutung verliert. Tatsächlich vertritt auch Goethe die Ansicht, man müsse bei einem Schüler vor allem auf die Aneignung einer soliden Basis achten. In Zusammenhang mit einer Ausbildung zum Musiker schreibt er: „Man erinnerte an die Notwendigkeit sicherer Grundsätze ..." (2. Buch, 8. Kapitel). Er verlangt damit etwas, was wir nach dem oben Gesagten nur wieder aus seiner modernen Auffassung vom Begriff „Beruf" erklären können.

Wie schon bei der Behandlung des Themas Berufswahl, so geht es Goethe natürlich auch hier wieder um die Berücksichtigung der Talente der Schüler: „Es ist unser höchster und heiligster Grundsatz, keine Anlage, kein Talent zu mißleiten ..." (2. Buch, 8. Kapitel) sagt ein Ausbildungsleiter im Verlauf eines Gesprächs. Es soll also jeder Schüler nach seinen besonderen Fähigkeiten gefördert werden. Genau das ist aber eine Erkenntnis, die auch heute Gültigkeit hat. Ein Kandidat erzielt nur dann beste Leistungen, wenn ihm die verlangte Aufgabe „liegt", er ein angeborenes Talent dafür hat. Tatsächlich gibt es heute immer mehr Spezialisierungsmöglichkeiten, die eine Ausbildung entsprechend den Neigungen ermöglichen. So hat Goethe auch hier seine moderne Auffassung zum Ausdruck gebracht.[10]

Aber noch deutlicher wird die Aktualität von Goethes Berufsbegriff im folgenden Beispiel. Er behandelt in einem Gespräch das gerade in

---

10. Etwas schematisch, stereotyp wirken die Schlußfolgerungen am Schluß jedes Abschnitts. Es ist nicht nötig, daß die Beantwortung der Themafrage so schematisch am Ende jedes einzelnen Abschnitts wiederholt wird; sie muß nur sinngemäß (in der Beweisführung) deutlich werden.

unserer Zeit wichtige Schlagwort der Spezialisierung. Man kann vorausschicken, daß Goethe die Differenzierung in den Berufen für notwendig hält. Das kommt deutlich zum Ausdruck, als er auf die Frage: „Solltest du wirklich zu der Überzeugung gegriffen haben, daß sämtliche Tätigkeiten, wie in der Ausübung, so auch im Unterricht zu sondern seien?" mit: „Ich weiß mir nichts Anderes noch Besseres" (1. Buch, 4. Kapitel)[11] antwortet. Mit der Spezialisierung im Beruf ist von Goethe ein typisches Kennzeichen unserer heutigen Welt erwähnt. Sie ist nicht nur ein Merkmal, man könnte sie fast als Voraussetzung für die moderne Technik ansehen. Und damit ist wohl deutlich genug aufgezeigt, wie aktuell Goethes Begriff vom Beruf auch heute noch ist.[12] Noch dazu, als er auch die Probleme der Spezialisierung genau vor sich sieht.[13] Jeder kennt heute den Begriff des „Fachidioten", eines Mannes, der nur mehr sein enges Spezialgebiet kennt, darüber hinaus aber nichts mehr wahrnimmt. Um diesem Extrem vorzubeugen, hat Goethe gefragt: „Man hat aber doch eine vielseitige Bildung für vorteilhaft und notwendig gehalten?" und als Antwort gegeben: „Sie kann es auch sein zu ihrer Zeit. Vielseitigkeit bereitet eigentlich nur das Element vor, worin der Einseitige wirken kann, dem eben jetzt genug Raum gegeben ist." (1. Buch, 4. Kapitel). Genau dasselbe könnte in neuerem Deutsch in einem modernen Taschenbuch stehen, als Voraussetzung für das Spezialistentum. Jedenfalls zeigt dies endgültig, daß Goethe in „Wilhelm Meisters Wanderjahren" tatsächlich eine bis jetzt zeitgemäße Vorstellung vom Begriff des Berufes vertritt.
Es ist ganz offensichtlich, daß Goethes Vorstellungen von Gemeinschaft, Besitz und Beruf auch in unserer Zeit noch aktuell sind und dazu beitragen, „Wilhelm Meisters Wanderjahre" bis heute jung zu erhalten.[14]

Bemerkung
Diese Arbeit beachtet mustergültig die erlernbaren Regeln für den Problemaufsatz, die besonders in der Übertreibung sichtbar werden. Gemeint sind damit die am Ende jedes Abschnitts stereotyp wieder-

11. Meinte Goethe damit wirklich die Spezialisierung im heutigen Sinn?
12. Ständige Wiederholung dieser formelhaften Wendung!
13. Satzbau!
14. Glaubt der Verfasser das wirklich?

holten Schlußfolgerungen zur Themenfrage, die ein sprachlich gewandter Verfasser vermeiden bzw. besser formulieren würde. Dieser Aufsatz zeigt, daß die Technik des Aufsatzschreibens erlernbar ist, wenn die Anleitungen beachtet werden. Dabei ist ein gewisser Fleiß unerläßlich. In dieser Arbeit sind die eingehende Kenntnis des Werkes und das mühsame Suchen der Bezugstellen Voraussetzung für den Erfolg. Für den Verfasser war dieser Aufsatz der Durchbruch zu guten Leistungen im Deutschen.

63 *Ist Egmonts Untergang die Tragödie des unpolitischen Menschen?*

Gliederung

A) Der unpolitische Mensch unserer Zeit: politisches Desinteresse.

B)[1]

I. Ursachen für Egmonts Handlungsweisen:
   a) Das Dämonische in Egmont:
      1) Gefühl der Sicherheit; Sorglosigkeit;
      2) Heiterkeit und Güte;
   b) Hinwendung zum Diesseits, Lebenslust;
   c) Egmonts Schicksalsglaube:
      1) Schicksalsbejahung,
      2) Egmont fühlt sich vom Schicksal getragen.

II. Auswirkungen dieser Umstände: der unpolitische Mensch Egmont:
   a) Egmont ist in politischen Dingen ahnungslos, nicht aber an der Politik desinteressiert.
   b) Untergang Egmonts durch sein gefühlsmäßiges Handeln.
   c) Lebensnähe und Zurückweisung der Sorge als Verhängnis für Egmont.
   d) Egmonts Schicksalsbewußtsein: für einen Politiker untragbar.
   e) Auch sein ehrliches und nichts Böses ahnendes Wesen trägt zu seiner Vernichtung bei.
   f) Verdeutlichung des unpolitischen Wesens Egmonts durch Vergleich mit Oranien.

III. Zusammenfassung:
   Egmonts Untergang als Folge seines unpolitischen Wesens.

C) Politik, das Spielfeld rationaler Überlegungen.

Wir alle kennen ihn, den unpolitischen Zeitgenossen. Selbst heute, im demokratischen Staatsgebilde, in dem jeder Bürger zur politischen

---

1. Bei B) muß das Thema angeführt werden.

Willensbildung aufgerufen, ja geradezu verpflichtet ist, ist es keine Seltenheit, ihn anzutreffen. Noch immer muß man die traurige Tatsache erleben, daß Politik vielfach als etwas angesehen wird, für das Interesse oder gar Mitarbeit und Mitverantwortung aufzuwenden, als überflüssig angesehen wird.[1a] Daß ein solches Verhalten, wo es doch um unsere ureigensten Belange geht, töricht ist, braucht nicht gesondert erwähnt zu werden. Politisches Engagement oder wenigstens Anteilnahme an der Politik, auch des einzelnen, ist also eine Grundvoraussetzung für das Bestehen eines demokratischen Staates, der auch tatsächlich im Sinne der Bürger handelt. Soweit also die eine Seite von „unpolitisch".[2] Doch es gibt auch noch eine andere Art des unpolitischen Menschen, nämlich im Sinne politischer Ahnungslosigkeit. Ein solcher Mensch ist aber nicht durch politisches Desinteresse ausgezeichnet.[3] Er setzt sich womöglich für eine politische Idee ein und ist[4] somit gerade das Gegenteil der vorher geschilderten unpolitischen Haltung. Wie er aber sein Ziel zu erreichen sucht, ist unrealistisch; sein gutgläubiges Handeln in dieser harten und oft grausamen politischen Welt ist notwendigerweise zum Scheitern verurteilt.[5] Auch Johann Wolfgang von Goethe hat sich mit diesem Problem beschäftigt. Mit Egmont schuf er eine Gestalt, die diesem geschilderten Fall von Weltfremdheit hinsichtlich des Bereichs der Politik entspricht. Scheitert Egmont jedoch wirklich nur infolge seines unpolitischen Wesens, oder lassen sich noch weitere Gründe für seinen tragischen Untergang nennen?

Betrachten wir, um eine solche Frage zu beantworten, zunächst einmal die Motive, aus denen heraus Egmont handelt bzw. von ihnen zum Handeln getrieben wird. Eine entscheidende Rolle spielt hier das Dämonische in Egmonts Wesen. Was heißt jedoch „Dämonie" bei Goethe? „Die dämonische Persönlichkeit" – und Egmont ist eine solche – „ist das Gegenteil der vernünftigen, sittlichen, sich verantwortlich wissenden Persönlichkeit" (A, S. 51), die aus innerem Trieb, nicht aus rationalen Überlegungen handelt. Diese Dämonie offenbart sich bei Egmont auf verschiedene Weise. So ist hierzu etwa das fast

---

1a. Satzbau erschwert das Verständnis!
2. Besser: „die eine Seite des Begriffs ‚unpolitisch'"!
3. Besser: „gekennzeichnet".
4. Ausdruck: Er ist nicht das Gegenteil einer „Haltung"!
5. Die Begriffserklärung sollte der erste Abschnitt des Hauptteils sein.

unbegrenzt zu nennende Sicherheitsgefühl zu rechnen, das Egmont besitzt. Dieses Sicherheitsgefühl ist es u. a. auch, das ihn später unausweichlich seinem Untergang näher bringt, da er den Ernst der Lage nicht zu erfassen vermag. Aber auch seine Sorglosigkeit ist hier entscheidend beteiligt. Indem Egmont nämlich sich seinem Dämon anvertraut, gibt es für ihn keine Gefahr mehr. Er ist einfach nicht der Mensch, der durch rationales Beurteilen die Lage abschätzt, sondern er vertraut seinem Ich und lebt sorglos weiter.

Ein weiteres Merkmal seines dämonischen Wesens sind seine nur selten versiegende Heiterkeit und Güte. Wie wir später noch sehen werden, ist es nicht zuletzt auch das, was ihn schließlich scheitern läßt. Die für seine Mitmenschen so beglückenden Eigenschaften, die er immer wieder unter Beweis stellt, sind es – und hierin besteht die Tragik der Gestalt Egmonts – die ihn auch in den Abgrund reißen. Somit ist das Dämonische bei Egmont sowohl Glück als gleichzeitig auch Bedrohung. Hinzu kommen die unbegrenzte Lebenslust Egmonts und seine Diesseitsbejahung. Er genießt das Leben und lebt für den Augenblick, unbelastet von Sorgen um die Zukunft.

Als eine weitere Komponente, die Egmonts Handeln bestimmt, wäre[6] sein Schicksalsglaube oder besser sein Verhältnis zum Schicksal überhaupt zu nennen. So lesen wir beispielsweise im II. Akt: „Wie von unsichtbaren Geistern gepeitscht, gehen die Sonnenpferde der Zeit mit unseres Schicksals leichten Wagen durch: und uns bleibt nichts, als mutig gefaßt die Zügel festzuhalten, und bald rechts, bald links, vom Steine hier, vom Sturze da, die Räder wegzulenken. Wohin es geht, wer weiß es?" Egmont zeichnet sich also durch ein besonderes Schicksalsbewußtsein aus. Er fügt sich seinem Schicksal und vermeint nicht, ihm in wildem Aufbegehren trotzen zu können. Der Mensch vermag also, so sieht Egmont es wenigstens, im Grunde recht wenig in seinem Leben selbst zu bestimmen. Also läßt sich Egmont mehr oder minder vom Schicksal treiben, einem Schicksal, dem er vertraut, ganz gleich, ob es ihn ins Verderben stürzt oder nicht. In Verbindung mit seinem Sicherheitsgefühl ist dies Schicksalsbewußtsein ein Teil dessen, was ihn zu einem unpolitischen Menschen macht und später scheitern läßt. Und nun zu Egmont als diesem unpolitischen Menschen selbst! Zu

---

6. Statt „wäre": „ist zu nennen"!

Beginn wurde bereits hervorgehoben, in welch zweifacher Weise das Wort „unpolitisch" verstanden werden kann. Im Sinne politischer Teilnahmslosigkeit jedenfalls läßt es sich auf Egmont gewiß nicht anwenden. Um das zu belegen, brauchen wir nur einmal seine politische Ideologie zu betrachten, die genau der Oraniens gleicht. Beide sind der Auffassung, daß sich Menschen mit ihrer jeweiligen Eigenart nur so regieren ließen, wie es dieser Eigenart eben entspricht. Sie fordern, daß das Volk von Landsleuten regiert werde, die mit ihm die gleiche Vorstellung von Recht und Unrecht haben (B, S. 63/64 sinngemäß zitiert). Somit lehnen sie auch die Herrschaft der Spanier, die immer mehr einer Unterjochung gleicht, über ihr Land ab.

Dagegen trifft bei Egmont die zweite Bedeutung des Ausdrucks, eine tragische Blindheit auf der Ebene der Politik, voll und ganz zu. In welcher Hinsicht wirken sich nun hier seine Dämonie, sein Schicksalsbewußtsein und sein gutartiges Wesen aus?

Das dämonische von sich selbst Erfülltsein Egmonts mag im Alltagsleben tragbar sein. Im politischen Bereich jedoch hat es seine Berechtigung verloren, sobald es – wie bei Egmont – das beherrschende Moment wird, aus dem sich die Handlungsweisen des Politikers erklären. Denn „die Kunst der Politik besteht gerade darin, die Dämonien und Unsicherheiten des Lebens unter die Zucht des vernünftigen, sittlichen Willens zu zwingen" (B, S. 52). Egmont ist also, trotz seiner politischen Ideale und Pläne, kein Politiker. Da die ganze politische Welt sich aus Rationalität zusammensetzt, muß Egmont in dieser Welt untergehen. Weil er so unmittelbar und daseinsnah ist und das Rationale meidet, verliert er das Maß für die ihm drohenden Gefahren, denn solche Gefahren lassen sich schließlich und endlich nur vom Willen und Verstand her erfassen[7] und meistern. Das Dämonische trägt also vom Anbeginn her bereits den Kern zu Egmonts Untergang in sich und läßt den Helden zuletzt auch scheitern. Beispielsweise überhört Egmont die Sorge, die aus Oranien spricht; dieser erwägt, in Anbetracht der gefährlichen politischen Lage, außer Landes zu gehen – und weist sie sogar zurück, die Sorge, die Egmont in seinem ganzen Leben „ein fremder Tropfen in seinem Blut" (A, S. 342)[8] war. Wäre Egmont Oraniens Rat gefolgt, er hätte seinem nun sicheren Schicksal

7. Kann der Wille die Welt erfassen?
8. Unklarer Satzzusammenhang!

und den Folgen für seine politischen Pläne entgehen[9] können, wie Oranien durch seine Flucht ja beweist. Stattdessen huldigt er der Gunst des für ihn unersetzlichen Augenblicks. In seinen Augen ist nämlich „der bereits tot, der um seiner Sicherheit willen lebt" (A, S. 335), wie er es einmal ausdrückt. Egmont lehnt ein nur auf die Zukunft und die eigene Sicherheit gerichtetes Leben ab, da man darüber das augenblickliche Leben vergessen und vernachlässigen würde. Auch hier in der Zurückweisung der Sorge tritt wieder die Dämonie zutage, die schließlich als Teil seines unpolitischen Wesens mit seinen Untergang bewirkt, da sich aus ihr die Blindheit Egmonts gegenüber der Realität entwickelt.

Auch Egmonts Haltung gegenüber dem Schicksal trägt zu seiner Vernichtung bei. Wie bereits vorher erwähnt wurde, steht Egmont in einem besonderen Verhältnis zum Schicksal: er vertraut ihm voll und ganz und ist im übrigen der Meinung, daß der Mensch in seinem Leben praktisch ganz dem Schicksal unterworfen sei. Eine Willensfreiheit ist also bei ihm nicht mehr zu verspüren. Dies aber steht in krassem Widerspruch zum Bild des politischen Führers, der gerade versucht, das Schicksal unter seinen Willen zu zwingen und die Zukunft selbst zu gestalten. Egmont aber verhält sich dem Schicksal gegenüber doch mehr oder weniger passiv. Ihm fehlt die Entschlußkraft. Zwar besitzt er die gleichen politischen Ideale wie Oranien, jedoch bringt dieser die Vorstellungen der Verwirklichung näher, während jener vor der realen Tat versagt.

Sein ehrliches, nichts Böses ahnendes Wesen wird Egmont ebenfalls zum Verhägnis. Wie er nämlich seine Lage sieht, so entspricht das seinem adeligen Wesen; er mißtraut einfach nicht genügend, und zwar weder dem König noch dem Mordsinn Albas. Besonders deutlich ist das im IV. Aufzug zu verspüren bei Egmonts Unterredung mit Alba. Egmont gibt sich dem Trugschluß hin, daß die Gegenseite ein ebenso gutartiges Wesen besitze wie er selbst. Er vertraut nämlich auf Rechtlichkeit und Ritterlichkeit: seine Seele ist nicht schwarz genug, um die Hinterhältigkeit und grausame Härte seines Widersachers auch nur zu ahnen. Somit ist Egmonts Untergang nicht zuletzt auch die Folge sei-

9. Welche Folgen hätte dies für Egmonts politische Pläne gehabt? (Gedanke wird nicht weitergeführt.)

nes gutartigen Wesens, das ihn an Recht und Vernunft glauben läßt.[10] Um Egmonts unpolitisches Wesen vielleicht noch etwas zu verdeutlichen, sei noch ein Vergleich mit dem Politiker Oranien beigefügt, dessen politische Überzeugung gleicht der Egmonts, wie er jedoch vorgeht, um sein Ziel zu erreichen, ist das genaue Gegenteil von Egmont.[11] Er ist wirklich der politische Mensch, nüchtern, kühl und berechnend, dem Volk „ein rechter Wall" (A, S. 315). Während Egmont der menschlich-tragische Gegenspieler Albas ist, der[12] sich mit seinem unpolitischen Wesen in eine politische Welt verirrt hat und nun an ihr zugrunde geht, stellt Oranien den für Alba und den spanischen Despotismus gefährlichen politischen Gegner dar. Er sieht die Politik für ein „Schachspiel" an, bei dem es „keinen Zug des Gegners für unbedeutend anzusehen gilt" (A, S. 339). Zwar gewinnt Egmont einen geistigen Sieg über Alba, indem er im Angesicht des Todes Alba als einen Menschen analysiert, der seine inneren Minderwertigkeiten mit Aktionen von Willkür und brutaler Gewalt ausgleichen will.

Einen Sieg auf politischer Ebene, und nur ein solcher wird seinem Volk Erleichterungen verschaffen, kann er jedoch nicht erringen; seine, man ist fast versucht zu sagen dilettantische Politik scheitert und mit ihr er selbst.

Zuletzt noch ein Hinweis auf einen Umstand, der ebenfalls eine gewisse, wenngleich auch weniger bedeutende Rolle bei Egmonts Scheitern spielt: das unpolitische Volk. Dessen Aufgabe wäre es an sich, seinen politischen Führern jede nur erdenkliche Hilfe zukommen zu lassen, da sie es doch sind, die seine Rechte und Wünsche geltend machen. Hier aber (es sei nur der Versuch Klärchens erwähnt, das Volk von Brüssel zum Aufstand und damit vielleicht zur Rettung Egmonts zu bewegen) versagt es kläglich. Doch spielt in diesem Fall natürlich auch wieder Egmonts politische Blindheit herein, denn er hatte zu große Hoffnungen in eben dieses Volk gesetzt.

Fassen wir nun die Ergebnisse unserer Betrachtungen zusammen, d. h. die Gründe, die für Egmonts Scheitern maßgebend sind. Wie wir sehen, geht Egmont vor allem deswegen unter, weil seine dämonische

---

10. Hier hätte der Verfasser die nötige Folgerung aus seinen Gedanken ziehen müssen, ob nämlich die Handlungsweise Egmonts unpolitisch ist oder nicht.
11. Satzbau ist verworren, Sinn unklar.
12. Unklare Beziehung!

Ich-Bezogenheit und die damit verbundene Hinwendung zum augenblicklichen Leben, seine Schicksalsgläubigkeit und sein offener, sauberer Charakter, den er von sich in andere hineinprojiziert, ihn unaufhaltsam ins Verderben reißen. Diese eben angeführten Gesichtspunkte sind es, die Egmont zu einem durch und durch unpolitischen Menschen machen. Folglich läßt sich sein Untergang zusammenfassend als Auswirkung seines unpolitischen Wesens bezeichnen.
In „Egmont" zeichnet Goethe also das Bild des unpolitischen Führers, dessen Tragik im Widerstreit zwischen dem Menschlich-Dämonischen von Egmont und der Dämonie des unbeugsamen, grausamen Machtwillens und Despotismus seines Gegenspielers liegt, wobei notwendigerweise der dämonische Individualismus mit seiner Lebensfülle unterliegt. Politik, so ist der Schluß, den man aus diesem Werk Goethes ziehen kann, ist nichts für einen Menschen, der nur aus Instinkt, Gefühl und innerem Getriebensein handelt; zu bestehen vermag hier nur, wer vernunftmäßig, kühl und sachlich vorgeht: der Politiker unserer Zeit.

Benutzte Literatur:
A) Goethe-Dramen, Deutsche Buchgemeinschaft, Stuttgart 1963.
B) Grundlagen und Gedanken zum Verständnis klassischer Dramen: Goethe, Egmont – Diesterweg Verlag, Frankfurt a. M. 1958.

Bemerkung
Im Aufbau weist der Aufsatz Schwächen auf, da die Einleitung nicht klar genug vom Hauptteil abgegrenzt ist, denn der Verfasser setzt sich in der Einleitung sehr ausführlich mit dem Kernbegriff des Themas auseinander. Das sollte jedoch im ersten Abschnitt des Hauptteils geschehen. Die Gedanken sind logisch entwickelt; der Aufsatz geht auf die entscheidenden Gesichtspunkte ein, wenn auch in einigen Abschnitten nicht klar genug herausgearbeitet wird, weshalb die Wesenszüge Egmonts für einen Politiker nicht tragbar sind. Die sprachliche Darstellung ist im allgemeinen sachlich und klar.
Wie viele Aufsätze gibt auch diese Arbeit Aufschluß über das Wissen und die Fähigkeit des Verfassers, sich mit einem Problem kritisch auseinanderzusetzen, geistige Zusammenhänge zu erfassen und überzeugend darzustellen.

64 Woran scheitert Wallenstein?
Stellen Sie die Gegenkräfte dar, die in ihm und die außerhalb seiner selbst liegen und zu seinem Untergang führen!

Gliederung

A) Die Ziele des Feldherrn Wallenstein:
a) Einheit Deutschlands,
b) Stärkung der kaiserlichen Macht,
c) Vertreibung der Schweden.
(Zitate: „Die Piccolomini", S. 74)

B) Zu Wallensteins Untergang führen:
I. Innere Gegenkräfte wie:
1. Wallensteins Leidenschaften:
a) Der Machthunger.
Die Macht als Verführerin.
Das Streben nach Unabhängigkeit.
durch 1. Die Erhaltung und Verpflichtung des Heeres.
2. Das Gegeneinanderausspielen der Gegner:
b) Die Herrschsucht und Ehrsucht:
Der Herrschersinn im Gegensatz zur Unterordnung
1. ist ihm eine Herrscherseele,
und ist gestellt auf einen Herrscherplatz"
(S. 60 „Die Piccolomini")
2. Das Messen mit dem Kaiser
Der ehrsüchtige Traum vom Fürstentum
c) der Trotz
Unnachgiebigkeit gegen seine Obrigkeiten
Festhalten an seiner Form der Politik
d) Die Rachsucht:
Verweigerung der Hilfe für Regensburg
Hochverrat an Kaiser und Reich
(Zitat: S. 22 „Wallensteins Tod")
3. Charakterliche Widersprüche:

a) Unentschlossenheit gegen Entschlußkraft,
(Zitat S. 90 „Die Piccolomini")
b) Der Träumer im Gegensatz zum Tatmenschen,
(Zitat S. 10 „Wallensteins Tod")
c) Der Aberglauben im Gegensatz zum klaren Geist
Die Auswirkung auf seine Handlungsweise
(Zitat: S. 78 „Piccolomini" und S. 6 „Wallensteins Tod")
Die Auswirkung auf seine Menschenkenntnis
(Zitat S. 33 „Wallensteins Tod")
d) Abhängigkeit im Handeln im Gegensatz zum Unabhängigkeitssinne.

II. Äußere Gegenkräfte wie

1. Die Reichsfürsten:
a) Ihre Motive
(Zitat S. 70 „Die Piccolomini")
b) Die Auswirkungen ihrer feindlichen Gesinnung
(Zitat S. 69 „Die Piccolimini")

2. Der Kaiser:
a) Die Befürchtung um die kaiserliche Autorität
(Zitat S. 56 „Die Piccolomini")
b) Das Vorgehen des Kaisers,
Die Gefangennahme des Sesina
Das Abspenstigmachen der Generäle
Wallensteins Isolierung

3. Die Generäle:
a) Die Generäle Terzky und Illo (Zitat S. 99 „W. Tod")
b) Der Verrat des Octavio Piccolomini:
Seine Motive,
Die Bekehrung von Isolani und Buttler
c) Der Aufstand der Generäle in Pilsen und Prag:
(Zitat S. 125 „Die Piccolomini")
d) Die Rache des Oberst Buttler:
Ihre Begründung,
Die Ausführung, die Verschwörung zu Eger.

C) Zusammenfassung: Wallensteins Scheitern an der Tradition der kaiserlichen Macht.
(Zitate: S. 11 „Wallensteins Tod", S. 90 „Wallensteins Tod")

Bemerkung
Die Form der Gliederung und die Zeichensetzung sind recht eigenwillig. Sie wird hier als Beispiel gebracht, ist jedoch nicht nachahmenswert. Das übliche Gliederungsschema ist sicher überschaubarer und gibt klarer den Verlauf des Aufsatzes wieder.

Aufgabe
Versuchen Sie, diese Gliederung übersichtlicher zu gestalten!

In seiner „Wallenstein"-Trilogie gibt der Dichter Friedrich Schiller einen umfassenden historischen[1] Einblick in das Wirken und das Schicksal des bedeutendsten kaiserlichen Feldherrn während des Dreißigjährigen Krieges, Albrecht Wenzel Wallenstein. Dabei geht er des öfteren auf die edlen Ziele ein, die sich diese Persönlichkeit gestellt hat und die darauf abgestimmt sind, das vom Krieg verwüstete und zerteilte Deutsche Reich von den Feinden des Kaisers zu säubern und in ihm die Macht des Kaisers erneut zu festigen, so daß dieser den Frieden garantieren kann. Wallensteins Kriegspolitik richtet sich naturgemäß vor allem gegen die Schweden, die gefährlichsten Gegner des Kaisers während der ersten Kriegshälfte. Die Worte, die der Dichter ihm in den Mund legt, „sie müssen fort, fort! Wir brauchen keine solchen Nachbarn", sowie „es soll im Reiche keine fremde Macht mir Wurzeln fassen", scheinen mir am deutlichsten seine schwedenfeindlichen Absichten zu unterstreichen. Jeder, der von der geschichtlichen Tragödie des Wallenstein und von seiner Ermordung in Eger 1634 weiß, wird sich nun fragen, woran Wallenstein scheitert, wenn er sich doch ganz dem Frieden und dem Wohl des Kaisers verschrieben hat und welche Gegenkräfte seinen Zielen entgegenwirken und zu seinem Untergang führen?
Eine Reihe von Gründen für das Scheitern des kaiserlichen Generalissimus ist meiner Ansicht nach bereits in seinem ureigensten[2] Wesen fest verankert. Als ihm der Kaiser bei seiner Wiedereinsetzung als Oberbefehlshaber des neuzuschaffenden Heeres eine ungeheure Machtfülle in die Hand gibt, da ist es nicht mehr die treue Pflichterfüllung

1. Hier sollte zuerst das Problem „Geschichte und historisches Drama" erörtert werden!
2. Superlativ! „... in seinem eigenen Wesen ..." oder noch besser: „... in seinem Wesen ..."

gegenüber dem Kaiser und dem Reich, die Wallensteins Handeln als Feldherr begleitet, sondern sein unbezähmbarer Machthunger, der durch seine Machtstellung geweckt wird. Die Machtgier wird in ihm zur verderblichen Leidenschaft und verführt ihn zu Taten, die ihn Schritt für Schritt von seiner Untertanenpflicht[3] gegen den Kaiser abbringen. Seine Freude an der Macht und ihr gieriges Auskosten bis zum Letzten wird meines Erachtens ganz deutlich offenbar,[4] als sich Wallenstein hochmütig dem Ersuchen des Kaisers nach einer ehrenvollen Abdankung widersetzt, das dieser durch den Abgesandten Questenberg dem lästig gewordenen, eigenmächtigen Feldherrn übermitteln läßt. Sein angeborenes Streben nach Unabhängigkeit und Selbständigkeit verstärkt sich noch, indem er sich seiner einzigen Machtstütze, die das Heer darstellt, noch mehr zu bemächtigen sucht. Der Abschluß des Pilsener Reverses zielt darauf hin, das Heer mit seinen Führern ganz dem Willen Wallensteins gefügig zu machen, der dadurch zum absoluten Herrscher über die Armee aufsteigen würde. Der drohenden Einschränkung seiner Machtfülle durch den Kaiser beziehungsweise durch die Schweden versucht er dadurch zu begegnen, daß er ständig geheime Verbindung zu den beiden Gegnern im Reich aufrechterhält, um sich im Ernstfall, wie er selbst sagt, „die Wege offenzuhalten und seine Machtstellung behaupten zu können". In seinem Bestreben, möglichst eigenständig zu bleiben, spielt er die Gegner in der übelsten Weise gegeneinander aus, bis er sich schließlich die Unterstützung des einen wie des anderen verscherzt und dadurch sein Verderben heraufbeschwört. Verhängnisvoll wirken sich auch seine angeborene Herrschsucht und unbezähmbare Ehrsucht aus, die beide durch seine Machtfülle in seinem Innenleben gefördert werden. Mit seinem wesenseigenen Herrschersinn, der sich vor allem im Machthunger äußert, muß Wallenstein unweigerlich in Gegensatz mit der kaiserlichen Gewalt geraten, denn seine ist unvereinbar mit den Pflichten und Rechten eines Untertanen. „Geworden ist ihm eine Herrscherseele und ist gestellt auf einen Herrscherplatz!" Mit diesen Worten des Max Piccolomini dokumentiert Schiller meiner Meinung nach deutlich den Gebieter[5] in Wallenstein, der es darauf anlegt, sich

3. Wäre „Treuepflicht" nicht besser?
4. Inflation des Ausdrucks! „... wird ... offenbar ..."!
5. Ausdruck!

mit der traditionellen Obrigkeit zu messen und dem Kaiser seine Art der diplomatischen Kriegführung abzutrotzen, die nur seinem persönlichen Gewinn nützlich wäre. „Über der Fürsten Haupt kühn hinweg schreitet der Feldherr", wenn er sich auf Grund seiner Ernennung zum Herzog von Friedland und seiner besonderen Verdienste im Krieg der „stolzen Linie von Fürsten" als König von Böhmen anschließen will, um damit sein Lebenswerk zu krönen. Inwieweit sein ehrsüchtiger Traum von einem eigenen Fürstentum seine Gegner unter den Reichsfürsten auf den Plan ruft, werde ich später noch klären.[6] Einen gewissen Anteil an Wallensteins Untergang hat sein leidenschaftlicher Trotz, der in seiner unnachgiebigen Haltung gegenüber seinen Feinden im Reich Ausdruck findet. Er verweigert trotzig und höhnisch die Hilfe für den spanischen Statthalter und behält seine nach allen Seiten offene Politik bei, trotz der ihm drohenden Entmachtung. Hier spielt meines Erachtens noch eine weitere Leidenschaft Wallensteins herein. Seine Rachsucht ist es, die ihn dazu treibt, dem bayerischen Kurfürsten, der zum Teil Schuld an Wallensteins Absetzung hat, keine Hilfe für Regensburg zu schicken. „Es hört in diesem Augenblick der Herzog nur den alten Haß und Groll, gibt das gemeine Beste preis, die Rachgier zu einem alten Feinde zu vergnügen!" In seinem Hochverrat an Kaiser und Reich erkenne ich ebenfalls sein nachtragendes Wesen, und er sagt darüber selbst: „Doch eh ich sinke in die Nichtigkeit, eh sprech die Welt meinen Namen mit Abscheu aus!"
Als entscheidend für seine persönliche Tragik sehe ich neben seinen Leidenschaften seine charakterlichen Zwiespältigkeiten an, die in ihm im ständigen Widerstreit liegen. Zu seiner Entschlußkraft, die er als fähiger Feldherr nach außen hin kundtut, gesellt sich, unvereinbarlich im Innersten, eine schicksalbestimmende Zaghaftigkeit und Unsicherheit im eigenen Handeln. Sein Zögern beim Durchführen des Hochverrats, sein Hinausschieben der Entscheidung sind meiner Meinung nach ausschlaggebend für seinen Untergang. Illo charakterisiert Wallenstein darin vorzüglich: „Die Wahl ist's, was ihm schwerfällt; drängt die Not, dann kommt ihm seine Stärke, seine Klarheit." Mit der Unentschlossenheit Hand in Hand geht sein träumerisches Wesen, das immer neuen Phantastereien von Macht und Ansehen nachhängt. Er, der Tatmensch, ist in seinem Innersten ein Spieler mit hochfliegen-

6. Solche Hinweise auf „später" sollte man vermeiden!

den Plänen, und er steuert sich dadurch immer tiefer in das „Ränkespiel der Staatspolitik". Er glaubt, das Schicksal des Reiches liege allein in seiner Hand, und er wiegt sich mit dem Gedanken, sich mit seinem Kaiser und Gebieter messen zu können. Er spielt mit seinem Schicksal, indem er mit jeder fremden Macht im Reich geheime Fäden der Verständigung anknüpft, ihnen leichtfertig seine hochverräterischen Absichten zu verstehen gibt und schließlich erstaunt erkennen muß: „wär's möglich! Ich müßte die Tat vollbringen, weil ich sie gedacht! Das Herz genährt mit diesem Traume?" Da er in seinen Träumen immerzu neue Macht versprechende Hirngespinste webt, sucht sein unsicheres Wesen Halt im „untrüglichen" Wahnglauben an die Sterne. Wieder kennzeichnet ein Gegensatz, der Gegensatz zwischen klarem Verstand und dem Aberglauben, die Person Wallenstein. Er macht sein Handeln bis ins kleinste abhängig vom Stand seiner Glückssterne, denn seiner Ansicht nach tut es not, „die rechte Sternenstunde zu erkunden", bevor der Mensch tätig wird. Selbst als sich seine Lage bedrohlich zuspitzt, verläßt er sich auf seine Glücksdeuter.[7] Wallenstein, der Berechnende, überstürzt den Verrat, nur weil er zu erkennen glaubt: „Jetzt muß gehandelt werden, schleunig, eh die Glücksgestalt mir wieder wegfliegt überm Haupt." Sein Aberglauben wirkt sich auch seltsam auf seine Vertrauensseligkeit gegenüber Außenstehenden aus, wie zum Beispiel auf Octavio Piccolomini und den Geheimboten. Seine schlechte Menschenkenntnis, verursacht durch seinen Wahnglauben, „Du wirst mir meinen Glauben in Octavio nicht erschüttern, der auf tiefste Wissenschaft sich baut", bindet ihn fest und unerschütterlich gerade an jene, die seinen Untergang einleiten und mitverschulden.

Diese Zwiespältigkeiten im Charakter lassen das selbständige Individuum Wallenstein zu einem Werkzeug seiner Umgebung und anderen äußeren Kräften werden, die all seine Handlungen zu bezwingen wissen und ihn zum Hochverrat bringen, der seinen Untergang herbeiführt. „Oh sie zwingen mich, sie stoßen gewaltsam mich hinein!" Diesen Ausspruch sehe ich als bezeichnend für die gescheiterte Existenz Wallenstein an.

Seine charakterlichen Schwächen haben meiner Ansicht nach einen unmittelbaren Einfluß auf die Gegenkräfte, die von außen gegen Wal-

7. Gemeint sind wohl die Sterne! Vielleicht besser „seinen Sterndeuter"!

lensteins Interessen vorgehen. Die Erfolge und das rasche Emporkommen des aus dem niedrigen Adel stammenden Wallenstein rufen vor allen Dingen den Neid der „Gleichgestellten", also der Reichsfürsten, hervor. Wallenstein findet in seinem Wissen um seine Macht den richtigen Ausdruck dafür, indem er sagt: „Schnelles Glück hat uns dem Haß der Menschen bloßgestellt!" Mit der Dauer seiner Macht wird Wallenstein für die Länder, die für die Erhaltung des Heeres zu sorgen haben, eine regelrechte Plage und erregt somit noch mehr den Haß der Fürsten. Seine starre, unnachgiebige Haltung bei der Leistung von Hilfe für das bedrängte Bayern ruft den bayerischen Kurfürsten als Kläger beim Kaiser auf den Plan. Er ist mit seinen Anschuldigungen, wobei er „durch seine giftige, verhaßte Deutung die guten Absichten Wallensteins" anschwärzt, eine ausschlaggebende Kraft für das Eingreifen des kaiserlichen Hofes gegen Wallensteins Machtvollkommenheit, was schließlich mit seinem Sturz enden wird. Der Kaiser, der durch die Befehlsverweigerungen und die damit verbundene zögernde Kampftaktik seines Feldherrn mit dessen Absichten[8] bereits argwöhnt, zeigt sich empfänglich für die mahnenden Stimmen seiner Berater. Er muß um seine kaiserliche Autorität im Reiche fürchten, denn allzu oft kommt ihm bereits der Ausspruch, „Der Fürst ist Kaiser", zu Gehör. Jetzt, da sich Wallenstein weigert, seinen Nachfolger Ferdinand von Ungarn als Oberbefehlshaber der Armee anzuerkennen, wird der „unbestrafte Trotz Wallensteins seine Ohnmacht schimpflich offenbaren". Deshalb sehe ich es nur als eine natürliche Folge an, wenn sich der kaiserliche Hof daranmacht, Wallenstein mit allen Mitteln seiner Macht zu entheben, zumal dieser durch den Abschluß des Pilsener Reverses und durch die Geheimverhandlungen mit den Schweden und den abtrünnigen Sachsen hochverräterische Absichten erkennen läßt. Das Vorgehen des Kaisers gegen seinen Feldherrn wird besonders durch die Gefangennahme des Geheimnisträgers Sesina angeregt, der Dokumente der Verhandlungen zwischen Wallenstein und den Schweden bei sich hat. Vor allen Dingen aber wird meines Erachtens das Vorgehen des Kaisers gegen Wallensteins einzige Stütze ,das Heer, ausschlaggebend für den Sturz des Generalissimus. Durch seinen Abgesandten Questenberg läßt der Kaiser dem „Vertrauten" Wallensteins, dem General Octavio Piccolomini, den Befehl

8. Besser: „... seine Absichten argwöhnisch verfolgt ..."

geben, Wallenstein die Generäle und Obersten seines Heeres abspenstig zu machen, um ihn so von seinem Machtfaktor zu isolieren. Mit diesem erfolgreichen Bemühen gelingt es dem Kaiser, seine Autorität bei den Truppen wieder herzustellen, und er ermöglicht indirekt Wallensteins Ermordung in Eger.

Richten sich die erstgenannten Gegenkräfte in erster Linie gegen seine Machtfülle, so richtet sich die Gegenkraft, die Wallenstein in seinen Generälen auf Grund der Bemühungen des Hofes findet, vor allem gegen sein Leben. Eine Gewalt, die ihn direkt in sein Unglück führt, sehe ich in seinen beiden treuesten Generälen Terzky und Illo, die ihn mit ihrem ständigen Antreiben in seinem sonst so bedachten Handeln beeinflussen und ihn so zum Hochverrat führen. „Sie waren's, die in seine ruhige Brust den Samen böser Leidenschaft gestreut", denn ohne ihr Zutun wäre der Pilsener Revers niemals mit Betrug zum Abschluß gekommen. Diese gegen den Kaiser gerichtete Maßnahme Wallensteins ruft den kaisertreuen und pflichtbewußten Octavio Piccolomini auf den Plan, der mit der kaiserlichen Unterstützung ein geheimes Ränkespiel unter Ausnutzung des Vertrauens, das der Feldherr in ihn setzt, beginnt. Mit seinen Überredungskünsten und kraft seines vom Kaiser verliehenen Amtes als vorläufiger Heerführer gelingt es ihm, die Generäle Isolani und Buttler für seine Majestät den Kaiser zurückzugewinnen, wodurch Wallenstein durch[9] Verrat in den eigenen Reihen zwei seiner mächtigsten Stützen verliert. Für eine Folge dieses Beispiels an Kaisertreue halte ich die Meuterei der Obersten und damit des ganzen Heeres in Pilsen, die Wallensteins Sturz unmittelbar herbeiführt. Die Generäle erkennen die wahre Bedeutung des Pilsener Reverses und durchschauen Wallensteins Absichten, „dem Kaiser die Armee stehlen und dem Feinde zuführen". Alle Generäle bis auf Terzky, Illo und den heimtückischen, nach Rache hungernden Buttler, bekennen sich zu den Pflichten gegenüber ihrem Kaiser und sagen sich vom Feldherrn los. Was ihn auf der Flucht nach Eger verhängnisvoll begleitet, ist das hinterhältige Spiel seines „letzten und treuesten" Freundes, Oberst Buttler, der ihm aus Rache für eine Erniedrigung in den Augen des Kaisers nach dem Leben trachtet. So verursacht er in seiner Rolle als scheinbarer Getreuer den Abfall des Regiments der Pappenheimer, den letzten Truppen des gestürzten Feldherrn. Seine

---

9. „wodurch Wallenstein durch ..." Besser: „... so daß W. durch ..."

verletzte Ehrsucht läßt ihm den günstigsten Zeitpunkt seiner Mordtat auf der Burg Eger kaltblütig berechnend auswählen, und mit von Rachegefühlen angetriebenen Anstrengungen gelingt es ihm, eine Verschwörung gegen Wallenstein mit den Hauptleuten Deveroux und Macdonald einzugehen, die an dem gestürzten Feldherrn schließlich den Meuchelmord begehen.
Das Scheitern Albrecht Wallensteins läßt sich meiner Ansicht nach ganz allgemein aus dem Umstand erklären, daß nach dem Bewußtsein der Menschen seines Zeitalters die Macht allein und unangefochten in Händen des Kaisers liegen sollte, wie es die Tradition und Überlieferung aus dem Mittelalter vorschreibt. Wallensteins persönliche Tragik ist es, daß er sich gegen die Auffassung auflehnt, sich aber doch seines gefährlichen Tuns bewußt ist, wie es die folgenden Worte, die Schiller ihm in den Mund legt, meiner Meinung nach deutlich beweisen: „Und was ist Dein Beginnen? Du willst die Macht, die ruhig, sicher thronende, erschüttern, die in verjährt geheiligtem Besitze, in der Gewohnheit festgegründet ruht." Gordons Worte beinhalten meisterlich den Geist der Zeit Wallensteins: „Unnatürlich war und neuer Art die Kriegsgewalt in dieses Mannes Händen, dem Kaiser selbst stellte sie ihn gleich."

Bemerkung
Es ist ungewöhnlich und nicht sinnvoll, daß die Belegstellen für die Zitate an den entsprechenden Stellen der Gliederung, nicht jedoch bei den Zitaten im Aufsatz angeführt werden. Inhaltlich zeigt der Verfasser die wesentlichen Gründe für den Untergang Wallensteins auf. Die sprachliche Darstellung ist klar und flüssig.

65 Kann man den Hagen des Nibelungenlieds als Verbrecher bezeichnen?

Gliederung

A) Schon seit jeher beschäftigt sich der Mensch mit der Frage „Recht oder Unrecht“, deren Beantwortung jedoch stets von den sittlichen Normen der Zeit abhängig ist.

B) I. Definition des Begriffes „Verbrecher“:
   a) Vorsätzliche und mutwillige Mißachtung geltender Vorschriften und Gesetze.
   b) Ziel: Erlangung persönlicher Vorteile.

   II. Verbrecherische Motive bei Hagens Entschluß, Siegfried zu töten:
   a) Hagen fühlt sich von Siegfried zurückgedrängt in Macht und Ansehen.
   b) Habgier in bezug auf Siegfrieds Vermögen (Hort).

   III. Hagen als „treuer Diener seines Herrn“:
   a) Begriff der „êre“ und die Rachegesetze, die ihn
   b) zur Täuschung Kriemhilds,
   c) zur Ermordung Siegfrieds zwingen.

   IV. Ereignisse des zweiten Teiles in bezug auf Hagen:
   a) Raub des Hortes aus:
      1) Vorsicht,
      2) Habgier.
   b) Hagens Warnungen an seine Herren;
   c) Treue gegenüber seinen Herren im Kampf gegen die Hunnen;
   d) Vernichtungswut Hagens und z. T. dadurch entfesseltes Blutbad;
   e) Versuch einer Ermordung des Kaplans.

C) Die Absicht des Dichters ist, uns die Unsinnigkeit und die grauenhaften Folgen der damaligen Rachegesetze eindringlich vor Augen zu führen.

Recht oder Unrecht – eine Frage, die uns Menschen schon seit jeher mehr oder weniger stark beschäftigte, eine Frage, die wir oft nur schwer oder gar überhaupt nicht beantworten können, mit der sich aber sicherlich jeder schon einmal auseinandergesetzt hat. Es handelt sich also um ein Problem, das der Menschheit durchaus nicht neu ist, das jede Kulturepoche betraf und von ihr beantwortet zu werden suchte.[1] Und doch, wie hat sich das moralische Gesetz, nach dem jede Zeit lebt, gewandelt! Es gibt und gab nur sehr wenige absolut feste sittliche Normen, denn was von jener Epoche verworfen wurde, wird manchmal nur wenige Zeit später von einer anderen für gut und richtig erklärt. Und so müssen wir heute, wollen wir über Menschen und ihre Handlungen urteilen, stets die für sie geltenden Sittengesetze im Auge behalten, um nicht zu einer groben Fehldeutung zu gelangen, denn man kann nicht heute jemand auf Grund der jetzt gültigen ethischen Gesetze verurteilen, wenn er eine zu seiner Zeit sittlich vollkommen zu rechtfertigende Tat beging. Auch bei der Betrachtung des Nibelungenliedes, des wohl größten Werkes mittelhochdeutscher Dichtung, müssen wir jene Tatsache berücksichtigen, wenn wir die Rollen seiner einzelnen Hauptgestalten untersuchen wollen. Die in diesem Zusammenhang wohl interessanteste Figur ist Hagen von Tronje, der zu Beginn und am Ende der so folgenschweren Verwicklungen steht.[2] Um jedoch die Frage zu klären, ob der Tronjer ein Verbrecher war, sollte man vielleicht zuerst einmal den Begriff des Verbrechers selbst etwas näher ausführen. Wenn jemand wissentlich, also mit Absicht, gegen die für ihn geltenden Vorschriften und Gesetze handelt um etwaiger persönlicher, materieller oder sonstiger Vorteile willen, aus böser Absicht, wie Neid, Eifersucht und dergleichen, oder auch nur aus reinem Mutwillen, ohne eigentlichen Grund, dem Nächsten zu schaden sucht, so ergibt sich[3] hier auf jeden Fall ein Unrecht. Selbstverständlich bleibt auch eine gewisse Schuld auf einem Menschen lasten, der einem anderen nur in der besten Absicht, vielleicht sogar, um diesem zu helfen, auf jeden Fall ohne jeglichen bösen Hintergedanken

1. Satzbau und Ausdruck! Besser: „... das von ihr beantwortet wurde ..." oder „... das sie zu beantworten suchte ..."
2. Einleitung führt gut zum Thema hin, könnte aber im ersten Teil kürzer gefaßt sein. Am Ende der Einleitung sollte die Themafrage stehen, nicht ein verallgemeinerndes Thema.
3. Schwacher Ausdruck! Besser: „... so begeht er ..."

und, nur etwa durch einen dummen Zufall bedingt, irgendwelchen Schaden zufügt; wohl kann man ihn aber kaum mit jemand vergleichen, der aus den oben geschilderten Motiven[4] handelt. So hat also die Beurteilung einer Tat, sei es nun eine gute oder eine schlechte, nicht allein von dem Tatbestand selbst, sondern auch von den Beweggründen des Handelnden und den jeweiligen Umständen auszugehen. Und so sollte auch eine Bewertung von Hagens Vergehen diese Gegebenheiten berücksichtigen.

Schon bei Siegfrieds Ankunft am Hof zu Worms ergeben sich, wenn auch vielleicht nicht sofort sichtbar, gewisse Konsequenzen aus seinem Erscheinen. Hagen, der alte, erfahrene Kämpfer, wird nämlich durch den strahlenden, scheinbar durch nichts zu besiegenden Siegfried allmählich in den Schatten gestellt, er, der doch sonst der von allen Bewunderte war; das allgemeine Interesse des Hofes wendet sich Siegfried zu. Zwar wird Hagen nicht öffentlich von ihm[5] in seiner Ehre gekränkt, aber langsam machen sich in ihm[5] doch Neid und Mißgunst dem Neuankömmling gegenüber breit, die bestimmt später, wenn auch nur zu einem geringen Teil, bei seinem Entschluß, Siegfried zu töten, mitspielen. Aber nicht nur hier handelt Hagen aus anderen Motiven als nur aus Treue zu seinem Herrn oder um dessen Ehre wieder herzustellen, nämlich aus rein materiellen Absichten heraus; er beneidet Siegfried um das unermeßliche Vermögen, das der Hort der Nibelungen darstellt. Und so versucht er nach dem Streit der beiden Königinnen, Gunther dahin zu bringen, seinem Mordplan zuzustimmen, und stellt ihm dar, welch gewaltigen Machtzuwachs Siegfrieds Tod für ihn bedeuten würde. So sind also einige von Hagens Motiven rein persönlich, nämlich Streben nach mehr Macht und Ansehen. Von dieser Seite betrachtet, ist Hagen zweifellos ein gemeiner Verbrecher, denn wer so handelt und einen Menschen tötet, nur um sich dabei eigene Vorteile, seien es nun solche materieller oder auch ideeller Art, zu verschaffen, verdient keine andere Bezeichnung.

Diese beiden hier aufgezeigten möglichen Beweggründe machen jedoch auf keinen Fall die hauptsächliche Triebfeder seines Handelns aus, sondern sind nur nebensächlicher Art. Der wahre Grund liegt nämlich auf ganz anderem Gebiet, bei dem Gesetz der Rache, dem damals im

---

4. Bezug ist nicht ganz klar!
5. Einmal steht „ihm“ für Siegfried, einmal für Hagen.

gesamten Lebensbereich eine für uns heute oft nicht mehr vorstellbare Bedeutung zukam. Verlor ein Fürst, König oder wer es auch immer sei, die „êre", d. h. sein äußeres Ansehen, so war seine Stellung am Hof praktisch unhaltbar geworden, denn „êre" stellte damals den Mittelpunkt des gesamten Lebens dar. Sie konnte nur wiederhergestellt werden, indem der Schuldige dafür büßte, und das hieß oft: Tod. Ein jeder Lehnsmann war damals also verpflichtet, Ehre und Ansehen seines Herrn wiederherzustellen, koste es, was es wolle. Bei uns, im Falle des Nibelungenliedes, bedeutet folglich ein solches Gesetz eine Ermordung Siegfrieds.

Denn[6] seine Frau Kriemhild war es, die Brunhild, die Gemahlin König Gunthers, nicht nur „Kebse" (Nebenfrau, Geliebte) Siegfrieds nannte, sondern außerdem, um diese Anschuldigung auch zu beweisen, öffentlich Ring und Gürtel von Brunhild vorzeigte, die ihr Siegfried bei ihrer Bezwingung in der Kemenate abnahm.[7] Damit hat die Königin von Burgund in aller Öffentlichkeit ihre Ehre verloren, denn ein jeder, dem das Geheimnis der Brautnacht nicht bekannt ist, wird Kriemhild und ihren Beweisen Glauben schenken.[8] Damit ist aber auch ihre Stellung in Worms aufs empfindlichste geschwächt, denn die Frau König Gunthers eine Kebse Siegfrieds, das ist für eine Königin eine unglaubliche Anschuldigung, die zudem nicht den Tatsachen entspricht. Diese Kränkung Brunhilds fordert Rache. Und an wem? Eine solche Frage ist leicht zu beantworten, denn Siegfried gab die Beweisstücke aus der Hand und erzählte Kriemhild von dem Betrug an Brunhild. Er ist für seine Frau verantwortlich, hätte dann also mindestens dafür sorgen sollen, daß Kriemhild über jene Vorgänge schwieg. Doch da die Beleidigung nun einmal ausgesprochen und der Betrug Brunhild geoffenbart ist, muß Siegfried mit seinem Leben dafür büßen. Hagen, der von ihr über den Streit der beiden[9] erfährt, macht sich zum Anwalt seiner Herrin, ja ist dazu gemäß seiner Pflicht als Lehnsmann geradezu gezwungen und will, wie er erklärt, lieber sich selbst opfern, als daß seine Herrin ehrlos bleiben sollte. Und er,

6. Satzverbindung! „Denn" schließt an den Vordersatz meist mit Komma an. Ein Punkt ist auch möglich, aber nicht ein neuer Abschnitt!
7. Falsche Zeitstufe! Vorzeitigkeit! Deshalb: „... die er ... abgenommen hatte ..."
8. Hier ist das Problem offensichtlich nicht erfaßt!
9. Beziehung! Wer sind die beiden?

der Listenreiche, hat auch sogleich einen Plan zur Beseitigung Siegfrieds zur Hand. Meuchelmord; für uns ein verabscheuungswürdiges Vorhaben, doch galt damals in einem solchen Fall allein die Buße des anderen mit seinem Leben, die Ausführung der Tat, das Wie, spielte nur eine sehr untergeordnete Rolle. Konnte die Rache auf ehrliche, offene Weise zustande kommen,[10] so wurde das zwar gebührend gewürdigt, doch wenn es sich nicht anders einrichten ließ und die Umstände eine Hinterlist verlangten, wurde dem Mörder jedoch deswegen weiter kein Vorwurf gemacht. Und hier verlangten die Umstände ein heimtückisches Vorgehen, denn wie sonst sollte Hagen dem gewaltigen Helden beikommen. Also nützt er heuchlerisch, in für uns heute schändlicher Weise, zu damaligen Zeiten aber ganz berechtigt, das Vertrauen Kriemhilds aus und läßt sich von ihr Siegfrieds einzige verwundbare Stelle angeben. Ihm, der die treibende Kraft des gesamten Unternehmens ist, gelingt es, den ewig zaudernden, unentschlossenen Gunther für sich und seinen Plan zu gewinnen, einen Gunther, der ganz genau weiß, daß er nur mit Siegfrieds Hilfe bestehen kann, da er allein zu wenig Macht und Ansehen besitzt. Alles ist also vorbereitet, Hagen kann den Ahnungslosen, der, da er stets nur an das Gute im Menschen glaubt, nie auf eine solche Hinterlist vorbereitet war, in die Falle locken und läßt sie zuschnappen,[11] der wehrlose Siegfried wird hinterrücks erstochen. Und wie von einem Alpdruck befreit, ruft[12] nun Hagen vor dem noch mit dem Tode Ringenden aus: „ez hat nu allez ende unser sorge unt unser leit".
Die Aufgabe, seine Herrin zu rächen, ist erfüllt, und Vorwürfe wegen begangener Treulosigkeit gegenüber Siegfried weist er entschieden zurück: er hat nur seiner Pflicht Genüge getan. Von der Sicht seiner Zeitgenossen aus ist er folglich kein Verbrecher, denn er handelte nach einem Sittengesetz, das damals unbedingte Gültigkeit besaß, ja sogar den Vorrang vor seinem eigenen Leben hatte. Als „treuer Diener seines Herrn" erfüllte er sein abgegebenes[13] Gelöbnis.

---

10. Ausdruck!
11. Ausdruck kann hier nicht zutreffen!
12. Die Zeitenfolge wirkt störend! Entweder wird die Auswertung der Sage als auszugsweise Inhaltsangabe angesehen, dann muß das Geschehen im Präsens geschrieben werden, oder die Darstellung wird als Nacherzählung der Sage aufgefaßt, dann Präteritum mit Plusquamperfekt!
13. Ausdruck in diesem Zusammenhang nicht gebräuchlich und auch überflüssig!

Soweit der erste Teil des Gedichtes.[14] Der Vollständigkeit halber und zur weiteren Beleuchtung der Frage, ob man Hagen verurteilen darf oder nicht, muß ein kurzer Ausblick auf den zweiten Teil des Werkes gegeben werden. Hagen, der die Gefährlichkeit des Nibelungenhortes in den Händen der noch immer um Siegfried trauernden Kriemhild erkennt, nimmt ihn ihr mit Gewalt ab und versenkt ihn unerreichbar für sie im Rhein, jedoch erst, nachdem es ihm nicht gelang, in seinen Besitz zu kommen, denn schon von Anfang an beabsichtigte er, wie er selbst zugibt, den Hort an sich zu reißen. Kriemhild erkennt die Möglichkeit, Siegfried zu rächen, die ihr eine Heirat mit dem Hunnenkönig Etzel bieten würde,[15] was den Verlust des Schatzes hundertfach wieder aufwiegen könnte. Vergeblich warnt Hagen vor dieser Verbindung, doch der Familiensinn der Könige ist stärker. Sie geben ihre Einwilligung, und somit nimmt Kriemhild Etzels Werbung an und wird seine Gemahlin. Vergeblich auch setzt sich Hagen später, als sie[16] an Etzels Hof eingeladen werden, gegen ein solches Unternehmen[17] ein, beschwört seine Herren, diese Absicht aufzugeben, doch umsonst, auch hier hat er keinen Erfolg. Immer will er sie vor dem sicheren[18] Untergang behüten, denn er ahnt[18] die kommenden Ereignisse, aber niemand hört auf seine Warnungen, und so scheitern alle seine Versuche, Gunther zurückzuhalten. Doch Hagen bleibt nicht feige zu Hause. Die Pflicht, seine Herren zu beschützen, ruft, und er, der Lehnsmann, folgt ihr ohne Zögern. Heldenhaft und „grimmen Mutes" kämpft er schließlich an Etzels Hof für seine Lehnsherren, und getreu bis in den Tod steht er für sein gegebenes Wort ein.

Gleichzeitig jedoch finden wir bei ihm noch etwas anderes: nun, da er weiß, daß sich seine Vorahnungen erfüllen werden und das Ende auf sie wartet, ist er seinem Schicksal gewachsen, ja fordert es sogar noch heraus: er verhöhnt seine Erzfeindin, verspottet sie und stachelt sie so immer von neuem gegen sich selbst auf. Und als dann der wilde Kampf entbrennt, da drängt es ihn, seine innersten Gefühle zu be-

---

14. Ausdruck ist hier nicht richtig, nur in der Zusammensetzung „Heldengedicht" noch möglich. Besser und richtiger: Epos, Heldenepos!
15. Satzbau und Ausdrucksweise!
16. Wer? Die Beziehung des Fürworts muß immer klar sein!
17. Zusammenhang unklar! Nicht die Heirat oder die Einladung ist ein „solches Unternehmen", sondern die Fahrt nach Ungarn.
18. Beide Wörter passen nicht in diesen Bezug!

friedigen: der Kampfesdämon ist in ihm entfesselt, es gibt kein Zurück mehr für ihn, er ist es nun, der die Initiative an sich gerissen hat. Gunther, der noch vermitteln will zwischen beiden Parteien, bleibt erfolglos: er ist außerstande, dem Rasenden Einhalt zu gebieten. Eine Vernichtungswut fürchterlichster Art hat Hagen ergriffen, und keine Macht der Erde kann ihn nunmehr aufhalten. So trägt also auch er dazu bei, daß es zu dem grauenhaften Blutbad kommt, welches mit der Ausrottung zweier Geschlechter endet.

Deshalb kann man Hagens Taten durchaus nicht generell gutheißen,[19] denn, wie schon zu Anfang gezeigt worden war und nun noch einmal hervorgehoben wurde, finden sich auf jeden Fall Handlungsweisen Hagens, die unentschuldbar bleiben. So z. B. auch, was noch nachzutragen wäre,[20] die versuchte Ermordung des Kaplans des Königs. Hagen begegnete auf der Fahrt nach Etzels Hof zwei Meerfrauen, die ihm und damit allen Burgundern das Unheil verkünden: nur der Kaplan werde lebend nach Worms zurückkehren. Um nun diese Weissagung als falsch zu belegen, stürzt Hagen den Kaplan in das Wasser der Donau; dieser aber kann sich durch mehr oder minder glückliche Umstände ans gegenüberliegende Ufer retten und entkommt. Mit dieser Tat wollte sich Hagen gegen ihr[22] Schicksal, das er schon in Worms ahnte, wehren, wollte es sozusagen bezwingen, vielleicht sogar überlisten, doch er muß jetzt erleben, wie nun bereits der erste Teil der Prophezeiung sich erfüllt.

Hagens Treue aber und die Erfüllung seiner Pflicht gegenüber seinem Herrn, die auch im letzten Teil, bei den Ereignissen an Etzels Hof, zum Ausdruck kommen, überwiegen doch bei seinem ganzen Verhalten, so daß man ihn also nicht als Verbrecher abstempeln kann, denn er war ja zu vielem, wie etwa dem Mord an Siegfried, durch die damaligen Rachegesetze geradezu verpflichtet und handelte dann aus dem Bewußtsein heraus, kein Unrecht zu begehen. Hier aber, was gerade jenen Umstand betrifft, möchte uns der Dichter des Epos', der uns leider bis heute unbekannt geblieben ist, noch etwas anderes vor Augen führen: die Unsinnigkeit eines solchen Gesetzes, das in unserem

---

19. Hier stören die Satzverbindung „deshalb“ und der Ausdruck „generell“!
20. Indikativ! Es ist nachzutragen!
21. Besser: „... zu prüfen ...“ – „... auf ihre Richtigkeit zu prüfen ...“ – „zu erweisen“.
22. In diesem Zusammenhang überflüssig!

Fall sogar die Ausrottung zweier Geschlechter auslöst. Ganz entschieden lehnt er ein solches Vorgehen ab, und so erscheinen, wenn auch nur unter der Oberfläche, bereits christliche Motive, die schon ein neues Denken verkünden: Menschlichkeit und Nächstenliebe.

Bemerkung

Der Inhalt des Nibelungenliedes ist für das Thema nicht ausgeschöpft. Es fehlt z. B. die Ermordung von Etzels Sohn durch Hagen. Kann sie auch mit der Treue zu seinem Herrn motiviert werden? Auch die Frage nach der „objektiven und der subjektiven" Schuld hätte in der Bearbeitung Platz gehabt. Aber die wesentlichen Gesichtspunkte werden dargestellt. Der Gedankengang ließe sich an manchen Stellen kürzer fassen. Die überlangen, wenig überschaubaren Sätze stören. Im Ausdruck könnte die Arbeit manchmal treffender sein. Im ganzen jedoch eine sprachlich gewandte Darstellung!

66 Was sagt Thomas Manns Novelle „Der Tod in Venedig“ über die Kunst und die Künstler aus?

Gliederung

A) Einführung in die Novelle „Der Tod in Venedig“, Beschränkung auf das Ziel der Kunst und deren Erschaffung

B) Kunst und Künstler
   I. Die Kunst
      1. Definition der Kunst, Ziel der Kunst
      2. Doppelnatur und Problematik der Kunst
   II. Der Künstler
      1. Lebenswandel und Natur (krankhafte Außenstellung)
      2. Heldentypus
      3. Opfernatur, Künstlerfurcht

C) Niedergang des Künstlers, wenn er die Grenze der Kunst überschreitet. Zusammenfassung

„Denn die Schönheit, Phaidros, merke das wohl, nur die Schönheit ist göttlich und sichtbar zugleich, und so ist sie also des Sinnlichen Weg, ist, kleiner Phaidros, der Weg des Künstlers zum Geiste.“ Thomas Mann, der diese Worte in Anlehnung an Platon prägte, hat mit seiner Novelle „Der Tod in Venedig“ ein Meisterstück geschaffen – ein Kunstwerk über den Künstler und sein Werk, die Kunst. Keiner wäre dazu berufener gewesen als er, der kraftvolle Wortkenner mit einer wundervollen, geeignet rhythmisierten Sprache. In der Absicht, einen Künstler in allen seinen Eigenarten und Besonderheiten darzustellen, spürte er deutlich die Grenzen der Kunst. Das Wesen eines Künstlers und das Wesen der Kunst – beides erweist sich als letztlich unerklärbar. Keiner weiß, warum und durch welchen Anstoß Kunst entsteht – der Dichter selbst vermag den Urgrund nur dunkel zu umschreiben. In der vorliegenden Novelle jedoch geht es nicht um den Urgrund der Kunst, sondern vielmehr um das Ziel derselben und um ihre Problematik, aufgezeigt an einem Künstler mit dem Namen Gustav von Aschenbach. Scheitert er an diesem Ziel oder an der Problematik?

Worin liegt die Schwierigkeit, Kunst zu schaffen und mit dieser hohen Aufgabe fertig zu werden? Thomas Mann hat Antworten auf diese Fragen bildhaft zu geben versucht, er hat Auskunft gegeben über Kunst und Künstler.

Jeder Künstler schätzt das, was er Kunst nennt, abweichend von den übrigen Künstlern ein. Eine allgemeine Definition der Kunst wäre somit nur schwerlich zu erstellen, allenfalls umfaßt sie die Herkunft des Wortes Kunst und eine einheitliche Grundhaltung. Kunst leitet sich von „können" ab, ihr Ziel ist ästhetisches Schaffen.[1] Schönheit und Vollkommenheit soll[2] das Kunstwerk zieren, und bei diesen Worten knüpfen die Gedanken eher an griechische Statuen an und damit an das griechische Ideal der „kalokagathia", der inneren und äußeren Schönheit. Nicht umsonst zitiert Thomas Mann Platon, und keinesfalls zufällig verweist er immer wieder auf griechische Büsten und Statuen: „– das Haupt Eros, vom gelblichen Schmelze parischen Marmors ..." Gewiß, Thomas Mann beschreibt hier den wunderschönen polnischen Knaben Tadzio – aber in diesem Augenblick mag ihm, mag seinem Helden Aschenbach, die Statue des Eros in den Sinn kommen, eine Statue, geprägt von vollendeter Schönheit. In diesem Augenblick spürt Aschenbach den dunklen Drang, die erlebte körperliche Schönheit in einem eigenen Kunstwerk, in der Dichtung, festzuhalten: „Glück des Schriftstellers ist der Gedanke, der ganz Gefühl, ist das Gefühl, das ganz Gedanke zu werden vermag. Solch ein pulsender Gedanke, solch genaues Gefühl gehörte und gehorchte dem Einsamen damals: Er wünschte plötzlich, zu schreiben. Zwar liebt Eros, heißt es, den Müßiggang, und für solchen nur ist er erschaffen. Aber an diesem Punkte der Krisis war die Erregung des Heimgesuchten auf Produktion gerichtet ..." Göttliche Schönheit steht und bewegt sich lockend vor den Augen des Künstlers. Er versucht, diese körperliche Schönheit festzuhalten, er versucht, in Tadzio das Ziel der Kunst zu sehen,[3] und verfällt dabei ihrer Doppelnatur und ihrer Problematik.

Der Mensch kann das Vollkommene in der Gestalt der Schönheit nicht ertragen, er kann das Vollkommene geistig nicht erfassen und

1. Was heißt das?
2. Zwei Subjekte bedingen beim Verbum Pluralform „sollen" – häufiger Fehler!
3. Tadzio ist Symbol des Vollkommenen, der Idee. Nicht klar erfaßt!

bewältigen. Davon zeugt der eingangs zitierte Spruch Platos; durch ein weiteres Zitat läßt er[4] die Doppelnatur deutlich werden: „Denn du mußt wissen, daß wir Dichter den Weg nicht gehen können, ohne daß Eros sich zugesellt und sich zum Führer aufwirft ..." Hierin liegt die große Gefahr der Kunst, Schönheit körperlich zu sehen, das Körperliche zum Leitprinzip werden zu lassen und ins Leidenschaftliche abzugleiten. Zucht und Zügellosigkeit – beides liegt in der Kunst beschlossen. Sobald aber die Zucht, die eine Seite der Kunst also, die zweite Seite, die Zügellosigkeit,[5] nicht zu unterdrücken vermag, wird Kunst fragwürdig und problematisch; denn mit der Kunst verbinden sich Ziele wie Erziehung der Jugend und des Volkes. Sie kann Entzücken unter den Lesern erwecken – aber gleichzeitig liegt in der Zügellosigkeit und der Leidenschaft die Gefahr: „... Ja, während seine Bildwerke die gläubig Genießenden unterhielten, erhoben, belebten, hatte er ... die Zwanzigjährigen durch seine Zynismen über fragwürdige Wesen der Kunst, des Künstlertums selbst in Atem gehalten."

Ein vollendetes Kunstwerk kann also den Leser geistig und seelisch erbauen und anregen – darin liegt sein großes Ziel. Der Künstler ganz allgemein trägt somit eine ungeheure Verantwortung, der er sich wohl bewußt ist – bis auf jene Augenblicke, in denen er der verborgenen und unterdrückten Leidenschaft verfällt.

Ein solcher Künstler steht in der Gestalt des Gustav von Aschenbach vor dem Leser. Mögen Züge Thomas Manns ihn zu einer historisch gerechtfertigten Figur erheben – letztlich trägt Aschenbach doch Züge des Künstlers schlechthin. Er lebt als Gestalt, der die schwierige und äußerst problematische Materie Kunst[6] vorgelegt wird,[7] der zeigen soll, wie er damit fertig wird. Aschenbach nimmt eine kränkliche Außenstellung[8] ein: er steht nahezu allein und verbringt seine Tage zurückgezogen und isoliert. Man mag ihn einen Heimatlosen nennen, der unbehaust hier und dort verweilt, um weiter zu suchen:[9] „Hinter den Zäunen der Steinmetzereien, wo zu Kauf stehende Kreuze, Ge-

4. Wer? Die Beziehung des Fürwortes muß immer klar sein.
5. Das sind Eigenschaften des Künstlers, nicht der Kunst!
6. Ausdruck „Materie Kunst" ist schief und widersinnig!
7. Von wem vorgelegt?
8. Es ist wohl „Außenseiterstellung" gemeint!
9. Zusammenhang mit dem Zitat ist unklar!

dächtnistafeln und Monumente ein weites, unbehaustes Gräberfeld bilden, regte sich nichts ... Fremd steht er in dieser Landschaft, getrieben von Sehnsucht ins Ferne und Neue." Fluchtdrang kennzeichnet sein Leben,[10] die Begierde, frei sein zu können von der so schwer lastenden Bürde, von der Unterdrückung des Lebens und von zäher Arbeit. Dabei erweist sich dieser Künstler keineswegs als gesunde Natur, physisch gesehen, ist er schwach – für seine einseitige Begabung muß er diesen Preis bezahlen. Somit liegt etwas Krankhaftes in der Natur des Künstlers, die einem ständigen Kampf ausgesetzt wird, obgleich sie „zur ständigen Anspannung nur berufen, nicht eigentlich geboren war."

In diesem letzten Satz offenbart sich die harte Zucht, die jede leidenschaftliche Abschweifung unterdrückt und die angenehmen Seiten des Lebens nicht zur Wirkung gelangen läßt: „Sehen Sie, Aschenbach hat von jeher nur so gelebt" – und der Sprecher schloß die Finger seiner Linken fest zur Faust –; „niemals so" – und er ließ die geöffnete Hand bequem von der Lehne des Sessels hängen." Dieses Bild, das später nochmals erscheint, um den Verfall Aschenbachs anzudeuten, zeigt den Heldentypus des Künstlers, der mit einem „Trotzdem" die schwache Gesundheit überwindet, um Kunst zu schaffen. Zwei Seelen umschließt sein Körper: „dienstlich nüchterne Gewissenhaftigkeit" und „dunkle feurigere Impulse". Erstere[11] unterjocht die letztere[11] – das ist sein Kampf. Der harte tägliche Dienst, der kalte Guß Wasser am frühen Morgen schadet dem Dichter sehr – aber er gibt nicht auf, um sich nicht an das Leben zu verlieren und damit an seine dunklen Triebe. „Zwar liebte er ihn (den Dienst) und liebte auch fast schon den entnervenden, sich täglich erneuernden Kampf zwischen seinem zähen und stolzen, so oft erprobten Willen und dieser wachsenden Müdigkeit ..." setzt Thomas Mann hinzu. Ein dunkles Muß steht hinter der kränklichen Gestalt – läßt diese[12] nach, dann verliert sie sich in einem Urwald der Leidenschaften und vergeht darin rettungslos: „... ja, mögen wir auch Helden auf unsere Art und züchtige Kriegsleute sein, so sind wir wie Weiber, denn Leidenschaft ist unsere Erhebung ... – das ist unsere Lust und Schande."

---

10. Inhaltlich nicht ganz richtig!
11. Beziehung unklar! Altmodische Ausdrucksweise!
12. Beziehung unklar!

Zusammenfassend könnte man sagen, Kunst verlangt ein Opfer, das sich täglich neu vollzieht und dem Künstler die letzten Kräfte raubt. Für wen aber vollbringt er dieses Opfer? Dient er nur dem Zweck, Erfolg zu haben und allgemein anerkannt zu sein? Nein, vor dem Künstler erhebt sich ein Altar, auf dem er in den Stunden seiner Tätigkeit der Kunst seine Opfer darbringt. Thomas Mann wählt für diese feierliche Morgenhandlung ein eindrucksvolles Bild: „... und brachte dann ein paar hohe Wachskerzen in silbernen Leuchtern zu Häupten des Manuskripts, die Kräfte, ..., in zwei oder drei inbrünstig gewissenhaften Morgenstunden der Kunst zum Opfer dar." Diese Stelle beweist, wie nahe der Künstler an das Göttliche rückt und dessen Vollkommenheit zu erreichen sucht. Die Kunst erfordert diese Leistung von ihm, ihr allein bringt er sie dar – in Stille und allein. Seine Stellung gleicht der eines Heiligen – nicht umsonst wählt er die „Sebastian-Gestalt" als Symbol des Mannes, der „in stolzer Scham die Zähne aufeinanderbeißt und ruhig dasteht, während ihm die Schwerter und Speere durch den Leib gehen. Im stillen leidet er, angetrieben nur durch die Furcht, nicht genug schaffen zu können, das hohe Ziel nicht zu erreichen und wertvolle Gedanken mit sich in das Grab zu nehmen. Aschenbach trifft in solcher Stimmung, getrieben von ferner Sehnsucht, die vollendete Schönheit in Gestalt des Knaben Tadzio und empfindet „wie schon oftmals mit Schmerzen, daß das Wort die sinnliche Schönheit nur zu preisen, nicht wiederzugeben vermag". Er erkennt die Grenze der Kunst, wo diese in Sinnlichkeit abgleitet, – zieht aber keinesfalls eine Lehre daraus. Sein künstlerisches Ziel vor Augen, überschreitet er die Grenze und wird „unmöglich". Er erfährt am eigenen Leibe, daß der Mensch die absolute Schönheit nicht erreichen und ertragen kann.

Sein Verfall, der auf mangelnde Selbstbeherrschung[13] zurückzuführen ist, wird grenzenlos. Alle Mahnungen muß er notwendig[14] überhören, er sinkt in einen unmenschlichen Zustand ab. Seine gefährdete Stellung, die ihn aus der gesunden, gutbürgerlichen Masse heraushebt, seine außergewöhnliche Begabung bedeuten einerseits Höhe, andererseits aber eine ebensolche Tiefe. Niemand kann hier helfend einspringen – der Künstler steht allein. Die tiefste Hölle kann sein Schicksal

---

13. Das ist zu sehr vereinfacht!
14. Die Erklärung dafür fehlt!

sein – Aschenbach verkörpert es und mit ihm auch die Kunst selbst in ihrem doppelten Wesen. Die Kunst kann leicht an ihrer eigenen Problematik zugrunde gehen[15] – das will der Dichter sagen. Im Bild des Meeres faßt er nochmals die Zwiespältigkeit zusammen: Auf der einen Seite das Vollkommene, die „Vielgestalt der Erscheinungen an der Brust des Einfachen, Ungeheuren" – auf der anderen Seite aber das Ungegliederte, Maßlose, das Nichts. Zwischen diesen beiden Polen bewegt sich die Kunst – dem Künstler ist es gegeben, sie in die wahre Richtung zu lenken, wenn er sich selbst zu meistern versteht. Gottfried Benn – ein Zeitgenosse[16] – verherrlicht die Bedeutung dieses Meeres in seinem Gedicht „Aus Fernen – aus Reichen":

„Und du wirst niedergleiten
am Strand, am Meer
aus Fernen, Weiten:
„– erlöst auch er;"
ich kannte deine Blicke
und in den tiefsten Schoß
sammelst du unsere Glücke
den Traum, das Los."

Traum und Los – Benn ergänzt gewissermaßen: „Auch die Kunst ist Entsagung, aber eine Entsagung, die alles empfängt." (Ausdruckswelt)

Bemerkung
Wenn in der Gliederung die beiden Begriffe Kunst und Künstler getrennt aufgeführt werden, sollte auch in der Ausführung zwischen beiden Begriffen schärfer unterschieden werden. Der Aufsatz setzt sich mit dem Kernproblem des Themas auseinander, könnte aber einige Gesichtspunkte ausführlicher behandeln (z. B. Problematik der Schönheit, Sokrates-Phädros-Gespräch, Gründe für den Wandel Aschenbachs). Die sprachliche Darstellung ist flüssig und gewandt.

Aufgabe
Lesen Sie die Novelle „Der Tod in Venedig" und überprüfen Sie die Ausführungen dieses Schüleraufsatzes!

---

15. Fragwürdige Aussage!
16. Unklare Beziehung! (Zeitgenosse Thomas Manns oder des Schülers, der den Aufsatz schrieb?)

67 *Kann man nach Ihrer Ansicht sagen, Saint-Exupéry habe der Literatur unserer Tage „den Weg zu einem neuen Realismus" gewiesen, „der die Maschine zum Symbol des Geistes erhebt"?*

Gliederung

A) Kulturpessimismus in unserer Zeit

B) Antoine de Saint-Exupéry, der Verfechter eines „neuen Realismus, der die Maschine zum Symbol des Geistes erhebt"?

I. Begriffserläuterung „Realismus":
- a) Wirklichkeitsschilderung des Menschlichen,
- b) positive Auffassung der Wirklichkeit gegenüber,
- c) Auseinandersetzung mit Zeitproblemen,
- d) Gegenbewegung von Fortschrittenthusiasmus und Materialismus.

II. Saint-Exupérys neuer Realismus einer gegenwartsbezogenen Bejahung der Technik:
- a) neue Sicht der Probleme des Menschen mittels des Flugzeugs; neue Erkenntnisse;
- b) der Mensch bleibt Herr der Maschine;
- c) Gemeinschaft der Flieger – Gemeinschaft der Menschen:
  1. Opferbereitschaft, Verzicht,
  2. Verantwortung für die Gemeinschaft,
  3. Freundschaft, menschliche Bindungen zur Überwindung der Einsamkeit;
- d) Gefährdung durch die Technik, ein Positivum für den Menschen:
  1. Reflexionen und Selbsterkenntnis in Augenblicken höchster Gefährdung,
  2. Erkenntnis der Wertlosigkeit nur materieller Güter;
  3. Ablegen der Angst durch entschlossene Tat,
  4. Bejahung des Todes, doch keine Todessehnsucht;
- e) Technik ermöglicht engen Kontakt mit der Natur und dem Ursprünglichen;

f) der Versuch, dem Leben erneut einen Sinn zu verleihen – eine realistische Forderung in unserer modernen Zeit:
   1. unbedingte Hingabe an eine die Menschheit fördernde Idee,
   2. Austausch der Persönlichkeit gegen das Werk beim Tode,
   3. Freiheit, nicht Zügellosigkeit, sondern inneres Maß;

III. Zusammenfassung:
   a) Bejahung der Technik,
   b) Glaube an die mögliche sittliche Größe des Menschen, zugleich aber auch
   c) Sorge um den Menschen im Zeitalter der Massen und des Materialismus.

C) Der Humanismus Saint-Exupérys, ein Versuch, dem Leben in unserer Zeit erneut einen Sinn zu verleihen.

Das 20. Jahrhundert ist wie nie zuvor in der Geschichte der Menschheit ein Jahrhundert der Maschine, der Technik. Ihr Siegeszug und ihr revolutionäres Eindringen in alle Lebensbereiche sind nicht mehr aufzuhalten, Entdeckungen und Erfindungen ergießen sich in immer größerer Flut über uns. Aber nicht wenige Stimmen erheben sich und sprechen von einer in ihren Ausmaßen immer gewaltiger werdenden Versklavung des Menschen durch die Maschine, von seelenloser Technik, der sich der Mensch unterordnen muß, von Vermassung und zunehmender materialistischer Weltanschauung: Kulturpessimismus beginnt sich breitzumachen.

Und doch ist dies nicht die einzige Möglichkeit, unsere moderne Welt zu sehen. Antoine de Saint-Exupéry beispielsweise vertritt eine andere Richtung. Sein Menschenbild zeigt uns nicht nur Niedrigkeit und Schwäche, sondern vor allem Stärke, Geist, der die Materie überwindet, ja vielleicht eine Möglichkeit, dem menschlichen Leben erneut einen Sinn zu geben. Weist er also der Literatur unserer Tage „den Weg zu einem neuen Realismus, der die Maschine zum Symbol des Geistes" werden läßt?

Ehe man an die Beantwortung einer solchen Frage geht, ist es notwendig, sich zunächst über die Bedeutung des Ausdrucks „neuer Realismus" klar zu werden. Was war der ursprüngliche Realismus und welche Ziele verfolgte er? „Realismus“ ist eine literarische Epochenbezeichnung, die die Zeitspanne von Goethes Tod und der ausgehenden Romantik bis hin zum beginnenden Naturalismus umfaßt, also etwa die Jahre 1830–90. Die Hauptvertreter des Realismus der deutschsprachigen Literatur, Keller, Raabe, Meyer, Storm, Fontane u. a., versuchten, die Wirklichkeit mit Hilfe der sachgetreuen Darstellung objektiv wiederzugeben. Sie stehen der Wirklichkeit positiv gegenüber, bejahen das Leben und machen deutlich, daß es für uns durchaus schöne Seiten bereithält. Dabei – ich denke vor allem an Theodor Fontane – erfolgt z. T. auch eine echte Auseinandersetzung mit den Problemen der Gegenwart, bei der wiederum die sachliche Beobachtung und Wiedergabe betont sind, doch bleibt bei ihm der Sinn für wahre menschliche Größe erhalten. Die Betrachtung der Welt ist gegenüber der Romantik wohl sachlicher geworden, doch nicht poesieärmer. Zugleich aber erfolgte auch eine Abgrenzung gegenüber der extremen zeitkritischen Satire des Jungen Deutschland. Darüber hinaus versucht man (Stifter), sich der zerrissenen Welt, den Gefahren des beginnenden Fortschrittsenthusiasmus und des beginnenden Materialismus entgegenzustellen und ein Bild der wahren Größe des Menschen und seiner nicht zu verleugnenden Sittlichkeit zu errichten, somit also den Menschen in ihrer Zerstreuung, Oberflächlichkeit und Unrast zu helfen und ihnen Selbsterkenntnis und innere Sammlung zu ermöglichen. Ein neuer Realismus nun greift ähnliches auf und versucht, dem menschlichen Leben in unserer Welt des Materialismus erneut einen Sinn zu verleihen. Er bejaht das Leben, die Größe und Sittlichkeit des Menschen. Nicht nur die negativen Seiten von Menschen und Welt werden gesehen, sondern auch die schönen Seiten im Leben, um sich damit gegen den heute so betonten Nihilismus und Materialismus zu wenden und einen Gegenpol etwa zur „absurdité de la vie“ von Sartre oder Camus zu bilden.

Betrachten wir nun das Bild, das sich Saint-Exupéry vom menschlichen Leben und vor allem von der Rolle der Technik in unserer modernen Welt macht. Zunächst einmal fällt die Vertrautheit auf, mit der der Dichter dem Bereich der Technik gegenübersteht. Und das ist schließlich nicht verwunderlich, führte sein Fliegerleben ihn doch so eng wie nur möglich mit ihr zusammen, so daß er, der immer ein Mann der Praxis war und nicht viel vom bloßen Theoretisieren hielt, aus ureigensten Erfahrungen zu uns sprechen kann. Der Flieger, der sich der Technik bedienen muß, ist somit auch zu einer bestimmten inneren Einstellung ihr gegenüber gezwungen. Saint-Exupéry spricht zunächst einmal vom Flugzeug als einem Mittel, die gewohnte erdnahe Umgebung zu verlassen und die menschlichen Probleme aus einer neuen Perspektive zu sehen. Der Mensch beginnt, in die dritte Dimension vorzustoßen, und erkennt wohl zum ersten Male plastisch, daß die Erde ein Planet im Raum ist. Die Leere der Welt, die dünne Besiedlung der Erde wird Saint-Exupéry beim Überfliegen der großen Wüsten, Meere und Einöden bewußt, und damit auch die Gefährdung des Menschen durch die Kräfte der Natur. Die Maschine erlaubt es Saint-Exupéry, die Straßen und die übliche Umgebung mit ihrer scheinbaren Sicherheit zu verlassen, die den Menschen so lange über seine wahre Situation in der Welt täuschten: die menschlichen Siedlungen erscheinen ihm z. T. wie Moos, das in Felsspalten gerade noch genügend Nahrung findet, und als er in Patagonien die Stadt Punta Arenas erreicht, diese Oase inmitten einer Eis- und Felswüste, schreibt er: „Woher haben die Menschen ihren Blick auf die Ewigkeit, wo sie doch vom Zufall auf eine noch warme Lava geworfen sind und schon vom andringenden Sand und Schnee bedroht werden? Ihre Kultur ist nur eine dumme Vergoldung, die ein Vulkanausbruch zerreißt, ein neues Meer wegwäscht, ein Sandsturm begräbt". Die Maschine, das Flugzeug, wird zu einem „instrument d'analyse", das den Menschen über seine tatsächliche Stellung im All aufklärt, ihm hilft, auch sich selbst zu erkennen, und dazu beiträgt, neben aller Größe (wir kommen später noch einmal darauf) auch die Kleinheit und Vergänglichkeit menschlichen Lebens nicht zu übersehen und sich seiner Grenzen bewußt zu werden. Indem nun Saint-Exupéry auch diese Seite der Technik herausstellt, steht er ihr zweifellos positiv gegenüber und weist ihr u. a. die Aufgabe zu, den Menschen geistig weiterzubilden und ihn zu einer höheren Stufe des Daseins zu führen.

Darüber hinaus stellt er eines klar heraus: die Maschine ist nicht Selbstzweck. „Aber die Maschine ist kein Ziel, und darum ist auch das Flugzeug kein Zweck, sondern ein Werkzeug, ein Gerät, nichts anderes als der Pflug." Zwar mußte sich der Mensch, und diese traurige Entwicklung läßt sich leider nicht ableugnen, im Laufe der Geschichte der Technik der Maschine unterordnen, doch wäre es jetzt an der Zeit, mit der schrittweisen Vervollkommnung der Technik diese wieder in den Dienst des Menschen zu stellen und nicht umgekehrt. Die Maschine darf keine Gefahr für den Menschen bilden, sondern soll ihm ein Werkzeug sein, ein Helfer, nichts weiter. Und Saint-Exupéry weiß dieses Werkzeug zu gebrauchen, das ihm neue Erkenntnismöglichkeiten bietet und den geistigen Horizont bei der Beantwortung der elementarsten Fragen des menschlichen Lebens erweitert. Technik, das ist für ihn so viel wie ein neues Organ, das der Mensch erhält, um sich in der Welt besser zurechtzufinden, und das ihm den Sinn des Menschseins näher bringt. Sie ist „weder Gott noch Dämon", und stets liegt es am Menschen selbst, was er aus ihr macht. Nur weil vielleicht die Achtung vor dem Menschen gesunken oder z. T. gar verschwunden ist, war eine derartige Fehlentwicklung möglich, bei der der Mensch zugunsten der Maschine aufgegeben wurde. Deshalb aber gleich die Technik zu verdammen und sie als Bedrohung für die Menschheit hinzustellen, davon ist Saint-Exupéry weit entfernt. Er betrachtet das Problem wirklichkeitsnah, eben realistisch, und versucht, zu einer echten Lösung der Probleme der Gegenwart zu gelangen, ohne hierbei nur die Schattenseiten unserer Zivilisation zu sehen und in einen permanenten Kulturpessimismus zu verfallen. Welche Lösung er uns anbietet, sehen wir an späterer Stelle noch.

Aber gehen wir nun weiter der Frage nach, wie Saint-Exupéry sich zur Technik und besonders ihren Auswirkungen auf den Menschen stellt. Wie fast überall in seinem Werk, so geht er auch hier wieder von seinen Erfahrungen als Flieger aus. Ihn und seine Kameraden verbindet etwas, das über bloße Kameradschaft noch hinausreicht: echte und tiefe Freundschaft. Sie läßt diese Männer zu einer Gemeinschaft werden, Männer, die durch die Gleichartigkeit ihrer Aufgaben und der ihnen drohenden Gefahren miteinander verbunden sind. Saint-Exupéry hat diese Gemeinschaft in so reiner und vollkommener Form erlebt, daß er auch die Menschheit entsprechend vereint sehen möchte. Doch ist der Eintritt in diese Gemeinschaft weitaus mehr als ein Eintritt in eine politische Partei oder dergleichen. An das Individuum werden entscheidende Forderungen gestellt. So gehört hierzu zunächst einmal die Opferbereitschaft, die auch Saint-Exupéry in seinem Leben zur Genüge unter Beweis stellt. Den Kameraden, den Freunden gegenüber wäre es unwürdig, sich vor einer Gefahr zurückzuziehen. Nur durch freiwillige Übernahme der Gefahr, der sie alle in gleichem Maße ausgesetzt sind, (ich denke hierbei vor allem an seine Tätigkeit bei einer französischen Aufklärungsstaffel auf Korsika im 2. Weltkrieg), erwirbt der Mensch das Recht, in einer solchen Gemeinschaft zu bleiben. Durch eine konsequente Erfüllung der Anforderungen der Technik, von der Saint-Exupéry stets ausgeht, gelangt der Mensch also zu einer Überwindung der egoistischen Interessen seiner selbst und damit auch der Materie ganz allgemein. Diese Überwindung äußert sich auch im Verzicht, der in der Welt der Flieger eine selbstverständliche Forderung darstellt. Saint-Exupéry erkennt die Wertlosigkeit materieller Güter, wenn er im Kampf mit den Naturgewalten liegt und sein Leben aufs Spiel setzt: „Ich erlebte den Wollustrausch der Entsagung. Ich war ein bedrohter Krieger; was galten mir noch die leuchtenden Spiegelkristalle, die auf den Heiligen Abend warteten, was sollten mir Lampenschirme, Bücher?“ Und schließlich fühlt er eine bestimmte Verantwortung der Gemeinschaft, ja der Menschheit gegenüber. Hieraus erklärt sich für ihn die übermenschliche Willensanstrengung und Energie, mit der der Flieger Guillaumet nach seinem Absturz dem Tod entkommt. Er fühlt sich verantwortlich für seine Familie, seine Freunde, die auf ihn zählen, und handelt im Bewußtsein der Zusammengehörigkeit aller Menschen. Das gleiche liegt vor, wenn es um die Rettung eines Menschenlebens geht. Saint-Exupéry sieht dann in dem Gefährdeten nicht den Kameraden, den Freund, sondern lediglich den Menschen und handelt aus seinem Verantwortungsbewußtsein heraus. In der „sentinelle“, dem Wachtposten des Wüstenforts in „Citadelle“, stellt Saint-Exupéry das Ideal einer sich der Menschheit gegenüber verantwortlich fühlenden und über sie wachenden Elite auf, die den anderen den Weg zur Verwirklichung des wahren Menschentums weist, das weit jenseits alles Materialistischen liegt.

In einen ganz entscheidenden Kernpunkt seiner Betrachtungen gehört das Wesen der Freundschaft. Sie besteht nach Saint-Exupéry hauptsächlich darin, sich auf einer geistigen Ebene zu treffen. Wesentlich ist nicht das Empfangen, sondern das Geben. Der Freund muß für den Freund da sein, einer steht für den anderen ein, und beide erfüllt eine brüderliche Liebe zueinander, die sich in der verantwortungsbewußten und selbstlosen Hilfe manifestiert. „Zähme mich!“ bittet der Fuchs den Kleinen Prinzen. Auch hier sind es also persönliche Bindungen, die „relations humaines“ bei Saint-Exupéry, die ein menschenwürdiges Leben in der Gemeinschaft ermöglichen. Zugleich bewahren sie den Menschen vor seelischer Einsamkeit, geben ihm Hoff-

nung und Auftrieb und machen das Leben lebenswert. Sie sind es auch, die dem Menschen seine Verantwortung auferlegen und ihn zu entsprechendem Handeln veranlassen; denken wir nur an das oben schon erwähnte Beispiel des Fliegers Guillaumet. So kann die Technik, die Saint-Exupéry als exemplarisch aus seinem Erfahrungskreis hernimmt, den Menschen zu einer höheren, weil sittlich-verantwortlichen Daseinsform der Selbstbeschränkung führen und zum Symbol des sich entwickelnden Geistes werden. Die von Saint-Exupéry so betonte Gemeinschaft läßt sich verwirklichen, wenngleich auch nicht von allen Menschen, denn er selbst hat ihre Realität im Kreis der Flieger erlebt und sie immer wieder in seinen Werken beschrieben.
Eine weitere entscheidende Komponente im Denken Saint-Exupérys ist die existentielle Gefährdung des Menschen durch die Technik. Der Flugverkehr steht damals erst am Beginn seiner Entwicklung, die Maschinen sind z. T. noch primitiv, und jeder Flug wird zu einem riskanten Unternehmen. Doch auch der Gefahr, die ein wesentliches Element des Fliegerlebens darstellt, steht Saint-Exupéry positiv gegenüber. Der Augenblick, in dem es für den Piloten um die letzten Realitäten, um Leben und Tod geht, wird für ihn zu einem Moment der Selbsterkenntnis. Er sieht die völlige Wertlosigkeit der materiellen Güter in solchen Situationen. Sogar der Körper, mit dem man sich gewöhnlich zu sehr beschäftigt, wird hier zu einem nichtigen Gegenstand. „Wenn der Körper abfällt, kommt das Wesentliche zum Vorschein. Der Mensch ist nichts als ein Büschel von Beziehungen. Die Beziehungen allein zählen beim Menschen." Im Moment der äußersten Gefahr steigen Bilder aus der Jugend in ihm auf; die Vergangenheit ist es, die mithilft, die Gegenwart zu meistern. Die Erinnerung, die Vergangenheit, aus der der Mensch erwächst, sind für seine Gegenwart notwendig. Saint-Exupéry legt besonderen Wert auf die Hervorhebung dieser Momente, die er als Wurzeln des Menschen bezeichnet. Sie sind ein Teil seiner Persönlichkeit, der eine Stütze bedeutet gegen Gefahr und Furcht. Nur so ist es möglich, daß Saint-Exupéry im weiteren Verlauf seines Fluges im feindlichen Feuer das Gefühl hat, Sieger zu sein. Er fühlt sich immer härter werden. Die Furcht, die im Angesicht des Todes aufsteigen könnte, – Saint-Exupéry betrachtet sie lediglich als Furcht vor dem Unbekannten –, läßt sich durch die Tat („l'action") überwinden. Das Unbekannte wird durch die Tat verdrängt, die Furcht schwindet. Der Tod schließlich, den der

Dichter aus nächster Nähe kennenlernte, wird von ihm bejaht. Wir wissen nicht, wann der Tod eintritt – vielleicht in 30 Jahren, vielleicht in 30 Stunden –, und diese Ungewißheit ruft ebenfalls ein Angstgefühl hervor. Das ständige Gefühl der Bedrohung aber läßt den Menschen eher sterben als leben, da er weniger Gedanken auf das Leben als auf den Tod verwendet und diesen als etwas hinnimmt, das eine schreckliche Realität ist, ihn aber trotzdem nicht anerkennen will. Saint-Exupéry hingegen bricht angesichts des Todes nicht in Hysterie aus, sondern erkennt ihm eine völlig legitime Stellung in der Ordnung des Lebens zu: „Es ist leicht zu sterben, wenn es in der Ordnung der Dinge liegt." Denn schließlich läßt sich der Tod, dieses größte Opfer des Menschen, auch rechtfertigen. „Man stirbt für einen Dom. Nicht für Steine. Man stirbt für ein Volk. Nicht für eine Menge. Man stirbt aus Liebe zum Menschen, wenn er der Schlußstein im Gewölbe einer Gemeinschaft ist. Man stirbt für das allein, aus dem man leben kann." Ein Spiel mit dem Tode oder gar Selbstmord – Saint-Exupéry findet ihn „bas ou vulgaire" – lehnt der Dichter entschieden ab, da dies gerade das Gegenteil eines Handelns aus Verantwortung darstellt. Er stellt den Tod eines Gärtners, der sich bis zuletzt für sein Werk verantwortlich fühlt, dem eines Selbstmörders gegenüber, der aus selbstsüchtigen Motiven und ohne Rücksicht auf seine Verantwortung der Gemeinschaft gegenüber handelt.

Die Auffassung vom Leben und persönlichen Opfer überschneidet sich hier also mit der Auffassung von der Freundschaft, die vom Menschen das gleiche verlangt. Zwar hat sich Saint-Exupéry mit solchen Betrachtungen recht weit von seinem eigentlichen Ausgangspunkt, nämlich der Technik, entfernt, doch sind dies Verallgemeinerungen und Abstraktionen der Erfahrungen, die der Dichter im Laufe seines Fliegerlebens sammelte. Es handelt sich nicht um Spekulationen, sondern tatsächlich um die Ergebnisse kritischer Selbstbeobachtungen und der Beurteilung der Glieder der Gemeinschaft, der er angehörte, die zeigen, daß das Leben sehr wohl positive Seiten besitzt, daß es Möglichkeiten gibt, den Menschen geistig zu etwas Höherem als der rein materialistischen Welt und Lebensauffassung zu führen und ihm die Erkenntnisse seines Werkes sowie seiner Bestimmung zu vermitteln. Der Realismus Saint-Exupérys ist hier also deutlich zu sehen.

Eine weitere Erkenntnis des Dichters, die wahrscheinlich auf den ersten Blick überraschend sein wird, ist die, daß die Technik, entgegen einer weitverbreiteten Ansicht, auch dazu dienen kann, uns der Natur näher zu bringen. Der Mensch, der sich des Flugzeugs bedient, sieht die Erde gewissermaßen aus einer neuen Perspektive; dabei bringt die Maschine den Menschen stets mit den Mächten der Natur zusammen, und Saint-Exupéry spricht: „Der Bauer, der über sein Land hinschreitet, spürt aus tausend Anzeichen den Anmarsch des Frühlings, die Drohung des Spätfrostes und die Verheißung des Regens. Der Berufsflieger erkennt ebenso die Zeichen des Schnees, die Zeichen des Nebels, die Zeichen einer friedlichen Nacht. Die Maschine scheint uns von der Natur zu entfernen. Und gerade sie unterwirft uns mit ganz besonderer Strenge den ewigen Naturgesetzen. Mutterseelenallein vor dem gewaltigen Gerichtshof, den ein stürmischer Himmel eingesetzt hat, verteidigt der Flieger seine Post gegen drei Naturgottheiten: Berg, Meer und Sturm."

So führt die Technik den Menschen zurück in einen Zustand, der einem viel engeren Verhältnis zwischen Mensch und Natur entspricht. Zugleich aber wird hier deutlich, daß nicht alles rational erfaßbar ist, daß das Wesentliche hinter den Dingen liegt und es darauf ankommt, dies zu begreifen, „Adieu", sagt der Fuchs im „Kleinen Prinzen", „dies ist mein Geheimnis. Es ist sehr einfach: man sieht allein mit dem Herzen gut. Das Wesentliche bleibt den Augen verborgen." So gibt Saint-Exupéry auf die Frage nach einer Bedrohung durch die Technik auch hier eine verneinende Antwort, ja er vertritt sogar die Auffassung, daß sie uns der Natur näher bringt und zugleich uns lehrt, hinter die Dinge zu blicken, will man den Sinn des Lebens ergründen.

Zum Schluß möchte ich mich noch mit dem Realismus Saint-Exupérys befassen, und zwar etwas losgelöst von unserer eigentlichen Frage nach seinem Verhältnis zur Technik. Der Dichter leugnet nicht eine Gefährdung des modernen Menschen, sondern er hat nüchtern und wirklichkeitsnah und ohne ein idealistisch verklärtes Menschenbild zu schaffen, den Verlust an geistiger Substanz sowie die Verflachung und Vermassung in unserem heutigen Leben klar erkannt. In seinem „Brief an einen General" schreibt er: „Ich leide mit meiner Generation, die keine menschliche Substanz mehr in sich hat. Wer nur die Bar, den Rennwagen und das Magazin als geistige Lebensform gekannt hat, der befindet sich heute in einer, genau genommen, herdenmäßigen Situation, die keinen Reiz mehr hat. Man bemerkt das kaum noch ... Der Mensch stirbt vor geistigem Durst. Ach, Herr General, es gibt nur ein Problem, ein einziges Problem in der Welt: dem menschlichen Leben wieder einen geistigen Sinn zu geben, damit die Menschen wieder anfangen, nach geistigen Werken zu suchen ... Man kann nicht leben von Eiskühlmaschinen, Politik, Bilanzen und Kreuzworträtseln! Sehen Sie doch, Herr General! Das ist unmöglich. Man kann doch auf die Dauer nicht leben ohne Dichtung, ohne Farbe, ohne Liebe ..." Doch bleibt es bei Saint-Exupéry nicht bei einer kritischen, wirklichkeitsnahen Analyse, aus der umfassende Liebe zu den Menschen spricht. Er bietet uns eine Lösung an, die realisierbar ist, die er in sich selbst und seiner Gemeinschaft verwirklicht sah; nicht zuletzt auch durch die Wahrnehmung der Möglichkeiten, die z. T. die Technik für uns bereithält. Hierzu gehört die unbedingte Hingabe an eine die Menschheit fördernde Idee, Inbrunst („ferveur") und Opferbereitschaft, wenn es dieser Idee zum Durchbruch zu verhelfen oder ein Glied der Gemeinschaft zu retten gilt. Die Überwindung der egoistischen Interessen macht also einen Kernpunkt in der Auffassung Saint-Exupérys aus. Der Tod, eine natürliche Erscheinung in der Ordnung der Dinge, verliert seine Schrecken, da man die Angst durch die entschlossene Tat überwinden kann. Zugleich tritt beim Tod ein Austausch von Persönlichkeit und Werk ein, bei dem die Persönlichkeit durch das Werk weiterlebt. So gesehen, gelingt Saint-Exupéry die Überwindung des Todes durch dessen bewußte Annahme, ohne daß dies aber zu einer Todessehnsucht oder dgl. führen würde. Freiheit ist für ihn nicht Zügellosigkeit – sie stellt seiner Meinung nach eine Verfälschung des Gedankens der Freiheit dar –, sondern Selbstbeschränkung auf ein inneres Maß, das sich in der freiwilligen Übernahme von Pflicht und Verantwortung den Menschen gegenüber äußert. Der Realismus Saint-Exupérys äußert sich also auch dadurch, daß er neben aller Achtung für die Größe des Menschen auf die ihm drohenden Gefahren und die Notwendigkeit einer Änderung der geistigen Situation des Menschen hinweist, zugleich aber, falls man so sagen darf, konstruktive Vorschläge hierfür macht.

Fassen wir nun die Ergebnisse unserer Betrachtungen zusammen, so ergibt sich folgendes Bild:

Saint-Exupéry steht der Maschine durchaus positiv gegenüber. Da es ihm vor allem darauf ankommt, den Menschen zu erheben, zu veredeln, legt er sich die Frage vor, ob der Mensch des Zeitalters der Maschine durch diese letzten Endes Schaden an seiner Seele erleidet,

und er gibt auf diese brennende Frage die beruhigende Antwort, die Befürchtung, daß diese Maschine schließlich den Menschen, dessen Dienerin sie sein müsse, beherrschen könne, sei unbegründet. „Wir alle“, schreibt er, „sind junge Barbaren, die noch nicht darüber hinausgekommen sind, ihr neues Spielzeug zu bestaunen!“
Saint-Exupéry glaubt an die sittliche Größe des Menschen, zu deren voller Entfaltung die Maschine durch ihre Anforderungen an den Menschen beitragen kann. Sie stärkt das Bewußtsein von der Existenz geistiger Werte, bringt ihn der Natur und dem Ursprünglichen näher und bewirkt eine entscheidende Selbsterkenntnis des Menschen. Sie wird „zum Symbol des Geistes“, der sich über die Materie erhebt. Der Realismus Saint-Exupérys kommt in der wirklichkeitsnahen Schilderung und der mit ihr verbundenen gegenwartsbezogenen Bejahung der Technik zum Ausdruck. Er äußert sich darüber hinaus dadurch, daß Saint-Exupéry bereit ist, die positiven, den Menschen erhebenden Momente des Lebens anzuerkennen, er daneben aber auch auf die Gefahren einer entseelten Zivilisation, hervorgerufen durch die Vermassung und eine Verflachung des geistigen Lebens sowie auf die damit verbundene geistig-seelische Not des Menschen hinweist.
Was Saint-Exupéry uns näherbringen möchte, ist seine Überzeugung, dem Materialismus unserer Zeit eine klare Absage erteilen zu müssen. Er glaubt an die Verwirklichung des neuen Menschen, des „Homme“, wie er ihn in seinem Werk beschreibt, an die Ausübung einer die Menschheit umfassenden christlichen Liebe mit Verantwortungsbewußtsein, Selbstüberwindung und Opferbereitschaft. Von der möglichen sittlichen Größe des Menschen überzeugt, macht Saint-Exupéry den Versuch, dem Leben in unserer Zeit erneut einen Sinn zu verleihen; es sind Überlegungen, die es heute mehr denn je wert wären, einem jeden von uns nahegebracht zu werden.

Verwendete Literatur:

1. Wind, Sand und Sterne, Terre des Hommes, 1939;
2. Flug nach Arras, Pilote de Guerre, 1942;
3. Brief an einen General, Lettre au Général, 1943;
   (alle in: Saint-Exupéry, Romane, Dokumente, Düsseldorf 1966)
4. Die Stadt in der Wüste, Citadelle, Stuttgart, 1956;
5. Racky, Ernst, August, Die Auffassung vom Menschen bei A. de Saint-Exupéry, Wiesbaden 1954;

6. Eitzenberger, Helmut, A. de Saint Exupéry, Werke und Persönlichkeit, München 1958;
7. Der Kleine Prinz, Stuttgart, 1950.

Bemerkung

Aufbau und Gliederung des Aufsatzes sind durchdacht. Der Verfasser hat sich eingehend mit dem Dichter und seinem Werk beschäftigt und die grundlegenden Gedanken dieser Dichtung klar herausgearbeitet. Die im Aufsatz vertretenen Ansichten sind überzeugend entwickelt und begründet. Die ausgewählten Zitate sind treffend und belegen die entsprechende Meinung. Die sprachliche Darstellung ist flüssig und gewandt, klar und dem gestellten Thema angemessen. Dieser Aufsatz ist eine erfreuliche Gesamtleistung.

68 Zeigen Sie am Beispiel von G. Gaisers „Schlußball", wie der Dichter unsere Zeit beurteilt!

Gliederung

A) Die Kunst des Dichters

B) Wie beurteilt der Dichter unsere Zeit?
   I. In wirtschaftlich-sozialer Hinsicht:
      1. Das Geld regiert viele Menschen:
         a) Gier nach Sicherheit,
         b) Vergnügen fällt dem Geld zum Opfer,
         c) Geld ist der oberste Wert.
      2. Nur eine Minderheit huldigt nicht dem Geld:
         a) Diemut macht den Moderummel nicht mit,
         b) Herse bewahrt Treue und Liebe zu ihrem Mann,
         c) Frau Förkh kann das Geschäftsleben nicht ertragen.
   II. In kultureller Hinsicht:
      1. Die Menschen haben kein Verständnis für die Kunst.
      2. Die Erziehung fällt dem Tempo der Zeit zum Opfer.
      3. Der Geist wird vom Geld beherrscht.
      4. Die Idealisten sind nur Außenseiter.
      5. Für Soldner ist das Leben noch ein Dienst.

C) Auf den einzelnen Menschen kommt es an, wie er mit der Zeit fertig wird.

Gerd Gaiser ist einer der bedeutendsten Erzähler der jüngeren Generation. Als Studienrat für Kunsterziehung steht er mitten in unserem Leben, er kommt durch seine erzieherische Tätigkeit mit Menschen aller Art in Berührung. Gerade die Tatsache, daß sich Gaiser als Lehrer mit den Problemen unserer Zeit täglich auf vielfältige Weise auseinandersetzen muß, verleiht seinem Werk „Schlußball" eine größere Wirklichkeitsnähe. Die Handlung beschränkt sich auf ein Ereignis in einer Stadt, wie es alltäglicher nicht sein könnte. Eine Klasse feiert ihren Schlußball, und in dieses Fest werden die unterschiedlichsten Menschen mit hineingezogen. Dem Dichter genügt dieses an sich unbedeutende Geschehen, um seine Mitmenschen und die Zeit, in der wir leben, auf seine Weise darzustellen und zu charakterisieren. Wie beurteilt nun Gerd Gaiser in seinem Roman „Schlußball“ unsere Zeit des wirtschaftlichen Aufstiegs nach dem Kriege?

Wenn der Dichter unsere Zeit beurteilt, so denkt er natürlich sofort an den ungeheuren wirtschaftlichen Aufstieg Deutschlands nach dem zweiten[1] Weltkrieg. Auch sein Ort Neu-Spuhl ist von diesem Aufschwung gekennzeichnet. Überall schießen Geschäftshäuser empor, die Straßen verwandeln sich in Häuserschluchten, und die Wohnungen der Menschen werden an den Rand der Stadt verbannt. Hier dehnen sich großzügige und verschwenderische Parkanlagen aus, die mit reichausgestatteten Häusern geschmückt sind. In Neu-Spuhl regiert das Geld. Den Bewohnern dieser Stadt geht es dabei nur um diesen materiellen Wert. Der Schlußball soll deshalb auch gebührend gefeiert werden. Schon der Tanzlehrer sagt, daß nur derjenige ein Herr ist, der mit dem Taxi vorfährt. Das junge Mädchen Ditta versucht, mit der teuersten Frisur und dem kostbarsten Kleid die Freundinnen auszustechen. Wer in Neu-Spuhl Geld besitzt und es entsprechend ausgibt und zeigt, der genießt die Achtung seiner Mitmenschen. Vor allem die Klöppler und Blecher sind in dieser Hinsicht gärend und glauben deshalb auch, den Schlußball zu einem gesellschaftlichen Ereignis machen zu müssen. Diese beherrschenden Familien erscheinen in glanzvoller Aufmachung. Während die Söhne mit voller Hand das Geld ausgeben, verhandeln die Eltern schon wieder über die Geschäfte. Förkh ist so stark dem Geschäft verwachsen, daß er für seine Familie keine Zeit mehr hat. Er steht stellvertretend für viele seiner Zeitgenossen. Sie teilen seine Meinung: „Erst kommt das Geschäft, dann die Familie.“ Selbst im Spiel glaubt er Zeit und Geld zu gewinnen, denn er schenkt einem lahmen Mädchen ein durchaus nützliches und erfolgreiches Spiel. Unterhaltung und Vergnügen sind für ihn nur ein Mittel, um Geld zu gewinnen und gute Geschäfte zu tätigen. Für die meisten Bewohner dieser Stadt hat das Geld eine geradezu magische Anziehungskraft. Es nimmt den obersten Platz in der Rangfolge der Werte ein. Gerd Gaiser versucht darzustellen, daß für viele unserer Mitmenschen Geld und Geschäftserfolg zum obersten Leitsatz und

---

1. „Zweiter Weltkrieg“ gilt als Eigenname, deshalb besser Großschreibung wie „Römisches Reich“!

zum begehrtesten Wert geworden sind. In dieser Zeit des wirtschaftlichen Aufstiegs messen die meisten Menschen ihren Wert nach dem Geld. Nur wer bunte Fahrräder fährt und moderne Frisuren trägt, hat Anspruch in unserer Zeit auf Achtung und Würdigung.
Mit diesen Beispielen versucht aber Gerd Gaiser auch, den Moderummel anzuklagen, der viele Mitmenschen in seinen Bann zieht. Die Mode zieht auch den Tanz und das Vergnügen in ihren Bann. Die jungen Leute führen die neuen Tänze ohne innere Anteilnahme und Begeisterung aus. Selbst das Vergnügen wird in der Zeit der Herrschaft des Geldes zur Langeweile. Das Geld hat unseren Menschen in seinen Bann[2] gezogen, und es läßt sie nicht mehr los. Die Gier nach Sicherheit und Wohlstand hält die Mehrheit der Bewohner von Neu-Spuhl, unsere Zeitgenossen, gefangen.[3]
Gerd Gaiser klagt zwar die meisten Menschen unserer Zeit an, daß sie diesem größten Mißstand[4] verfallen sind, aber er weiß, daß sich nicht alle Menschen nach diesem wirtschaftlichen Maßstab einstufen. Trotz des Hohnes und des Spottes ihrer Freunde behält Diemut ihren altmodischen Zopf und fährt ein schwarzes Fahrrad. Herse Andernoth stellt die Treue und die Liebe zu ihrem gefallenen[5] Mann höher als die Rente, die sie nach der Todeserklärung bekommen würde. Sie pflegt das lahme Mädchen ohne Lohn und wendet sich von der zwielichtigen Frau Rakitsch ab. Die Frau des geschäftstüchtigen Förkh scheidet freiwillig aus dem Leben, weil sie nicht begreifen kann, daß ihr Mann sie um des Geldes willen vernachlässigt, daß er das Geld höher als Liebe und Vertrauen einschätzt. Sie sieht ein, daß Geld allein kein Halt im Leben sein kann. Der Dichter erblickt in dieser Minderheit, die das Geld nicht als höchsten Wert einstuft, einen gewissen Trost in unserer materiellen und geschäftsbesessenen Zeit.
Gerd Gaiser erkennt auch die Folgen, die sich aus diesem übertriebenen Hang zum Geld ergeben. Er weiß, daß wirtschaftlicher Aufstieg und geistiger Niedergang sehr eng zusammenhängen. Wenn der Mensch sich allein der Herrschaft des Geldes unterwirft, wenn er das

---

2. Wiederholung im Ausdruck, die nicht gerechtfertigt ist.
3. Nach einer sehr guten und anschaulichen Gesamtwürdigung des Inhalts, nach einer ausführlichen Behandlung des Gliederungspunktes I, 1 bespricht der Verfasser die Unterpunkte a), b), c) nicht ausführlich genug.
4. Ausdruck? Vielleicht besser „Übel“.
5. „vermißten“ Mann!

Geld als höchsten Wert einstuft, dann vernachlässigt er die edleren Werte der Treue, der Liebe, der Ritterlichkeit oder die religiösen Werte. Auch in Neu-Spuhl folgen die geistigen Werte hinter den materiellen Werten. Die Menschen, die vom Geld gefangen sind, bringen kein Verständnis für den Künstler und seine Werke auf. Drautzmann kann beim Besuch einer Ausstellung nicht verstehen, daß es Menschen gibt, die ein Werk schaffen, ohne daraus einen Gewinn zu ziehen, den man vorher schon berechnen und feststellen könnte. Der Geschäftsmann unserer Zeit begreift den Idealisten nicht, der sich für eine unwürdige[6] Sache aufopfert, der bereit ist, sogar für seine Ideen zu sterben. Viele unserer Zeitgenossen haben kein richtiges Verhältnis zur Kunst. In ihre Gärten stellen sie billige Gartenzwerge und glauben nun, den schuldigen Tribut an die Kunst geleistet zu haben. Die Technik ist den Menschen über den Kopf gewachsen, so daß sie die einfache künstlerische Tätigkeit nicht mehr begreifen. Wie sehr unser Geist unter dem Eindruck des Geldes und der damit verbundenen Fülle technischer Neuheiten leidet, zeigt der Dichter am Beispiel der Erziehung. Die einzelnen Lehrer streiten sich um ihre Fächer wie erbitterte Gegner; sie glauben alle, gerade ihr Fach benötige der Schüler für sein ferneres Leben. Das reine Wissen steht über der menschlichen Erziehung in der Schule. Durch den Mund Soldners klagt Gaiser diesen Mißstand unserer Zeit erbarmungslos an. Die Lehrer scheinen ihr Ziel darin zu sehen, den Schüler mit allen unnötigen Wissensgebieten[7] zu quälen und ihm all die mannigfaltigen Einzelheiten aller Fächer einzutrichtern. Die Lehrpläne sind überfüllt mit überflüssigem Wissen,[8] Lehrer und Schüler sind überfordert. Das Ergebnis dieser Bildungsart[9] ist, daß die Schüler zwar viele Einzelheiten oberflächlich kennen, daß sie aber den Überblick über den gesamten Wissensstoff verlieren.[10] Das Abitur wird erniedrigt zu einem Ausweis, der dem

6. Unklar, was der Verfasser meint!
7. Kann man mit „Wissensgebieten“ gequält werden? Besser: „mit unnötigem Wissen“!
8. Das Wissen steht nicht in den Lehrplänen, die (sprachlich) auch nicht „überfüllt“ sein können. Besser: „angefüllt mit Forderungen“!
9. Ausdruck! Besser: „Art der Wissensvermittlung, Art der Bildung, Methode“!
10. Man kann nur verlieren, was man bereits besitzt. Also besser: „nicht bekommen“!

Menschen ein bestimmtes Wissen zubilligt.[11] Soldner klagt unerbittlich an, wenn er das Auto nur als ein Rangabzeichen für moderne Analphabeten bezeichnet. In dieser Entwicklung sieht er das Resultat unserer sog. lebensnahen Bildung. Wenn Gaiser diese Mißstände gerade durch Soldner aufzählen läßt, dann gibt er uns durch diesen Mann doch auch wieder Hoffnung und Trost. Soldner hat all diese Unzulänglichkeiten erkannt, und er versucht sie auf seine Art auszumerzen. Obwohl er keine entsprechenden Papiere besitzt, ist er ein befähigter Lehrer und berufener Erzieher. Gaiser will sagen, daß es nur auf den Menschen selbst ankommt. Soldner vertritt in unserer materialistischen Zeit immer noch höhere Ideale. Er versucht, seinen Schülern den wahren Künstler begreiflich zu machen, versucht, den Unterschied zwischen den armen und den reichen Menschen herauszustellen,[12] die in unserer Zeit ihr wahres Gesicht behalten haben, nicht dem Geld verfallen sind und die ihre Zeitgenossen aufzurütteln versuchen. Auf dem Jahrmarkt klagt er unerbittlich an, und auf dem Schlußball versucht er, die Gegensätze zu mildern. Für Soldner ist das Leben eine Art von Dienst. Es ist gleichgültig, an welcher Stelle der Mensch dient, aber er muß dienen, um den unseligen Trieb nach dem Gelde zu überwinden. Die Spuhler sind nur menschenähnlich, sie besitzen einen leeren, stumpfen Blick; Soldner aber ist ein wahrer Mensch, der trotz seiner unglücklichen Jugend sein Gesicht gewahrt hat und sich aus dem allgemeinen Trott herauslöst.[13]

In seinem Roman „Schlußball" zeigt Gerd Gaiser die Mißstände auf, die sich durch die Herrschaft des Geldes in unserer Zeit ergeben haben. Die Menschen sind dem Geschäftstrieb verfallen, sie stellen die materiellen Werte höher als die geistigen Werte. Die Folgen dieser Einstufung sind mangelndes politisches Interesse, fehlendes Verständnis für die Kunst und eine überhastete Erziehung. Die Bildung fällt dem Tempo der Zeit zum Opfer. Aber Gaiser weist in seinem Roman auch auf jene Gestalten hin, die sich von ihren Mitmenschen abheben. Er fordert jeden auf, sich diesen Menschen anzuschließen, die nicht das Geld als höchsten Wert ansehen.

---

11. Unklar, was der Verfasser meint! Vielleicht besser: „... der zu gesellschaftlichem Aufstieg berechtigt".
12. Beziehung des Fürworts ist falsch, denn grammatikalisch bezieht es sich auf die Reichen, inhaltlich jedoch auf die Armen.
13. Löst er sich von dem allgemeinen Trott oder macht er ihn nicht mit?

Bemerkung

Die Arbeit zeigt eine klare Gliederung, gute Werkkenntnis, die Fähigkeit des Verfassers, die entscheidenden Gesichtspunkte zu erkennen, sprachlich flüssig darzustellen und mit treffenden Stellen zu belegen. Kleine Einschränkung: Nach einer sehr guten, anschaulichen Gesamtwürdigung des Inhalts, einer ausführlichen Behandlung des Gliederungspunktes I. 1. streift der Verfasser die Unterpunkte nur in wenigen Sätzen, ohne sie näher auszuführen. Der Gesichtspunkt „Mode" taucht in der Gliederung nicht auf.

69 *„Grass schreibt mit Tendenz. Und diese Tendenz ist alles andere als harmlos. Nicht nur Hitler, die Wirtschaft und die Philosophie, auch die Religion soll vernichtet werden ... oder wenigstens durch ... Nivellierung angeknabbert werden" – Teilen Sie dieses Urteil von Paul K. Kurz über die „Hundejahre" von G. Grass?*

Gliederung

A) Den Zwang der Hitlerzeit hat der Autor schon in seiner Jugendzeit zu spüren bekommen.

B) I. Grass will mit seinem Werk die „Hundejahre" Hitler und seine Politik „vernichten":
a) Hitler hat dem Volk Sand in die Augen gestreut.
b) Der Autor zeigt die Unmenschlichkeit von Hitlers Antisemitismus auf.
c) Schonungslos wird aufgedeckt, wie sinnlos Hitler die Menschen geopfert hat.
d) Hitler macht in seinem Wahn nicht einmal vor Kindern halt.
e) Durch Zitate verdeutlicht uns Grass, was er von Hitler hält.

II. Grass fällt ein hartes Urteil über die westdeutsche Wirtschaft:
a) Grass verurteilt das Spekulantentum.
b) Die westdeutschen „Wirtschaftsführer" haben nur die eigene Kapitalerhöhung als Ziel vor sich.
c) Durch Konzernverpflichtungen soll der Mittelstand ausgeschaltet werden.
d) Mit zynischem Spott läßt sich Grass über die freie Wirtschaft aus.

III. Grass wendet sich gegen eine verwirrende Philosophie:
a) Definition des Begriffs Philosophie.
b) Grass zweifelt alles, was transzendente Züge aufweist, an.
c) Er verspottet die geistige Akrobatik des Existenzphilosophen Heidegger.

IV. Die Einstellung von Grass zur Religion:
   a) Definition des Begriffs Religion.
   b) Er lehnt die Religion ab:
      1. Er glaubt nicht an Gott.
      2. Er konfrontiert uns mit der Grausamkeit auf der Welt.
      3. Er beschimpft die Religion.
   c) Er entkräftet die Religion durch Nivellierung:
      1. Einmischung der Kirche in nichtchristliche Angelegenheiten.
      2. Die Christen haben die gleichen Taten begangen wie Nichtchristen.
      3. Er vernichtet christliche Begriffe mit banalen Dingen.

C) Grass' „Hundejahre" ist ein zeitkritisches Werk, über das man nachdenken sollte.

Bemerkung
Die im Thema angeführten Gesichtspunkte wurden in der Gliederung geschickt als Hauptpunkte verwendet.

G. Grass mußte eine harte Jugendzeit mitmachen. Er lebte in armen Verhältnissen, stand unter dem Zwang der Hitlerjugend, zog als Soldat in den Krieg und geriet in amerikanische Gefangenschaft. Seinem Ärger und seiner Verbitterung über diese Zeit verschaffte Grass in vielen Werken Luft. Neben der „Blechtrommel" sind die „Hundejahre" der zweite Welterfolg seiner zeitkritischen Bücher. Er schildert in diesem dreiteiligen Roman die Jahre von 1920 bis zur Gegenwart in seiner offenen, schonungslosen und spannenden Art. Der Kritiker Paul K. Kurz behauptet, daß G. Grass mit diesem Romanwerk nicht nur Hitler, die Wirtschaft und die Philosophie vernichten wollte, sondern auch die Religion. Kann man als objektiver Leser diesem schwerwiegenden Urteil zustimmen, oder hat Herr K. Kurz den Inhalt des Buches zu hart bewertet?
Was den ersten Punkt, die Vernichtung Hitlers, anbelangt, so darf man K. Kurz ohne Einschränkung zustimmen. Wie ein roter Faden

ziehen sich die Anklagen gegen die Verbrechen und Fehler von Hitler durch das ganze Buch. Viele Menschen, besonders die junge Generation, fragen sich, wie man auf einen Mann wie Hitler hereinfallen konnte. G. Grass gibt auf diese Frage eine klare Antwort. Seiner Meinung nach hat Hitler dem Volk Sand in die Augen gestreut, d. h. er hat den Menschen falsche Ideale vorgehalten,[1] wie zum Beispiel Heldentod, Ritterkreuz oder übersteigertes Nationalbewußtsein. An Hand dieser falschen Ideale trieb er die Menschen in den Krieg, bevor sie nachdenken konnten, welche Folgen das heraufbeschwor. Grass drückt es durch die Ansicht eines Bundesbürgers, die auch heute noch sehr oft vertreten wird, folgendermaßen aus: „Wir waren verletzt, mein Lieber, allesamt. Du selber hast auch mal so und mal so gesprochen. Die haben uns Sand in die Augen gestreut, jahrelang“ (S. 446). Schon hier zeichnet sich die antifaschistische Einstellung des Autors ab, die noch klarer in der Beschreibung von Hitlers menschenunwürdigem Antisemitismus herauskommt. Wie extrem der Judenhaß war und wie brutal die Judenverfolgung damals betrieben wurde, verdeutlicht uns Grass mit Hilfe eines Beispiels. Er überträgt die Judenermordung auf das Abschlachten lästiger schädlicher Ratten, für das es bei größerer Stückzahl noch Prämien gab. Einen ebenso bitteren, aber bei näherer Betrachtung vielleicht sogar zutreffenden Vergleich zieht der Autor, wenn er von Hitlers sinnlos dargebrachten Menschenopfern berichtet. Der Führerhund „Prinz“ lief kurz vor Ende des Krieges davon. Daraufhin startete Hitler eine Suchaktion größten Ausmaßes, bei der ganze Truppenteile verlagert und viele Menschen getötet wurden. Nach dieser geradezu bösartig zynischen Darstellung glaubt man, daß die Antisympathie[2] des Autors gegen Hitler nicht mehr offener erklärt werden könnte. Doch Grass fährt weiter fort, den „Führer“ anzugreifen, und, wie wir sehen werden, mit Recht. Besessen von der Wahnidee, den Krieg noch gewinnen zu können, machte Hitler nicht einmal davor Halt, Kinder für das Morden zu begeistern und sie dann an die Front zu schicken. Der Autor berichtet,

---

1. Vergleich stimmt nicht: „Sand in die Augen streuen“ ist nicht gleichbedeutend mit „falsche Ideale vorhalten“! Auch die Aufzählung der Beispiele berücksichtigt nicht, daß Heldentod und Ritterkreuz Auswirkungen des übersteigerten Nationalbewußtseins sind.
2. Gegensatz zu Sympathie ist Antipathie!

daß Vorträge über Kampferfolge in den Schulen gehalten wurden, worauf die Kinder begierig waren, ebenfalls Helden zu werden.

Bisher gab uns Grass seine Meinungen über Hitler durch Tatsachen und bittere Vergleiche zu verstehen. Um aber auch jedem ganz klar zu machen, wie er den „Führer“ sieht, sparte er nicht mit wörtlichen „Meinungsausdrücken“: „... an einem zwanzigsten April, wurde Adolf Hitler, der größte Verbrecher aller Zeiten, geworfen.“[3] (S. 495) Dieses Zitat darf man stellvertretend für das Hitlerbild von Grass nehmen, und somit muß ich Paul K. Kurz uneingeschränkt beipflichten, wenn er in den „Hundejahren“ eine Tendenz gegen Hitler erkennt.

Die zweite Tendenz, die K. Kurz aus den „Hundejahren“ herausliest, richtet sich gegen die westdeutsche Marktwirtschaft. Hierbei komprimiert Grass jedoch seine Angriffe auf wenige Seiten, in denen er das sogenannte „deutsche Wirtschaftswunder“ beurteilt. Er zählt die gesamte bundesrepublikanische Wirtschaftselite auf und erläutert am Beispiel der einzelnen Vorgänge, was ihm nicht gefällt. Der Autor beginnt damit, das Spekulantentum, nach dem Krieg besonders betrieben, zu verurteilen. Beziehungen, Protektion und Einblick in entscheidende Wirtschaftsprozesse verhalfen den wenigen Leuten, die auch heute unsere Wirtschaft lenken, schnell zu einem erheblichen Kapital. Es ist verständlich, daß der Sozialist Grass diese Entwicklung mißbilligt, ebenso wie den ständigen Drang der westdeutschen „Wirtschaftsbosse“ nach Kapitalerhöhung und Expansion ihrer Betriebe. Er beschreibt eine Unterhaltung einiger führender Leute so: „Keine Dividende ausschütten, immer nur Kapitalerhöhung;“ (S. 419) oder: „... Expansion Expansion“! (S. 421) Hinzu kommen noch Verflechtungen, die den Mittelstand ausschalten sollen: „Du glücklicher Portlandzement, heirate!“ (S. 420) Grass kann es sich auch hier nicht verkneifen, in seiner typisch spöttischen Art von der deutschen Wirtschaft zu schreiben: „Von Anfang an war im Vater des Wirtschaftswunders der Wurm drinnen, wundersam wunderwirkend. Hört nicht auf den Wurm, im Wurm ist der Wurm!“ Im ganzen gesehen, ist es vielleicht übertrieben, von einer Vernichtung der westdeutschen Wirtschaft zu sprechen. Ich denke eher, daß Grass ihre Umgestaltung anstrebt.

---

3. Dieser Ausdruck von Grass wäre in Zusammenhang mit den „Hundejahren“ zu deuten!

Bislang behandelte ich die zeitkritischen Probleme, die der Autor in den „Hundejahren" aufdeckt. Aber er geht über die reine Zeitkritik hinaus und wagt sich an grundsätzliche Problemgebiete der Menschheit, wie zum Beispiel Philosophie. Philosophie ist ein großes Modewort unserer Tage geworden, doch hinter diesem Wort verbirgt sich schwierigste Gedankenakrobatik. Es wäre müßig zu versuchen, hier eine vollständige Definition zu geben, denn selbst die Gelehrten sind sich auf diesem Gebiet nicht einig. Auf einen groben Nenner gebracht, kann man die Philosophie als Wissenschaft von den letzten Gründen der Gesamtwirklichkeit bezeichnen. Grass selbst zweifelt grundsätzlich alles, was transzendente Züge aufweist, an, so auch die Philosophie. Er ist stark für das Diesseits eingestellt, wie folgender Ausspruch zeigt: „Wir müssen ... das Austragen der Sorgen und das Andauern zum Tode als das volle Wesen der Existenz denken." (S. 313) Außerdem stört den Autor der Wirrwarr von Begriffen und Theorien, mit denen die Philosophen ihre Erkenntnisse ausdrücken. An Hand des Existenzphilosophen Heidegger führt uns Grass vor, wie verwirrend und undurchschaubar Philosophie ist. „Vielleicht ist das reine Sein und das reine Nichts also dasselbe? ... Das Nichts ist der Ursprung der Verneinung. Das Nichts ist ursprünglicher als das Nichts und die Verneinung. Das Nichts ist zugegeben." (S. 489/490) Gerade durch dieses Parodieren von Heidegger äußert der Autor seine Ablehnung gegenüber der Philosophie.

Neben der Philosophie beschäftigt sich Grass auch mit der Religion. Die Definition von Religion setzt sich aus zwei Hauptgesichtspunkten zusammen: Erstens, das Glauben des Menschen an eine übermenschliche Macht, die wir Christen Gott nennen, und zweitens das Verhalten des Menschen durch das Glauben an Gott. Religion ist also Gotteserkenntnis und das dementsprechende moralisch saubere Verhalten. An diese beiden Punkte knüpft G. Grass an, wenn er versucht, die Religion zu vernichten oder wenigstens abzuwerten. Er gibt mehrmals zu verstehen, daß er nicht an Gott glaubt: „... die Beleidigung eines nichtvorhandenen Gottes ..." Durch das Leugnen von Gott vernichtet der Autor die Religion, denn sie besteht ja gerade aus dem Glauben an Gott. Zudem konfrontiert uns Grass mit der Grausamkeit, die auf der Welt zu finden ist, indem er evangelische Waisenkinder singen läßt: „Großer Gott, wir loben Dich!" Wieder eine echte, bittere Grass-Ironie, die uns klarmachen soll, daß er den gnädigen Christengott vermißt. Der Autor geht aber auch auf dem Gebiet der Religion einer endgültigen Stellungnahme nicht aus dem Weg. Der Titelheld Matern verkündet: „... der Katholizismus sei ganz große Scheiße;" oder später: „Du schwarzes katholisches Schwein; ... Christenhund!" Damit läßt es Grass nicht genug sein. Er wirft der Kirche vor, sich in nichtkirchliche Angelegenheiten wie Politik und Wirtschaft einzumischen. Der Autor behauptet, daß die Kirche für die „Nazis" gebetet habe, daß die Kirche sich mit eigenem Gewinnstreben an der Wirtschaft beteiligt habe und daß sich die Kirche nach dem Krieg sofort wieder politisch engagiert habe. Er spricht somit der Gott vertretenden Institution jeden moralischen Sonderwert ab. Richtig sind seine Vorwürfe gegen die Christen selbst. Christen sollten sich durch sittliches Verhalten auszeichnen. Grass zählt eine Fülle von Personen auf, die zur Hitlerzeit führende Positionen bekleideten und sich an Massenmorden oder ähnlichen Verbrechen beteiligten. Nach dem Krieg allerdings bezeichneten sich dieselben Leute als redliche Christen. Die Nivellierung[4] christlicher Begriffe mit alltäglichen Dingen findet ihren Höhepunkt in den sich ständig wiederholenden Aufzählungen: „Gott und die Haftpflichtversicherung" ... „... Kölns warme, fliesengekachelte, streng süß riechende und katholische Männertoilette" ...

Wie die eben aufgezeigten Beispiele beweisen, muß man Paul K. Kurz beipflichten, wenn er von der Vernichtung der Religion oder zumindest von einem „Anknabbern" der Religion spricht.

Zusammenfassend stelle ich fest, daß Grass mit Tendenz schreibt. Jedes zeitkritische Werk ohne Tendenz wäre nicht sinnvoll, denn der Dichter will uns mit seinem Buch herausfordern. Es ist weiterhin richtig, zu sagen, daß die Tendenz alles andere als harmlos ist. Sie richtet sich sehr stark gegen Hitler, Wirtschaft, Philosophie und Religion. Grass verfügt über eine sehr derbe Ausdrucksweise und nimmt sich kein Blatt vor den Mund. Das kann, wie K. Kurz sagt, gefährlich sein, aber es ist auf jeden Fall besser, offene Kritik zeigen zu dürfen, als schweigen zu müsen. Ich glaube, daß Grass nicht nur vernichten (abgesehen von Hitler), sondern mehr zum Nachdenken anregen und zur Verbesserung der Verhältnisse beitragen will. Mit seiner Kritik

---

4. Der Verfasser übernimmt den Begriff „Nivellierung" aus dem Zitat des Themas, ohne diesen Begriff richtig zu erfassen. Begriff durch Nachschlagen im Lexikon klären!

will er die Leute wachrütteln und ihnen neue Impulse verleihen. Eine Tendenz gegen Hitler, Wirtschaft, Philosophie und Religion ist in den „Hundejahren“ zweifellos vorhanden, doch diese Tendenz kann durchaus, wenn man darüber nachdenkt, positive Folgen nach sich ziehen.

Benützte Literatur
„Hundejahre“ von G. Grass[5]
„Über moderne Literatur“ von Paul K. Kurz[5]
„Herders Volkslexikon“

Bemerkung
In diesem Aufsatz sind die vertretenen Ansichten überzeugend begründet; aus dem Roman werden für die Beweisführung treffende Stellen ausgewählt. Diejenigen Gesichtspunkte, die zeigen, was G. Grass abwerten bzw. erschüttern will, hätte der Verfasser deutlicher herausarbeiten sollen. Die Darstellung ist sachlich und sprachlich flüssig. Diese Bearbeitung des für einen Schüler nicht leichten Themas zeigt bei allen Unzulänglichkeiten, daß sich der Verfasser mit Problemen aus der Literatur auseinandersetzen kann.

---

5. Literaturangaben: Reihenfolge, Vollständigkeit!

70 Welches dichterische Werk eines Schriftstellers des 20. Jahrhunderts hat Sie nachhaltig beeindruckt?

Gliederung

A) Ein dichterisches Werk muß versuchen, dem Leser eine Erkenntnis zu vermitteln.

B) Mich beeindruckte nachhaltig das Theaterstück „Leben des Galilei" von Bertolt Brecht

I. wegen der vielschichtigen und interessanten Handlung, die durch die Entwicklung des epischen Theaters,

1. das neue Stoffe zur Behandlung zuläßt:
   a) durch Handlungsverlauf in Kurven,
   b) dadurch, daß Bestrebungen nicht nur zwischen, sondern auch innerhalb von Machtgruppen möglich sind,
   c) durch die Wandelbarkeit des Menschen,
2. das dem Menschen das dialektische Denken nahebringt, begünstigt wird,

II. wegen der Dialektik, die als übergeordnetes Aufbaumittel

1. die Form des Stückes bestimmt, die teils zur epischen
   a) in der Verwendung von Verfremdungseffekten,
   b) in voneinander getrennten Szenen, wird teils zur dramatischen Form,
   c) in der Ausrichtung aller dieser Szenen auf den Schluß hin neigt;
2. die Person Galileis zu einem vielschichtigen Charakter macht, der
   a) unter der in ihm vorhandenen widersprüchlichen Einheit von Natur und Geist,
   b) unter dem historischen Aspekt,
   c) vom entstehungsgeschichtlichen Standpunkt her gesehen werden muß;
3. die Themenkreise
   a) Wissenschaft und Glaube,
   b) Wissenschaft und Staat,

C) Wissenschaft und soziale Verantwortung werden uns in dialektischer Form vergegenwärtigt.

Bemerkung
Die Forderung nach einem Satzzusammenhang in der Gliederung so weit zu treiben, daß man die ganze Gliederung sprachlich vom Eingangssatz abhängig macht, führt zu unübersichtlichen Satzungetümen, die auch durch die Zeichensetzung nicht mehr verständlich zu machen sind.

Zu einem dichterischen Werk gehört,[1] daß es den nötigen Hintergrund besitzt, daß es keine oberflächlich geschriebene Unterhaltung darstellt, sondern einen Versuch, dem Leser eine Erkenntnis zu vermitteln, die z. B. den geistigen, den politischen, den wissenschaftlichen Bereich betrifft. Welches dichterische Werk eines Schriftstellers des 20. Jahrhunderts hat mich nachhaltig beeindruckt?
Mich beeindruckte das Theaterstück „Leben des Galilei" von Bertolt Brecht. Es gibt drei Fassungen des Stücks, deren erste Brecht 1938/39 in Dänemark schrieb. Die zweite Fassung entstand 1947 mit Charles Laughton im amerikanischen Exil, die dritte 1955 bei den Proben zu dem Stück in Ostberlin. Sie wird heute gewöhnlich gespielt. „Leben des Galilei" hat eine vielschichtige und interessante Handlung.
Galileo Galilei, der in Venedig seine Forschungen betreibt, entdeckt durch ein Fernrohr die Jupitertrabanten, die einen Beweis für das kopernikanische Weltsystem darstellen, das – im Gegensatz zum aristotelischen – behauptet, daß sich die Erde um die Sonne dreht. Galilei hoffte, die Menschen würden ihm dank ihrer Vernunft Glauben schenken. Die Kirche bestätigt auch seine Forschungen, setzt sie aber trotzdem auf den Index, weil sie politische Obrigkeit ist und eine Revolution des Volkes fürchtet, wenn sie einen Irrtum in ihrer Lehre eingestünde. Als acht Jahre später ein neuer Papst, der den Wissenschaften aufgeschlossen gegenübersteht, den Thron besteigt, nimmt Galilei seine Forschungen wieder auf. Vor die Inquisition gerufen, widerruft er aber seine Lehre. Damit hat die Kirche gesiegt. Galileis Schüler Andrea verurteilt den Verrat, nimmt aber sein Urteil zurück, als ihm Galilei eine Abschrift der „Discorsi", seiner wichtigsten Lehren, die

---

1. Die Einleitung beginnt etwas unvermittelt, ohne die Themafrage durch einen einführenden Gedanken vorzubereiten. Die Klärung des Kernbegriffs dieses Themas erfolgte besser nach der Einleitung in einem eigenen Abschnitt oder im I. Abschnitt des Hauptteils.

er als Gefangener der Inquisition heimlich nachts gemacht[2] hat, überreicht. Galilei aber verurteilt sich selbst als Versager vor dem Volke, das sich aufgrund der neuen Lehre eine neue Ordnung hätte geben können.

Zur Zeit des dramatischen Theaters wäre ein solcher Handlungsablauf wohl kaum möglich gewesen. Mit seinem epischen Theater aber schuf Brecht eine neue Form, die die neuen Stoffe zur Behandlung zuläßt. Diese neuen Stoffe,[3] die mit Beginn des wissenschaftlichen Zeitalters, also der Zeit Galileis, auftraten,[4] bestimmen die Beziehungen der Menschen untereinander. Für das Theater sind Neuerungen nötig, um die neuen Beziehungen erfassen zu können. Die Handlung z. B. verläuft nun nicht mehr gradlinig, sondern in Kurven – es sind auch Fehlhandlungen möglich –, Machtgruppen stehen sich nicht nur gegenüber, sondern zeigen auch Bestrebungen in den eigenen Reihen. Im „Galilei“ ist das der Fall, wenn die Kirche erst Galileis Lehre bestätigt, sie aber dann doch auf den Index setzen läßt. Daß die Handlung nicht geradlinig verläuft, zeigt[5] der wiederholte Beginn Galileis mit seinen Forschungen und die mehrmalige Verurteilung seiner Lehre durch die Inquisition. Ein weiterer wichtiger Faktor des epischen Theaters ist die Wandelbarkeit des Menschen. Brecht sieht den Menschen als „Gegenstand eines Experiments“, und deshalb war es ihm auch stets möglich, vielseitige Charaktere wie den Galilei auf die Bühne zu stellen. Das dialektische Denken ist das Mittel, mit dem Brecht die Zuschauer in seiner neuen Theaterform zu einer neuen Erkenntnis gelangen lassen will. Wird in Brechts Theatertheorie noch verlangt, diese Erkenntnis solle im Sinne der kommunistischen Weltanschauung ausfallen und den Proletarier zur Änderung der gesellschaftlichen Zustände veranlassen, so zeigt sich Brecht in der Theaterpraxis weit weniger von diesem einen Ziel erfüllt. Er verlangt im „Galilei“ vom Zuschauer zwar, daß er mitdenkt – das Ergebnis der Gedanken muß aber für Zuschauer und Stückeschreiber nicht dasselbe

---

2. Wenig treffender Ausdruck; dafür: „angefertigt hat“.
3. Der Verfasser dieses Aufsatzes müßte Beispiele für diese „neuen Stoffe“ anführen, damit der Leser weiß, wovon er spricht, welche neuen Entwicklungen, Verhältnisse, Ereignisse gemeint sind.
4. Der Ausdruck ist unklar, denn er besagt, daß diese Neuerungen von selbst „auftraten“.
5. Grammatikfehler: zwei Subjekte erfordern die Pluralform des Prädikats!

sein. Das Stück „Leben des Galilei“ hat dialektischen Charakter. Die Dialektik bestimmt als übergeordnetes Aufbaumittel alle wesentlichen Bereiche: die Form, die Hauptperson und die Thematik.

Die Form des „Galilei“ ist deshalb zwiespältig, weil sie Stilmittel des epischen und des dramatischen Theaters in sich vereinigt. Zwar wird der Verfremdungseffekt, der dem Zuschauer den zum Nachdenken nötigen Abstand gewähren soll, zu Beginn jeder Szene durch das einleitende Gedicht, das den Inhalt der Szene kurz umreißt, erreicht – demgegenüber finden wir aber Songs, das wichtigste Mittel zur Erlangung des V-Effekts, nur in einer Szene. Die Szenen selbst sind in sich geschlossen, und es hat den Anschein, als stünde eine jede für sich allein. In Wirklichkeit aber sind sie alle auf den Schluß hin ausgerichtet, in dem die zuvor behandelten Widersprüche noch einmal – in überspitzter Form – auftreten. Inwiefern verschiedene Handlungsfäden auf den Schluß verweisen, will ich kurz aufzeigen: Galilei entdeckt die Jupitertrabanten, faßt aber vergeblich den Entschluß, um besser verdienen zu können, an den Hof von Florenz zu gehen. Das Forschen und die Freude am angenehmen Leben und am guten Essen werden zum Schluß für ihn zu Lasten, von denen er nicht mehr lassen kann.

Galilei erkennt die soziale Verantwortung des Wissenschaftlers gegenüber dem Volke, wenn er sagt: „Wer die Wahrheit nicht weiß, der ist bloß ein Dummkopf. – Wer sie aber weiß und sie eine Lüge nennt, der ist ein Verbrecher.“ Damit bereitet er seine Selbstverdammung in der letzten Szene vor: „Ich habe meinen Beruf verraten. Ein Mensch, der das getan hat, was ich getan habe, kann in den Reihen der Wissenschaftler nicht geduldet werden.“ Mit diesen Worten versucht Brecht außerdem, doch noch den Verfremdungseffekt zu erreichen, da durch die unbedenkliche Einfühlung des Zuschauers in die Person Galileis der zum objektiven Denken nötige Abstand von der Bühne verlorengehen würde. Durch die Selbstverurteilung Galileis wird der Zuschauer zu einer eigenen Stellungnahme gezwungen.

Die Figur des Galilei ist ein vielschichtiger Charakter, der aus drei Blickwinkeln beurteilt werden muß, die gegensätzliche Züge tragen. Galilei wird beherrscht von einer widersprüchlichen Einheit von Natur und Geist. Der Papst drückt das sehr treffend aus: „Er denkt aus Sinnlichkeit. Zu einem alten Wein und einem neuen Gedanken kann er nicht nein sagen.“ Man muß unterscheiden zwischen dem

Forscher und dem Menschen Galilei. Die Schwäche des Menschen, die Freude am Genießen, besiegt die Stärke des Forschers.

Zum zweiten müssen wir Galilei unter dem historischen Aspekt sehen. Er steht an der Schwelle zu einer neuen Zeit und freut sich auf diese Zeit, in der Forschen ohne Einschränkung möglich sein wird. Er glaubt an den ständigen Wandel der Dinge, den er in dem dialektischen Grundsatz ausdrückt: „Da es so ist, bleibt es nicht so. Denn alles bewegt sich, mein Freund." Zugleich scheint er der alten Zeit verhaftet und nicht zum sozialen Revolutionär berufen zu sein, als er sogar die Möglichkeit einer Flucht vor der Inquisition ausschlägt. Des weiteren ist der entstehungsgeschichtliche Aspekt zu berücksichtigen. Als das Stück zum ersten Male geschrieben wurde, hatte es den Zweck, die Wissenschaftler zur illegalen Arbeit gegen Hitler anzuregen. Galilei wurde als listiger Mensch gezeigt, der Widerstand gegen die Obrigkeit leistete, obwohl er durch die heimliche Nachtarbeit fast erblindete. Die amerikanische Fassung dagegen wurde unter dem Eindruck der Atombombe von Hiroshima geschrieben und weist die soziale Verantwortung des Wissenschaftlers auf,[6] die von ihm allzugerne abgelehnt wird.

Neben diesem Hauptthema können wir noch zwei weitere finden. Wir vergegenwärtigen uns alle drei in dialektischer Form.

Im Gegensatz[7] von Wissenschaft und Glaube scheint es klar, daß Brecht sich auf die Seite der Wissenschaft stellt. Trotzdem weist er auch dem Glauben eine Position zu, die zum dialektischen Denken anregt. Besonders zeigt sich dies im Gespräch, das Galilei mit dem kleinen Mönch führt (8. Szene) und in dem der Mönch Galilei auf die Auswirkungen seiner Lehre auf das Landvolk der Campagna hinweist. Für diese Leute würde der Lebenssinn entschwinden, wenn sie sich nicht mehr im Mittelpunkt der Welt sähen, sondern als einen kleinen Planeten im unendlichen All. Die Kirche wird von Brecht aber als weltliche Obrigkeit verurteilt. In ihrer politischen Machtstellung wird sie zur Unterdrückerin des Volkes. Da die Wissenschaft zu jener Zeit ein Teil der Theologie war, ist die Kirche auch letzte wissenschaftliche Instanz. Das macht sich im Feudalstaat von Florenz bemerkbar, in dem auch Galilei gezwungen wird, sich den kirchlichen

---

6. Besser: „zeigt auf", „weist auf ... hin".
7. Besser: „Im Widerstreit ..."

Dogmen unterzuordnen. Als dritte Staatsform tritt uns im „Galilei“ die Republik Venedig entgegen. Sie treibt Handel mit der Wissenschaft. Brecht verurteilt hier den Kapitalismus.
Wichtigstes Thema des Stücks ist der Widerstreit zwischen Wissenschaft und sozialer Verantwortung. Wäre Galilei vor der Inquisition standhaft geblieben, so wäre eine soziale Revolution im Volke möglich gewesen. Jetzt aber müssen wir Galilei so sehen, wie ihn Brecht in den „Anmerkungen zu Galilei“ charakterisiert: „Am Ende ist er ein Förderer der Wissenschaft und ein sozialer Verbrecher.“

Bemerkung
Obwohl der Verfasser in der Gliederung aufzeigt, warum ihn das gewählte Werk besonders beeindruckt hat, analysiert er in der Ausführung zwar eingehend das Werk, hebt aber die persönliche Beziehung zum Stück nicht entsprechend hervor. Einige Hinweise bzw. Zwischenbemerkungen hätten genügt, die im Thema enthaltene Wendung „hat Sie nachhaltig beeindruckt“ klar herauszuarbeiten.
Die Gliederung ist durchdacht, der Aufsatz zeigt gute Werkkenntnis und stellt die entscheidenden Gesichtspunkte des Werkes heraus. Die sprachliche Darstellung ist gewandt.

Allgemeiner Hinweis
Diese Arbeit zeigt, daß man mindestens das Werk *eines* Dichters der großen literarischen Epochen genau kennen muß, d. h. gelesen und studiert haben muß, um so allgemein gefaßte Themen bearbeiten zu können. Zu einer Prüfungsvorbereitung gehört es, den Stoff für die Beantwortung so allgemeiner Themen gegenwärtig zu haben. Ähnliche Themen werden immer wieder gestellt. Dabei ist die gründliche Kenntnis *eines* Werkes entscheidender als vages Wissen über viele Werke.

71 Das Leben des Galilei – ein vorbildliches Leben?

Gliederung

A) 1. Der Anlaß zu Brechts Schauspiel „Das Leben des Galilei"
2. Die Parallelen der Geschichte mit der Gegenwart hinsichtlich der Situation der Wissenschaftler
3. Das Leben des Galilei, vorbildlich oder unzulänglich?

B) Das Leben des Galilei – ein vorbildliches Leben? – im Hinblick auf

I. das Leben als Wissenschaftler gekennzeichnet durch:

a) Vorbildliche Forschungsarbeit:
1. die Erfindung des Fernrohrs als Beispiel,
2. die Entdeckung aus den Himmelsbeobachtungen,
3. vorbildliche Zielstrebigkeit (Zitat S. 9),
4. die Wissenschaft im Mittelpunkt seines Lebens (Zitat S. 51);

b) den Willen zum Beweis der Wahrheit:
1. das Erreichen seines Lebenszieles,
2. das Bedürfnis nach Selbstbestätigung,
3. der Wille und die Genußsüchtigkeit (Zitat S. 37),
4. seine Erkenntnis vom Wesen der Wahrheit (gezeigt am Zitat S. 81);

c) den Kampf für die moderne Wissenschaft:
1. Die Anlässe:
seine Gewißheit vom neuen Zeitalter (Zitat S. 8),
die materielle Verflechtung der Forschung (Zitat S. 18),
die formale Wissenschaft seiner Zeit,
der Einfluß des biblischen Weltbildes auf die Wissenschaft (Zitat S. 70);
2. Seine Verantwortungslosigkeit gegenüber der Forschung:
äußert sich in der einseitigen Auffassung ihrer Ziele,
in der Verbindung des Materiellen mit dem Geistigen,
im Verrat seiner Lehre beim Widerruf,
im Verrat am Volk (Zitat S. 124).

II. Der Glaube im Leben des Galilei:

a) Sein absoluter Glaube an die menschliche Vernunft:

1. Galileis Glaubensbekenntnis (Zitat S. 34),
2. der Glaube an die Menschheit,
3. das übersteigerte Maß an Vernunftserwartung.

b) Seine Haltung gegenüber dem christlichen Glauben: geprägt durch:
1. das Gleichsetzen der Vernunft mit Gott,
2. die Gegnerschaft zur Kirche (Zitat S. 33).

III. Das Wirken des Galilei in seiner Umwelt:

a) Seine Bedeutung als Sozialreformer: durch:
1. das Auflehnen gegen die Obrigkeit,
2. seine neue Lehre,
3. seine Erkenntnisse über die Kirche – Vertreterin des Materiellen (Zitat S. 77 und S. 68),
4. die Zugänglichkeit seiner Lehre (Zitat S. 107),
5. seine Kritik an den Großgrundbesitzern (Zitat S. 91), aber
6. sein Widerruf im Gegensatz zu den Reformen.

b) Die Ziele seiner gedachten Sozialreform:
1. das selbständige Denken jedes einzelnen (Zitat S. 35),
2. der Zweifel in den Menschen:
an bestehenden Lehren (S. 9 Zitat Galilei),
den bestehenden Gesellschaftsverhältnissen,
3. der Nutzen für die praktische Wissenschaft.

c) Galileis Wirken in seiner privaten Umgebung:
1. Das Leben mit einfachen Leuten,
2. seine Intoleranz gegenüber dem eigenen Kind,
3. seine Verantwortungslosigkeit gegenüber der Tochter (Zitat S. 90 Frau Sarti).

C) Bewertung und Antwort auf die Themafrage:
1. Licht- und Schattenseiten stehen sich gleichwertig gegenüber,
2. die Zwiespältigkeit im Leben des Galilei,
3. die Mängel an menschlicher Größe,
4. die Verurteilung des Lebens des Galilei,
5. die Verurteilung aller Versuche zu seiner Rechtfertigung.

Literaturangabe
Das Leben des Galilei (Brecht), Suhrkamp Verlag

Bemerkung
Einleitung und Schluß eines Aufsatzes sollen in der Gliederung nicht untergegliedert werden. Außerdem gehört die Beantwortung der im Hauptteil aufgeworfenen und erörterten Fragen (abschließendes Urteil) nicht in den Schlußabschnitt C), sondern in den letzten Abschnitt des Hauptteils, denn in Einleitung und Schluß soll nichts stehen, was zum Hauptteil gehört, sich also mit der Themafrage auseinandersetzt. Die Gliederung ist sehr ausführlich und logisch durchdacht; allerdings kann man die Beantwortung der Themafrage (vorbildliches Leben oder nicht?) aus der vorliegenden Gliederung nicht entnehmen.

Unter dem Eindruck der ersten gelungenen Spaltung des Uran-Atoms durch Otto Hahn und den sich daraus ergebenden neuen, bis dahin ungeahnten Möglichkeiten der Technik schrieb Bertolt Brecht in den Jahren 1938/1939 sein Schauspiel „Das Leben des Galilei". Bewußt griff Brecht dabei auf den Fall des berühmten italienischen Physikers Galileo Galilei zurück, der am Anfang des siebzehnten Jahrhunderts mit seinen umwälzenden Erkenntnissen auf den verschiedenen Gebieten der Physik den Naturwissenschaften ein weitgestecktes Blickfeld verschaffte. Damals wie heute lag es in den Händen der Wissenschaftler, das Dasein des Menschen auf Erden zu erleichtern oder es durch den Mißbrauch der Wissenschaften durch die Machthaber noch mehr zu gefährden. Wie Brecht den Wert der Wissenschaft des zwanzigsten Jahrhunderts und den Nutzen, den die Menschheit aus ihr ziehen konnte, beurteilt, ergibt sich meines Erachtens aus der Beantwortung der Frage, inwieweit er in seinem Schauspiel einem[1] das Leben des Forschers Galilei als vorbildlich oder unzulänglich darstellt.
Ganz offensichtlich erscheint mir die Tatsache, daß Brecht die Verdienste, die sich Galilei durch sein geniales Forschen erworben hat, in seinem Stück nicht schmälern will, sondern sie dem Zuschauer mit voller Absicht als vorbildlich vor Augen führt. In seinem Leben als Wissenschaftler leistet Galilei auch bei Brecht beispielhafte Forschungsarbeit, wie die Erfindung[2] des Fernrohrs und dessen Nutzanwendung bei seinen Himmelsbeobachtungen deutlich beweisen. Ganz auf sich

1. Nur „... darstellt ..." Nicht: wem darstellt!
2. Brechts Galilei übernimmt diese Erfindung einfach und verbessert sie!

allein gestellt und inmitten einer geistig dahindämmernden Menschheit zieht er bestechende Schlüsse aus der Entdeckung der Jupitermonde und den Phasen der Venus. Seine Arbeit wird von einer hartnäckigen Zielstrebigkeit getragen, die sich in einem seiner Aussprüche widerspiegelt: „Da ist schon viel gefunden, aber da ist mehr, was noch gefunden werden kann." (Zitat S. 9) Im Mittelpunkt seines Lebens steht immer die Wissenschaft und ihre planmäßige Verfolgung. „Uneingeschüchtert auch durch die Pest, setzt Galilei seine Forschung fort." (Zitat S. 51)

Damit zum Beispiel will uns Brecht helfen, ganz den Forscher in Galilei zu erschließen und seinen Beitrag für die Wissenschaft erst richtig zu erkennen. Das Lebensziel Galileis stellt der Beweis des kopernikanischen Weltsystems dar, das er mit seinem ungeheuren Willen, der Wahrheit auf den Grund zu gehen, auch erreicht. Dieser Wille stammt aber meines Erachtens zu einem großen Teil aus Galileis Bedürfnis, in seiner Lehre eine Art Selbstbestätigung seiner Person zu finden, um sich vor die ganze Welt stellen zu können. Daneben ist sein Streben nach der Wahrheit auch noch mit einer gewissen Bequemlichkeit und Genußsüchtigkeit gepaart, was sich leicht durch folgenden Ausspruch beweisen läßt: „Ich brauche Beweise. Und ich will die Fleischtöpfe." (Zitat S. 37) Um das Vorbildliche neben dem allzu Menschlichen noch besser aufzeigen zu können, legt Brecht seinem „Helden" aber auch Äußerungen in den Mund, die diesen wieder zu einem Vorbild werden lassen: „Wer die Wahrheit nicht weiß, der ist bloß ein Dummkopf. Aber wer sie weiß, und sie eine Lüge nennt, der ist ein Verbrecher!" (Zitat S. 81) Auch solche Aspekte kennzeichnen Galileis Bemühungen um die wissenschaftliche Wahrheit und seinen Kampf für die praktische Wissenschaft, der aber von seiner labilen Willenskraft bestimmt wird. Bei seiner Auseinandersetzung mit der tief im Denken der Wissenschaftler eingewurzelten Lehre des Aristoteles tritt uns Galilei als Reformer entgegen, den eine Reihe richtiger Erkenntnisse veranlassen, für seine Entdeckungen lautstark einzutreten. So ist er fest von seinen Worten an den ungebildeten Andrea überzeugt: „... die alte Zeit ist herum, und es ist eine neue Zeit." (Zitat S. 8) Als echter Sohn der Wissenschaft empfindet er die Verflechtung der Forschung mit den materiellen Interessen der Machthaber der Republik Venedig als Hemmschuh für die freie Entwicklung der Wissenschaft und wendet sich durch seinen Umzug an den Florentinischen

Hof, wo er Zeit für seine Tätigkeit zu finden hofft, strikt gegen die Ansicht „Skudi wert ist nur, was Skudi bringt.“ (Zitat S. 18, der Kurator) Galilei strebt die Unabhängigkeit der Forschung an und sieht zugleich die Notwendigkeit der Neuerungen innerhalb der Wissenschaften. Sein Vorgehen richtet sich schließlich gegen die formale Wissenschaft seiner Zeit, die sich auf Diskussionen beschränkt, aber wissenschaftliche Tatsachen ignoriert und sich daneben dem Volk verschließt. Er muß erkennen, daß die zeitgenössische Forschung zu sehr dem biblischen Weltbild der Kirche anhängt und voll und ganz die Ansicht der Kirche vertritt, die in den Worten des Kardinals Bellarmin zum Ausdruck kommt: „. . ., daß wir nicht wissen können, aber forschen mögen.“ (Zitat S. 70) Der Erfolg, der Galilei durch seinen offenen Widerstand gegen die alte Lehre und durch die daraus sich ergebende Anerkennung seines kopernikanischen Weltbildes durch das Collegium Romanum beschieden wird, rechtfertigt meines Erachtens die Ansicht, Galileis Leben als Forscher wenigstens zum Teil als vorbildlich aufzufassen. Aber wiederum führt uns Brecht einen Forscher vor Augen, der zwar hohe Ideale vertritt, sie aber aus menschlicher Schwachheit nicht erreicht. Bei Galilei scheint mir seine Verantwortungslosigkeit gegenüber allem, was mit der Wissenschaft und ihrer Betreibung[3] zusammenhängt, geradezu im Gegensatz mit seinen Vorstellungen von der praktischen Wissenschaft zu stehen. Mit Hilfe seines Ausspruches „Ich würde meinen, als Wissenschaftler haben wir uns nicht zu fragen, wohin die Wahrheit uns führen mag“ (Zitat S. 49), läßt sich leicht seine einseitige und unvollkommene Auffassung von den Zielen der Wissenschaften nachweisen. Er will sich also darüber gar nicht klar werden, welche Auswirkungen seine neue, gegen die Kirche gerichtete Lehre[4] auf das Verhältnis des Volkes zu seiner Obrigkeit hat. Eine Trennung des Materiellen vom rein Geistigen der Wissenschaft kommt meines Erachtens für ihn persönlich nicht in Frage, denn indem er das Fernrohr als „Frucht siebenzehnjähriger geduldiger Forschung“ bezeichnet und sich dadurch eine Gehaltsaufbesserung erschwindelt, verleugnet er bewußt seine ureigensten An-

3. Schlechter Ausdruck!

4. Hier müßte der Zusammenhang aufgezeigt werden, wieso sich Galileis Lehre gegen die Kirche richtet.

sichten darüber.[5] Am deutlichsten wird sein mangelndes Verantwortungsbewußtsein, als er aus Furcht vor den Machtmitteln der Inquisition seine Lehre verrät und die Wahrheit gegen die Unwahrheit eintauscht. Brecht sagt es im letzten Monolog Galileis sehr deutlich. Hätte Galilei widerstanden und seinen Worten „Der Verfolg der Wissenschaft scheint mir diesbezüglich besondere Tapferkeit zu erheischen" (Zitat S. 124), getreu gehandelt, dann hätte er die Position der Wissenschaft gestärkt und sie nicht dem Willen der Machthaber gefügig gemacht, was einem Verrat am Volk gleichkommt.

Den tiefgreifendsten Beweggrund, der ihn zum Kampf für sein neues Weltsystem aufruft, sehe ich in seinem unerschütterlichen Glauben an die menschliche Vernunft. „Ich glaube an die Vernunft. Ohne diesen Glauben würde ich nicht die Kraft haben, am Morgen aus meinem Bett aufzustehen." (Zitat S. 34) Dieses Glaubensbekenntnis bestimmt das Leben Galileis als Forscher und seine Stellung zur Umwelt, was ich noch aufzeigen werde. Darin sagt er grundsätzlich ja zur Fähigkeit auch der Ungebildetsten unter den Menschen, die Entdeckung der Wissenschaften zu begreifen und zu ihrem Wohle auszunutzen. Ich halte dafür, daß die Rolle, die der Glauben an die Menschheit im Leben des Galilei spielt, durchaus zu bejahen ist, aber nur bis zu dem Zeitpunkt, an dem sich das Volk in der Szene der Balladensänger aus Unreife und Unverstand gegen die neue Lehre Galileis stellt. Durch seinen fast fanatischen Glauben an die Vernunft setzt Galilei ein Maß an Vernunft voraus, das bei seinen Zeitgenossen noch gar nicht vorhanden ist, und verbindet damit den langsam in den Menschen reifenden, moralischen Entwicklungsprozeß, der immer dann vor sich geht, wenn es gilt, umwälzende Neuerungen ins Allgemeindenken aufzunehmen. Auch seine Haltung gegen den christlichen Glauben ist von diesem „Vernunftsgedanken" geprägt. Obwohl er sich mehrmals als Sohn der Kirche hinstellen läßt und in scheinbar echter Reue seine „Irrlehre" widerruft, setzt er insgeheim den Gott der Christen mit der Vernunft im Menschen gleich. Auf die ängstliche Frage seines Freundes Sagredo, „... und wo ist Gott in deinem Weltsystem?", antwortet Galilei gemäß seiner Vorstellung, „in uns oder nirgends". (Zitat S. 33) Wie Brecht sehe ich seine sich daraus ergebende Gegnerschaft zur

5. Das steht im Widerspruch zu dem, was der Verfasser vorher ausgeführt hat!

Kirche als durchaus vorbildlich an, zumal die Inquisition und das reaktionäre Verhalten der Kirche gegenüber der Forschung nahezu unüberwindliche Hindernisse für deren Entwicklung darstellen.
Während seines ganzen Lebens hindurch lehnt sich Galilei, der Reformer auf wissenschaftlichem Gebiet und in Sachen des Glaubens, gegen die Obrigkeit auf, das heißt vor allem gegen die besondere Machtstellung der Kirche und der italienischen Großgrundbesitzer. Seine neue Lehre, welche die Erde aus dem Mittelpunkt des Universums rückt und damit der unmittelbaren und ausschließlichen Obhut Gottes entzieht, trägt dazu bei, daß er in seinem Leben eine gewisse Bedeutung als Sozialreformer erlangt. Als ein Mensch, der seinen Verstand wohl zu nützen weiß, erkennt er die sozialen Mißstände in seinem Lande und ihre tieferen gesellschaftlichen Wurzeln. So durchschaut er die Kirche als Vertreterin des rein Materiellen und äußert im Gespräch mit Leuten aus seiner näheren Umgebung seine Erkenntnis darüber, daß die Kirche bewußt das arbeitende Volk im Glauben an ihr veraltetes biblisches Weltbild beläßt, um es bei der Stange zu halten. „Warum stellt er die Erde in den Mittelpunkt des Universums? Damit der Stuhl Petri im Mittelpunkt der Erde stehen kann." (Zitat S. 77) Nach der Lehre der Kirche ist der Unterschied zwischen arm und reich eine Fügung Gottes, und sie verbreitet den Irrglauben: „. . . daß dies alles einem großen Plan zufolge geschieht" (Zitat S. 68). Als vorbildlich rechne ich Galilei an, daß er die einfachen Menschen von solchen falschen Sozialvorstellungen befreien will, indem er den Mut aufbringt, seine Lehre im „Idiom der Fischweiber und Wollhändler" (Zitat S. 107) zu verfassen, und sie damit dem Volk zugänglich macht. Seine Kritik richtet sich also nicht nur gegen die Kirche, sondern gleichermaßen auch gegen die reichen Grundbesitzer, die ihre Bauern mit voller Absicht in einem, wie Brecht es ausdrückt, vertierten Zustand dahindämmern lassen, um auch weiterhin auf deren Kosten in Wohlstand leben zu können. Im Streitgespräch mit Ludovico, einem Vertreter des reichen Adels, drückt Galilei seine Meinung darüber folgendermaßen aus: „Ja, ich könnte seine Bauern aufstören, neue Gedanken zu denken. Und seine Dienstleute und seine Verwalter." (Zitat S. 91)
Betrachtet man die Haltung Galileis als Gesellschaftsreformer, dann könnte man nach diesen Betrachtungen versucht sein, ihn als Vorbild aufzufassen, stattdessen aber zeigt uns Brecht meiner Meinung nach

noch einen anderen Galilei, dessen Verhalten seinem Kampf für grundsätzliche Verbesserungen in der Gesellschaftsstruktur geradezu widerspricht. Mit seinem „reumütigen“ Widerruf vor der Inquisition entzieht er weiteren Neuerungen auf dem sozialen Sektor jegliche Grundlage und verstößt somit leichtfertig gegen seine eigenen Grundsätze. – Ich bin aber der Auffassung, daß man darüber trotzdem nicht seine beispielhaften Ziele, die er mit den geplanten Reformen in der Wissenschaft und Gesellschaftsstruktur anstreben will, übergehen darf. Sein ganzes Trachten, während seines Kampfes mit der Obrigkeit um die Bestätigung seiner Lehre, ist es, jedem einzelnen eine Anregung zum selbständigen Denken zu geben. So sagt er zu seinem Freund Sagredo: „Die Verführung, die von einem Beweis ausgeht, ist zu groß. Ihr erliegen die meisten, auf die Dauer alle“ (Zitat S. 35), und bekundet damit wiederum seinen Glauben an die Menschheit, wenn es um den Triumph der Wahrheit geht. Das nächste Ziel seines Kampfes für die soziale Gerechtigkeit sehe ich darin, daß er mit unterschiedlichem Erfolg zumindest versucht, den Zweifel in seinen Mitmenschen zum Erwachen zu bringen, und zwar mit Aussprüchen wie dem folgenden: „Den gefeiertsten Wahrheiten wird auf die Schulter geklopft, was nie bezweifelt wurde, das wird jetzt bezweifelt.“ (Zitat S. 9) Durch sein Hinaustreten in die Öffentlichkeit will er nicht nur auf bestehende, äußerst zweifelhafte Lehren, wie es nach Brechts Ansicht die kirchliche Lehre ist, aufmerksam machen, sondern pocht gleichzeitig auf die notwendige Verbesserung der zeitgenössischen Gesellschaftsverhältnisse. Ich glaube, daß alle Bemühungen Galileis, den Zweifel in den Menschen wachzurufen, auf das Ziel ausgerichtet sind, der praktischen Wissenschaft im Denken der Leute einen festen Platz zu erobern. Ganz im Dienste der Wissenschaft, was meiner Meinung nach nicht unbedingt als vorbildlich gelten muß, steht Galileis Leben inmitten der Menschen, die ihm am nächsten sind. Galileis Bemühungen, sich mit einfachen Leuten zu umgeben, um ihnen die echte Wissenschaft lehren zu können, erkenne ich durchaus als beispielhaft an. Dagegen spricht seine besondere, wenig vorbildliche Verhaltensweise Menschen gegenüber, die an der Forschung nichts Anziehendes finden können. So überschattet zum Beispiel Galileis privates Leben eine unüberwindliche menschliche Kälte seiner Tochter gegenüber, die sich des öfteren in einer offenen Abneigung gegen diese äußert. Darin zeigt uns Brecht ein äußerst intolerantes Verhalten

Galileis auf, sobald eine Lebensauffassung der seinen widerspricht. Galilei geht sogar so weit, daß er in seiner Verantwortungslosigkeit das zukünftige Leben seines Kindes zerstört, und ich schließe mich deshalb der Verurteilung seines unmenschlichen Verhaltens durch Brecht vollends an, der der Haushälterin Galileis die Worte in den Mund legt: „Du hast kein Recht, auf dem Glück deiner Tochter herumzutrampeln mit deinen großen Füßen." (Zitat S. 90 Frau Sarti)

Am Ende des Schauspiels[6] ein gerechtes und objektives Urteil über das Leben des Galilei abzugeben, stellt meines Erachtens unter Berücksichtigung der vorangehenden Betrachtungen eine echte Schwierigkeit dar. Licht- und Schattenseiten stehen sich in seinem Leben als Forscher und in seinem Verhalten zur Umwelt ständig gegenüber. Der Zwiespalt aber, der sich durch seine besonderen Verdienste für die Forschung und durch seinen unrühmlichen Widerruf in seinem Leben als Forscher ergibt, läßt diese in meinen Augen nicht als vorbildlich und tadelsfrei erscheinen. Daneben erstickt er selbst in seinen Bemühungen um eine Verbesserung der sozialen Verhältnisse im Keim, was ihn auch in dieser Hinsicht als zwiespältige Persönlichkeit charakterisiert. Sein Glaube an die Vernunft der Menschen ist meiner Überzeugung nach deshalb nicht beispielhaft, weil er bei Galilei zu einer fixen Idee ausartet, die sein Leben bestimmt und sein Scheitern herbeiführt. Das Wirken des „Helden" von Brecht wird auch noch von einem Mangel an menschlicher Größe gekennzeichnet, der sich vor allem in seiner Verantwortungslosigkeit dem Volk und der Forschung gegenüber äußert. Nach dieser Verurteilung des Lebens des Galilei meinerseits, könnte man nun zu seiner Rechtfertigung anfügen, daß er ein Opfer der besonderen Zeitumstände und des Unverständnisses seiner Mitmenschen sei. Aber dagegen wendet sich selbst der Autor meiner Meinung nach mit Nachdruck, indem er im Schlußmonolog des Galilei durch diesen zu dieser Einwendung Stellung nimmt: „Ich habe zudem die Überzeugung gewonnen, Sarti, daß ich niemals in wirklicher Gefahr schwebte. Einige Jahre lang war ich ebenso stark wie die Obrigkeit." (Zitat S. 126 – Galilei)

---

6. Dieser Begriff kann für Brechts Theaterstücke nicht angewendet werden, da er eine völlig neue Form geschaffen hat, das epische Theater, das die Gesetze und Regeln des klassischen Schauspiels ablehnt.

Bemerkung

Diese Arbeit bewältigt sehr viel Stoff und setzt sich eingehend mit dem im Thema aufgeworfenen Problem auseinander; der Verfasser beweist kritische Urteilsfähigkeit und Verständnis für literarische Fragen. Die angeführten Gesichtspunkte sind stichhaltig; ein eigentlicher Schlußgedanke fehlt, denn der Schlußabschnitt C) gehört als abschließende Stellungnahme zur Themafrage noch in den Hauptteil.

Aufgabe

Vergleichen Sie die Arbeiten über Brechts „Leben des Galilei" (70, 71, 72) und schreiben Sie eine eigene Gliederung zum Thema!

72 Das Leben des Galilei – ein vorbildliches Leben?

Gliederung

A) Galilei, der seine Lehre widerruft, wird von Andrea Sarti verurteilt und als Verbrecher bezeichnet. Im 15. Bild des Werkes „Leben des Galilei“ ändert er diese Ansicht über seinen früheren Lehrmeister und sieht in ihm ein Vorbild.

B) Ist das Leben des Galilei ein vorbildliches Leben?

I. Galilei als Vorbild:

1. als Mensch:

a) Mann einer neuen Zeit,
b) Verhalten zu Andrea,
c) Verhalten zu einfachen Menschen:
Linsenschleifer,
Campagnabauern;

2. als Wissenschaftler:

a) ein wissenschaftliches Genie:
großartige Erfindungen (Sternkarte, Discorsi),
Beweis des kopernikanischen Weltbildes;
b) ordnet der Wissenschaft alles unter:
unstillbarer Wissensdrang,
opfert Zeit und Geld,
scheut keine Gefahren,
macht seine Lehre verständlich.

II. Wo versagt Galilei?

1. Als Mensch:

a) Schwindler:
betrügt Venezianer,
heuchelt Unterwürfigkeit;
b) überzeugter Materialist:
liebt Speis und Trank,
liebt Bequemlichkeit,
c) Feigling:
Angst vor Folter;

2. als Wissenschaftler:
   a) Verrat an der Wissenschaft:
      Widerruf,
      egoistisches Forschen;
   b) Sozialverbrechen:
      Entzieht sich der Verantwortung als Wissenschaftler gegenüber der Gesellschaft,
      mißachtet die soziale und politische Bedeutung seiner Tätigkeit.

III. Synthese:
   1. Brechts Anschauung in den drei Fassungen;
   2. Galilei besitzt einen Doppelcharakter;
   3. übertriebene Vernunft läßt ihn überleben;

C) Analogie der Hauptfigur (Brecht) in dem Werk „Die Plebejer proben den Aufstand" von Günther Grass zu Galilei

Bemerkung

Diese Gliederung besticht durch ihren klaren, übersichtlichen logischen Aufbau. Sie ist dialektisch angelegt (I. These, II. Antithese, III. Synthese) und nimmt klar Stellung zur Themafrage; nur die abschließende Stellungnahme in III. macht nicht deutlich, ob der Verfasser die Themafrage endgültig bejaht oder verneint.

Aufgabe

Lesen Sie Brechts „Leben des Galilei" und schreiben Sie nach dieser Gliederung, die Sie selbstverständlich verändern bzw. verbessern können, einen Besinnungsaufsatz zum gestellten Thema!

73 Charakterisieren Sie eine Gestalt aus einem Ihnen gut bekannten Werk der neueren Literatur und zeigen Sie auf, welche Bedeutung ihr im Gesamtzusammenhang dieses Werkes zukommt!

Gliederung

A) Bertolt Brecht, „Der gute Mensch von Sezuan". Kurze Einführung in das Werk.

B) Charakterisieren Sie eine Gestalt aus einem Ihnen gut bekannten Werk der neueren Literatur und zeigen Sie auf, welche Bedeutung ihr im Gesamtzusammenhang dieses Werkes zukommt!

I. Charakterisierung der Gestalt:

1. Shen Te: Der gute Mensch.
Sie hilft den Armen; sie gibt Obdachlosen ein Heim; sie verschafft Stellungslosen eine Arbeit; sie hilft Menschen, denen Unrecht getan wurde.

2. Shui Ta: Der schlechte Mensch.
Er wirft die Obdachlosen aus seinem Haus; er verlangt unbarmherzig Schulden zurück; er hat nur seine geschäftliche Existenz im Sinn und kümmert sich dabei nicht um die Armen.

II. Bedeutung der Gestalt im Gesamtzusammenhang:

1. Der gute Mensch in der Gesellschaft:
Der Mensch kann nicht gut sein, da er ausgebeutet wird und schuldig werden muß, um zu überleben.

2. Das Problem der Existenzspaltung:
a) Auswirkungen im Menschen:
Selbstentfremdung; zwei konträre Anschauungen kämpfen gegeneinander.
b) Auswirkungen nach außen:
Der Mensch gerät in Verstrickungen.

3. Das Verhältnis Mutter-Kind:
Shen Te ist ihr Kind als ausgeliefertes, wehrloses Wesen wichtiger als die anderen Armen.

C) Brechts Gesellschaftskritik:
Nicht nur im Krieg hat der arme Mensch zu leiden. Die Gesellschaft unterjocht ihn.

Zur Zeit des Zweiten Weltkrieges machte sich Bert Brecht sehr viel Gedanken um die Stellung der kleinen, verarmten Leute im Krieg und in der Gesellschaft. In den Jahren 1938–1942 entstanden so seine Werke „Mutter Courage und ihre Kinder", „Herr Pantilla und sein Knecht Matti" und „Der gute Mensch von Sezuan". Im letztgenannten Werk machen sich drei Götter auf die Suche nach einem guten Menschen.[1] Am ersten Tage finden sie noch keinen und müssen übernachten. Keiner aber will ihnen ein Nachtlager geben, bis sie dann schließlich eine Prostituierte namens Shen Te finden,[2] die ihnen selbstlos Unterkunft gewährt. Am nächsten Morgen glauben die Götter, in ihr einen guten Menschen gefunden zu haben, und sagen es ihr auch, Sie aber glaubt, nicht gut zu sein, da sie so verarmt ist und den Menschen nicht genügend helfen kann. Die Götter geben ihr daraufhin reichlich Herbergsgeld, wovon sie sich dann einen kleinen Tabakladen kauft. Sie wird aber daraufhin sofort von vielen Schmarotzern umlagert, die alle für sich einen möglichst großen Gewinn herausschlagen wollen. Wie wird die gute Shen Te damit fertig?
Shen Te hilft natürlich großzügig den Schutzsuchenden. Sie gibt einer obdachlosen Familie Unterkunft in ihrem Laden. Diese aber, in ihrer egoistischen Haltung, will nicht, daß sie noch anderen hilft, um selbst mehr zu profitieren. Doch Shen Te hilft allen. Sie läßt den Armen Geld und Essen zukommen und hilft denen, die sich gegen die ausbeuterischen Reichen nicht Recht verschaffen können. So bringt sie z. B. einen größeren Geldbetrag auf, um die Gerichtsverhandlung für den armen Wasserverkäufer Wang bezahlen zu können. Ihm wurde von einem reichen Ladenbesitzer der Arm gebrochen und, auf sich allein gestellt, könnte er niemals sein Recht erlangen. Shen Te hat sich, seit sie den Tabakladen besitzt, vorgenommen, nichts mehr mit Männern zu haben, verliebt sich schließlich aber doch in einen ehemaligen Flieger namens Sun, der gerade arbeitslos ist und gerne wieder fliegen würde. Er erzählt Shen Te, daß er einen Posten in Aussicht hätte, er

1. Etwas ungenau ausgedrückt, denn das Problem liegt nach Brecht darin, daß es möglich sein müßte, gut zu sein und leben zu können!
2. Durch Vermittlung des Wasserverkäufers Wang!

aber einen ansehnlichen Betrag benötige, um, wie er sagt, den dortigen Personalchef zu bestechen. Shen Te unternimmt daraufhin alle Anstrengungen, um ihm zu helfen. Da sie selbst nur noch wenig Geld hat, versucht sie, sich welches zu borgen, doch all ihre Bekannten sind ja selbst arm. Ihre Nachbarn, Teppichhändler von Beruf, raffen sich dann doch auf, ihr Geld zu leihen; das genügt aber auch noch nicht, um Sun zu helfen. Shen Te, die sich immer mehr in Hilfsaktionen verstrickt, gelangt finanziell in arge Bedrängnis. Die egoistischen Leute, die sie im Tabakladen untergebracht hat, machen ihr daraufhin den Vorschlag, die geschäftlichen Dinge doch einem Vetter zu überlassen. Die große Not und vor allem das Kind, das Shen Te von Sun erwartet, zwingen sie, in der Rolle des Vetters Shui Ta aufzutreten.
Shui Ta hat nichts mehr von den guten Zügen der Shen Te. Er ist der brutale, nüchtern denkende Geschäftsmann, dem es, ohne Rücksicht auf andere zu nehmen, darum geht, sich selbst über Wasser zu halten. So wirft er denn auch kaltherzig die um Asyl bittenden Leute aus dem Laden und setzt sie einfach auf die Straße. Er verlangt ungeachtet der sozialen Verhältnisse der Schuldner das Geld von ihnen zurück, das sie von Shen Te bekommen haben. Er erfährt aber auch von Sun, daß es diesem gar nicht so sehr um Shen Te, sondern vor allem um ihr Geld geht. Diese Erfahrung stürzt Shen Te tief in Verzweiflung, so daß sie fast den Glauben an das Gute verliert. Die grausame, unverfälschte Wahrheit läßt Shui Ta noch grausamer werden. Er will Shen Te an einen reichen Ladenbesitzer verkuppeln, um daraus finanzielle Vorteile zu schlagen. Er erreicht auch, daß sich dieser Herr um Shen Te bemüht und ihr auf ihr Verlangen hin Baracken als Wohnungen für Obdachlose zur Verfügung stellt. In einer neugegründeten Tabakfabrik finden viele Arbeitslose eine Stellung, unter ihnen auch der Flieger Sun, der sich rasch zu einem Vorarbeiter emporrackert. Shui Ta ist ein strenger, geschäftstüchtiger Mann, der die Arbeiter fest an der Kandare hält. Shen Te verschafft vielen Armen eine Arbeitsstätte. Das ausbeuterische Zweitgesicht der Shen Te gewinnt aber allmählich die Oberhand, so daß die gute Shen Te nicht mehr zum Einsatz kommt. Die armen Leute aber verlangen nach ihr und hegen den Verdacht, Shui Ta hätte sie umgebracht.[3] Daraufhin wird der Vetter

3. Hier ist der Zusammenhang der Stelle nicht klar genug aufgezeigt. Wichtig ist die Rolle, die Sun dabei spielt, sowie „Das Lied von der Wehrlosigkeit der Götter und Menschen".

angeklagt und muß vor Gericht erscheinen. Auf diese Verhandlung wird später noch genauer eingegangen werden.
Durch diese Doppelrolle drückt Brecht aus, daß es keinen guten Menschen in der ausbeuterischen Gesellschaft geben kann. Ein seinem Wesen[4] entsprechend guter Mensch wird durch die Ausbeutung der Reichen und die Ausnützung seiner Großherzigkeit durch die kleinen Leute in eine materiell so fatale Lage gebracht, daß er schuldig, d. h. seinem natürlich guten Wesen nicht mehr entsprechend, werden muß. Brecht drückt in mehreren seiner Stücke klar aus, daß er eine andere Gesellschaftsordnung erreichen will, nämlich eine, in der das Proletariat nicht mehr von ausbeuterischen Elementen geplagt wird. Das setzt ein Bewußtsein beim Proletariat voraus, daß es zusammenhalten muß, und dieses Zusammengehörigkeitsgefühl macht die Proletarier stark und widerstandsfähig gegen die Klasse, der sie ausgeliefert sind. Im Stück „Der gute Mensch von Sezuan" ist dieses Bewußtsein noch nicht entwickelt, denn auch die kleinen Leute sind vom Egoismus, einer Folge ihrer Ausbeutung, bestimmt. Ansätze des Klassenbewußtseins finden sich in der Tabakfabrik gegen Ende des Stückes. Die armen Arbeiter setzen sich für eine der ihren, Shen Te, ein und wenden sich geschlossen gegen Shui Ta.
Shen Te findet einen anderen Ausweg aus ihrer bedrückenden Lage. Sie weiß, daß sie von ihren armen Mitmenschen keine Hilfe erwarten kann, und flieht deshalb in eine Doppelrolle.[5] Sie ist in einer Person die gute Shen Te, was ihrem Wesen auch entspricht, und zugleich der Vetter Shui Ta, der sie über Wasser hält. Brecht bringt so das Problem der Existenzspaltung in sein Stück hinein. Ist dieses Annehmen[6] zweier völlig konträrer Lebenshaltungen einem Menschen überhaupt möglich? Brecht gibt eine Antwort darauf. In ihrer Doppelrolle verstrickt sich Shen Te immer mehr und immer schlimmer in Widersprüche, die in ihr gegeneinander kämpfen. Dadurch, daß sie als Vetter oft die Wahrheit erfahren kann, wie sie von Menschen aus-

4. Das ist etwas ungenau ausgedrückt, denn nach Brecht kommt es auf die natürlich gute Veranlagung des Menschen an, die beim Menschen erst durch die ausbeuterischen gesellschaftlichen Verhältnisse verdorben wird.
5. Siehe Anmerkung 1.!
6. Schwerfälliger Nominalstil! Außerdem müßte herausgearbeitet werden, daß nach Brecht ein guter Mensch gezwungen ist, diese Doppelrolle zu spielen, um leben zu können.

genommen wird, überwiegt in ihrem Herzen immer mehr die geschäftstüchtige Seite, die immer mehr erreichen will und mit nichts mehr zufrieden ist. Die Problematik der Doppelrolle liegt aber nicht nur in der Selbstentfremdung des einzelnen, sondern auch in seiner Haltung gegenüber den Mitmenschen. Er verfängt sich in äußeren Verstrickungen, aus denen es mit der Zeit keinen Ausweg mehr gibt. Im Falle der Shen Te gibt den Anlaß hierzu das Überwiegen des Geschäftssinns,[7] was dazu führt, daß Shen Te nicht mehr als gute Helferin auftreten kann. Man will vom Vetter wissen, wo sie steckt, und verdächtigt ihn, den unbarmherzigen Feind, schließlich, sie umgebracht zu haben. Vor Gericht gibt es für Shui Ta keine andere Möglichkeit mehr, als die Wahrheit zu sagen. Die drei Götter, die als Richter fungieren,[8] sind enttäuscht, da ihr guter Mensch sich nicht in der Gesellschaft behaupten konnte. Machtlos müssen sie sich zurückziehen, da sie keinen Einfluß mehr auf die Menschen haben.

Was Shen Te dazu bewogen hat, in Gestalt ihres Vetters Shui Ta aufzutreten, war nicht so sehr die Sorge, selbst in Armut und Not leben zu müssen, sondern vor allem die Angst, ihr Kind müßte unter diesen elenden Bedingungen aufwachsen. Ihr Kind, das ganz wehrlos dem Hunger ausgesetzt wäre, ist ihr wichtiger als die anderen, die auch ihrer Hilfe bedürfen. Sie will, daß ihr Kind einmal frei von Existenzsorgen aufwächst. Andererseits sieht sie aber nicht die Gefahr, daß ihr Kind vielleicht einmal der ausbeutenden Klasse angehören wird. Die Macht, die das Geld mit sich bringt, kann selbst einen guten Menschen[9] leicht verderben. Shen Te spürt es ja am eigenen Leibe. Einmal begonnen,[10] ihre Existenzsorgen zu vertreiben, kommt sie von dieser Rolle des herrischen Vetters nicht mehr weg. Sie wird immer anmaßender in ihren Forderungen. Die gleiche Gefahr besteht bei ihrem Sohn, daß er die Macht zu genießen weiß. Die Diktatur des Kapitals ist für Brecht aber nur in der herrschenden kapitalistischen Gesellschaftsordnung möglich.

---

7. Dazu müßte parallel zu ihrem Geschäftssinn das Problem ihrer Liebe betrachtet werden!
8. Hier ist der Zusammenhang der Stelle unklar!
9. In dieser kapitalistischen Gesellschaftsordnung kann nach Brecht ein Mensch, der gut ist und sein will, durch Geld oder Macht verdorben werden.
10. Schlechter Satzbau!

Der arme Mensch hat nicht nur im Krieg an seiner Not zu leiden. Die habgierige kapitalistische Gesellschaft, der er vollkommen ausgeliefert ist, nützt dies aus und bringt ihn in immer größer werdende Bedrängnis. Der ehrliche Mensch wird von unbarmherzigen, heuchlerischen Ausbeutertypen ausgeschlachtet. Der gute Mensch muß, um überleben zu können, schuldig werden.[11]

Bemerkung

Inhaltlich zeigt diese Arbeit gute Werkkenntnis und Verständnis für literarische Fragen. An einigen Stellen hätte der Verfasser noch etwas genauer auf Brechts Stück eingehen sollen, um die Problematik besser herausarbeiten zu können. Am Ende der Arbeit hätte er sich mit der von Brecht vertretenen Ansicht kritisch auseinandersetzen sollen; ein Vergleich mit Frisch hätte sich angeboten! Die sprachliche Darstellung wirkt sicher und gewandt.

---

11. Hier müßte die kritische Wertung des Verfassers einsetzen. Für die Deutung und Auseinandersetzung müßte der Epilog miteinbezogen werden.

74 *„Brechts ‚Heilige Johanna der Schlachthöfe' ist ein großes poetisches Dokument über die finsterste Phase des Kapitalismus, ein Warnbild." – Stimmen Sie dieser Deutung Rischbieters zu?*

Gliederung

A) B. Brecht versucht als Marxist, das kapitalistische System ad absurdum zu führen.

B) I. Charakterisierung des kapitalistischen Systems und des Kapitalisten durch Brecht:
   a) Verflechtung der Wirtschaft auf höchster Ebene durch Absprachen – Wirtschaftsmanipulation,
   b) Gefühlswelt wird im geschäftlichen Bereich ausgespart; bleibt beschränkt auf das Privatleben,
   c) zum persönlichen Vorteil wird mit allen Tricks gearbeitet, ohne Rücksicht auf den Partner,
   d) Konkurrenzkampf geht letzten Endes auf Kosten der Arbeiter und der kleinen Spekulanten,
   e) Wirtschaftsmaßnahmen ohne Rücksicht auf die Lage der Arbeiter,
   f) Kapitalistische Ordnung als gottgewollt motiviert.
   Wertung: positiv im Sinne des Themas.

II. Charakterisierung der Proletarier:
   a) Arbeitern fehlt das Existenzminimum, kein Sinn für höhere Werte; triebhaft,
   b) Aufzeigen von Parallelen zu der marxistischen Revolutionstheorie (erst Reden, dann Gewalt),
   Mahnung an beide Seiten, die Folgen beachten,
   c) Arbeiter bilden eine isolierte Schicht, kein Verständnis.
   Wertung: positiv im Sinne des Themas.

III. Bedeutung der hl. Johanna im Zusammenhang des Themas:
   a) Verbindung zwischen Kapitalisten und Proletarier,
   b) Unbestechlichkeit–Ehrlichkeit (im Gegensatz zu den Kapitalisten),

c) selbst ein Mensch wie Johanna kann durch den Kapitalismus zugrunde gerichtet werden.

Wertung: Johanna soll die Mängel des kapitalistischen Systems aufzeigen.

C) Bemerkungen zu „poetischem Dokument“: gezeigter Kapitalismus heute nicht mehr gegeben.

Wenn Bertolt Brecht, ein Anhänger des marxistischen Weltbildes, ein Stück über den Kapitalismus schreibt, so ist zu erwarten, daß er versucht, die Schwächen und Unzulänglichkeiten dieses Wirtschaftssystems aufzuzeigen. Er wird also, wie in der „Heiligen Johanna der Schlachthöfe“ geschehen, den Kapitalismus so vorführen, daß er dem Leser beweisen kann, inwieweit diese Wirtschafts- und Gesellschaftsform abzulehnen oder der Kommunismus vorzuziehen ist. Vergleicht man aber die heutige „zivilisierte“ Form des Kapitalismus mit der im Stück gezeigten, so wird man merken, daß Brecht versucht, ein herrschendes Wirtschaftssystem vor dem Hintergrund der Weltwirtschaftskrise, also einer Ausnahmesituation, ad absurdum zu führen und es damit für nicht daseinsberechtigt zu erklären. Brecht zeigt in seinem Stück die extremste Form des Kapitalismus, und von dieser Überlegung ausgehend, dürfte Rischbieter wohl zu folgender, abschließender Wertung des Werkes gekommen sein, die es nun zu untersuchen gilt: „Brechts ‚heilige Johanna der Schlachthöfe‘ ist ein großes poetisches Dokument über die finsterste Phase des Kapitalismus, ein Warnbild.“

Um zu einer Wertung der Themafrage zu gelangen, ist es in erster Linie notwendig zu untersuchen, wie Brecht das kapitalistische System und, damit verbunden, den Kapitalisten selbst charakterisiert und beurteilt. Gleich im ersten Bild des Werkes zeigt uns Brecht einen charakteristischen Wesenszug des Kapitalismus, der nicht nur für die Zeit, in der das Stück spielt, sondern, wie ich annehme, auch heute noch zu finden ist. Brecht zeigt uns[1] die Verflechtung der Wirtschaft in höchster Ebene, die Absprachen, die große Wirtschaftsbosse untereinander treffen, die aber außer ihnen niemand erfährt. Brecht verdeutlicht in dieser Szene die Wirtschaftsmanipulation, die meiner Ansicht nach aber nicht nur das kapitalistische System kennzeichnet.

1. Wiederholungen im Ausdruck vermeiden!

Gezeigt wird das durch den Brief, den der Fleischkönig Mauler von seinen Geschäftsfreunden aus New York erhält, die ihm raten, sich aus dem Fleischgeschäft zurückzuziehen, und sofort versucht Mauler, seine Aktien günstig abzustoßen (I. 1). Noch ein zweites Mal wird uns diese Absprache gezeigt, und zwar als Mauler nahegelegt wird, wieder Fleisch zu kaufen, da die Kammer die Zölle abschaffen will (VI). Brecht hat also die Manipulation der Wirtschaftsbosse sehr deutlich herausgearbeitet und ihr als Triebfeder für die Handlungen Maulers große, für Wirtschaft und Gesellschaft letztlich verderbenbringende Wirkung zugesprochen. Da eine Absprache auch heute noch, in einem „zivilisierten“ Kapitalismus, erfolgt und für das Zusammenspiel der Wirtschaft sogar nötig ist, werden diese Manipulationen erst durch ihre falsche, gewinnsüchtige Handhabung zur Gefahr, also erst durch die Ausspielung aller negativen Möglichkeiten, was im Stück demonstriert ist.

Einen weiteren Nachteil des Kapitalismus sieht Brecht wohl in der Entmenschlichung oder Entseelung des geschäftlichen Bereiches. Der Kapitalist wird von Brecht als gewinnsüchtiges, gefühlloses, sachliches und für menschliche Belange unempfängliches Individuum charakterisiert, soweit es sich auf die geschäftliche Sphäre bezieht. Die Gefühlswelt des Kapitalisten bleibt beschränkt auf das Privatleben. Sehr deutlich ist das an der Person von Slift herausgearbeitet. Privat wird Slift zum besorgten Mitmenschen und Freund Maulers (VI). Hier in diesem Bereich sprechen sich beide aus, und die Härte des skrupellosen Geschäftsmannes wird wenigstens etwas verdrängt durch ein Mindestmaß an Verständnis, Mitgefühl und Menschlichkeit. Sobald Slift jedoch die geschäftliche Sphäre betritt, legt er jegliches Mitgefühl ab und steigert rücksichtslos den Viehpreis so weit, bis er alle Gegner ruiniert hat. Darin, daß er mit Mauler selbst zugrunde geht, zeigt Brecht die sinnlose Entartung des kapitalistischen Systems. Der Mensch findet in dem Stück, sobald er von Gewinnsucht und Unmenschlichkeit beherrscht wird, keine Grenzen mehr und geht daran, mit denen, die er ausbeutet und vernichtet, zugrunde. Brecht verdeutlicht die Gefahr, die im Kapitalismus schlummert, wenn er ohne Gewissen den Mitmenschen und sich selbst gegenüber gehandhabt[2] wird. Insofern ist das Stück als Warnbild zu betrachten.

---

2. Schiefer Ausdruck; besser: vertreten, angewendet.

Sehr deutlich beschreibt Brecht auch die Skrupellosigkeit und die Tricks, mit denen der Kapitalist versucht, seinen Vorteil zu wahren und den Konkurrenten zu vernichten. Als Musterbeispiel wird uns hier Mauler vorgeführt, der seine Sensibilität, die nicht einmal gespielt ist, dennoch auf die niederträchtigste Weise zu seinem Vorteil nützt. Während die anderen seine scheinbare Weichheit und Empfindsamkeit glauben ausnützen zu können, werden sie durch ihn und seine Informationen, die er von seinen Geschäftsfreunden hat, hintergangen und stehen zum Schluß mit leeren Händen da. Als Beispiele für diese List sind besonders zwei Stellen anzuführen: einmal, gleich zu Beginn, als er vor Cridle den Rückzug vom Fleischgeschäft mit seinem Mitleid für die geschlachteten Tiere motiviert, und zum zweiten, als er den Ankauf von Fleisch und Vieh als Reaktion auf die Lage der Pachtherrn und Viehzüchter darstellt. Beide Male hat seine Handlungsweise letztlich nichts mit Empfindsamkeit oder Sentimentalität zu tun, sondern es stecken ganz nüchterne wirtschaftliche Überlegungen dahinter. Brecht zeigt uns hier als Warnung ein Übel des Kapitalismus, die Unaufrichtigkeit und Verstellung, die benutzt wird, um den eigenen Vorteil zu wahren.

Als weiteres, schwerwiegendes Argument gegen die Entartung des Kapitalismus führt Brecht an, daß alle Kämpfe in der Spitze um die Vorherrschaft auf Kosten der Arbeiter und kleinen Spekulanten gehen. Durch einen mörderischen Konkurrenzkampf wird der Fleischfabrikant Lennox niedergerungen, und die Konsequenz ist, daß 70 000 Arbeiter ohne Beschäftigung und Einkommen sind. Als nächstes werden durch die Sliftschen Preissteigerungsmaßnahmen die kleinen Spekulanten und Sparer ruiniert, da sie ihr Geld in den Firmen stecken hatten, die nun zugrunde gerichtet werden. Brecht prangert also in seinem Stück an, daß alle Unternehmungen, die der Kapitalist durchführt, auf den Schultern der Arbeiterklasse ausgetragen werden, die als Unbeteiligte und Unschuldige die ganze Last eines Mißerfolges zu tragen haben. Hier zeigt Brecht deutlich eine Gefahr des Kapitalismus, die Möglichkeit der einseitigen Benachteiligung einer Klasse der Ausgebeuteten. Da jedoch in der heutigen Zeit durch Gewerkschaften und ähnliche Einrichtungen eine einseitige Benachteiligung der Arbeiterklasse verhindert wird, stellt Brechts Darstellung lediglich ein Warnbild dar, wie ein zügelloser Kapitalismus ausarten kann. Das

Stück ist meiner Meinung nach heute nur noch eine Modellvorstellung, keine als Realität zu wertende Beschreibung einer Wirtschaftsform.
Auch die Maßnahmen Maulers zur Wiedergesundung der Wirtschaft sieht Brecht von einem kapitalistischen[3] Standpunkt aus. Mauler läßt trotz des herrschenden Hungers und der Armut unter den Arbeitern ein Drittel des Fleischbestandes vernichten; als man fragt, warum er es nicht den hungernden Arbeitern schenke, sagt Mauler, daß die Arbeiter ja die übrigen zwei Drittel kaufen sollten, er also keinen Gewinn hätte. Die Methode, das „Aus-dem-Markt-Nehmen" einer Ware, um den Preis zu erhöhen oder zu halten, ist ein erprobtes Mittel jeder Wirtschaftsform. Lediglich in dem Zusammenhang, in dem Brecht diese Maßnahme zur Gesundung der Wirtschaft zeigt, deutet sie auf eine Fehlleistung des kapitalistischen Wirtschaftssystems hin.[4] Brecht versucht hier darzustellen, daß der Kapitalist ohne Rücksicht auf andere danach trachtet, seinen Gewinn zu sichern, vergißt aber, oder läßt absichtlich weg, was geschehen würde, wenn diese Aktionen unterbleiben: der Zusammenbruch der Wirtschaft auf lange Sicht. Der Kapitalist geht hier den Weg des kleineren Übels, den Brecht hier jedoch als Argument und Warnung gegen den Kapitalismus ausschlachtet.
Im 8. Bild spricht Mauler mit Johanna über die Unentbehrlichkeit des Kapitalismus und der Religion und bezeichnet den Kapitalismus als gottgewollte Einrichtung. Aus dieser Haltung heraus versucht er, Johanna dafür zu gewinnen, die Lehre Gottes wieder unter den Arbeitern zu verbreiten, auf diese Weise die Arbeiterklasse zu beruhigen und so das bestehende System zu sichern. Brecht will hier wahrscheinlich zeigen, wie der Kapitalismus versucht,[5] über den Umweg der Religion, die der Marxist daher als „Opium fürs Volk" bezeichnet, diese Gesellschaftsform zu rechtfertigen und zu stützen. Brecht warnt hier also vor den unberechtigten Gründen, die der Kapitalist für sich buchen möchte. In diesem Sinne ist das Stück „Heilige Johanna der Schlachthöfe" ein Warnbild vor dem Kapitalismus.
Betrachtet man zusammenfassend die Charakterisierung des Kapita-

3. Falsch; es müßte heißen: „von einem sozialistischen Standpunkt aus", denn Brecht vertritt nicht den kapitalistischen Standpunkt!
4. Hier wäre die Begründung Brechts deutlicher herauszuarbeiten: Er verurteilt dieses Verhalten, da dabei jegliche mitmenschliche Verantwortung gegenüber den hungernden Arbeitern fehlt.
5. Wiederholungen im Ausdruck vermeiden!

lismus und des Kapitalisten, die uns Brecht gibt, so ist zu sagen, daß er hier bewußt versucht, vor der Kulisse der Weltwirtschaftskrise das System unmöglich zu machen und als nicht daseinsberechtigt hinzustellen. Er gibt die „finsterste Phase des Kapitalismus" wieder, warnt vor ihm und verdammt ihn, ohne aber seine marxistischen Ideen, die immer wieder in Vorschlägen und Erwägungen für einen Ausweg aus dem Chaos durchklingen, zu begründen und ihnen zu einer Berechtigung zu verhelfen.

Der zweite Pol im Stück ist, nach den Kapitalisten, die Arbeiterklasse, die Proletarier, sie stellt das Gegengewicht zu den Kapitalisten dar. Ich möchte nun an einigen Beispielen zeigen, in welcher Lage die Arbeiter sind, und versuchen, deren Verhaltensweise zu charakterisieren. Man wird sehen, daß hier Brecht beabsichtigt, die marxistische Revolutionstheorie in anschaulichen Beispielen zu verwirklichen und dadurch vor dem kapitalistischen System zu warnen.

Es ist augenfällig, daß den Arbeitern das Existenzminimum fehlt. Durch den Konkurrenzkampf der Kapitalisten untereinander werden die Fabriken geschlossen, die Proletarier sind arbeitslos, es wurde ihnen die Existenzgrundlage genommen. Das ist die Lage, von der ausgehend, Brecht nun für beide Teile, für Proletarier und Kapitalisten, katastrophale Folgen, die sich einstellen können, aufzeigt.[6]

Zuerst wird demonstriert, daß der Mensch, wenn ihm die Existenzgrundlage fehlt, ihm die Angst vor dem Verhungern im Nacken sitzt, keine Aufnahmefähigkeit für höhere Werte hat. Das wird sehr deutlich mit zwei Beispielen bewiesen: Einmal, als Johanna vor den Arbeitern von der Lehre Gottes spricht. Die Arbeiter bleiben nur bei ihr, weil es etwas zu essen gibt, nicht um ihre Rede zu hören oder gar aufzunehmen. Das sieht man daran, daß sie Johanna sofort verlassen, als das Gerücht umgeht, es gäbe bei Mauler noch Arbeit. Sie laufen weg und versuchen, ihre Existenz zu sichern.

Zum zweiten zeigt Brecht, auf welch niedrige, fast tierisch triebhafte Stufe ein Mensch sinken kann, wenn er hungert. Frau Luckerniddle, deren Mann in die Blattspeckproduktion geriet,[7] verzichtet auf eine

6. Das „Nachklappen" des Prädikats klingt nicht gut, kann aber auch den Sinn verändern. Besser: „... katastrophale Folgen aufzeigt, die ..."

7. Diese Stelle stammt wörtlich aus der vom Verfasser benützten Sekundärliteratur (Rischbieter, Brecht I, S. 110); der Verfasser hätte diese Wendung als Zitat kennzeichnen sollen.

Untersuchung dieses Unfalls, wenn sie auf eine gewisse Zeit hinaus zu essen bekommt. Man sieht, daß sittlich-moralische Werte, hier das Rechtsgefühl, die Bedeutung verlieren, wenn es um die nackte Existenz geht. Meiner Meinung nach warnt Brecht hier deutlich vor den Auswirkungen eines übersteigerten, rücksichtslosen Kapitalismus: einer Enthumanisierung der Gesellschaft und einer Züchtung der Skrupellosigkeit und Rücksichtslosigkeit.

Weiterhin zeigt Brecht dem Kapitalisten die möglichen Folgen dieser Entwicklung, Brecht verdeutlicht hierbei eine Parallelentwicklung zur Lehre von Marx.

Zuerst ist die Reaktion der Arbeiter auf die Schließung der Betriebe lediglich Murren, Reden, es besteht aber immer noch Zuversicht, daß sich der ungute Zustand bald wieder ändere. Erst als man merkt, daß mit nutzlosen Reden keine Besserung erreicht wird, geht man über zur Androhung des Generalstreiks. Durch die Tatsache,[8] daß dieser scheitert, will Brecht beide Teile, Proletarier wie Kapitalisten, vor etwas warnen. Eine Warnung gilt meiner Meinung nach den Kapitalisten, die von Brecht aufgerufen werden, einzulenken und Vernunft anzunehmen, bevor die Arbeiterschaft zur Gewalt greift. Die andere Mahnung geht an die Arbeiter, die dadurch veranlaßt werden sollen, die Revolution, wenn sie erforderlich ist, gewissenhaft nach Plan durchzuführen, ohne den Mitgliedern einer anderen Klasse zu trauen. Sie hätten also den Brief nicht an Johanna weitergeben dürfen. Durch diesen Fehler[8] war der Generalstreik, die Revolution, zum Scheitern verurteilt. Meiner Meinung nach hat hier Brecht ein warnendes Beispiel für beide Parteien aufgestellt.

Noch eine andere Auswirkung des kapitalistischen Systems zeigt uns Brecht in seinem Stück: die völlige Isolation der Arbeiterschaft. Die Proletarier haben zu den Kapitalisten keine Beziehung, es sind ja, nach marxistischer Lehre, ihre ersten Feinde. Diese Feindschaft beider Seiten wurde auch deutlich herausgearbeitet. Die Kapitalisten wollen das Elend der Arbeiter nicht sehen, und als diese in ihrer Verzweiflung den Aufstand wagen, werden sie durch brutale Gewalt von seiten der Kapitalisten niedergeworfen. Brecht warnt hier vor dem Auseinander- oder Nebeneinanderherleben verschiedener Klassen, vor der Unmenschlichkeit und Verständnislosigkeit, die dieser Umstand für

---

8. Wiederholung im Satzbau!

das gesellschaftliche Zusammenleben bringen würde. Auch von Johanna und den „Schwarzen Strohhüten“ ist die Arbeiterschaft isoliert. Sie hat in ihrer Existenzangst keinen Sinn für die höheren Werte, die Johanna vermitteln will. Dieser Punkt wurde vorher schon ausführlich behandelt, er sei in diesem Zusammenhang nur noch einmal erwähnt.

Brecht zeigt uns also die Lage der Arbeiterklasse in dem hier vorgestellten, entarteten und somit hemmungslosen Kapitalismus. Er führt vor, wie eine Schicht, wenn man ihr die Existenz nimmt, reagieren kann, und warnt dadurch besonders die Kapitalisten, aber auch die Proletarier, vor den möglichen Folgen, die ein derartiges System mit sich bringen könnte.

Brecht schuf in seinem Werk auch noch eine dritte Komponente, die Johanna Dark. Man könnte sie vielleicht als den geistigen, idealistischen Pol des Stückes bezeichnen. Durch diese Eigenschaft müßte sie eigentlich ein Widerpart zu den rein sachlich geprägten Kapitalisten und emotionell beeinflußten Proletariern sein, in Wahrheit gab ihr Brecht aber die Rolle des verbindenden Elements der beiden Erzfeinde Proletarier und Kapitalisten.

Diese Verbindung durch die Johanna wird zweimal sehr deutlich gezeigt in der Szene 5 und 6, wo Johanna zweimal versucht, Arbeiter und Kapitalisten, hier Mauler, zusammenzuführen, um auf diese Weise eine Verbesserung der Lage der Arbeiter zu erreichen. Brecht will hierdurch wohl sagen, daß es auch in einer solch aussichtslos erscheinenden Situation immer noch eine Möglichkeit der Verständigung gäbe, und mahnt dabei beide Seiten, diese Möglichkeit auch zu nützen.

Weiterhin soll Johanna meiner Meinung nach durch ihre Unbestechlichkeit und Ehrlichkeit die Korruptheit des kapitalistischen Systems verdeutlichen. Am Ende des 3. Bildes versucht Mauler, Johanna zu bestechen; es gelingt ihm aber nicht. Der Kapitalist ist jedoch bestechlich. Gezeigt wird das in dem zweiten Brief, den Mauler von seinen New Yorker Geschäftsfreunden erhält, in dem ihm mitgeteilt wird, daß die Zollschranken auf Grund von Bestechung fallen werden. Brecht will hier, durch den Gegensatz zwischen Johanna und den Kapitalisten, insbesondere Mauler, vor deren Bestechlichkeit warnen. Des weiteren glaube ich, daß Brecht durch die Johanna Dark zeigen will, wie der Kapitalismus in der dargestellten, extremen Form durch einen solch seelisch und geistig gefestigten Menschen zugrunde gehen kann und seine Bemühungen zum Scheitern verurteilt. Johanna ist beim Anblick der Frau Luckerniddle tief erschüttert und begreift nicht, wie ein Mensch so weit sinken kann und die einfachsten Moralbegriffe vernachlässigt. Erst als sie aus ihrer Glaubensgemeinschaft ausgestoßen und ihr damit selbst die Existenzgrundlage entzogen wird, begreift sie, in welch erschütternde Lage der Kapitalismus die Arbeiter gebracht hat. Aus diesem Grund stellt sie sich dann auf die Seite der Arbeiter. Erst als Johanna vor dem Tod steht, kann sie sich von körperlichen Bedürfnissen frei machen und ihrer Idee der Humanität „leben", sie schüttet die Suppe, die man ihr reicht, auf die Erde.

Meiner Meinung nach hat Brecht die Johanna Dark geschaffen, um an ihrer Person die Skrupellosigkeit, die Brutalität, die Inhumanität und Verlogenheit der kapitalistischen Gesellschaftsordnung aufzuzeigen. Sie hat im Stück die Aufgabe, alle Mängel sichtbar zu machen, die Schlechtigkeit des Kapitalismus anzuprangern und somit ein Warnbild aufzustellen.

Abschließend ist noch etwas über die Wendung „poetisches Dokument" zu sagen: Brecht arbeitet in seinem Stück mit einer der jeweiligen Situation weitgehend angepaßten Sprache. So läßt er zum Beispiel die Proletarier in der Sprache reden, die sie auch wirklich verwenden, ohne irgendwelche Verkünstelungen. So kommen Stellen vor wie: „Gehn wir doch alle weg und scheißen auf den Lohn, der täglich geringer wird", und ähnliche. Auch die Verbindung von Sentimentalität und Geschäftsinteresse wird sprachlich herausgearbeitet. Durch Zusammenziehen von Silben und Weglassen von unbetonten Endungen wird das Aufeinanderprallen der beiden Wesenszüge des Kapitalisten Mauler im Stück gezeigt.

Zusammenfassend kann man, glaube ich, sagen, daß Rischbieter mit seinem Standpunkt, die „Heilige Johanna der Schlachthöfe" sei ein „poetisches Dokument über die finsterste Phase des Kapitalismus, ein Warnbild", recht hat. Brecht versucht aber meiner Ansicht nach, den durch die Ausnahmesituation der Weltwirtschaftskrise 1929, radikalisierten Kapitalismus noch weiter zu verzerren und ad absurdum zu führen. Brecht schuf in der „Heiligen Johanna der Schlachthöfe", von seinem marxistisch geprägten, subjektiven Standpunkt ausgehend, „das Modellstück über Konjunktur und Krise als Bewegungsgesetz des rohen und sich selbst überlassenen Kapitalismus".[9] Er zeigt hier die Möglichkeiten auf, die ein kapitalistisches System theoretisch zwar beinhaltet, die heute jedoch durch vielerlei Umstände und Kontrolleinrichtungen wie Gewerkschaften und Verbände praktisch nicht mehr möglich sind. Die „Heilige Johanna der Schlachthöfe" ist daher vom heutigen Standpunkt ausgehend, als „Greuelmärchen jenseits der Realität zu bezeichnen, vergleichbar mit der Marionettenrealität der Oper oder dem Kasperletheater".[10]

Quellenangabe:
1. ungekürzte Textausgabe.[11]
2. Henning Rischbieter, Brecht I, Band 13, Friedrich, Dramatiker des Welttheaters, 1966.

Bemerkung

Der Verfasser hat sich mit der Kernfrage dieses Themas eingehend auseinandergesetzt und treffende Beispiele aus Brechts Stück ausgewählt. Die Begründungen und Argumente Brechts sind jedoch nicht an allen Stellen der Arbeit deutlich genug herausgearbeitet. Nicht sehr ergiebig sind die Ausführungen zum „poetischen Dokument"! Die sprachliche Darstellung ist klar und sachlich; gelegentlich lehnt sie sich jedoch etwas stark an die Sekundärliteratur an. Bei den Zitaten fehlen die Seitenangaben.

9. Hier fehlt die Angabe über das Werk, aus dem dieses Zitat stammt.
10. Woraus stammt dieses Zitat? Quelle angeben!
11. Welche Ausgabe wurde benützt?

75 Welche Dichtung ist für Sie besonders Ausdruck unserer Zeit? – Max Frisch, Biedermann und die Brandstifter

Gliederung

A) Suche nach dem Beispiel für die Dichtung unserer Zeit führt zu Frischs „Biedermann und die Brandstifter".

B) „Biedermann und die Brandstifter" und die heutige Zeit

I. Entstehungsgeschichte und Inhaltsangabe:

1. historische Hintergründe:
   1948 Prosa-Burleske,
   1953 Hörspielfassung,
   1958 Uraufführung des Dramas;
2. Inhaltsangabe.

II. Interpretation des Stücks:

1. Chor:
   a) Form,
   b) Aufgabe des Chors;
2. Biedermann:
   a) Mitläufertum,
   b) Phantasielosigkeit,
   c) Anpassungsfähigkeit,
   d) Egoismus („guter Ruf");
3. Brandstifter:
   a) Verachtung der Gesellschaft – Ignorierung von gesellschaftlichen Konventionen;
   b) Ziel ihres Tuns:
   Schmitz und Eisenring;
   Dr. phil.;

III. Zeitbezug:

1. Form:
   a) Sprache,
   b) Geradlinigkeit des Aufbaus,
   c) Verallgemeinerungen;

2. Inhalt:
   a) Charakteristik unserer Zeit:
      Hang zur Verallgemeinerung,
      neoromantische Stimmung,
      Kommunikationsschwierigkeiten,
      Umwertung der Bürgertugenden zu Untugenden,
      Fehlen von Heldentum;
   b) Übertragbarkeit:
      Hitler,
      atomare Aufrüstung,
      Radikalisierung,
      Intellektuelle;
   c) Denkanstöße für den Zuschauer:
      Dr. phil.,
      Biedermann,
      Chor;

C) Kritik am „Nachspiel in der Hölle“

Benützte Literatur:
Max Frisch, Biedermann und die Brandstifter, Suhrkamp-Verlag, 1967
Hansjörg Schmitthenner, Dreizehn Europäische Hörspiele, Piper, 1961
Carol Petersen, Max Frisch, Colloquium-Verlag, 1966
Eduard Stäuble, Max Frisch, Erker-Verlag, 1967
Hellmuth Karasek, Frisch, Friedrich-Verlag, 1968
Krell/Fiedler, Deutsche Literaturgeschichte, Buchner-Verlag, 1968
Lexikon der Weltliteratur, Alfred Kröner-Verlag, 1963

Bemerkung

Diese Gliederung bewältigt sehr viel Stoff und besticht durch ihren klaren Aufbau, der sich von B) I über B) II zu B) III sinnvoll steigert. Allerdings zeigt auch diese Gliederung, wie sinnvoll die Forderung ist, die Gliederung in kurzen Sätzen abzufassen, die den Sinnzusammenhang wiedergeben, denn die vorliegende Aufzählung einzelner Wörter und Begriffe läßt nicht erkennen, was im Aufsatz dazu ausgeführt wird.

Aufgabe

Lesen Sie Max Frischs Stück „Biedermann und die Brandstifter“ und fertigen Sie diese Gliederung in kurzen Sätzen an; schreiben Sie dann den Aufsatz zu Ihrer Gliederung!

Kritische Berichte

76 *Kritischer Bericht über den Film: „Michael Kohlhaas, der Rebell"*

Anfang April hat ein neuer Film, der mit Prädikaten wie „ein deutscher Film internationalen Formats" und „ein deutscher Film für die ganze Welt" angepriesen wird, Schlagzeilen gemacht. Es handelt sich um eine „Michael Kohlhaas"-Verfilmung; der Regisseur ist Volker Schlöndorff, der mit seinen Filmen „Der junge Törless" und „Mord und Totschlag" bereits einiges Aufsehen erregt hat. Mir erschien der Film natürlich nicht nur deshalb interessant und sehenswert, weil Regisseur und Besetzung (David Warner, Anna Karina, Anita Pallenberg) einiges versprechen, sondern auch weil der „Kohlhaas" immer noch aktuell und wie jeder, der ihn in der Schule gelesen hat, weiß, alles andere als unproblematisch ist. Eine Verfilmung der Kleistschen Novelle dürfte äußerst schwierig sein, denn bei Kleist ist alles wichtig, jede Kleinigkeit wird zum integrierenden Bestandteil des Ganzen. Der Drehbuchautor wird es daher sehr schwer haben, in einem zeitlich begrenzten Film die richtigen Kompromisse zu schließen. Der Hauptgrund für mein Interesse an dem Film war also die Schwierigkeit des Stoffes, ich wollte wissen, ob es Schlöndorff gelungen war, den „Kohlhaas" in die Sprache unserer Zeit zu übersetzen, und ob daraus vielleicht sogar ein „APO-Film" wurde. Darüber hinaus reizte mich an dem Film noch die Tatsache, daß es sich ja nicht um die Verfilmung einer tiefsinnigen, aber verstaubten Novelle handelt, sondern vielmehr um ein zeitloses, ja sogar höchst aktuelles Stück mit viel Handlung und ständig wechselnden Schauplätzen. Darin liegt natürlich die Gefahr, daß der Regisseur den „Kohlhaas" nur ausschlachtet, auf die schwierige Problematik nicht eingeht und daraus einen „Bauernkriegswestern" macht.[1]

---

1. Hier wird manches schon vorweggenommen.

Gerechte sind schlechtere Menschen

Drei Jahre lang beschäftigte sich Deutschlands prominentester Jung-Regisseur Volker Schlöndorff mit der Inszenierung der bekanntesten Novelle von Heinrich von Kleist: **Michael Kohlhaas, der Rebell.** Das Ergebnis ist eine herbe Enttäuschung. Obgleich der Dichter Kleist dem Regisseur Schlöndorff den Stoff in seiner ganzen Verzwicktheit vorgedacht hat, gerät dem Filmmacher die Legende vom Manne, der auf seinem Recht besteht und dadurch selbst zum Verbrecher wird, nur zu einem saftigen Leinwand-Schinken.

Das Fernsehen plant ebenfalls eine mehrteilige Inszenierung des Kohlhaas-Stoffes. Hoffentlich wird die dann besser.

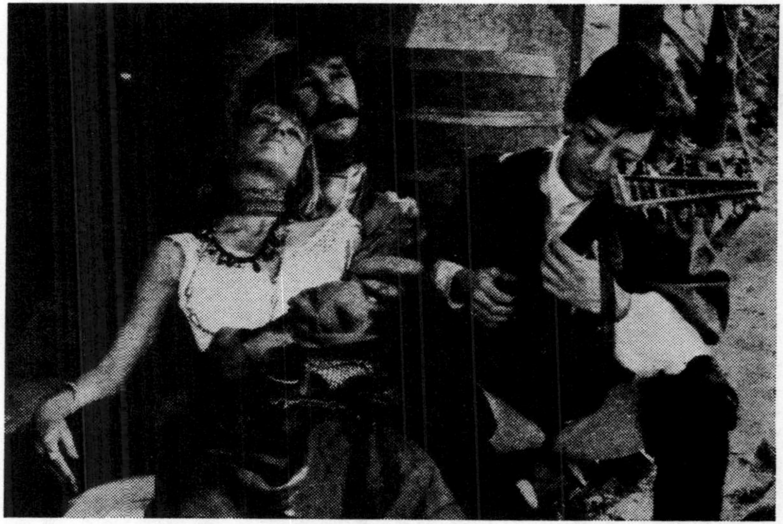

Foto: Columbia

Räuberbraut Anita Pallenberg, Relia Bašic, Tim Ray

Im groben Ablauf der Handlung folgt Schlöndorffs Film der Kleistschen Novelle. Dem Pferdehändler Michael Kohlhaas wird Unrecht getan, der Verwalter des Junkers Tronka verlangt von ihm einen Passierschein für seine Pferde, obwohl ein solcher gar nicht erforderlich ist. Kohlhaas läßt ein paar seiner wertvollsten Tiere als Pfand zurück und reitet nach Dresden, wo er erfährt, daß die Forderung nach einem Passierschein Betrug ist. Er reitet zur Tronkenburg zurück, um seine Pferde zu holen, diese aber sind zu klapprigen Mähren abgehungert;[2] man hat sie zur Feldarbeit benützt und nicht gefüttert. Als Kohlhaas den Junker zur Rede stellt, überhäuft ihn dieser mit Grobheiten. Eine rechtmäßige Klage wird abgewiesen, Kohlhaas merkt, daß er auf legalem Weg nie zu seinem Recht kommen wird. Da greift er zur Selbsthilfe und brennt mit seinen Knechten die Tronkenburg nieder, die Bewohner werden hingeschlachtet. Dem Junker gelingt es aber zu fliehen, man[3] sucht ihn in einem Kloster und erfährt schließlich, daß er sich in Wittenberg versteckt hält. Wittenberg wird teilweise niedergebrannt, viele Bewohner werden ermordet. Kohlhaas, der inzwischen großen Zulauf bekommen hat, besiegt schließlich auch noch einen Heerhaufen. Wenig später überbringt der Pfarrer namens Luther[4] dem Kohlhaas eine Botschaft. Man verspricht ihm freies Geleit, wenn er zu einem neuen Prozeß nach Dresden kommt. Kohlhaas geht auf das Angebot ein. In Dresden wird er aber, angeblich „zu seinem Schutz", bewacht, er macht ein „Sit-in" vor dem Gefängnisportal, um einen Richterspruch zu erzwingen, und wird schließlich zum Tode verurteilt. Kurz vor seinem Tode erhält er noch Genugtuung für das Unrecht, das an ihm begangen wurde. Der Junker wird verurteilt, und Kohlhaas bekommt seine inzwischen wieder wohlgenährten Tiere zurück.

Man hat den Eindruck, daß Schlöndorff nicht viel umdeuten und umkonstruieren wollte, sondern vielmehr den festen Vorsatz hatte, ganz einfach Kleist zu interpretieren (und somit einen aktuellen Film zu machen, denn der „Kohlhaas" ist zeitlos). Dabei wurden die Einzelheiten, die nicht unbedingt zum Gesamtverständnis notwendig sind, so etwa die Geschichte um das Amulett, geschickt weggelassen. Trotz-

2. Ausdruck!
3. Wer?
4. Inhalt?

SIT-IN MIT KOHLHAAS

Den offiziellen deutschen Beitrag für das Festival von Cannes, Volker Schlöndorffs Verfilmung der Kleist-Novelle „Michael Kohlhaas", zeigt ab heute das Münchner Theater am Sendlinger-Tor-Platz: dem Titel wurde als Aktualisierungssignal, der „Rebell" beigegeben. Der Engländer David Warner spielt den Mann, der 1530 in die außerparlamentarische Opposition geht. Schlöndorff sieht das so: Kohlhaas kämpft für sein Recht; macht ein Sit-in; die Obrigkeit bezeichnet ihn als fanatischen Spinner; der Pferdehändler steigt auf zum charismatischen Führer, und die Demonstrationsunternehmungen enden schließlich mit Feuer und Plünderungen (siehe die nebenstehende Besprechung).

dem, ich möchte es gleich vorwegnehmen, ist dieser Film eine herbe Enttäuschung. Ich bin mir zwar sicher, daß Schlöndorff Kleist genau verstanden hat, aber er hat es nicht fertiggebracht, das auf die Leinwand zu bringen, was er eigentlich wollte.[5]

Dieser Film spiegelt die ganze Resignation des Regisseurs wider.[6] Ein Beweis dafür, daß Schlöndorff den „Kohlhaas“ keineswegs ausschlachten wollte, um einen saftigen „Leinwandschinken“ für harmlose Gemüter und amerikanische Filmkonsumenten zu produzieren, ist die Tatsache, daß der Film ganz im Sinne des Kleistschen „Kohlhaas“ beginnt und stellenweise immer wieder krampfhaft versucht, das Spektakuläre und Sensationelle abzuschütteln. Nehmen wir zum Beispiel die Begegnung mit Luther (ganz ausgezeichnet dargestellt von Thomas Holtzmann). Hier zeigen sich unspektakulär und unverzerrt der Charakter und die Motive eines Menschen im Kampf mit sich selbst. Auch ganz am Anfang hat man den Eindruck, daß dieser Film nicht nur mit Geschmacklosigkeiten und aufdringlichen Nahaufnahmen „fesseln“ will.

Aber solche Stellen, in denen das wirklich Problematische, das wirklich Kleistsche in seiner ganzen Verzwicktheit[7] klar wird, sind in diesem Film äußerst selten. Schlöndorff ist es nicht gelungen, das Grausame und Spektakuläre als Hilfsmittel zur Verdeutlichung der (politischen und menschlichen) Aussagen Kleists zu verwenden. Die Motivierung dient vielmehr nur als Alibi für Grausamkeiten, die von Kleist geschilderten Morde und Brandstiftungen hätten völlig genügt, um den Zuschauer in die nötige Stimmung[8] zu versetzen. Es gäbe eine lange Liste, wollte man alles aufzählen, was an diesem Film ausschließlich spektakulär ist, ich will hier nur einiges erwähnen. Da sind zunächst einmal jene Studenten, die sich Kohlhaas angeschlossen haben. Wer den Kleistschen Originaltext liest, wird von ihnen nichts hören, und auch Schlöndorff hat ihnen keine für die Aussage des Films wichtige Rolle zugeteilt. Sie dienen vielmehr lediglich dazu, daß es ja nicht an Schandtaten fehlt. Sie murksen Krieger ab[9] und wälzen sich mit nackten Mädchen im Gras. (Auch auf Sex kann dieser Film

5. Ungenau! Das hätte man genauer ausführen müssen.
6. Das ist zu ungenau ausgedrückt!
7. Ausdruck!
8. Dieser Ausdruck entspricht nicht dem Inhalt.
9. Ausdruck!

Zur Uraufführung von Schlöndorffs Film „Michael Kohlhaas“

Wer's in der Schule gelesen hat, weiß schon, wie's ausgeht: Dem Roßhändler Kohlhaas, der eine halbe Welt in Brand steckt, um Wiedergutmachung für ein erlittenes Unrecht zu erzwingen, wird mit der förmlichen Wiedergutmachung zugleich von der Obrigkeit kurzer Prozeß gemacht; damit Ordnung sei, muß ein Kohlhaas liquidiert werden. Volker Schlöndorffs farbenprächtiger Film folgt im großen Ablauf wie in manchen Handlungsdetails dieser Geschichte; sein Kohlhaas aber ist kein Kleistscher Bauernrevoluzzer, der auf dem Höhepunkt der Hybris eine neue „Weltregierung“ ausruft, nein, Schlöndorffs Kohlhaas ist ein amoklaufender Tor, der ein treuer und williger Untertan einer gerechten Obrigkeit sein möchte, ein braver Mann bis ins Mark, und also das große Ziel der Revolte, die er durch seinen Kampf um zwei beschlagnahmte Pferde versehentlich auslöst, nicht im geringsten begreift.

Ein Kohlhaas ohne einen Funken revolutionären Bewußtseins, das ist jedenfalls verblüffend. So musterhaft hätte sich doch an dieser Geschichte vorexerzieren lassen, was an Konflikten in der Luft liegt: Gewalt und Gegengewalt, Klassengesellschaft und Klassenjustiz, Gewalt gegen Sachen, Gewalt gegen Personen, Unterwanderung und Pervertierung einer Revolte durch kriminelle Rowdys, Phasen der Eskalation — all dies vielleicht allzu Naheliegende hat Schlöndorff, wie das „Kleistsche“, in den Wind geschlagen; und warum nicht, da er nun mal keinen APO-Film, sondern einen Action-Film drehen wollte, einen opulenten Bauernkriegswestern. Nur leider hat ihn hinterher offenbar das schlechte Gewissen gepackt, und er hat, tristes Alibi, den Vorspann mit vehementen Wochenschauaufnahmen von der Pariser Mairevolte unterlegt; das ist fatal, weil es bloß etwas vortäuscht.

Denn im übrigen gibt sich, was nun im *Rathaus-Kino* und am *Sendlinger Tor* in München zu sehen ist, unverdrossen spektakulär. Nicht die Haltung oder innere Bewegung seines Helden ist Schlöndorff die Hauptsache, sondern die Lawine von Ereignissen, von Greueln, die der eigensinnige und schweigsame, kein bißchen rädelsführerhafte Kohlhaas ins Rollen bringt. Wie Revoluzzer wüten, wie ein Schloß in Flammen aufgeht, wie Nonnen geschändet und Landsknechte mit Sensen massakriert werden, wie Flammen züngeln und Blut hochaufspritzt — daran weidet sich Schlöndorffs reizsüchtiger Kinoblick.

In klaren, lapidaren Dialogszenen wird zwischendurch auch die Intrige gegen Kohlhaas zügig vorwärtsgebracht, aber eigentlich eilt der Film doch zielstrebig von Sensation zu Sensation, von Schandtat zu Schandtat. Damit es daran nicht fehle, haben sich, offenbar nach der Lektüre der Schillerschen „Räuber“, ein paar Studenten der Bauernschar angeschlossen und treiben es — sich mit Mädchen im Gras wälzend, Krieger abmurksend — gar kinohaft malerisch wild, bis der vergrübelt abseits stehende Kohlhaas als Karl Moor unter sie tritt und den sonnigsten Schurken aufhängen läßt. Da schluchzt sogar die fesche Räuberbraut Anita Pallenberg, die sich aus einer Operette in die saftige Banditenshow verirrt hat.

Andererseits: Kleine, ganz unsensationelle Momente, in denen sich der Blick öffnet für eine Beziehung zwischen Figuren, für ein Gewebe von Emotionen (Anna Karinas verstörte Zärtlichkeit); Gegenüberstellungen, in denen eine Handlungsspannung nicht bloß als Formel vorgezeigt, sondern sinnlich faßbar gemacht wird (David Warner, der hagere, herbe, untheatralisch präsente Kohlhaas, im ersten Dialog mit Thomas Holtzmann als Luther); ruhige Bildabläufe, in denen sich ohne die Kunstfer-

irritierende. Der Reiz solcher reinen, ganz und gar sinnlichen Kinoaugenblicke, wo der Film in sich aufgeht, entspringt durchaus derselben Energie des Produzierens, derselben Faszination durchs pure Ereignis, die auch mancherlei zwecklos sich selbst genießende Kameramanöver und die peinlichsten, penetrantesten Gruseleffekte hervorbringt.

Das ist nur scheinbar eine Frage von Geschmack oder Geschmacklosigkeit. Die aufdringlichen Nahaufnahmen, mit denen Schlöndorff auf Blut und Greueln beharrt, wollen nicht Nervenkitzel à la Django sein, das sieht man; sie wollen — von der ersten Brutalität bis zur letzten, mit der Kohlhaas zu Tode gemartert wird — sich summieren zur „Vision“ einer Welt der Gewalt und des Terrors, in der auch ein Gerechter sich immer heilloser in Blut und Schrecken verirrt. Zur Beglaubigung einer solchen „Vision“ reicht's aber nicht, dazu fehlt Schlöndorffs wohlpräparierten Greueltableaux das Gewalttätige, das Obsessionelle, das jede Frage nach Geschmack oder Notwendigkeit wegfegen würde; sie bleiben Tableaux, Kalkül mit Django-Marmelade, Verzierungen eines deutschen Bauernkriegswestern für amerikanische Konsumenten.

URS JENNY

nicht verzichten.) Ein besonders schlagkräftiger Beweis dafür, daß der Kleistsche „Kohlhaas“ letztlich ausgeschlachtet wurde, um daraus einen Action-Film zu machen, ist die Szene im Kloster. Kohlhaasens Leute fallen auf der Suche nach dem Junker in ein Kloster ein und schänden dort die Nonnen. Das wird in so geschmacklosen und aufdringlichen Nahaufnahmen gezeigt, wie es sonst nur in billigsten Schundfilmen zu sehen ist. Wird bei Kleist der Stiftsvogt festgenommen, so schlagen ihm die Mannen von Kohlhaas ganz einfach den Kopf ab. Der Film hastet von einer derartigen Szene zur anderen, wobei das Persönliche und die Intrige gegen Kohlhaas immer mehr in den Hintergrund treten.

Aus dem „Michael Kohlhaas“ hat Schlöndorff also tatsächlich einen „Bauernkriegswestern“ gemacht, wobei ich wiederholen möchte, daß man nicht von vornherein den Eindruck hat, daß er das wollte. Ein Western hat nämlich immer einen oder mehrere Helden, deren Persönlichkeit dann in grellen Farben geschildert wird. Schlöndorffs Film hat keine Helden, das Persönliche scheint überhaupt keine Rolle zu spielen. Man sieht nur, wie sich die Menschen gegenseitig abschlachten, was sie aber dazu bewegt und was sie dabei empfinden, davon erfährt man nichts. Der Titelheld Michael Kohlhaas scheint überhaupt keine Motive für sein Handeln zu haben. Der Film eilt von Grausamkeit zu Grausamkeit, und Kohlhaas eilt mit, aber es wird einem nicht so recht klar, was er dabei überhaupt will. Kohlhaas hätte sich doch direkt angeboten,[10] als gerechter Rächer geschildert zu werden, der nicht nur einen Kampf gegen die Obrigkeit zu führen hat, sondern auch gegen seine eigenen Leute, die nur plündern wollen und ihn nicht verstehen. Aber nicht einmal ein solch simpler Held ist aus Kohlhaas geworden, er ist vielmehr ein Narr, der nichts, aber gar nichts versteht. Man hat den Eindruck, daß Kohlhaas für den Ablauf des Films ziemlich unwichtig ist, daran ändert auch die Schwurszene nichts. Schlöndorffs wortkarger Kohlhaas ist kein Bauernrevoluzzer, der eine neue „Weltregierung“ ausruft, er ist auch kein Rädelsführer, er ist vielmehr ein Tor, der rücksichtslos ausgenützt wird und schließlich zugrunde geht, ohne zu merken, daß er hereingelegt wurde. Von der inneren Haltung des Kohlhaas erfährt man nicht einmal vor der Hinrichtung (die gewissermaßen als Endspurt noch einmal besonders

10. Ausdruck!

VOLKER SCHLÖNDORFFS „KOHLHAAS"-FILM

Der obrigkeitsgläubige Rebell

„Michael Kohlhaas, der Rebell" — einst von Heinrich von Kleist in dynamischer Konzentration erzählt, jetzt von Volker Schlöndorff in geballte Bildfolgen zerlegt. In Kostümen aus der Zeit Martin Luthers werden Probleme der Zeitgenossen von Martin Luther King abgehandelt. Dieser Film „hat mit Kleist nur noch in den Stilprinzipien zu tun", sagt denn auch der Regisseur.

Schlöndorffs Kohlhaas ist kein geborener Rebell; er ist überaus „rechtschaffen und entsetzlich" zugleich. Er wird vor keine Entscheidung gestellt, alles ergibt sich vielmehr ganz zwangsläufig. Nicht seine Reaktionen in erster Linie sind für den Regisseur („Törless", „Mord und Totschlag") interessant, sondern „das Verhältnis zwischen diesem Mann und der Gesellschaft". „Du wirst es denen da oben schon zeigen!", ruft ihm ein Bauer zu.

Kohlhaas ist zunächst nur ein williger Untertan, er nimmt die Eigenwilligkeiten der Mächtigen hin — als sage er sich immer wieder: gegen die Obrigkeit kann man eben nichts machen. „Blablabla!", sagt der Junker und läßt den Beschwerdebrief fallen. Sie reden in dem Jargon unserer Tage und verkleiden sich als Prügelknaben des Jahres 1530.

Auslösendes Moment sind bis zum Zusammenbrechen gequälte Tiere. Also macht Schlöndorff mit der ihm eigenen Konzessionslosigkeit einen Film der geschundenen Pferde. Panische Angst flakkert in ihren Augen, wenn sie in das Schlachtgetümmel hineingetrieben werden — und bevor der Kohlhaas sterben muß, schenkt er seinen Pferden die Freiheit.

Der aktionswütige Mittelteil dieser filmischen Fehlrebellion zeigt scharf umrissene, gewalttätig-blutige Szenen: die Demontage einer Kirche, das Niederbrennen einer Burg, die Treibjagd in einem Nonnenkloster. Wildwestliches Mittelalter. Töten und Zerstören — ja. „Aber nicht, um zu plündern!", macht Kohlhaas einem Studenten klar.

Der Rest ist ein als Staatsnotwendigkeit karikierter Betrug: der dennoch obrigkeitsgläubige Rebell erhält „freies Geleit" zu seinem Fürsten; zugleich wird er, angeblich „zu seinem Schutz", bewacht. Er veranstaltet ein Sit-in beim Gefängnisportal, um einen Richterspruch zu erzwingen. Juristische Gegebenheiten werden dann von politischen Zweckmäßigkeiten überspielt — Kohlhaas muß sterben. Im gleichen Augenblick vergnügen sich seine kleinen Kinder ahnungslos in idyllischer Landschaft.

Diese nur in knappen Details angedeutete verstörte und zerstörte Welt bevölkert Schlöndorff mit Darstellern aus Frankreich, England und Deutschland — von Anna Karina über David Warner (Titelrolle) bis zu Kurt Meisel. Die Landschaft gehört zur Slowakei — auch die Pferde sind von dort.

Gleich der Anfang dieses Films — er geht, wie berichtet, als deutscher Beitrag nach Cannes — ist ein unmißverständliches Signal für die Zuschauer: während der Titel die Story des Michael Kohlhaas ankündigt, zeigen die Bilder krasse Dokumentaraufnahmen von der Studentenrebellion in Paris. Unmißverständlicher geht's nimmer.

Hans Hellmut Kirst

Michael Kohlhaas, der Rebell

Für Erwachsene mit Einwänden

Weil dem sächsischen Pferdehändler Kohlhaas von den kurfürstlichen Behörden Unrecht widerfahren ist, greift er zur Gewalt, um sich sein Recht zu verschaffen. Die berühmte Kleist'sche Novelle diente zwar als Vorlage, doch die dort aufgezeigten Konflikte wurden von dem Film außer acht gelassen. So entstand ein routinierter Actionfilm, der im Vorspann heuchelt, zeitbezogen zu sein, indem er Wochenschauausschnitte der Pariser Maiunruhen zeigt. Vielmehr geht es ihm nur um eine Bereicherung des cineastischen Brutalitätenrepertoires; deshalb müssen gegen dieses Bauernkriegsspektakel Einwände erhoben werden. FD—

spektakulär ist) etwas. Eine Charakteristik des Michael Kohlhaas (von dem sonst ausgezeichneten David Warner dargestellt) ist Schlöndorff also nicht gelungen. Dieser Kohlhaas hat mit einem Rebellen genauso wenig zu tun wie der Schlöndorffsche Junker mit dem Kleistschen Junker.

Tronka ist in diesem Film nicht der herrische Schmarotzer, der zu Ungerechtigkeiten und Übergriffen neigt und zur Ursache der Rache von Kohlhaas wird, er ist vielmehr eine schlaffe und blasse Figur, die alles einem Verwalter überträgt und selbst eigentlich unnütz ist. Andere Personen dagegen zeigen die sporadischen Schattenseiten[11] dieses Films; so der bereits erwähnte Luther (Thomas Holtzmann) und dann vor allem Kohlhaasens Frau (Anna Karina), deren verstörte Zärtlichkeit den Blick öffnet für die Beziehung der Personen untereinander.

Überblickt man diesen Film als Ganzes, so stellt man fest, daß Schlöndorff aus der Kleistschen Novelle einen Action-Film, einen derben „Bauernkriegswestern" gemacht hat, bei dem die Kleistschen Konflikte zwar mitgeschleppt werden, aber nicht im Vordergrund stehen. Schlöndorff hat dabei hinterher aber offensichtlich ein schlechtes Gewissen bekommen; nur so ist der Vorspann von den Pariser Maiunruhen zu deuten, mit dem er dem Kinobesucher wohl vortäuschen will, daß dieser Film aktuell ist, während er in Wirklichkeit lediglich eine Bereicherung des „Brutalitätsschinkenrepertoires" ist.

Bemerkung

Bei Aufsätzen, die nicht im Unterricht, sondern als Hausarbeiten angefertigt werden, ist es oft sehr schwierig, abzuwägen, ob der Verfasser nicht in unzulässiger Weise Gedanken und Formulierungen aus Büchern, Zeitschriften und Zeitungen übernommen hat. Gegen die Benützung solcher Quellen ist nichts einzuwenden, wenn die übernommenen Gedanken und Formulierungen als Zitate gekennzeichnet sind (unter Angabe des Verfassers). Außerdem muß angegeben werden, aus welchem Werk das Zitat stammt.

Zu dieser recht guten, kritischen Analyse, die Sachverstand und Kenntnis der Novelle und des Films zeigt, bringen wir den Abdruck einiger Besprechungen dieses Films aus Zeitungen.

---

11. Das ist wohl ein Mißverständnis! Der Schreiber will Positives aussagen.

Der Vergleich zeigt, daß der Schüler grundlegende Gedanken, entscheidende Blickpunkte und treffende Wendungen wörtlich übernimmt und meist als eigene Leistung ausgibt. Dies ist unzulässig, auch wenn der Schüler nicht absichtlich täuschen will.

Aufgaben

Welche Verfilmung eines literarischen Stoffes kennen Sie? Schreiben Sie über einen solchen Film einen kritischen Bericht!

Sammeln Sie über einen Film, den Sie gesehen haben: Besprechungen in Zeitungen, Texte in Programmen, Werbeanzeigen! Werten Sie diese Artikel aus und vergleichen Sie Ihre Eindrücke damit! Schreiben Sie eine Besprechung für die Schülerzeitung! (Zitate kennzeichnen, Quellen angeben!)

77 *Kritischer Bericht über Arthur Adamovs Theaterstück „Ping-Pong"*

Es liegt schon etwa zwei Jahre zurück, daß ich zum erstenmal mit der Gattung des absurden Theaters bekannt wurde. Damals sah ich in einer Inszenierung des Münchner Residenztheaters „Die Stühle" von Eugène Ionesco. Trotz oder gerade wegen meiner völligen Unkenntnis des absurden Theaters übte diese Aufführung einen faszinierenden Eindruck auf mich aus, denn zweifellos verlangt das „Theater der Seele", wie das absurde Theater noch genannt wird, vom Zuschauer eher instinktives Erfassen als umfangreiches theatergeschichtliches Wissen. Nach einer langen Pause, in der an Münchner Theatern kaum mehr ein absurdes Theaterstück aufgeführt wurde, wagte sich das „Moderne Theater" an die Inszenierung von Arthur Adamovs Stück „Ping-Pong", das ich einige Tage nach der Premiere mit echter Freude und Erwartung besuchte.

„Ping-Pong" schildert die Lebensgeschichte zweier Männer. Victor studiert zu Beginn des Stückes Medizin, während Arthur die Kunstakademie besucht. Beide treffen sich häufig im Café von Madame Duranty und spielen dort mit einem elektrischen Billard, einem sogenannten „Flipper". Der Spielautomat fasziniert die beiden Freunde. Nachdem sie beobachtet haben, wie ein Angestellter des Konsortiums, der Gesellschaft, die die Spielautomaten aufgestellt hat, die eingeworfenen Münzen herausholt, sind sie überzeugt, man könne mit dem Automaten viel Geld verdienen. Sie interessieren sich auch für den technischen Mechanismus, und schließlich verschafft ihnen das Spiel sogar einen ästhetischen Genuß, seine aufflammenden Lichter verleihen dem Apparat eine eigene Poesie; es ist in gewisser Weise ein Kunstwerk. Victor und Arthur wollen eine technische Verbesserung des Automaten vorschlagen. Sie dringen sogar in die Hauptverwaltung des Konsortiums vor und unterbreiten dort dem Chef ihre Verbesserungsvorschläge. Ihre Ideen werden jedoch nur herablassend als dem Konsortium längst bekannte Vorschläge abgewertet. Nach und nach gewinnt der Automat entscheidenden Einfluß auf das Leben der beiden Freunde. Der Flipper beherrscht ihre Gefühle und Träume. Sie verlieben sich beide in ein Mädchen, das eine Anstellung bei der Spielautomaten-Gesellschaft sucht. Fürchten sie jemanden, so ist es der Generaldirektor dieser Firma. Streiten sie sich, dann wegen des Mädchens und des Automaten. Ihr Interesse am Weltgeschehen beschränkt sich auf die Einwirkung politischer und sozialer Entwicklungen auf die finanzielle Situation des Konsortiums. Und so werden sie alt. Die letzte Szene zeigt die beiden Freunde als alte Männer. Sie spielen Ping-Pong, und dieses Spiel ist ebenso kindisch und sinnlos wie ihre lebenslängliche Beschäftigung mit einem Spielautomaten. Victor bricht während des Spieles zusammen und stirbt. Arthur bleibt allein zurück.

Das Stück zeigt auf, wie es zur Sinnentleerung so vieler menschlicher Bestrebungen kommt und warum. Victor und Arthur vergeuden ihr Leben mit einer nutzlosen Jagd nach Schemen, weil sie sich an eine Sache verloren haben, an einen Apparat, der ihnen Macht, Geld und Einfluß auf die Frau, die sie begehren, verspricht. Sie erheben eine Maschine, die nur ein Mittel zum Zweck ist, zum Selbstzweck und verkehren damit alle Werte, die echter Lebenszweck sein könnten: ihr schöpferisches Vermögen, ihre Liebesfähigkeit und ihren Gemeinschaftssinn. „Ping-Pong" bietet ein erschütterndes Bild der Selbstentfremdung des Menschen, die ausgelöst wird durch den Kult eines falschen Wunschbildes, durch die Vergötterung einer Maschine, eines ehrgeizigen Anliegens oder einer Ideologie.

Der Spielautomat in „Ping-Pong" ist mehr als eine bloße Maschine. Er bildet das Kernstück einer Organisation und eines Denksystems. In dem Augenblick, da das aufgestellte Ziel, die technische Verbesserung des Spielautomaten, zu einem Ideal wird, erzeugt es seinerseits eine eigene Organisation mit Machtkämpfen, eigenen Intrigen und politischen Schachzügen, mit eigener Strategie und Taktik. Es wird damit zu einer Sache auf Leben und Tod für alle, die diesem Ideal dienen. Verschiedene Personen des Dramas werden im Dienst der Organisation oder in ihren internen Machtkämpfen aufgerieben. Alle Beteiligten widmen sich der Sache mit größter Leidenschaft, Ernsthaftigkeit und Intensität. Und worum geht es? Um einen kindischen Zeitvertreib, ein elektrisches Billard – um nichts. Aber unterscheiden sich denn die Ziele, denen die Menschen in der realen Welt, in der Welt des Geschäfts, der Politik, der Künste und Wissenschaften ihr Leben weihen, so wesentlich von der fixen Idee Arthurs und Victors? Die Schönheit und die Eindruckskraft von „Ping-Pong" rühren daher,

daß diese Frage kanz konkret gestellt wird. Adamov hat das schwierige Kunststück fertiggebracht, einen Spielautomaten zu einem zwingenden Bild für jegliches Ziel menschlichen Strebens zu erheben, dadurch daß er seinen Figuren eine solche dichterische Ausdruckskraft verleiht, daß die Überzeugung und die verbissene Konzentration, mit der sie über die absurdesten Aspekte dieses unsinnigen Apparates reden, durchaus echt wirken.
Mit dieser fixierten Grundkonzeption wendet sich Adamov nun an sein Publikum. Indem er jedoch ein Theaterstück schrieb, tut er dies nicht unmittelbar, sondern wählt den Weg über die Bühne. Damit vertraut er aber die Interpretation seines Stückes der Willkür und dem Geschick von Theaterregisseuren und Schauspielern an. Es bleibt also zu untersuchen, inwiefern die Inszenierung des „Modernen Theaters" die Absichten Adamovs in angemessener Form widerspiegelte. Alle Schauspieler stellten Figuren dar, die auf ihre Art dem Geld, Macht und Liebe verkörpernden Apparate hörig sind. Michael Hoffmann als Arthur und Jürgen Michaelis als Victor überzeugten als aneinandergekettete Freunde, der eine haltlos vom Spiel besessen, der andere als Mediziner etwas nüchterner. In der Schlußszene kehrt sich jedoch unbegreiflicherweise dieses Verhältnis um. Während der bislang sachlichere Jürgen Michaelis in meisterlich grotesker Manier stirbt, bleibt Michael Hoffmann farblos und verklemmt. Sicherlich hätte ein Rollentausch der beiden Schauspieler Adamovs Intentionen besser gedient. Hans Hirschmüller verlebendigte den Angestellten des Konsortiums mit unheimlichem Optimistengelächter und stellte einen wirkungsvollen Gegenpol zu den scheiternden Freunden dar. Heide Deutschmann spielte die wendige Annette mit großem Geschick. Sie war erregend genug, um die Leidenschaft Arthurs und Victors für sie verständlich zu machen, und doch weit entfernt vom Typ des rein Sinnlichen, so daß sie auch als geschäftstüchtige Opportunistin glaubhaft war. Jürgen Nefzger gab einen wichtigtuerischen Konsortiumschef ab, der jedoch in der Krankenbettszene zu harmlos und überdreht wirkte, als daß er als skrupelloser und erfolgreicher Großkapitalist glaubwürdig erschien. Grundsätzlich litt das Stück, so glaube ich, an einer Überbetonung des grotesken Elements. Sicherlich ist die Clownerie, die Abkehr von wirklichkeitsgetreuer und vertrauter Mimik und Gestik und Hinwendung zum überspitzten und lächerlichen Gehabe, ein wesentlicher Bestandteil des absurden Theaters,

doch hatte ich den Eindruck, daß diese Clownerie an manchen Stellen über Gebühr behandelt wurde. Vielleicht ist dieser Mangel auf den Eifer des noch unerfahrenen Ensembles zurückzuführen. Laurent Dallegio hätte jedoch um diese Gefahr wissen und seine junge Truppe zu etwas mehr Disziplin anhalten sollen. In der Krankenbettszene und dem abschließenden Greisenballett erwies sich diese schauspielerische Ausgelassenheit und Disziplinlosigkeit als äußerst günstig, so daß diese beiden Szenen zu einem echten Höhepunkt wurden, was zweifellos der Absicht Adamovs entspricht.
So pendelt Laurent Dallegios Inszenierung zwischen Naturalismus und Stilisierung, bedingt durch schauspielerischen Übereifer und mangelhafte Straffheit der Regie, hin und her. Mir gefiel diese Aufführung trotz ihrer Schwächen, zumal sie ein Beweis für die Aufführbarkeit absurder Theaterstücke in einer für diese Theaterrichtung noch nicht genug aufgeklärten Zeit war.

Bemerkung
Dieser Aufsatz, eine Hausarbeit, dürfte, wie die bereits besprochene Kritik über den Film: „Michael Kohlhaas, der Rebell", eine geschickte Zusammenfassung von Besprechungen des Stückes in Zeitungen und Zeitschriften sein. In dieser Arbeit sind keine Stellen als Zitate gekennzeichnet. Manche Gedanken sind aber als gereifte, auf langer Erfahrung beruhende Urteile und Kenntnisse erkennbar. Es ist sehr schwer, eine solche Arbeit zu bewerten, wenn der Gutachter nicht die Quellen und ihren Wortlaut vergleichen kann, um zu entscheiden, was Original-Schüleraufsatz ist und was abgeschrieben ist.

78 *Kritischer Bericht über Peter Zadeks Spielfilm „Ich bin ein Elefant, Madame"*

Der vor etwa zwei Monaten in Bremen uraufgeführte und heiß diskutierte Film Peter Zadeks befaßt sich mit den Problemen zwischen der älteren und der jungen Generation, besonders im Bereich von Bildung und Erziehung. Ich sah mir den Film an, da ich einige Zeit vorher den Roman gelesen hatte, auf den der Regisseur Zadek zunächst eine Theaterinszenierung und später seinen Film aufbaute. Der Roman erschien vor einigen Jahren unter dem Titel „Die Unberatenen" und wurde von Thomas Valentin verfaßt. Der Autor, der früher selbst ein Schulmann gewesen war, wählte gewiß nicht per Zufall[1] als Vorspruch zu seinem Roman das Dostojewski-Zitat: „Nichts ist jemals für den Menschen schwerer zu ertragen gewesen als die Freiheit."

Um diese Freiheit, genauer: um eine freie und das einzelne Individuum respektierende Gesellschaft – im Bereich der Schule – geht es in Valentins Roman. Ort und Zeit: Eine Oberschule in der Bundesrepublik, heute. Oder, wie Valentin sagt: „In mittlerer Entfernung von der Zonengrenze und vom Dritten Reich." Die Personen: Mitglieder einer Abiturklasse, Mitglieder eines Lehrerkollegiums, am Rande Schuldiener, Eltern und Freundinnen. Gegenstand der Handlung: das fehlende echte Gespräch zwischen den Generationen, Unrast einer skeptischen Jugend, die sich von Dünkel, Rechthaberei, Routine und Besserwisserei umstellt sieht. Hauptperson ist der Schüler Jochen Rull, mit sich und dem monotonen Schultrott unzufrieden. Er revoltiert, er will den Nebel des unverbindlichen Geschwätzes der Erwachsenen wegblasen, will klare Antworten auf seine Fragen, was Freiheit sei, was Demokratie, was Christentum, er will etwas lernen, „wofür es sich lohnt, sich einzusetzen". Doch diese Wünsche werden als Angriff auf die bestehende Ordnung aufgefaßt. Schließlich wird Rull noch eine Hakenkreuzschmiererei zugeschrieben, und nach einer Lehrerkonferenz, bei der die alten Streiter gegen die Vernünftigen siegen, fliegt Rull, wenige Wochen vor dem Abitur, von der Schule. Das

---

1. Besser: zufällig!

bitter notwendige Gespräch zwischen den Generationen findet nicht statt.[2]

Soweit die wichtigsten Züge des Romans, auf dem Zadeks Film aufgebaut ist. Zadek hat zwar einige Personen verändert und verschiedene Punkte[3] mit den Mitteln des Films umgestaltet, das Problem ist jedoch das gleiche geblieben.

Zadeks Film erzählt von einer Schule in der freien Hansestadt Bremen, die in den Sog der Revolte zugunsten[4] der Demokratisierung der Schule gerissen wird.

Nebeneinander stehen da eine unruhige Jugend und eine unterschiedliche, aber doch nie entschlossen reagierende Lehrerschaft. Der Verzicht auf jede Frage nach dem Vorleben[5] macht alle Figuren des Films wertneutraler als in den früheren Fassungen des Stoffes, besonders dem Buch. Es geht Zadek nicht um die Frage, ob die Lehrer gut oder schlecht, die Schüler gut oder schlecht sind, er möchte sich der Wirklichkeit insofern nähern, als auch in ihr die Extremfälle die Ausnahme bilden.[6] Zadek bemüht sich deshalb um ein möglichst breites Mosaik von Gesichtern. Die Spannweite reicht vom SDS-Agitator, der einen weißen Jeep als Revolutionsvehikel benützt, über die Typen in der Klasse und die schwankenden Liberalen bis zum Altnazi unter den Lehrern.

In einem Interview mit dem NDR bemängelte der Bremer Bildungssenator, daß die Lehrer im allgemeinen zu negativ gesehen worden seien, man kann jedoch auch sagen, was ich von einem Besucher des Films hörte: „Ich wollte, ich hätte solche Lehrer gehabt." Das hat jedoch nichts mehr mit Zadek und seinem Film zu tun, sondern nur noch mit dem Erfahrungs- oder Wunschbild des Betrachters. Man sieht die Lehrer, die, in des Wortes eigentlicher und auch übertragener Bedeutung, von oben herab auf die Schüler schauen, teils als Repräsentanten von „Zucht und Ordnung", reif zum Abtreten, teils als

---

2. Es kann strittig sein, ob die Besprechung des Romans in dieser Breite notwendig ist oder ob damit das Thema überschritten wird.
3. Der Ausdruck „Punkte" wird immer wieder als Verlegenheitswort gebraucht und kann sehr Verschiedenes ausdrücken.
4. Schwacher Ausdruck!
5. Wessen Vorleben?
6. Gedankengang ist nicht ganz klar!

solche, die sich um Verständnis bemühen, bürgerliche Liberale, die versuchen, die als berechtigt angesehenen Proteste zu kanalisieren, zu entschärfen und reformerisch mit dem Bestehenden zu verbinden.

Die Schüler honorieren dieses verständnisvolle Verhalten so gut wie gar nicht. Sie scheinen nach dem Grundsatz zu handeln, daß die kleinen Lösungen die Feinde der großen Lösungen seien. Dabei verkennen sie aber die Tatsache, daß in der augenblicklichen Gesellschaft keine umfassende Revolution möglich ist. Und weil sie dies ein wenig ahnen, eskalieren sie ihre Ansprüche auf geradezu Kohlhaas-hafte[7] Weise und verfallen manchmal in Protest-Albernheiten, die niemand ernst nehmen kann, auch die nicht, die durchaus solidarisch mit ihnen sind. Für manche Lehrer muß das zum Verzweifeln sein.

Die Liberalisierung der Lehrerschaft, die scheinbare Verlagerung des Hauptproblems[8] auf die „unberatenen" Lehrer, ist jedoch, wie mir scheint, nicht Zentralproblem des Filmes. Entscheidender ist die Frage: Wie reagiert eine im Schnitt ganz sympathisch aussehende Gesellschaft auf einen Außenseiter? Zadek beantwortet diese Frage am Beispiel des Schülers Jochen Rull. Er[9] hat die weltanschaulichen Probleme seines Roman-Urbildes weitgehend verloren. Er ist jetzt nur noch ein nicht integrierbarer Teil der Gesellschaft, weil er auf sie immer wieder eigensinnig reagiert und den Ernst des Lebens gern in einen Scherzartikel ummünzt. Dieser Figur, diesem Rull, hat, wie ich glaube zurecht, Zadeks ganze Sympathie gegolten, und so hat er sich auch am intensivsten um sie bemüht. Der Schauspieler Wolfgang Schneider gab dieser Figur feste, und bis zu einem gewissen Grade liebenswürdige Züge.[10]

Wie aber reagiert die Gesellschaft? Typisch ist, daß Zadek die Kausalkette, die im Roman zur Entlassung des Schülers führt, weitgehend verwischt hat. Seine[11] Hakenkreuzschmiererei geht jetzt mehr auf das Konto eines Schabernacks (seine Wirkung wird auf andere Weise ausgenützt),[12] ist jetzt nur noch ein Motiv[13] seines Außenseitertums.

7. Besser: nach der Art des Michael Kohlhaas!
8. Schwacher Ausdruck!
9. Wer? Beziehung des Fürworts muß immer klar sein!
10. Zu knappe Würdigung des Darstellers!
11. Beziehung ist unklar!
12. Sinn ist unklar!
13. Was meint der Schreiber? Beweis oder Symptom?

Relegiert wird Rull kurz vor dem Abitur,[14] weil er sich nicht an- und einpaßt. Rull ist Zadeks Protest gegen eine Gesellschaft, die, ob links-, ob rechtsextrem, ob gemäßigt liberal oder konservativ, in jedem Fall Anpassung an ihre Ideologie fordert, die die störende Eigenwilligkeit eines Individualisten nicht ertragen kann oder will. Was Rull im Film demonstriert, demonstriert auch manche Reaktion auf den Film.[15]

Ein Wort noch zu dieser Hakenkreuzschmiererei; mit anderen Worten, der Befestigung[16] eines neun Meter großen Hakenkreuzes am Parlamentsgebäude. Die Reaktionen auf die bewußte Provokation sind im Film in schwarz-weißen Dokumentaraufnahmen mitgeschnitten worden. Hier greift der Film, der sich sonst so eindeutig zur ästhetisch bestimmten Farbaufnahme bekennt, über die Kunst in die Wirklichkeit ein. Die Szenen, die die Reaktionen auf das Hakenkreuz zeigen, sind authentisch. Ahnungslose Passanten wurden befragt und ihre Reaktionen gesammelt. Einer bangt zornbebend um das Ansehen der deutschen Nation im Ausland (das ihm vielleicht durch ehemalige Parteimitglieder in höchsten Staatsämtern nicht so gefährdet scheint), ein anderer meint, der Schmierfink sollte doch nach drüben gehen (weil bekanntlich alle, die die Ruhe behaglicher Gedankenlosigkeit stören, nach drüben gehören), ein dritter plädiert für die Todesstrafe und bietet sich gleich an, den Jungen zu hängen – da ist man sprachlos, eine solche Äußerung sprengt jedes Denkschema.[17] Der Zweck der Übung[18] ist es, meine ich, spontane Reaktionen zu bewirken, solche, die den linken, solche, die den rechten Vorurteilen widersprechen, solche, die erschreckend blind in eine wohlbekannte Kerbe[19] hauen, und solche, die in kein Klischee passen. Zadek und sein „Held" Rull üben pure Provokationen, haben also nicht die Absicht, sich auf billige Art eine bestehende These oder Meinung bestätigen zu lassen, vielmehr mit dem Ziel,[20] etwas Stummes, Amorphes, Unartikuliertes zum Farbe-Bekennen zu bringen und vielleicht durch die Wider-

---

14. In dieser Wortstellung bezieht sich der Grund nicht so sehr auf die Relegierung als auf den Zeitpunkt. „Rull wird relegiert, weil . . ."
15. Dieser gute Gedanke wird nicht weitergeführt, nicht erläutert.
16. Unklar: Das „Befestigen" eines Hakenkreuzes ist keine „Schmiererei".
17. Ausdruck ist unklar!
18. Umgangssprachlicher Ausdruck, der hier nichts aussagt.
19. Dieses Bild, dieser Vergleich ist nicht vorstellbar.
20. Falscher Satzbau: . . . vielmehr haben sie das Ziel . . .

sprüche, die sich zeigen, verfestigte Meinungen ins Wanken zu bringen.
Rull ist also genau jener Typ von Querschläger, den Establishment und Revolutionäre gleich hassen müssen, weil er in jede Suppe spuckt. Er läßt sich nicht von einem SDS-Agitator vor den Karren der Revolution spannen, er weist mit Arroganz die Solidarität seiner Mitschüler zurück, die in Streik treten wollen, als Rull von der Schule fliegt. Er ist ein Mensch, auf den nichts zutrifft und der das auch gar nicht will.
Bleibt noch der Hinweis auf die großartige, zum Gesang von Freddys „Wir"-Lied abrollende Schlußmontage, in der das Kind in Zadek unvermittelt erwachsen wird und sich fragt, was wohl aus den Abiturienten wird, die über der schriftlichen Arbeit brüten; wahrscheinlich Bomberpiloten, wenn man ihm glauben darf.
Und was fängt die Gesellschaft mit einem solchen Rull an, dem sie schnuppe ist, dem sie aber die Freiheit zu seinem So-Sein garantiert? Sicher wird Rull kein Pilot, doch was wird überhaupt aus ihm? Ein Original vielleicht, doch davon kann man nicht leben. Die Gesellschaft wird ihn ansehen müssen wie ein Kaufmann eine Fehlinvestition. Mehr bleibt ihr nicht. Vielleicht könnte sie darüber nachdenken, warum sie so einen Typ hervorgebracht hat!

Bemerkung
Eine straffere Gliederung hätte dem Aufsatz genützt. Das zentrale Thema des Films wird gut herausgearbeitet und analysiert. Der Vergleich zwischen Buch und Film ist aufschlußreich, jedoch etwas zu breit geraten. Die sprachliche Dartellung ist gewandt.

Aufgabe
Schreiben Sie einen kritischen Bericht über einen Film, der Sie beeindruckt hat!

79 Kritischer Bericht über den Fernsehfilm „Die lange Nacht von 43"

Als ich an einem Wochenende neulich bei Bekannten an der schweizerischen Grenze weilte, sah ich den Fernsehfilm: „Die lange Nacht von 43". Ich halte an sich sonst nichts von Filmen, die alte Episoden der NS-Zeit wieder aufwärmen; dennoch, von diesem Film war ich begeistert.

Ferrara, die einstmals stolze Renaissance-Residenz im vorletzten Kriegswinter: schlechtbeleuchtete Straßen und glanzlose Häuserfassaden, schäbig wie die Kleidung der fröstelnden Passanten, eine lädierte Idylle, der die Nebel der Poebene einen Hauch fragwürdiger Poesie verleihen. Selbst auf dem Corso verläuft das Leben so eintönig, daß Pino Barilari, der gelähmte Apotheker, sich die Zeit mit Kreuzworträtseln vertreibt. Pino ist menschenscheu. Verlief doch sein erstes Abenteuer – er war damals gerade sechzehn – derart fatal, daß die Nachwirkungen sein heutiges Leben bestimmen. Heute ist Pino schon dankbar, daß die keineswegs reizlose Anna, die ihn aus enttäuschter Liebe heiratete, ihm wenigstens schwesterlich zugetan ist, ihm die Kasse der Apotheke führt und ihn mit Tabletten und tröstenden Worten versorgt. Annas Ergebenheit wird erst gefährdet, als sie unerwartet Franco begegnet, dem Mann, den sie liebte, aber nicht heiraten konnte. Franco, Sohn des Rechtsanwalts Attilio Villani, entstammt einer wohlhabenden und angesehenen Familie, die nicht bereit war, Anna als Schwiegertochter zu akzeptieren. Wie Anna heute meint, ließ sie sich damals allzu leicht einschüchtern. Inzwischen kämpft Franco in Afrika, desertiert aber, als sich das Kriegsglück wendet, und hält sich nun im Hause seines Vaters versteckt. Obwohl er die Polizei zu fürchten hat, verläßt er gelegentlich das Haus, besucht das Kino, trifft sich neuerdings wieder mit Anna. Trotz Faschismus,[1] so scheint es, erlaubt Ferrara kleine Freiheiten, die allseitig respektiert werden. Doch jäh zerbrechen diese unausgesprochenen Spielregeln, als der faschistische Gruppenführer der Stadt erschossen wird. Diesen

1. Etwas zu beziehungslos hingeworfen; hier hätte man kurz die Zusammenhänge aufzeigen müssen, wieso unter der Herrschaft der Faschisten kaum Freiheiten möglich waren.

Vorfall nimmt die Partei zum Anlaß einer Machtdemonstration. Aus Verona und Padua werden Rollkommandos entsandt. Gerade als Anna bei Franco weilt, fährt eines der Kommandos vor, wird Francos Vater verhaftet und mit anderen unliebsamen Bürgern auf einen Lastwagen verfrachtet. Als Anna, später in der Nacht, nach Hause eilt, sieht sie direkt gegenüber der Apotheke an der halbhohen Mauer, die den Corso vom Wassergraben des Kastells trennt, die Leichen der Verhafteten liegen, unter ihnen auch Francos Vater. Und hinter seinem Fenster sitzt Pino, der, so denkt Anna, die Erschießungen genauso beobachtet haben muß wie ihr spätes Heimkommen jetzt. Doch Pino gibt vor, nichts gesehen zu haben. Das Erlebnis des Blutbades versucht er ebenso zu verdrängen wie den Ehebruch seiner Frau. Angeekelt von diesem Selbstbetrug, eilt Anna zu Franco, bereit, sofort ihre Ehe aufzugeben. Doch Franco weist sie zurück. Er will in die Schweiz fliehen und alles vergessen. Gut ein Jahrzehnt später, an einem sonnigen Sommertag, besucht Franco mit Frau und Kind seine Heimatstadt. Er möchte das Grab des Vaters aufsuchen, und in der Apotheke erkundigt er sich nach Anna, erfährt aber nur, daß Pino vor dem Ende des Krieges gestorben sei. Von Anna ist nichts bekannt. Als Franco in einem Espresso ein Bier bestellt, begrüßt ihn jovial der inzwischen ergraute Aretusi.[2] Von der Vergangenheit spricht man natürlich nicht, und auch seiner Frau verheimlicht Franco, welche Rolle Aretusi spielte.[3] Er ist für ihn nur „ein armer Kerl, ich glaub' nicht, daß er irgend jemandem etwas getan hat." Er hätte auch die Worte wählen können, mit denen er sich damals von Anna verabschiedete: „Ich will nichts wissen und fertig".

Mit der letzten Einstellung seines Films, einer Fahrt auf[4] die Gedenktafeln für die Opfer des 15. Dezember 1943, will Vancini den Toten seine Reverenz erweisen, eine unnötige und dem übrigen Film erfreulicherweise fremde Interpunktion.[5] Liegt doch die Überzeugungskraft dieses gesellschaftlichen[6] Dokuments in der Genauigkeit, mit der die

---

2. Wer ist dieser Mann? Woher kennt ihn Franco?
3. Auch hier bleibt der Zusammenhang unklar; man erfährt nicht, wobei dieser Mann eine Rolle gespielt hat.
4. Ungenau, der Zusammenhang wird nicht aufgezeigt; außerdem ist die sprachliche Formulierung ungewohnt.
5. Was will der Verfasser mit diesem Ausdruck sagen?
6. Unklar, was mit „gesellschaftlichem Dokument" gemeint sein soll!

privaten Beziehungen entwickelt und beschrieben werden. Aus der Vogelperspektive tastet sich die Kamera an Ferrara heran, mit der gleichen Methode wird die Stadt vorgestellt, als Franco zurückkehrt. Neue Schauplätze werden bevorzugt durch Fahrten und Schwenks präsentiert, derart[7] den Zuschauer mit der Umgebung der Bewohner vertraut machend,[7] ehe er diese selbst kennenlernt. Eine solche, fast möchte man sagen, intime Einführung, sichert den Bildern jene sinnliche Präsenz, die gerne als Atmosphäre apostrophiert wird. Daß Vancini ohne Anstrengung Zeitbezüge einbaut, bewahrt diese Beschreibung vor der Unverbindlichkeit, gibt ihr den genauen historischen Stellenwert. Als Anna ins Kino geht, wird nicht nur das Portal gezeigt, sondern auch eine Einstellung, die für eine Love-story faschistischer Provenienz bezeichnend sein dürfte:[8] Tanzende Mädchen auf einer Sommerwiese, und dazu ihr Singsang: „Wie schön ist das Leben, wenn man liebt, wie schön ist die Liebe, wenn man glücklich liebt." (Hier besonders fühlt man sich erinnert an Kleins „Der Fall Gleiwitz", den deutschen Film, der unter wenigen den Faschismus nicht als das sattsam bekannte horrible ductu[9] darstellt, sondern ihn in seiner alltäglichen Erbärmlichkeit und Menschenunwürdigkeit zeigt.)
Daß Vancini sich nicht auf die Beweiskraft seiner Bilder allein verläßt, wird anderenorts ebenso deutlich. Pleonastisch scheinbar tönt zur ahnungslosen Abendunterhaltung aus dem Radio Hörspiel-Geschwätz: „Ja, so ist es, wir leben mit der Fröhlichkeit der Liebe. Wir werden glücklich sein. Wir sind es ja. Wir sind glücklich. Wir haben sogar die Pflicht, glücklich zu sein." Solche biedere Stimmungsmache läßt den Mord aus Pflichterfüllung bereits ahnen,[10] einen Mord, der für alle zur Stunde der Wahrheit wird. Pino weint mit der Wut des Geängstigten, Franco flieht ins neutrale Ausland, und nur Anna ist bereit, alle trügerischen Sicherheiten aufzugeben. Ob sich ihr Ent-

---

7. Schlechte Satzverbindung; dem Lateinischen nachgebildete Partizipialsätze im Deutschen vermeiden!
8. Unklarer Gedankengang; wohl aus einer kritischen Besprechung dieses Films in einer Zeitung entnommen, ohne den Zusammenhang mit zu übernehmen und die Quelle anzugeben.
9. Stammt dieser Ausdruck wirklich vom Verfasser? Weiß er selbst, was damit gemeint ist? Oder hat er dieses gut klingende Wort nur aus einer Besprechung des Films übernommen, um Eindruck zu machen? Dieser Ausdruck hätte mindestens erklärt werden müssen.
10. Inhaltlich unklar!

schluß, den man den menschenwürdigen nennen muß, gelohnt hat, erfahren wir nicht. Nur Franco und Aretusi begegnen sich noch einmal und tun, als sei nichts geschehen. Die Tragödie bleibt ohne Katharsis, aber sie ist nicht ohne Stachel. Doch nicht, daß der Mörder ungestraft ausgeht, hat uns zu bekümmern – denn mit einem Aretusi im Gefängnis wäre die Welt auch nicht besser – sondern, daß eines seiner potentiellen Opfer sich selber den Blick in die Vergangenheit verstellt, daß private Schuld zum Komplicen historischer Verbrechen zu werden vermag. Nicht um den Mörder geht es, sondern um den politischen Zaungast.

Bemerkung
Die Besprechung des Films zeigt mehrmals die Zusammenhänge nicht deutlich genug auf; einzelne Fragen bzw. Probleme hätten eingehender und gründlicher erörtert werden müssen. Die sprachliche Darstellung ist gewandt, läßt jedoch durch gewisse Formulierungen die Vermutung aufkommen, daß Zeitungskritiken benützt wurden, ohne sie als Quellen anzugeben.

Texterläuterungen

80 *„Die Kunst ist ein Abenteuer" – Ortega y Gasset, Vor der Höhle von Altamira (Textinterpretation)*

Gliederung

A) Zusammenhang von Philosophie und Kunst

B) I. Textinterpretation
  a) Aufschlüsselung nach drei Thesen:
    1. „Die Kunst langweilt uns."
    2. „Der Sinn für die Kunst ist verlorengegangen, weil sie allzu häufig und billig geworden ist."
    3. „Kunst ist nicht denkbar ohne Ekstase."
  b) Therapie: Säuberung der Kunst
  c) Zusammenhang von Kunst und Magie
 II. Auseinandersetzung mit dem Text
  a) Immanente Kritik der Therapie
    1. Moralischer Appell
    2. Ohne Adressat
    3. Therapie auf einer anderen Ebene als die „Krankheit"
  b) Interpretation des Textes von anderem Standpunkt
    1. Entwicklung von Ortegas Kernthese
    2. Einfluß der Technologie
    3. Funktion der Kunst früher als „2. Dimension"
    4. Veränderte Funktion der Kunst

C) Verbindung mit Ortega, kritische Funktion der Thesen Ortegas

Einen Text des Philosophen Ortega y Gasset über Kunst zu interpretieren, heißt vorab, darüber zu reflektieren, welchen Aspekt der Kunst ein Philosoph mit seinem Denken erfaßt. Den Philosophen, der als solcher ja kein Psychologe, Soziologe, Kunsthistoriker oder Künstler

ist, interessiert an der Kunst weniger und zugleich mehr als alle diese Teilbereiche in ihrer Besonderheit. Sein Interesse gilt den übergreifenden Wahrheiten, zu denen die Teilbereiche nur einzelne Aspekte liefern. Er will wissen, welchen menschlichen Bezug die Kunst und ihre Entwicklung besitzt; nicht die Kunst steht für ihn im Mittelpunkt seiner Betrachtungen, sondern primär der Mensch, der schaffende als auch der rezeptive, das heißt, Kunst sieht er als eine Manifestation des Menschseins an, und in der Kunst spürt er die Wahrheit auf, die selbst Ziel seines philosophischen Prozesses ist. Verliert nun die Kunst diesen Charakter als Gefäß der Wahrheit, so wird der Philosoph zum Kritiker an den Umständen und an den Menschen, die diesen Bruch der Beziehung des Menschen zur Kunst bedingt haben.
Der Text „Die Kunst ist ein Abenteuer" beginnt mit einer Gegenüberstellung als Ausgangspunkt und zugleich als symbolische Zusammenfassung der weiteren Ausführungen: das alte Dorf Santillana del Mar, das wie eine „altertümliche Theaterdekoration" wirkt, und die Höhle von Altamira, frühes Zeugnis menschlichen Kunstschaffens. Hier setzt Ortegas erste These an: „Die überlieferte Kunst langweilt uns." Der „Schauder der Ergriffenheit" bleibt aus, weil ein Schauder nur vor dem erstmalig Gegenüberstehenden[1] eintritt. Das, was kunstgeschichtlich ist, hinterläßt keine Eindrücke mehr: es wird nicht mehr auf eine dem Menschen eigentümliche Weise vermittelt, sondern auf tierische:[2] „Unsere Reaktionen darauf sind schon fast Reflexe." Abenteuer als Symbol menschlicher Bereitschaft zum Erlebnis und Wunder als Symbol dessen, was Objekt und Inhalt des Erlebnisses zugleich ist, – dieses Paar[3] ist uns fremd geworden. Diese beiden aber, sagt Ortega, seien Voraussetzung für echten Kunstgenuß. Deskriptiv stellt er dar, was sich heute Kunstgenuß nennt: ein behaglicher, sicherer, zum Reflex degradierter Genuß, eine unserer Seele andressierte Reaktion, die sich als Wirkung des Kunstwerks ausgibt. Am Kunstwerk wird nur noch notiert, inwieweit es der prädisponierten Erwartung entspricht. Dies findet seine Entsprechung in einer oberflächlichen, nur äußerlichen Haltung: der schon bereitgehaltenen „Gebärde der Bewunderung". Bewunderung, so geht daraus hervor, hält Ortega[4]

1. Besser: „dem Überwältigenden". Siehe Ortega!
2. So weit geht Ortega nicht!
3. Ausdruck?
4. Hier müßte als Beleg eine Textstelle angeführt werden.

nicht für die adäquate Haltung einem „Wunder“ gegenüber, und er trägt damit der Verflachung dieses Wortes im Sprachgebrauch Rechnung. Ortega nennt als Gegenbegriff dazu „ästhetische Erschütterung“, die nicht wie eine Gebärde[5] nur äußerlich ist, sondern die Einbeziehung des ganzen Menschen, der innerlich unvorbereitet ist, bedeutet. Nun untersucht Ortega die Ursachen für seine vorher aufgestellte These über den verlorengegangenen Kunstsinn und über die spezifische Beziehung zur Kunst, wie sie der „wackere Bürger“[6] pflegt. Polemisch stellt er fest, daß, wenn[7] es wirklich soviel Gelegenheit zum Genuß schöner Dinge gibt, uns das Übermaß an Genuß längst getötet haben müßte oder die den Genuß auslösende Ursache, die Schönheit, so gering sei, daß es nicht wert sei,[8] darüber zu reden. Hier stellt Ortega seine Kernthese auf: „Der Sinn für die Kunst ist uns verlorengegangen, weil sie allzu häufig und billig geworden ist.“[9] Nur in ihrer Seltenheit, so meint also Ortega, behält die Kunst ihren Reiz, wenn sie zum Abenteuer wird, das uns überfällt und uns – wie der göttliche Wirbelwind die Propheten in eine jenseitige Welt[10] entführt – aus dem Alltag reißt, dem Raum unserer menschlichen Existenz und damit Bedingung und wirkender Faktor für sie.[11]

„Kunst ist nicht denkbar ohne Ekstase.“ Diese These schließt sich der ersten[12] an. Fortreißen aus dem Alltag, aus unserem „täglichen Selbst“, hin zur Ekstase,[13] dem Außer-sich-Sein, das sollte Kunst bewirken. Dies ist verlorengegangen, weil Kunst allzu häufig geworden ist, und damit langweilig. So lassen sich die drei Thesen zusammenfassen.

Welche Konsequenz, ja Therapie, legt uns Ortega aufgrund dieses Zusammenhanges nahe? Er fordert eine „Säuberung“ der Kunst, das heißt, das, was Kunst genannt wird, soll periodisch überprüft und das „Verfaulte vom Baum der Kunst“ geschüttelt werden. Und selbst das Beste der Kunst darf erst Bestand haben, wenn es sich im kritischen

---

5. Wesen der Gebärde? Falscher Begriff hier?
6. Dieser Begriff müßte geklärt werden.
7. Ausdruck!
8. Satzbau!
9. Hier wäre ein Kommentar angebracht!
10. Das ist ein Zitat, und deshalb ist das Fehlen der Anführungszeichen nicht nur eine Nachlässigkeit.
11. Satzbau!
12. Es ist die dritte These!
13. Kommentar wäre angebracht!

Kampf mit unseren strengen Anforderungen bewährt hat. Sonst würde die in Jahrhunderten aufgehäufte Last des angeblich Schönen so groß werden, daß es auf der Erde nur noch Friedhöfe und Museen gäbe.[14] Diese Therapie gipfelt in der Forderung, die Kunst dem braven Bürger[15] zu entreißen und sie sich selbst wieder zurückzugeben, sie unbehaglich zu machen,[16] daß sie dem Bürger nicht mehr dazu dienen kann, seinen Wunsch nach Behaglichkeit zu erfüllen. Die Höhle von Altamira, die Ortega als Beweismittel für seine Auffassung benützt, zeige, „daß die Kunst ein erlauchter Zufall ist"; Kunst könne nicht geplant werden, sie „fällt den Menschen an" wie eine Offenbarung – wie der Büffel, den die Urmenschen von Altamira an die Höhlenwände gebannt haben.

In dem nachstehenden Zitat des Philosophen wird noch einmal der Zusammenhang der künstlerischen Intention mit der Schönheit eines Werks verdeutlicht und zugleich erweitert: Die Schönheit sei nicht das Ziel der Maler von Altamira gewesen, sondern die Magie,[17] deren Mittel das Bild war und die in das Bild Eingang gefunden hat und es somit in die Lage versetzt, seinerseits wieder in seiner Schönheit den Beschauer „anzufallen" und magisch in seinen Bann zu ziehen.

Obwohl nun dieser Text nicht beansprucht, ein Kunstwerk im Sinne Ortegas zu sein, so wollen wir doch Ortegas Imperativ folgen und die Richtigkeit des Textes in einer kritischen Auseinandersetzung prüfen. Eine immanente Kritik kann bei der vorgeschlagenen Therapie ansetzen, denn an den Methoden, die ein Philosoph vorschlägt, bestehendes Schlechtes zu verändern, läßt sich sein Standort bestimmen, nicht primär an der Analyse des Bestehenden, die ja vielen gemeinsam sein kann.

Einmal läßt sich feststellen, daß Ortegas Aufruf, den Baum der Kunst zu schütteln und Strenge zu üben, lediglich moralisch bleibt, das heißt, er richtet sich an die Bereitschaft des einzelnen und impliziert dabei – wie auch aus der Analyse hervorgeht –, daß es am einzelnen selbst liegt, ob dies oder jenes Kunst ist oder nicht.[18] Dabei wird von all den Faktoren abstrahiert, die das „persönliche" Verhältnis zur Kunst be-

14. Zitat, deshalb Anführungszeichen!
15. Zitat!
16. Kommentar fehlt!
17. Die Beziehung Magie–Schönheit wäre noch deutlicher zu machen.
18. Mißverständnis!

stimmen. Zudem bleibt sein Vorschlag unverbindlich, solange kein Adressat angegeben ist; „die Menschheit muß ..." – das betrifft niemanden, weil es zu viele betrifft. Viele Fragen, deren Beantwortung für eine sinnvolle Veränderung des gegenwärtigen Verhaltens zur Kunst nötig wäre, werden nicht einmal gestellt. Selbst wenn Ortega den Adressaten verbindlich genannt hätte, müßte gefragt werden, nach welchen Maßstäben Werke zu den „verfaulten Früchten" gerechnet werden sollen und wer bestimmt, welche Maßstäbe Anwendung finden sollen.[19] Hier tritt die gedankliche Inkonsequenz Ortegas zutage. Ortegas Kritik bezieht sich auf die Methode,[20] mit der mit Kunstwerken verfahren wird: der wackere Bürger „will darüber beruhigt sein, daß die Dinge wirklich ihrem Ruf entsprechen", und „Kunst ist zu häufig und billig geworden". Seine Vorschläge betreffen jedoch die Kunstwerke als solche, deren Quantität er begrenzen will, indem er ihre Qualität einer strengeren Zensur unterwirft.

Die Möglichkeit, eine neue Plattform zu finden, von der aus wir diesen Text neu interpretieren können, ergibt sich anhand der Kernthese, daß der Sinn für Kunst verlorengegangen ist, weil sie allzu billig und häufig geworden ist. Weshalb ist Kunst häufig und billig geworden? Walter Benjamin zeigt in seinem Essay „Das Kunstwerk im Zeitalter seiner Reproduzierbarkeit" auf, wie sich das technologische Zeitalter der Kunst bemächtigt und durch die Fähigkeit, Kunst schier unbegrenzt zu vervielfältigen, im Kunstsinn selbst seinen Niederschlag findet. Die Möglichkeiten der Technologie erweisen sich nicht nur darin, daß immobile Werke durch Fotografien und Postkarten plötzlich „mobil" werden, sondern auch darin, daß sie den Weg zu den Werken verkürzt, und so eine sight-seeing-tour durch die europäische Kultur spielend mit dem Urlaub verbunden werden kann, die dann den Ansprüchen der Erholung und des Sozialprestiges genügen muß.

Welche Folgen hat zum Beispiel Bach[21] als Hintergrundmusik in der Küche oder Goethe und Schiller, Shelley und Baudelaire im Kaufhaus? Es trifft zu, was die Vertreter der Kulturindustrie stolz behaupten, daß durch die Kommerzialisierung und Popularisierung die Klassiker ihr Mausoleum verlassen haben und wieder lebendig wur-

19. Eine richtige Folgerung!
20. Ortega will die Kunst wieder „unbehaglich" machen.
21. Satzbau!

den. Aber indem sie lebendig werden, werden sie als etwas anderes lebendig als was sie waren; sie werden ihrer antagonistischen Kraft beraubt,[22] die darin bestand, daß jene Kulturformen, deren Vertreter sie waren, eine andere Dimension in bezug auf die Realität darstellten. Die Zweidimensionalität war dadurch charakterisiert, daß ein Bruch zwischen künstlerischer und gesellschaftlicher Wirklichkeit bestand.[23] In ihren fortgeschrittenen Positionen war Kunst die „große Weigerung" – der Protest gegen das, was ist. Die Weisen, in denen die Menschen und Dinge dazu gebracht wurden, zu singen, zu tönen und zu sprechen,[24] sind Weisen, ihre tatsächliche Existenz zu widerlegen, zu durchbrechen und neu zu schaffen. Aber diese Weisen der Negation zahlten der antagonistischen Gesellschaft Tribut. Getrennt von der Sphäre der Arbeit, worin sich die Gesellschaft und ihr Elend reproduzierte, blieb die von ihnen geschaffene Welt der Kunst bei all ihrer Wahrheit ein Privileg und ein Schein.[25] Die Tatsache, daß die transzendierenden Wahrheiten der schönen Künste, die Ästhetik des Lebens und Denkens nur den wenigen Wohlhabenden und Gebildeten zugänglich waren, war der Mangel einer repressiven Gesellschaft. Aber dieser Mangel wird nicht durch Paperbacks, Allgemeinbildung, Langspielplatten und das Abschaffen feiertäglicher Kleidung in Theater und Konzertsaal behoben.[26] Die kulturellen Privilegien drückten die Ungerechtigkeit dieser Gesellschaft aus, den Widerspruch zwischen Ideologie[27] und Wirklichkeit, die Trennung geistiger von materieller Produktivität; sie gewährten aber auch einen umhegten Bereich, in dem die tabuierten Wahrheiten in abstrakter Integrität überleben konnten – der Gesellschaft enthoben, die sie unterdrückte.[28] Jetzt ist diese Distanziertheit beseitigt – und mit ihr die Transzendenz[29] und Anklage. Text und Ton sind noch vorhanden, aber die gesellschaftliche Distanz ist bewältigt, die sie[30] – wie Stefan George schrieb – zur

22. Fragwürdige Behauptung!
23. Nicht immer!
24. Zu wenig anschaulich! Treffende Hinweise müßten diese Aussagen veranschaulichen!
25. Auch ein Schein?
26. Sondern? Auf die Gedankenfolge achten!
27. Fraglich!
28. Sollte veranschaulicht werden!
29. Was ist gemeint?
30. Beziehung?

„Luft von anderen Planeten" machte. Es ist gut, daß heute fast jeder die schönen Künste „in den Fingerspitzen" haben kann, wie Herbert Marcuse sagt, indem der einzelne einfach am Knopf seines Radios dreht oder ins nächste Kaufhaus geht.[31] Bei dieser Verbreitung werden die Kunstwerke jedoch zu Zahnrädern einer Kulturmaschine, die ihren Inhalt ummodelt.[32]

Auf diesem Hintergrund erhalten die Thesen Ortega y Gassets einen neuen Zusammenhang. Auf Abenteuer und Wunder[33] zu hoffen, haben wir nicht nur längst verlernt, es ist auch sinnlos geworden; dem nachzutrauern und den Genuß durch seine Einschränkung zu erhöhen, scheint unrealistisch zu sein, und doch behalten die Thesen Ortegas gerade in ihrer Ambivalenz ihre kritische Funktion und damit auch ihre Größe.

Bemerkung

Der vorgelegte Text ist im wesentlichen richtig erfaßt; er müßte nur an einigen Stellen noch begrifflich geklärt oder erläutert werden. Die eigene kritische Stellungnahme zeigt Verständnis, sollte aber durch Veranschaulichung überzeugender gemacht werden. Zweckmäßig wäre es, den „Kommentar" mit dem referierenden Teil zusammenzulegen. Die Arbeit zeigt Gewandtheit im Ausdruck und weist nur im Satzbau noch einzelne Unsicherheiten auf.

---

31. Liegt darin nicht auch eine Gefahr?
32. Hier fehlt die Erläuterung!
33. Stimmt nicht! Z. B. Landung auf dem Mond!

81 *„Die Rundköpfe und die Spitzköpfe oder reich zu reich gesellt sich gern. Ein Greuelmärchen" von Bertolt Brecht (Kritische Betrachtung)*

Bertolt Brecht schrieb die Parabel „Die Rundköpfe und die Spitzköpfe" in den Jahren 1932 bis 1934, also unter dem Eindruck der nazistischen Rassenideologie. Dieses Theaterstück besteht aus einem Vorspiel und elf Bildern. Erzählt wird die Geschichte des Pächters Callas und seiner Familie, die stellvertretend für denjenigen Teil der Bauernschaft stehen, der noch nicht erkannt hat, daß eine wirkliche Besserung der Verhältnisse nur durch eine gewaltsame Veränderung, die Revolution, in der die herrschende feudalistische Ordnung durch eine kommunistische ersetzt wird und das Proletariat die Macht übernimmt, erreicht werden kann.

Im Vorspiel treten sieben Spieler vor den Vorhang: der Direktor des Theaters, der Statthalter, der aufständische Pächter, der Pachtherr, seine Schwester, der Pächter Callas und seine Tochter. Der Statthalter und der aufständische Pächter, die die beiden widerstreitenden Parteien darstellen, tragen bereits ihr Kostüm; der Statthalter hält eine Waage mit zwei runden und zwei spitzen Schädelformen, der aufständische Pächter eine Waage mit zwei noblen und zwei zerlumpten Kleidern in der Hand. Der Direktor tritt vor und spricht vom „Stückeschreiber" (gemeint ist Brecht), der auf seinen Reisen furchtbare Streitigkeiten gesehen hat, Streitigkeiten wegen Rassenunterschieden. Doch der Stückeschreiber hat erkannt, daß es einen viel größeren Unterschied als den zwischen Schädelformen gibt, nämlich den zwischen arm und reich. Um das zu beweisen, hat er ein Gleichnis geschrieben, das anschließend aufgeführt wird.

Der Statthalter tritt vor und zeigt anhand seiner Schädelwaage, daß das Recht seiner Meinung nach auf seiten der Rundköpfe und das Unrecht auf seiten der Spitzköpfe liegt. Der aufständische Pächter zeigt mit seiner Kleiderwaage, daß gewöhnlich der mit den noblen Kleidern recht bekommt. Daraufhin sollen beide Waagen, also beide Ansichten, gegeneinander abgewogen werden, und das geschieht durch die Parabel. Die Schauspieler wählen sich Schädelformen und Kleider und bestimmen dadurch ihre Rollen. Die Bedeutung dieses Vorspiels

liegt in der Abstraktion des konkreten Geschehens, so daß der Zuschauer die Lehre der Parabel leichter erkennen kann.
Das erste Bild zeigt das Palais des Vizekönigs. Der Vizekönig von Jahoo und sein Staatsrat Missena sitzen in einem Zimmer vor Zeitungen und Sekt. Bei allen ihren Rechnungen kommt das gleiche heraus: Der Staat steht vor dem Zusammenbruch. Missena führt das auf einen Überfluß an Getreide zurück. Die Bauern sind dadurch nicht mehr in der Lage, die Pacht zu bezahlen. Sie haben sich zu einem Kampfverband, der „Sichel", zusammengeschlossen. Auf der anderen Seite verlangen die Pachtherren vom Vizekönig die rücksichtslose Eintreibung der Pacht. Der Vizekönig ist auch selbst betroffen, weil er der größte Pachtherr ist. Da bereits alles verpfändet ist, kann nur eine Anleihe der großen Pachtherren helfen. Diese wollen eine Anleihe jedoch nur gewähren, wenn zuvor „Die Sichel" zerschlagen wird. Der Vizekönig fühlt sich aber zu schwach, um die Lage zu meistern; deshalb sucht er einen Vertreter für sich. Es gelingt Missena, dem Vizekönig klarzumachen, daß nur ein gewisser Iberin, ein Mann aus dem Mittelstand, dafür geeignet sei. Er ist angeblich gegen den Kampf der armen gegen die reiche Klasse und wirft beiden Habsucht vor. Iberin behauptet, die Schuld am Zusammenbruch liege nicht bei der sozialen Ordnung, sondern bei einer bestimmten Rasse Menschen. In Jahoo leben nämlich zwei Volksstämme: einer mit runden und einer mit spitzen Schädeln. Die mit platten Köpfen und „platter Ehrlichkeit und Treue" nennt Iberin „Tschuchen" und sagt von ihnen, sie seien „der Scholl' Jahoos von Anbeginn verwachsen und guten Bluts". Den Spitzköpfen dagegen entspricht ein spitzfindiges Wesen, Neigung zu Betrug; sie sind ein fremdes Element, das sich ins Land gedrängt hat. Sie sind selbst ohne Heimat und werden „Tschichen" genannt. Und dieser „tschichische Geist" trägt, nach Iberin, die Schuld an allem Unglück. Von der Pacht spricht Iberin nicht, doch ist er für Besitz. Der Vizekönig erkennt die Taktik Iberins: Er ist keineswegs gegen die Ausbeutung der Pächter, im Gegenteil. Dadurch daß er die Schuld einem Teil des Volkes und nicht dem Feudalsystem gibt, spaltet er das Volk und lenkt dessen Blick von den sozialen Ungerechtigkeiten ab. Iberin hat bereits aus dem verarmten Mittelstand einen Bund gegründet, mit dem er gegen die „Sichel" vorgehen will. Auch die „Großen Fünf" (Pachtherren) sind für ihn. Der Vizekönig unterschreibt dann die

Vollmacht und „geht auf Reisen". Er will den weiteren Verlauf der Dinge von einem ruhigen Posten aus beobachten.
Im zweiten Bild wird gezeigt, wie begeistert das tschuchische Volk die Lehre Iberins aufnimmt. Aus dem Kaffeehaus der Frau Cornamontis wird eine große weiße Fahne mit dem Bild Iberins gehängt. Man glaubt, daß Iberin die Lage des unterdrückten Volkes bessern wolle. Gerüchte verbreiten sich, daß er die Macht gewaltsam an sich gerissen habe. Keiner, auch nicht die Soldaten Iberins, weiß, wie sich eigentlich alles verhält. Ein tschichischer Gemüsehändler hat als einziger nicht geflaggt. Alle sind empört, doch als er endlich flaggt, wächst die Empörung erst recht. Ein Tschiche wagt es, die Iberin-Flagge zu hissen. Das wird als Beleidigung aufgefaßt. „Hutabschlägertrupps", sogenannte Huas, tauchen auf. Der tschichische Gemüsehändler wird von ihnen fürchterlich verprügelt und dann verjagt. Der Tabakhändler Palmosa glaubt, er müsse nun keine Miete mehr bezahlen, und ein Iberinsoldat gibt ihm recht. Der Hausbesitzer Callamassi erwartet sich dagegen noch höhere Mieten, und auch ihm gibt der Soldat recht. Deutlicher wird diese schizophrene Haltung des Iberin-Regimes noch in der „Hymne des erwachenden Jahoo". Iberin gaukelt dem Volk vor, er wolle die Lage jedes einzelnen verbessern, ohne Rücksicht auf die anderen. So wird das Volk individualisiert, anstatt daß es sich zu einer gemeinsamen Front gegen die Unterdrücker und Ausbeuter, die Pachtherren, die Kirche und den Adel, zusammenfindet. Jetzt tritt die Prostituierte Nanna Callas auf. Sie soll mit dem Pachtherrn de Guzman sprechen, da ihre Eltern die Pacht nicht bezahlen können. Dieser will jedoch keinen Pachterlaß gewähren, da seine „Schwester ... im Begriff (ist), sich bei den Bedürftigen Schwestern von San Barabas einem jungfräulichen Leben zu weihen". Nanna erinnert ihn an seine Liebe zu ihr. Doch de Guzman weigert sich weiter, die Pacht zu erlassen, obwohl er weiß, wie verzweifelt die Lage der Familie Callas ist. Daraufhin verrät Nanna ihn an die „Huas". Diese schleppen ihn fort. Das Volk interpretiert diese Handlung jedoch falsch; es glaubt, de Guzman käme wegen Pachtwuchers ins Gefängnis.
Anschließend singen Iberinsoldaten als Zwischenspiel „Das Lied von der Tünche". Dabei singen sie „Hier steht Tünche Tag und Nacht bereit. Hier ist Tünche, da wird alles neu, und dann habt ihr eure neue Zeit!" und streichen Häuserwände. Das zeigt deutlich, was Iberin

will: Mißstände sollen kurzfristig übertüncht, verborgen werden, damit die alte Feudalordnung erhalten bleiben kann.
Im dritten Bild tritt dann der rundköpfige Pächter Callas auf. Da aus der Stadt von seiner Tochter keine günstigen Nachrichten kommen, beschließt er, mit dem tschichischen Pächter zur „Sichel" zu gehen, um mit der Waffe gegen das Feudalsystem zu kämpfen. Als sie gerade Treue zur „Sichel" schwören, kommt die Nachricht, daß „eine volksfreundliche Regierung das Ruder ergriffen hat". Iberin hält eine Radioansprache, in der er die Tschichen als schuld an allem Elend bezeichnet und alle Tschuchen auffordert, gemeinsam unter seiner Fahne gegen den „tschichischen Spitzkopf" zu kämpfen. Gleichzeitig erfährt Callas, daß sein Pachtherr de Guzman verhaftet worden ist. Sofort trennt er sich von seinem tschichischen Freund Lopez, da er glaubt, für ihn als Tschuchen kämen nun bessere Zeiten. Auch andere tschuchische Pächter treten der „Sichel" nun nicht bei; der Kampf bei der „Sichel" erscheint ihnen als zu großes Risiko. Sie versprechen sich von Iberins Rassenlehre augenblicklich größere Vorteile. Doch es gibt auch tschuchische Pächter, die trotzdem zur „Sichel" gehen. Sie sehen den einzigen wirklichen Unterschied: den zwischen arm und reich. Lopez bittet Callas, seine Familie bei sich zu verstecken; doch der lehnt ab; es ist ihm zu gefährlich. Callas geht in die Stadt, um sich eine Bescheinigung zu holen, daß er keine Pacht mehr zu bezahlen braucht.
Im vierten Bild findet im Palais des Vizekönigs eine Gerichtsverhandlung statt. Das Kloster San Stefan prozessiert gegen das Kloster San Barabas. Eine Leuchtschrift informiert während der Gerichtsverhandlung und auch in der Folgezeit über den Verlauf des Kampfes der „Sichel" gegen die Regierungstruppen. Der Prozeß wird eröffnet; kurz darauf wird gemeldet, daß sich eine große Menschenmenge auf das Palais zu bewege und die Verurteilung de Guzmans wegen Vergewaltigung Nannas fordere. (De Guzman war drei Tage vorher aus seiner „ungesetzlichen Haft" entlassen worden.) Missena empfiehlt dem Richter, der Menge nachzugeben, da die Schlacht im Süden sehr schlecht steht. Der Richter setzt Nanna auf die Anklagebank; das Volk protestiert und verlangt, daß Iberin die Verhandlung führe. Dieser ist inzwischen unbemerkt eingetreten. Iberin kommt es nur darauf an, das Volk zu beschwichtigen, um der „Sichel" den Rückhalt zu nehmen. Die Leuchtschrift meldet immer größere Erfolge der „Sichel". Als Callas den Hof betritt, glaubt er, de Guzman werde wegen Pacht-

wuchers der Prozeß gemacht, und fordert Streichung der Pacht und gerechte Getreidepreise. Der Richter möchte Nanna verurteilen, da sie außerhalb des Schankbetriebs keinen Herrn ansprechen darf. Doch damit gibt sich Iberin nicht zufrieden. Er übernimmt selbst die Führung des Prozesses. Die Leuchtschrift meldet, daß überall im Land kleinere Pächteraufstände ausbrechen. Iberin muß also scheinbar zugunsten der Pächter sein Urteil fällen. Er tut das, indem er de Guzman wegen Verführung eines tschuchischen Mädchens zum Tode verurteilt, die Pacht aber als nebensächlich bezeichnet und sonst gar nicht darauf eingeht. Nur die wohlhabenden Leute durchschauen dieses Spiel bereits, so z. B. Frau Cornamontis in ihrer „Ballade vom Knopfwurf", mit der sie sagen will, daß sich für den „kleinen Mann" nie etwas ändern wird. Die armen Leute dagegen klammern sich verzweifelt an die bescheidene Hoffnung, die ihnen Iberin gibt . . .[1]

. . . Das elfte Bild zeigt nochmals das Palais des Vizekönigs. Alles wird zur Exekution an einem Pachtherrn und 200 Pächtern vorbereitet. De Guzmans Freunde bestürmen Iberin, den Pachtherrn auf keinen Fall zu hängen, da sonst keine Pacht bezahlt würde. Doch dieser weigert sich; er sagt, nur der Vizekönig könne de Guzman begnadigen. Missena teilt ihm mit, daß dieser bereits auf dem Wege in die Hauptstadt sei. Iberin ist gekränkt, weil man ihn nicht gefragt hat. Er entschließt sich nun doch, de Guzman selbst zu begnadigen. Da erscheint der Vizekönig, wieder ganz Herr der Situation. Er trägt einen Soldatenmantel über dem Smoking. Man bringt ihm den Pachtherrn; er läßt ihm die Kappe abnehmen, und man sieht, es ist Callas. Jetzt wird Nanna in den Kleidern Isabellas vorgeführt. Sie ist von den Wachen vergewaltigt worden. Die reichen Pachtherren brechen in wildes Gelächter aus: „Du hast's erreicht, Herr Iberin! Das ist das Pack, das du so hochgepumpt, da häng' nur Ehre hin an einen Fetzen!" Jetzt treten der richtige Pachtherr und seine Schwester auf. Der Vizekönig gibt sie frei, da „. . . dein Pächter es so wenig wünscht, daß du gehängt wirst, daß er lieber selber geht, gehängt zu werden." Keiner der Reichen ist fähig oder will erkennen, daß sie durch ihre unmenschliche und brutale Ausbeutung die Pächter zwingen, sich immer wieder zu verkaufen, um wenigstens notdürftig weiterleben zu können. Der

1. Die Behandlung des 5. bis 10. Bildes wurde nicht abgedruckt, da der Aufsatz dadurch zu umfangreich geworden wäre; außerdem läßt sich diese Aufsatzleistung auch ohne diese Bilder klar beurteilen.

Vizekönig gibt auch Callas frei, da er derjenige ist, der immer und alles zahlen muß. Mit dem Pachterlaß ist es für Callas nichts, denn „solch ein Vertrag ist unsittlich und gilt nicht!" Aber da der Pächter so bedürftig ist, will er ihn kleiden: mit dem Soldatenmantel und dem Stahlhelm. Er will sein Reich jetzt ausweiten, denn im Süden überm Meer wohnt ein Volk mit eckigen Köpfen, das der Erbfeind Jahoos ist. Die anderen Pächter werden nicht begnadigt. Sie werden zum Galgen geführt, während Callas zum Essen geladen wird. Dafür soll er für seine Dienste belohnt werden, denn er ist der, welcher die „Sichel" scheitern ließ. Doch vor seiner Hinrichtung spricht Lopez noch zu ihm folgende Worte: „Wir sind nicht ins Joch gegangen, du gingest ins Joch. Wir wollen lieber hängen, als nach Bettelsuppe drängen ... Die alte Einteilung bricht durch mit Macht: 's ist die in arm und reich. Du hast gedacht, du seist der Fischer, doch du warst der Fisch!" Die Bauern singen das Sichellied. Da kommt Callas wieder zur Besinnung. Er schüttet die Suppe aus und legt Stahlhelm und Mantel ab: „Lopez, Lopez, ich wollte, es wäre noch einmal der elfte September!" Callas und Nanna gehen ab. An der Tafel des Vizekönigs speisen rund- und spitzköpfige Pachtherren, während am Galgen rund- und spitzköpfige Pächter gehängt werden. Der Vizekönig dankt Iberin, der mit seiner Rassenlehre das überkommene Feudalsystem noch einmal gerettet hat. Alle glauben, die „Sichel" sei nun für immer ausgerottet. Doch da erscheint auf der neugetünchten Wand ein großes rotes Sichelzeichen. Die Pächter stimmen noch einmal das Sichellied an.

Soweit der Inhalt der Parabel! Doch was ist deren Lehre? Wie der Direktor im Vorspiel ankündigt, soll sie beweisen, daß es nur *einen* wichtigen Unterschied zwischen den Menschen gibt, nämlich den zwischen arm und reich. Sie beweist das, indem sie zeigt, daß andere Unterschiede, z. B. die künstliche Unterscheidung des Volkes in zwei Rassen, nur dazu dienen, den Widerspruch zwischen arm und reich zu verschleiern und ihm damit den Fortbestand zu sichern.

Gleichzeitig zeigt Brecht, daß die Revolution der Unterdrückten und Ausgebeuteten nur siegen kann, wenn jeder einzelne bereit ist, augenblickliche Vorteile zugunsten des großen Zieles, der kommunistischen Gesellschaft, aufzugeben. Callas ist mangels realistischer Denkweise anfangs nicht dazu bereit. Zwar sind ihm die idealistischen Phrasen des Iberin (in Bild 4) unverständlich, doch zieht er einen Rechtsspruch dem Kampf mit der Waffe vor. Er ist sich bewußt, daß er den günstigen Ausgang der ersten Gerichtsverhandlung den Erfolgen der „Sichel" zu verdanken hat, sieht jedoch nicht, daß sein Verhalten der „Sichel" schaden muß. Er ist letztlich der, durch den die „Sichel" zu Fall kommt, das wird aber erst durch die Rede Lopez' (in Bild 11) klar. Jetzt erkennt Callas, der ja nur stellvertretend für den noch nicht politisierten Teil des Proletariats steht, die Zusammenhänge und möchte gerne alles ungeschehen machen. Dieses Erreichen einer höheren Bewußtseinsstufe gibt Grund zur Hoffnung, ja fast zur Gewißheit, daß die „Sichel" doch noch den endgültigen Sieg erringen wird; das große rote Sichelzeichen an der Wand signalisiert das. Die „Sichel" hat nur die erste Schlacht verloren. Iberins Trick mit der Lehre von Tschichen und Tschuchen hat das Feudalsystem, die Ausbeutung, nicht gerettet, sondern nur den Zeitpunkt für seine endgültige Zerschlagung hinausgezögert.

Und nun zur äußeren Form: die Parabel ist symmetrisch aufgebaut. Vom ersten bis zum fünften Bild verbessert sich Callas' Lage scheinbar ständig. (Der Höhepunkt seines Erfolges ist für ihn erreicht, als er die beiden Pferde hat.) Das sechste Bild ist der Wendepunkt – die Pachtherren zahlen eine große Summe an die Regierung, die dadurch in der Lage ist, die Bauern wieder zurückzudrängen in ihrem Einfluß. Von da an verschlechtert sich die Lage für die Bauern zusehends, bis sie im 11. Bild ihren Tiefpunkt erreicht.

Die Darsteller sprechen sowohl in Reimen (vor allem Iberin und Missena) als auch in Prosa. Immer wieder streuen sie Lieder ein, in denen sie das zuvor Gesagte noch einmal zusammenfassen oder allgemein die Lage verdeutlichen. Diese Lieder sind meistens Gleichnisse (z. B. „Ballade vom Knopfwurf", „Ballade vom Wasserrad"!) Bei der Realisierung[2] der Rundköpfe und der Spitzköpfe ist noch auf den „Verfremdungseffekt" hinzuweisen, durch den bestimmte Vorgänge des Stücks durch Inschriften, Geräusch- oder Musikkulissen als in sich geschlossene Szenen aus dem Bereich des Alltäglichen, Selbstverständlichen, Erwarteten herausgehoben werden. Darauf kann hier jedoch nicht weiter eingegangen werden.

Die Auswahl der Rollen erfolgte einzig nach gesellschaftlichen Blickpunkten. Brecht wollte zeigen, „was in unserer Zeit zum Unterschied zu anderen Zeiten, Menschen bestimmter gesellschaftlicher Schichten, zum

2. Unklar, was damit in diesem Zusammenhang gemeint ist.

Unterschied zu anderen Schichten, tun". Das widersprüchliche Verhalten, beispielsweise der Nanna Callas, wird deutlich gezeigt, ohne die Einheitlichkeit der Figur zu zerstören. Man mag die Charakteristik der Figuren für primitiv halten, doch dies ist bei der Vielzahl der gesellschaftlich wichtigen Aussagen nötig. Brecht wollte ja kein „schönes" Theaterstück schreiben, sondern in erster Linie ein politisches.
Was sofort auffällt, ist die Ähnlichkeit zwischen Iberin und Hitler. Es war Iberins, aber ebenso Hitlers Absicht, eine überkommene Gesellschaftsform am Leben zu erhalten und die Machtübernahme durch das Volk zu verhindern. Iberin ist aber nicht Hitler, er ist das idealisierte Abbild eines Rassepropheten. Bei der Gestaltung dieser Rolle verwendete Brecht allerdings Material von Hitlerauftritten bei großen Kundgebungen und Versammlungen. Auch stammen manche von Iberins Aussprüchen fast wörtlich von Hitler und seiner Propaganda. Brecht schrieb mit den „Rundköpfen und Spitzköpfen" ein agitatorisches Stück. Es soll eine Aufforderung an die Theaterbesucher, aber auch an uns alle sein, kleinbürgerliche Interessen zurückzustellen und am radikalen Umsturz und der Beseitigung einer ungerechten Gesellschaftsform mitzuarbeiten. Dazu verwendete er eine fast klischeehafte Darstellung eines feudalistischen Staates mit Klassenjustiz und brutaler Ausbeutung der Arbeiter und Bauern. Durch diese Vereinfachung sollte das Stück beispielhaft für alle Systeme stehen, auf alle übertragbar sein, die mit Unterdrückung und Ausbeutung das Volk unterjochen. Ob der kritische Zuschauer oder Leser diesen Spiegel – wie Brecht es erhofft – nur den bürgerlich-kapitalistischen Staaten vorhält?

Bemerkung
Der Aufsatz geht – zwar sehr klar und ausführlich, aber zu breit – auf den Inhalt ein, so daß für die kritische Betrachtung (das war das gestellte Thema) nur noch wenig Raum bleibt. Selbstverständlich ist bei diesem Thema eine ausführliche Wiedergabe des Inhalts sinnvoll, aber die kritische Auseinandersetzung mit dem Stück sollte dann bei der Inhaltsangabe folgen. Ansätze zu einer Analyse des Lehrgehalts der einzelnen Szenen sind vorhanden; sie zeigen gutes Verständnis. Eine abschließende Überlegung zur Frage, ob die parabelhafte Vereinfachung als angemessene Darstellung der komplexen Wirklichkeit betrachtet werden kann, wäre nötig gewesen. Die sprachliche Darstellung ist flüssig und gewandt.

82 *Freizeitgestaltung – ein kulturelles und soziales Problem*

Text

1) Manche glauben, daß die Steigerung der Freizeit für sich allein und durch sich allein den Menschen das Glück bringen werde. Ich glaube nicht, daß das Problem so einfach liegt. Von selbst kommt das Glück auch in der Freizeit nicht zu den Menschen. Aber durch die zweite industrielle Revolution könnten sie dafür besondere, noch nie dagewesene Chancen bekommen. Durch die fortgesetzte Automatisierung des Produktionsprozesses kommt es zu einer immer größeren Verringerung der Arbeitszeit zugunsten einer Ausdehnung der Freizeit. So könnte endlich wieder einmal eine Welt entstehen, in der der Mensch nicht nur lebt, um zu arbeiten, sondern in der er arbeitet, um zu leben.

2) Bisher erfüllte die Freizeit drei Funktionen. Einmal diente sie dem Ausgleich der Spannungen, denen der Mensch im industriellen Produktionsprozeß ausgesetzt ist. Dann diente sie der Erholung von den Anstrengungen eines Hauptberufes, in dem die Persönlichkeit eines Menschen aufzugehen vermag. Schließlich erfüllte die Freizeit bisher die Funktion, das Unbehagen an einer Lebenswirklichkeit zu betäuben, die der arbeitende Mensch im Tiefsten seines Herzens nicht bejahen konnte. Welches die Betäubungsmittel sind, ist uns allen zur Genüge bekannt.

3) Diese traditionellen Funktionen der Freizeit müssen notwendig ihre ausschlaggebende Bedeutung verlieren, wenn sich die Freizeit zu weit ausdehnt, so daß sie mehr Zeit umfaßt als die eigentliche Arbeit im Produktionsprozeß. Mit der Verschiebung des Verhältnisses zwischen Freizeit und Arbeitszeit zugunsten einer ständigen Zunahme des ersteren könnte eine Veränderung der Lebensordnung des Menschen selbst einhergehen. Warum? Bisher wurde der Mensch geprägt und bestimmt von der Arbeit im Betrieb. In der arbeitsteiligen Gesellschaft stellt Form und Inhalt abhängiger Arbeit für den Menschen aber nur in seltenen Fällen „Wesensbejahung" dar. Diese Arbeit entfremdet den Menschen sowohl der Natur als sich selbst, als der menschlichen Gattung überhaupt. Künftig wird der Mensch geprägt werden von der Freiheit und der Art, wie er seine Freizeit nützt.

4) Es könnte jedoch geschehen, daß der Mensch den Zwang der Arbeit mit einem anderen Zwang, nämlich der Hörigkeit gegenüber ihm fertig angelieferten Zeit-„Vertreiben" vertauscht. Nur wenn der Mensch in seinem geistigen und seelischen Vermögen so gebildet ist, daß er auch ohne den Zwang der Arbeitsdisziplin etwas mit sich anzufangen vermag, wird die lange Freizeit für ihn ein Segen sein. Sonst wird sie ein Fluch, und dieser Fluch wird Langeweile heißen, geistige und seelische Verödung, der auch der höchstspezialisierte Diplomingenieur verfallen wird – auch er kann mitsamt seiner Mathematik zum Höhlenmenschen werden. Es wird also nicht genügen, daß wir die Menschen ausbilden, man wird sie bilden müssen in des Wortes weitester Bedeutung. Wie schlimm wäre es, wenn die Freizeit, die die zweite industrielle Revolution dem Menschen geben wird, darauf hinausliefe, uns vollends auf eine Zivilisation zu beschränken, deren Hauptstück die illustrierten Zeitungen und Readers Digest wären. *(Carlo Schmid)*

Textinterpretation

„Manche glauben, daß die Steigerung der Freizeit für sich allein und durch sich allein den Menschen Glück bringen werde." – Diese Ansicht setzt Carlo Schmid an den Anfang seiner Ausführungen. Er glaubt aber, das Problem nicht so einfach, sondern weitaus vielschichtiger sehen zu müssen. Seiner Ansicht nach kommt das Glück auch in der Freizeit nicht von selbst zu den Menschen. Man muß etwas dazu tun. Die zweite industrielle Revolution könnte dafür bessere Voraussetzungen schaffen. Aufgrund fortgesetzter Automatisierung im Produktionsablauf wird die Arbeitszeit immer mehr gekürzt, während der Freizeit immer mehr Platz eingeräumt wird. Seiner Meinung nach könnte dadurch wieder „eine Welt entstehen, in der der Mensch nicht nur lebt, um zu arbeiten, sondern in der er arbeitet, um zu leben."
Was versteht Carlo Schmid unter zweiter industrieller Revolution? Die erste industrielle Revolution fand anfangs des letzten Jahrhunderts statt und hat, grob gesagt, die Menschen von einer freiheitlichen[1]

1. Unzutreffende Feststellung, denn im vorigen Jahrhundert gab es noch die Leibeigenschaft. Außerdem herrschte große Armut, die eine freiheit-

Landarbeit zu einer reglementierten Zwangsarbeit in den Fabriken gebracht. Vielleicht, und C. Schmid glaubt es, wird die zweite industrielle Revolution das Gegenteil bewirken. Die Arbeit wird eingeschränkt, die Freizeit erweitert. Ich bin auch der Ansicht, daß die Entwicklung auf eine immer größer werdende Freizeit hinausläuft und der Mensch vom Arbeitstier wieder zu einem Menschen wird, der über seine freie Zeit ungebunden und nach eigenen Wünschen und Vorstellungen verfügen kann. Dabei muß man eine charakterliche Festigkeit und eine ausgeprägte Vorstellung von den eigenen Wünschen haben, um die freien Stunden richtig und sinnvoll nützen zu können, und darf nicht darauf warten, daß die Unterhaltung und das Amüsement von allein kommen. Darin liegt meiner Ansicht nach das Hauptproblem der Freizeitgestaltung überhaupt. Doch nun weiter[2] mit Carlo Schmids Worten: Er sah bisher drei Hauptaufgaben der Freizeit: erstens diente sie dem Ausgleich der Spannungen, die im Beruf immer entstehen. Zweitens diente sie zur notwendigen Erholung von den Strapazen der Arbeit in der Woche; drittens, um ein Unbehagen an einer Lebenswirklichkeit zu betäuben, die der arbeitende Mensch nicht bejahen kann.

Das „Unbehagen an einer Lebenswirklichkeit" kann man außerordentlich unterschiedlich auffassen, denn es ist sehr undeutlich ausgedrückt. Man kann darunter Schwierigkeiten im beruflichen wie auch im privaten Bereich verstehen oder eine Unzufriedenheit mit der gesellschaftlichen Ordnung überhaupt. Aber gerade hier will ich mit meiner Kritik einhaken. Die Praxis zeigt klar und deutlich, daß man solches Unbehagen, sei es ein privater Kummer oder berufliche Sorgen, auf keinen Fall in der Freizeit, sondern im Beruf zu betäuben versucht.[3] Man wird durch übermäßige Arbeit und erhöhte Bereitschaft zur Initiative und zum Engagement sich seinen Problemen zu entziehen versuchen. In diesem Fall ist Beruf und damit Arbeit ein häufiges Betäubungsmittel. Zum Schluß möchte ich meine Kritik jedoch etwas einschränken, es ist durchaus möglich, daß in den weniger

---

liche Entwicklung sehr erschwert. Was meint der Verfasser mit „freiheitlicher Landarbeit"?

2. Schlechter Ausdruck!

3. Eine zu apodiktische Vorstellung, die in dieser Ausschließlichkeit nicht zutrifft, denn beruflichen Ärger versucht der Mensch durchaus in seiner Freizeit zu vergessen.

qualifizierten Berufen der Handwerker und Arbeiter[4] die Dinge anders liegen.

Nach Carlo Schmid verlieren aber diese althergebrachten Aufgaben der Freizeit weitgehend ihre Bedeutung von dem Zeitpunkt ab, da die Freizeit das Maß der Arbeitszeit übersteigt. Das wiederum hätte eine grundsätzliche Änderung der Lebensordnung des Menschen zur Folge. Der Verfasser begründet diese seine Ansicht: Früher fand der Mensch seine Erfüllung in der Arbeit. Durch die jetzige Gesellschaftsform bedingt, ist Arbeit nicht mehr das Leben.[5] Arbeit entspricht nicht der Natur des Menschen, denn Arbeit ist Zwang, und Zwang ist dem Individuum zuwider. Das wird sich jedoch in der Zukunft ändern, der Mensch wird nicht mehr danach beurteilt werden, wie gut er sich in den Zwang fügt, sondern danach, was er mit der Zeit anfängt, in der er vom Zwang der Arbeit befreit ist.[6] C. Schmid verwendet hier den Ausdruck „arbeitsteilige Gesellschaft": darunter ist eine Gesellschaft zu verstehen, deren Menschen nicht nur in der Arbeit aufgehen, sondern auch die Freizeit richtig zu nützen wissen.[7]

Ich glaube, daß hier grundsätzlich einmal unterschieden werden muß.[8] Es ist nicht zulässig, alle Gesellschaftsklassen nach den gleichen Gesichtspunkten zu betrachten. Es ist richtig, daß früher für den Schalterbeamten Pflichterfüllung das Höchste war,[9] d. h. er ist ganz in seiner Arbeit aufgegangen. Es ist aber falsch, die berufliche Arbeit in

---

4. Vorher ist nur von Beruf und Freizeit die Rede ohne jede Differenzierung. An welche Berufe denkt der Verfasser dabei? Kann man heute noch von den „weniger qualifizierten Berufen der Handwerker und Arbeiter" sprechen? Hat der Verfasser dieses Aufsatzes überhaupt Einblick in diese Berufe, um sich so ein Urteil erlauben zu können? Hier müßte man differenzieren! Keine Pauschalurteile bzw. Vorurteile!
5. Schiefe sprachliche Darstellung; gemeint ist wohl, daß das Leben nicht nur aus Arbeit bestehen soll.
6. Diese Gedankenführung ist nicht zwingend, denn die logische Folgerung dieser Gedanken wäre, daß Arbeit der Natur des Menschen nicht mehr widerspräche, nicht mehr Zwang wäre.
7. Völlig schiefe Begriffsdefinition! Gemeint ist eine Gesellschaftsordnung, die auf der Arbeitsteilung beruht.
8. Beziehung fehlt! Zwischen welchen Gesichtspunkten muß unterschieden werden?
9. Nur für den Schalterbeamten? Wieso? Diese Feststellung gilt doch für Generationen! Beispiel überzeugt nicht!

jedem Fall als wesensfremd[10] zu bezeichnen. Das trifft vielleicht für die Fließbandarbeiter, für die Putzfrauen eines Betriebes, für Rekordarbeiter zu.[11] Bedingt durch die heutige Produktionsform, ist eine Erfüllung in dieser Arbeit zu finden, unmöglich; die Darlegungen Carlo Schmids treffen hier zu.[11] Sie treffen aber beim Betrachten[12] der Arbeit eines Abteilungsleiters, eines kaufmännischen Leiters, eines Direktors einer Firma nicht zu. Ihre Aufgaben erfordern Engagement und machen Gleichgültigkeit und Ablehnung unmöglich. Für sie kann nie die Freizeit die Arbeitszeit übersteigen, denn welcher Mensch kann eine Verantwortung für das Wohl und Wehe von zehntausend Arbeitern, die ja Männer in solchen Positionen tragen, für die Stunden zu Hause völlig vergessen? Ich habe hier Extrembeispiele aufgeführt, die die Einsichtigkeit der Darlegungen Carlo Schmids verdeutlichen sollen.

Im letzten Abschnitt betont der Verfasser die Gefährlichkeit erweiterter Freizeit für solche, die mit ihr nicht zurechtkommen. Für sie kann sie zur Langeweile, zur geistig-seelischen Verödung und nicht zuletzt sogar zum Fluch werden. Es ist also nicht so notwendig zu lernen, wie man arbeitet, sondern auch, wie man seine Freizeit gestaltet, d. h. sinnvoll gestaltet.

Hier bin ich mit dem Verfasser zum Großteil einer Meinung. Es ist erschreckend, feststellen zu müssen, wie wenig die Leute schon jetzt mit ihrer freien Zeit anzufangen wissen. Wie ist die enorme Popularität des Fernsehens sonst zu erklären. Diese Menschen, die sich täglich nach Feierabend bis Sendeschluß vor den Apparat setzen und von der Modeschau bis zum Kriminalfilm alles kritiklos über sich ergehen lassen, wissen mit ihrer Freizeit nichts anzufangen. Ist der Fernseher einmal defekt, ist man entsetzt und langweilt sich die Abende tödlich. Das ist ein Musterbeispiel für Menschen, die den Zwang der Arbeit mit dem Zwang der Freizeit, nämlich dem Zwang der Programmgestaltung im Fernsehen, vertauschen. Ich glaube aber, daß auf diese Haltung die Bildung einen nicht allzu geringen Einfluß ausübt. Ein Diplomingenieur ist gegen den Zwang der Freizeitgestaltung nicht so

---

10. Unklarer Ausdruck!
11. Bloße Behauptung ohne jede Beweisführung! Gemeint sind außerdem wohl Akkordarbeiter!
12. Schwerfälliger Hauptwortstil!

anfällig wie z. B. der Portier der gleichen Firma.[13] Die Zukunft aber wird die Wahrheit herausfinden:[14] ist der Mensch fähig, die vergrößerte Freiheit[15] selbständig und sinnvoll zu gestalten, oder wird er auf einen fertig angelieferten und zum sofortigen Konsum gedachten Zeitvertreib zurückzugreifen?

Bemerkung
Der Verfasser versucht sich mit dem Text kritisch auseinanderzusetzen, aber die Beweisführung ist reichlich vage, z. T. fehlt sie völlig. Häufig fällt er Pauschalurteile, die nicht berechtigt sind. Verschiedene Gedanken sind abwegig. Der Aufsatz beginnt auch etwas unvermittelt, da ein eigentlicher Einleitungsgedanke fehlt.

Aufgabe
Vergleichen Sie damit die folgende Arbeit!

---

13. Bloße Behauptungen, Vorurteile, die nicht überzeugen können!
14. Schiefer Ausdruck!
15. Schlechter Ausdruck! Besser: das größere Maß an Freizeit.

83 *Freizeitgestaltung – ein kulturelles und soziales Problem*

Der bekannte Politiker Carlo Schmid äußerte sich in einem Aufsatz zu dem Problem der Freizeitgestaltung. Diese Frage ist seiner Meinung nach von kulturellem und sozialem Interesse.

Carlo Schmid geht von der Ansicht mancher Bürger aus, daß Steigerung[1] der Freizeit schon allein[2] den arbeitenden Menschen selige[3] Zufriedenheit bringe. Der Autor glaubt, daß Zufriedenheit nicht so einfach erreicht werden kann. Aber auch er sieht eine wichtige Voraussetzung für das Glück der Menschen in der Freizeit, in der ausgedehnten Freizeit. Die zweite industrielle Revolution, die weitgehende Automatisierung, wird es möglich machen, die Arbeitszeit zu verringern und die Freizeit zu verlängern. Bisher erfüllt die Freizeit aber andere Aufgaben als es die zukünftige[4] nach Schmids Vorstellung eigentlich sollte. Der Mensch fand bis jetzt Ausgleich und Erholung vom anstrengenden, aufzehrenden Beruf in der Freizeit. Gleich einem Süchtigen floh er in eine Scheinwelt,[5] um für einige Stunden die unfreundliche Lebenswirklichkeit zu vergessen. In Zukunft aber, wo die Freizeit länger als die Arbeitszeit sein wird, werden die bisherigen Aufgaben[6] der Freizeit immer weiter zurücktreten müssen. Auf diese Weise könnte sogar eine neue menschliche Lebensordnung entstehen, weil der Mensch dann von der Freizeit und nicht von der Arbeit im Betrieb[7] geprägt werden wird.

Aber diese Befreiung vom Arbeitszwang bringt auch Gefahren mit sich. Der Mensch kann, wenn er die Freizeit nicht zu gestalten vermag, durch Langeweile geistig und seelisch veröden. Man muß ihm

---

1. Zitat!
2. Unklare Beziehung; was ist gemeint: schon allein den arbeitenden Menschen? Oder: schon allein die Zunahme an freier Zeit?
3. Klingt etwas übersteigert; besser: Zufriedenheit oder volle Zufriedenheit.
4. Klingt holprig, wenig gewandt; besser: als sie es in Zukunft ...
5. Ist das nicht etwas übertrieben? Außerdem trifft diese Feststellung in dieser Ausschließlichkeit nicht zu, denn man muß auch hier differenzieren und kann nicht vom „Menschen“ schlechthin sprechen.
6. Schiefer Ausdruck, denn die Freizeit hat keine Aufgaben zu bewältigen, sondern der Mensch!
7. Zu eng gefaßt, denn *jede* Tätigkeit prägt den Menschen!

also die nötige Bildung verschaffen,[8] damit er nicht in Abhängigkeit von den wenig geistreichen Massenbetäubungsmitteln fällt.[9] Vermutlich meint Carlo Schmid mit Bildung hier die Fähigkeit, in der Freizeit etwas mit sich selbst anfangen zu können. Carlo Schmid erscheint also die Ansicht recht billig,[10] daß Steigerung der Freizeit schon das Glück bringt. Was machen die Leute mit der gewonnenen Zeit? Ist sie schon „des Glückes Unterpfand"? Jeder von uns weiß, wie schrecklich es ist, wenn man Zeit hat und nichts damit anzufangen vermag. Da hilft nur eins, nämlich irgend etwas Sinnvolles zu unternehmen.

Und genauso verhält es sich[11] mit der Freizeit im allgemeinen. Es genügt nicht, sich mit einer Flasche Bier vor den Fernseher zu setzen, um sich zu entspannen, oder am Wochenende in Kolonne zu einem See zu fahren, um dort bei Kofferradiomusik Kreuzworträtsel zu lösen und sich zu erholen. Man kann sich sehr wohl vorstellen, daß bei einer weiteren Ausdehnung der Freizeit das Glück nicht in solchen passiven Betätigungen[12] liegen kann. Man wird also die Freizeit anders gestalten müssen, um wirkliche Zufriedenheit zu erlangen, um wieder zu arbeiten, um zu leben, und nicht umgekehrt, wie sich Carlo Schmid ausdrückt.

Daß dabei eine neue Einstellung des Menschen zum Leben entsteht,[13] ist durchaus denkbar. Wird doch sein Leben sich nicht nur noch um den Beruf drehen, wird er doch nicht nur noch an der Maschine stehen und seine Menschlichkeit und Vitalität langsam verkümmern lassen.[14]

---

8. Gedanklich und sprachlich schief, denn Bildung muß sich jeder Mensch selbst erwerben, nur die Möglichkeit muß man ihm bieten.
9. Sprachlich wenig treffend! Was meint der Verfasser mit „Massenbetäubungsmitteln"?
10. Schlechter, undeutlicher Ausdruck; hier paßt auch der Ausdruck nicht in den Zusammenhang.
11. Hier fehlt die gedankliche Verbindung zum vorigen Abschnitt.
12. Eine sinnwidrige Wortverbindung, denn passiv und Betätigung schließen sich gegenseitig aus!
13. Schiefer Ausdruck; auch gedanklich schief, denn eine neue Einstellung muß man sich erwerben, das geht nicht von selbst.
14. Falscher Satzbau; außerdem müßte geklärt werden, von welchen Berufen der Verfasser überhaupt spricht, an wen sich nach seiner Ansicht Prof. Carlo Schmid wendet in seinem Artikel. Sind nur die Arbeiter in der Fabrik gemeint? Was sagt der Text dazu? Welche Stellen sind Beleg dafür?

Er wird mehr Zeit haben, sich mit sich selbst zu beschäftigen, was sich natürlich auch auf sein Wesen auswirken wird.[15]
Natürlich sind die Gefahren eines fehlenden Zwanges, wie z. B. Arbeitsdisziplin im Beruf,[16] nicht zu unterschätzen.[17] Wenn der Mensch nicht die Kraft aufbringt, etwas gegen die Langeweile zu unternehmen, wird er geistig und seelisch noch mehr veröden als bisher, d. h. seine Lebensbejahung oder Freude am Leben wird nicht sehr groß sein. Er wird in der dann kürzeren, aber anstrengenderen Arbeitszeit immer mehr zum mechanischen Maschinenbediener[18] ohne Seele, der sich in seiner Freizeit weiterbilden muß, um nicht immer tiefer auf der Spezialistenleiter herabzurutschen.[19]
Man sollte nicht meinen, daß solche Unfähigkeit, die Freizeit und Freiheit zu nützen, auf geistig tieferstehende[20] Menschen beschränkt ist. Studenten an den Universitäten verbummeln oft einen Teil ihrer Zeit, weil sie keine rechte Einteilung oder Kraft[21] besitzen. Somit beruht diese Unfähigkeit also nicht auf rein schulmäßiger Bildung. Bildung für den Freizeitmenschen der Zukunft bedeutet, sich selbständig eine Aufgabe zu stellen und sie lösen zu können. Wird diese Bildung fehlen, so werden die Menschen noch unzufriedener werden, was eine soziale Gefahr bedeutet, und nur noch zivisiliert sein, weil ihm[22] eine antreibende Kraft fehlt, Kultur hervorzubringen.[23] Mit diesen Vorstellungen von der Freizeit in der Zukunft stimme ich im großen und

15. Sprachlich wenig treffend ausgedrückt; diesen Gedanken müßte der Verfasser weiterführen und aufzeigen, wie sich diese Veränderung auf den Menschen auswirkt.
16. Zusammenhang unklar; ist Arbeitsdisziplin eine unerwünschte bzw. erwünschte Folge des fehlenden Zwanges?
17. Gedankliche Lücke, denn zwischen diesem und dem folgenden Gedanken besteht kein Zusammenhang!
18. Dieser Ausdruck ist nicht gebräuchlich.
19. Wird er, kann er das tun? Wenn er es tut, wäre dies schon ein Weg für eine sinnvolle Gestaltung der Freizeit.
20. Ist dieses abwertende Urteil nötig und angebracht?
21. Unklare Beziehung; Einteilung wessen? Kraft wofür?
22. Falsche Beziehung (die Menschen – ihm!)!
23. Schlechter Ausdruck! Außerdem sind es nur wenige – im Vergleich mit der großen Masse der Gesamtbevölkerung –, die wirklich schöpferisch tätig sind. Ist es nicht eine Utopie, eine Illusion, zu glauben, mehr Freizeit und Schulung, Bildung könnten alle Menschen dazu bringen, schöpferisch auf kulturellem Gebiet tätig zu sein?

ganzen überein.[24] Ich finde es auch sehr begrüßenswert, daß sich Carlo Schmid vor Verallgemeinerungen hütet und immer wieder Einschränkungen macht bzw. seine persönliche Ansicht darlegt.

Konjunktive und Sätze wie: „Ich glaube:“ durchziehen den ganzen Aufsatz, wie auch Einschränkungen in der Art: „manche ausschlaggebende Bedeutung, in seltenen Fällen“ usw.

Nur im ersten Abschnitt spricht er verallgemeinernd davon, daß endlich wieder einmal eine Welt entstehen könne, in deren Mittelpunkt der Mensch und nicht der Beruf stehe. Wann gab es jemals solch eine Welt? Falls er hier Menschen der Antike meint, so frage ich mich, ob der Vergleich stimmt. Haben denn diese Menschen auch wirklich gearbeitet, wie wir es heute tun?[25] Im zweiten Abschnitt schildert Prof. Schmid meiner Meinung nach ganz richtig die Bedeutung, die die Freizeit für einen Großteil der Menschen hat. Allerdings glaube ich nicht, daß Erholung und Ausgleich weniger ausschlaggebende Bedeutung für die Freizeit in der Zukunft haben werden. Aber diese Überzeugung kann ich nicht fundieren.[26] Aus meiner geringen Erfahrung heraus finde ich auch, daß Langeweile ein großer Feind für Geist und Seele des Menschen ist. Ich möchte hier meinen Mathematiklehrer zitieren, der zu sagen pflegt: „Es ist kein Übel größer, als das, welches man sich selbst zufügt.“ Ich glaube, daß das der Grund für die niederschmetternde Wirkung der Langeweile ist.[27]

Der Mensch wird künftig von der Art geprägt werden, wie er seine Freizeit nützt, behauptet Carlo Schmid. Das liegt durchaus im Bereich des Möglichen, da Freizeit den größeren Teil des Alltagslebens einnehmen wird. Vermutlich wird also die Selbstbestätigung in der Freizeit, die sinnvolle Ausnutzung der Freizeit, von entscheidender Bedeutung für die Psyche des Menschen sein. Damit bedeutet aber Freizeit auch eine große Gefahr für diejenigen, die zu schwach sind, sich

24. Im ganzen Abschnitt wird nicht gesagt, wer diese Ansichten vertritt.
25. Abwegiger Gedanke, denn bei dieser Frage geht es doch darum, ob der Mensch im Mittelpunkt der Überlegungen stand oder die Arbeit, das Profitdenken, nicht darum, was bzw. wie gearbeitet wird.
26. Wozu dieses (in dieser Verwendung nicht gebräuchliche) Fremdwort? Außerdem ist diese Behauptung sehr leicht zu begründen, denn die nervlich-seelische Belastung wird für den Menschen unserer Tage immer größer, also echte Entspannung immer nötiger.
27. Der Zusammenhang zwischen dem Wort des Lehrers und der Feststellung ist nicht ganz klar.

aufzuraffen.[28] Eine traurige Aussicht für einen nicht geringen Teil der Menschen.

Prof. Schmid will durch Bildung Abhilfe schaffen. Ich teile diese optimistische Ansicht nicht, daß man Menschen durch Erziehung dazu bringen kann, ihre Trägheit zu überwinden. Ich glaube, ein Mensch ist von Geburt an entweder lebhaft und unternehmungslustig oder behäbig und dazu geneigt, Unbequemlichkeiten zu vermeiden. Es gibt Kinder, die nehmen alles auseinander, was ihnen unter die Finger kommt, die die Eltern durch ständiges Fragen (Interesse) stören,[29] und Kinder, die durch nichts aus der Ruhe zu bringen sind, die sich durch ihr Desinteresse einkapseln und Komplexe bekommen, häufig auch in der Entwicklung zurückbleiben.[30] Meine Folgerung ist dementsprechend traurig: jemand ist dazu geboren, aus seiner Freizeit Nutzen zu ziehen, oder jemand ist dazu verurteilt, Freizeit immer als verlorene Zeit zu betrachten.[31] Letztere[32] werden in Zukunft meiner Ansicht nach aus Langeweile einem Nebenberuf in der Freizeit nachgehen.

Bemerkung

Diese Arbeit enthält brauchbare Gedanken und setzt sich kritisch mit dem vorgelegten Text auseinander. Aber die Ausführungen nehmen zu wenig Bezug auf entsprechende Textstellen bzw. im Text vorkommende Behauptungen, Formulierungen. Pauschalurteile, Verallgemeinerungen herrschen im Aufsatz noch vor, es fehlt die nötige Differenzierung, denn man kann bei diesem Problem nicht einfach von „Menschen“ schlechthin sprechen. Dem Verfasser fehlt noch die nötige Gewandtheit in der Verwertung der Gedanken und in der sprachlichen Formulierung dessen, was er sagen will.

---

28. Wozu sollen sie sich aufraffen?
29. Falscher Satzbau!
30. Ist es nicht gerade in dieser Hinsicht Aufgabe bzw. Versagen der Erziehung schon im Kindesalter? Kann hier die Erziehung nicht sehr großen Einfluß haben – im guten wie im schlechten Sinne?
31. Eine gerade in Anbetracht der Erkenntnisse der modernen Psychologie und Soziologie nicht verständliche pessimistische Sicht des Menschen!
32. Veraltete Ausdrucksweise!

Facharbeiten (Gliederungen)

84 Die Volksbücher

Gliederung

A) Der Buchdruck trägt zur raschen Verbreitung der Volksbücher bei.

B) Die Volksbücher sind ihrer Herkunft nach ganz international:
   1. Erzählungen französischer Herkunft.
   2. Ältere deutsche Epen werden aufgelöst.
   3. Orientalische Erzählstoffe.
   4. Moderne Stoffe.
   5. Schwanksammlungen.
   6. Der Amadisroman.

   „Eulenspiegel" und „Die Schildbürger", zwei Volksbücher aus dem Geist des deutschen Volkes geschöpft:
   1. Das Eulenspiegelbuch.
   2. Das Schildbürgerbuch.

   „Faust", das bedeutendste aller Volksbücher:
   1. Der historische Faust.
   2. Die Faustsage.
   3. Das erste Faustbuch:
      a) Erklärung aus der Zeit (Reformation).
      b) Dr. Faust, der Held des Buches.

C) Die weitere Entwicklung des Fauststoffes

Bemerkung
Diese klare, übersichtliche Gliederung hält sich an die Form der Gliederung für den Problemaufsatz. Dem „Volksbuch vom Dr. Faust", dem in dieser Arbeit die größte Bedeutung zukommt, widmet der Verfasser am Schluß des Hauptteils einen ganzen Abschnitt (dadurch innere Steigerung!). Die großen Abschnitte hätten mit I., II., III. bezeichnet werden können, die Satzzeichen sind nicht sinnvoll gesetzt.

85 Luthers literarische Bedeutung

Gliederung

A) Martin Luther als Kind des Humanismus

B) Worin besteht Luthers literarische Bedeutung?
   I. Martin Luthers Bibelübersetzung:
      1. Geschichtliche Voraussetzungen,
      2. Übersetzungstraditionen vor Luther,
      3. Luthers neue Übersetzungsleistung,
      4. Auswirkungen der Bibelübersetzung.
   II. Martin Luthers Kirchenlieddichtung:
      1. Luthers Rückgriff auf alte Traditionen,
      2. Einteilung von Luthers Liedschaffen.
   III. Martin Luthers Verdienste um die neuhochdeutsche Schriftsprache:
      1. Sprachliche Situation im deutschsprachigen Raum,
      2. Luthers sprachgeschichtliche Leistung (Wortwahl und Wortgebrauch).

C) Martin Luthers Wertschätzung der Sprache

Benützte Literatur:
Erwin Arndt, Luthers deutsches Sprachschaffen
Der Strom
Eugen Lessing, M. Luther als deutscher Klassiker.[1]

Bemerkung
Der Aufbau der Gliederung ist klar; allerdings lassen die mit arabischen Ziffern bezeichneten Unterpunkte der großen Abschnitte I., II., III. meist nicht erkennen, worin Luthers Bedeutung liegt, sie zeigen nur, auf welchen Gebieten Luther Bedeutung erlangt hat und auf welche Traditionen er sich stützen konnte.

---

1. Literaturangaben müssen genau sein; hier fehlen nähere Angaben (Was ist „Der Strom"?). Auch das Erscheinungsjahr der benützten Literatur ist wichtig, denn die Aussagen der verschiedenen Ausgaben können sich wesentlich voneinander unterscheiden.

86 „Der Ackermann aus Böhmen" von Johann von Tepl

Gliederung

A) I. Zum Verfasser.
   II. Zum Werk.

B) Dialektik:
   I. 1. Ackermanns Anklage.[1]
      2. Der Tod pocht auf das Naturrecht.
   II. 1. Ackermann sucht Trost.[1]
      2. Der Tod versucht Trost zu geben mit philosophischen Argumenten (Spiel der philosophischen Ansichten).
   III. Urteil Gottes:
      1. Ackermann beklagt, was nicht sein Eigentum ist.
      2. Der Tod rühmt sich einer Herrschergewalt, die nicht von ihm selbst stammt.
      3. Der Mensch hat sich dem Willen Gottes zu unterwerfen.

C) Die Sprache:
   I. Die Sprache des Ackermanns:
      1. Pathetisch, eine dreigliedrige – rhythmische Rede.
      2. Die Form ersetzt die klaren Gedanken.
   II. Sprache des Todes:
      1. ironisch überlegen,
      2. plebejisch.

D) Mittelalterliches Thema (Tod):
   I. Das Wort des Menschen im Mittelalter (Kloster Cluny: vanitas mundi).
   II. Die Neufassung der Diesseitsauffassung im „Der Ackermann aus Böhmen" (Menschenwürde).
   III. Das Ringen Ackermanns im Schlußgebet.

Literatur:

1. Der Deutschunterricht, Jg. 16, Heft 5, Nov. 64
2. Reclam, Lehrpraktische Analysen, Folge VI, Stuttgart 1957.

---

1. Der übergeordnete Gesichtspunkt fehlt.

Bemerkung

Der Verfasser übernimmt nicht das Gliederungsschema des Problemaufsatzes. Der Aufbau dieser Facharbeit ist durchdacht und klar, der Stoff ist sehr eingehend und sinnvoll gegliedert, so daß die wesentlichen Merkmale dieser Übergangsdichtung, die an der Schwelle vom Mittelalter zur Neuzeit steht, deutlich herausgearbeitet werden. Die Einführung (A) läßt nicht erkennen, was der Bearbeiter zu den beiden Gesichtspunkten ausführt; auch in B) ist nicht zu erkennen, worin die Dialektik im Gespräch zwischen dem Tod und dem Ackermann besteht.

87 *Hans Sachs – ein Dichter zwischen Mittelalter und Neuzeit*

Gliederung

I. Hans Sachs – vom Humanismus geprägt:
  1. Seine ungeheure dichterische Produktivität:
    a) Erklärung aus der Zeit („neues bürgerliches Lebensgefühl").
    b) Der Humanismus in Nürnberg.[1]
  2. Seine Auffassung von der Dichtkunst (am Beispiel seiner Dramen):
    a) Der Wunsch, Bildung zu vermitteln (Weitergabe seiner großen Belesenheit).
    b) Der Gehalt seiner Ethik.[2]

II. Die Menschen jener Zeit im Spiegel seiner Dichtung:[3]
  1. Meistersang:
    a) Der Meistersang als Fortsetzung des Minnesangs (am Mittelrhein).
    b) Die Blütezeit des Meistersangs in Nürnberg:
      α) Die Reformen des Foltz und Sachs.
      β) Die Organisation des Meistersangs; kurze Analyse des Meisterliedes.
      γ) Vom Wesen des Meistersangs (besonders Gemeinschaftscharakter).
      δ) Die weitere Entwicklung des Meistersangs in den folgenden Jahrhunderten.
  2. Fastnachtsspiele:
    a) Ihr Ursprung und ihre Bedeutung zu jener Zeit.
    b) Merkmale der Sachsschen Fastnachtsspieldichtung:
      α) Beispiel: „Der fahrendt Schuler im Paradeiß" (Inhaltsangabe).

---

1. Dieser Gedanke hat keinen Zusammenhang mit dem Gliederungspunkt 1.!
2. Auch dieser Gesichtspunkt sagt nichts über die Dichtungsauffassung von Hans Sachs aus (I., 2.!).
3. Zu dieser Überlegung sagen die folgenden Unterpunkte nichts aus. Dieser II. Abschnitt der Gliederung zeigt, wie wichtig es ist, sich vor Ausarbeitung einer Gliederung genau zu überlegen, was man in den entsprechenden Abschnitten im einzelnen bringen will und wie man diese Gedanken sprachlich formuliert.

β) Thematische und stilistische Kennzeichen in diesem Fastnachtsspiel.

III. Hans Sachs und die Reformationsidee:

1. Schnelle Aufnahme der neuen Lehre Luthers in Nürnberg und durch Hans Sachs.
2. Seine hierzu bedeutendsten Schriften sind die „Wittenbergisch Nachtigall“ und die sieben „Dialoge“:
   a) Die Grundzüge der „Wittenbergisch Nachtigall“.
   b) Der erste Dialog.
   c) Wirkung dieser – oft unterhaltsamen – Schriften auf den damaligen Leser.

IV. Sachssche Renaissance im 19. Jahrhundert:

1. Goethe bringt den alten Nürnberger Meister nach meist negativen Beurteilungen wieder zu Ehren. (Hans Sachsens poetische Sendung)
2. Wagner sieht wie Goethe die „deutsche Art“ der Welt des Hans Sachs. Er setzt ihm mit seinen „Meistersingern“ ein idealisierendes Denkmal.

Literatur:

1. Bert Nagel, Meistersang, Metzler-Verlag, Stuttgart
2. „Deutsche National-Litteratur“, 20. Band (ca. 1910), Verlag von W. Spemann, Berlin und Stuttgart.

Bemerkung

Die in dieser Gliederung angeführten Gesichtspunkte lassen nicht erkennen, warum Hans Sachs – wie es das Thema feststellt – ein Dichter zwischen Mittelalter und Neuzeit ist. Man kann dies höchstens erschließen, da von Humanismus und Reformation die Rede ist. Wieweit aber Hans Sachs dem Mittelalter verpflichtet ist, wird nicht ersichtlich. Diese Gliederung zeigt, wie schwer es manchmal fällt, sachlich richtige Gedanken sprachlich klar und dem Zusammenhang entsprechend zu formulieren. Außerdem fällt bei dieser Gliederung auf, daß Sätze und Stichwörter abwechselnd verwendet werden; dies ist zu vermeiden. Eine Gliederung sollte entweder in ganzen, aber kurzen Sätzen oder nur in Stichwörtern abgefaßt werden. Dabei ist kurzen Sätzen der Vorrang zu geben, weil Sätze die Aussage klarer machen.

88 Der Bildungsroman, erklärt am Beispiel von Grimmelshausens „Simplizissimus“

Gliederung

A) Begriff des Bildungsromans

B) I. Definition des Bildungsromans:
   1. Thematik,
   2. Bildungsziel,
   3. Bildungsweg,
   4. Aufbau,
   5. Verhältnis zur Autobiographie.

   II. „Der Abentheurliche Simplicissimus Teutsch“:
   1. Biographie Grimmelshausens,
   2. Voraussetzungen zum „Simplizissimus“,
   3. „Simplizissimus“ ein Bildungsroman?:
      a) Thematik,
      b) Bildungsziel,
      c) Bildungsweg,
      d) Aufbau.

C) Zusammenfassung von II/3;
Gesamtbedeutung des „Simplizissimus“

Literatur:

1. Benno von Wiese: Der deutsche Roman I, Düsseldorf 1963.
2. Merker-Stammler: Reallexikon der deutschen Literaturgeschichte, Band I (1958).

Bemerkung

Die Gliederung dieser Facharbeit ist klar aufgebaut, aber die knappen Stichwörter lassen nicht erkennen, *was* zum Thema ausgeführt wird bzw. welche Merkmale den Bildungsroman kennzeichnen.

Aufgabe

Lesen Sie einen Bildungsroman der deutschen Literatur und arbeiten Sie dazu eine Gliederung aus, die erkennen läßt, welche Merkmale einen Bildungsroman kennzeichnen! Verwerten Sie dabei Gesichtspunkte dieser Gliederung!

89 Die deutsche Mystik (besonders Meister Eckhart)

Gliederung

A) Allgemeine Klärung des Wortes „Mystik“ und Wesensmerkmale der Mystik

B) 1. Die deutsche Mystik als eine Erscheinung der Zeit
   2. Meister Eckhart, Leben und Werk
   3. Die mystographische Literatur
   4. Die Mystik Eckharts
      a) Das „ledic gemüete“
      b) Die „unio mystica“
      c) Das Handeln „Sunder-Warumbe“
   5. Die Sprache und die Sprachschöpfung Eckharts

C) Johannes Tauler und Heinrich Seuse, zwei deutsche Mystiker nach Meister Eckhart

Bemerkung
Diese kurze Gliederung gibt klar und übersichtlich den Aufbau der Facharbeit wieder; sie ist eine Art Inhaltsübersicht, ein Gerippe, das zeigt, welche Abschnitte die Arbeit enthält.

90 „Cenodoxus“ – ein Jesuitendrama

Gliederung

A) Allgemeine Gesichtspunkte über das Jesuitentheater:
  I. Die Funktion des Jesuitentheaters
  II. Die barocken „memento mori“- und „vanitas“-Gedanken, zwei Voraussetzungen für das Jesuitentheater
  III. Mittel des Jesuitendramas zur Erfüllung seiner Aufgabe

B) Geschichte des deutschen Jesuitentheaters:
  I. Frühbarock:
    1. Jakob Bidermann (Biographie),
    2. „Cenodoxus“, sein Hauptwerk:
      a) Stoff,
      b) Handlung,
      c) Aufbauelemente,
      d) Gehalt:
      Kritik am Humanismus,
      theologische Auseinandersetzung,[1]
      e) Bedeutung.
  II. Im Dreißigjährigen Krieg
  III. Nach dem Dreißigjährigen Krieg: „Wiener Epoche“
  IV. Weitere Entwicklung
  V. Stellung der Jesuitendramatik in der Literatur

Verwendete Literatur

1. Tarot, Rolf, Cenodoxus, Max Niemeyer Verlag, Tübingen 1963
2. Kindermann, H., Theatergeschichte der Neuzeit, III. Band, Otto Müller Verlag, Salzburg 1959
3. Flemming, W., Geschichte des Jesuitentheaters in den Landen deutscher Zunge, Berlin 1923

Bemerkung

Diese Gliederung läßt den Aufbau der Facharbeit klar erkennen. Die Gliederungspunkte II., III., IV., V. sollten noch untergliedert werden, damit man weiß, was dazu ausgeführt wird, welche Gesichtspunkte angeführt werden.

---

1. Womit setzt sich dieses Werk auseinander?

91 Die Fabel (insbesondere bei Lessing)

Gliederung

A) I. Begriff und Merkmale der Fabel
   II. Die ältesten Fabeln (Aesop und Phaedrus)

B) I. Einiges zur Geschichte der Fabel und zu deutschen Fabeldichtern bis Lessing:
      a) Stricker und das „Bîspel" des Mittelalters
      b) Ulrich Boner
      c) Friedrich von Hagedorn (1708–54) und sein Vorbild Jean de la Fontaine (1621–95)
      d) Gellert (1715–69), Lichtwer (1719–83) und Pfeffel (1736 bis 1809)
   II. Lessings Abhandlungen über die Fabel:
      a) Vom Wesen der Fabel
      b) Vom Gebrauch der Tiere in der Fabel
      c) Von der Einteilung der Fabel:
         1. Vernünftige Fabeln
         2. Sittliche Fabeln:
            mythische Fabeln
            hyperphysische Fabeln
      d) Vom Vortrag der Fabeln

C) I. Bedeutung und Wertung der Lessingschen Fabeldichtung
   II. Lessings Fabeln als Spiegel seiner Zeit

Verwendete Literatur

1. Badstüber, H., Die deutsche Fabel, Wien 1924
2. Deutsche National-Litteratur: 65. Band, Lessings Werke VIII, 73. Band, Fabeldichter des 18. Jahrhunderts
3. Oehlke, W., Lessing, Band I, München 1919.

Bemerkung

Facharbeiten dieser Art führen in die wissenschaftliche Arbeit ein, können aber nicht mit den Seminararbeiten an den Universitäten verglichen werden.

92 *Herder, der große Anreger*

Gliederung

A) Herder ist nur aus seiner Zeit heraus zu verstehen.
   1. Die kulturgeschichtliche Lage (nach J. Nadler):
      a) die mittelalterliche Kultur: katholisch-europäisch,
      b) die protestantische Kultur: völkisch-germanisch,
      c) die Bildung des 18. Jahrhunderts: protestantisch.
   2. Anreger Herders:
      a) Kant,
      b) Rousseau,
      c) Spinoza,
      d) Johann Georg Hamann.

B) Herders Leben, Werk und Bedeutung:
   I. Herders Leben (1744–1803):
      1. Jugendjahre,
      2. Jahre des Studiums in Königsberg und Riga,
      3. Riga–Paris–Straßburg–Bückeberg, bedeutende Lebensstationen,
      4. die letzten Jahre in Weimar.
   II. Herders Werk:
      1. Herder als Kritiker:
         a) Schriften zur Ästhetik:
            Ästhetik im allgemeinen,
            Einteilung der Ästhetik,
            Schönheitsideal,
         b) Gedanken zur Sprache,
         c) Hinwendung zur Volkspoesie,
         d) Shakespeare, Herders Lieblingsdichter.
      2. Herder als Philosoph:
         a) Herders Geschichtsbild,
         b) Herders religiöse Haltung,
         c) Humanität.
   III. Herders Bedeutung:
      1. Wirkungen auf:

a) Goethe und den Sturm und Drang,
b) die Romantiker, besonders die Gebrüder Schlegel, Brentano, Uhland,

2. Herder als Begründer der Volkskunde und Sprachwissenschaft,
3. Herder als Wecker eines Nationalbewußtseins,
4. Herder, Begründer des historischen Denkens in Europa,
5. Herder als Begründer eines demokratischen Denkens;

C) Herders Werk als Zielsetzung für die Menschheit

Verwendete Literatur

1. Schirmunski, V., Johann Gottfried Herder, Berlin 1963
2. Keyser, E., Im Geiste Herders, Kitzingen 1953
3. Buchwald, R., Das Vermächtnis der deutschen Klassiker
4. Nadler, J., Goethe oder Herder? Der Strom, Band 7, Düsseldorf 1957.

Bemerkung

Facharbeiten aus der deutschen Literatur unterstützen den Literaturunterricht. Meist wird eine Reihe von Themen zur Wahl gestellt.

93 „Sturm und Drang“ – Büchners „Lenz“

Gliederung

A) I. Der Sturm und Drang als Beginn der zweiten Blütezeit in der deutschen Dichtung

II. Das Charakteristikum dieser „vorklassischen Epoche“ ist der schroffe Gegensatz zur Aufklärung:

1. Ihr Anreger: Rousseau.
2. Ihr Bahnbrecher: Herder.
3. Die Vollendung der literarischen Revolution durch die „Stürmer und Dränger“:
   a) Ihre Auffassung vom Menschen bringt neue Schlagworte hervor:
      α) den „großen Kerl“,
      β) das Kraftgenie als Ursache für die Bezeichnungen „Geniezeit“ und „Charakterdrama“,
      γ) den „Titanen“.
   b) Bedeutung und Gestaltung der Dichtkunst durch die „Stürmer und Dränger“.
4. Die deutschen Vertreter:
   a) Der Göttinger Hainbund.
   b) Der Straßburger Kreis um den jungen Goethe.

III. Die Wirkung des Sturm und Drang auf die späteren Literaturepochen.

B) I. Lenz als literarische Persönlichkeit:

1. Ein kurzes qualvolles Leben.
2. Seine Werke – Aussage und Wirkung:
   a) „Der Hofmeister“,
   b) „Die Soldaten“.

II. Lenz als überlieferte Persönlichkeit durch Georg Büchners „Lenz“:

1. a) Entstehung der Novelle auf der Grundlage der Aufzeichnungen des Pfarrers Oberlin.[1]

---

1. Der Oberbegriff fehlt.

b) Übernommenes und Hinzugefügtes in der Darstellung durch Büchner.

2. Interpretation:
   a) Das Kunstgespräch – der Mittelpunkt des „Lenz".
   b) Die Darstellung des Wahnsinnsprozesses durch Leitsymbolik:
      α) vor dem Kunstgespräch: Sonne – Mutter – Tod,
      β) nach dem Kunstgespräch: Mond – Friederike – Tod.
3. a) Der „Lenz" – eine Novelle?[1]
   b) Stilistische Eigenheiten:
      α) fragmentarische Form,
      β) Landschaftsschilderung.
4. Warum hat Büchner diese Novelle geschrieben?

C) Das Problem von Genie und Wahnsinn.

Verwendete Literatur

1. Mayer, H., Georg Büchner und seine Zeit, Wiesbaden 1946
2. V. Wiese, B., Die deutsche Novelle II, Düsseldorf 1962
3. Lange-Eichbaum, W., Genie, Irrsinn und Ruhm, München-Basel 1956
4. Ulshöfer, R., Der Deutschunterricht 1955/2, Stuttgart.

Bemerkung

Die Gliederung einer solchen Facharbeit kann auch Grundlage eines Fachvortrags sein. Die Ausarbeitung verlangt gründliche Beschäftigung mit der Literatur.

94 Goethes „Italienische Reise“

A) Gründe für die Reise:

I. Jugendtraum,

II. Flucht vor den Amtsgeschäften,

III. Zeit für seine „Gesammelten Schriften“.

B) I. Verlauf der Reise mit Beschäftigungen:

Brenner

Venedig:	Theaterbesuche
Rom:	Umfassende Studien
Neapel:	Landschaftsbeschreibung, Zeichnen
Sizilien:	Beschreibungen
Neapel:	Beobachtung der Menschen
Rom:	Umfassende Studien

II. Folgen der Reise

1. Hinwendung zur Klassik:
   a) Suchen nach dem inneren Wert der Dinge:
      α) Natur,
      β) Kunst.
   b) Änderung der Ansicht vom Menschen (Ideal des heiteren Menschentums),
   c) Zusammenstellung der Einzelheiten zu einem sinnvoll geordneten Ganzen.
2. Persönliche Entwicklung:
   a) Leben nach dem neuen Menschenideal,
   b) Abwendung von Frau von Stein,
   c) Fortsetzung des ungebundenen und ruhigen Lebens.
3. Beeinflussung des dichterischen Schaffens:
   a) Erarbeitung einer neuen Sprach- und Versform (Iphigenie).
   b) Wandlung Goethes zwischen „Iphigenie“ und „Egmont“, Wirkung der Reise auch auf „Faust“.

C) I. Goethes Werk „Italienische Reise“:

1. Veränderung vor dem Druck,

2. Verdeutlichung des wahren Inhalts in der überarbeiteten Fassung.

II. Goethe bewahrt das Andenken an Italien:
Mignon

Verwendete Literatur

1. J. W. von Goethe, Italienische Reise, Stuttgart 1816
2. Friedenthal, R., Goethe – Sein Leben und seine Zeit, Detmold 1963
3. Grimm, H., Goethe, München 1948
4. Beutler, E., Essays um Goethe I, Wiesbaden 1948
5. Staiger, E., Goethe 1786–1814, Zürich 1956
6. Buchwald, R., Das Vermächtnis der Deutschen Klassiker, Frankfurt a. M. 1962
7. Schauffler, T., Goethes Leben, Leisten und Leiden, Heidelberg 1912.

Bemerkung

Themen dieser Art können auch als fachwissenschaftlich angesehen werden.

Gedichtinterpretationen

95 Interpretation von Enzensbergers „Geburtsanzeige“ nach Form und Gehalt

Gliederung

A) Vom Wesen des Gedichtes

B) Interpretation zu Enzensbergers „Geburtsanzeige“:
- I. Form:
  - a) formaler Aufbau,
  - b) sprachliche Gestaltung.
- II. Inhalt:
  - a) der Bezug zum Titel,
  - b) Aussage:
    - 1. der Schritt des Menschen ins Leben,
    - 2. seine Lebenserwartung.
- III. Gehalt:
  - a) Öffnen der Augen über Bedrohung,
  - b) Möglichkeit der Wehr.

C) Der Wert eines Gedichtes

In den Dingen des Lebens ist der reine Ästhetizismus unfruchtbar, oder wie Goethe sagt: „Jedes Gedicht ist gewissermaßen ein Kuß, den man der Welt gibt; aber aus bloßen Küssen werden keine Kinder.“[1] Enzensberger scheint mit diesem Ausspruch nicht ganz in Einklang zu stehen; würde er sonst seine Aussage in Gedichtform geben, wenn er von deren Wert so wenig überzeugt wäre? Seine Überlegung ist wohl diese: ein Gedicht stellt größere[2] Anforderungen an den Leser. Er

---

1. Aus welchem Werk Goethes? Oder aus welcher anderen Quelle?
2. Der Komparativ ist hier sinnlos verwendet, da der Bezugspunkt fehlt (Was stellt große Anforderungen?).

muß sich bemühen, wenn er tiefer eindringen und es verstehen will. Achtlosem Übergehen des Gelesenen wird ein Riegel vorgeschoben. Auch ich will nun tiefer schürfen,[3] wenn ich eine Interpretation von Enzensbergers „Geburtsanzeige" zu geben versuche.

Bei diesem Gedicht springt der rein formale Aufbau zunächst ins Auge: die sechs Strophen mit ihren fünf fast gleich langen Versen stehen wie festgefügte Blöcke da, verbunden noch durch das „Wenn", mit dem nahezu jede Strophe beginnt. Auch die Reime sind in ein festes Schema gezwängt: auf die erste, sich nie reimende Zeile folgt ein verschränkter Reim, der den äußeren Zusammenhalt noch betont.[4] Blickt man genauer hin, so zeigt sich, daß dem Werk ein vier- bis sechshebiger Jambus zugrunde liegt. Er gibt dem Gedicht beim Lesen einen etwas stampfenden[5] Rhythmus, da Takt und Betonung nicht immer zusammenfallen. Der Klang ist hart, betont noch durch die durchwegs männlichen Reime, die nicht selten nur durch zwei oder drei Buchstaben verkörpert sind.[6]

Weiterhin fällt die sprachliche Gestaltung dieses Werkes durch ihr vom Herkömmlichen abweichendes Wesen[7] auf: es ist eben ein modernes Gedicht. Die konsequente Weise,[8] alle Wörter klein zu schreiben, auf sämtliche Satzzeichen zu verzichten, mag manchen Ästheten abschrecken; sie dient jedoch glänzend der Absicht, aufrütteln zu wollen. Unterstrichen wird dies noch durch den Satzbau: Wortfetzen[9] wie „häßlich rot und zart" wechseln mit Sätzen, in denen durch Umstellung der Eindruck entstanden ist, als ob sie ohne Satzaussage seien,[10] eingeschobene Sätze verstärken dies noch: „wenn dieses bündel auf die welt geworfen wird die windeln ... *es ist* verzettelt und verbrieft".

Ohne die Anwendung des Hakenstils,[11] wie wir ihn hier finden,

---

3. Ausdrucksweise klingt gekünstelt.
4. Unklar, was damit gemeint ist.
5. Ungebräuchliche Ausdrucksweise.
6. Was meint der Verfasser damit? Ein Reim wird nicht durch Buchstaben verkörpert.
7. Ein nicht treffender Ausdruck.
8. Etwas unklare Ausdrucksweise; besser: die Tatsache, daß alle Wörter kleingeschrieben werden, ...
9. Falsch, denn im Gedicht kommen ganze Wörter vor, keine Wortfetzen.
10. Hier müßte der Verfasser treffende Beispiele anführen.
11. Falsch, denn das Gedicht kennzeichnet ein ausgesprochener Zeilenstil.

wären diese Sätze ohnehin nicht denkbar. Wie eindrucksvoll ist doch jeweils der letzte Vers: die passivischen[12] Verbformen, stabreimhaft aneinander klingend, wirken geradezu wie ein Aufschrei: „verzettelt und verbrieft; versichert und vertan; verworfen und verwirkt; verraten und verkauft"! Fehlende ausschmückende Adjektiva und Adverbien erhöhen den grauen Eindruck[13] dieser Sprache. Sie[14] stehen nur dort, wo es gilt, den bedrückenden Eindruck noch zu verstärken: „süßlicher gestank; krumme hand;[15] graues Bett".

Vergleicht man nun Titel und Inhalt dieses Gedichtes, so ist man einigermaßen befremdet, wenn nicht vor den Kopf gestoßen. Eine Geburtsanzeige ist doch eine fröhliche Sache: ein langerwartetes Söhnchen oder Töchterchen ist endlich da, oder ein neues Kind hat sich zu den anderen gesellt!

Was hat die Aussage des Gedichtes mit dieser Freude zu tun? Wie brutal, mitleidlos wird der Schritt des Menschen ins Leben geschildert: er wird wie ein Bündel auf die Welt geworfen, man packt ihn mit einer Zange am Schädel, um sein Kommen zu beschleunigen. Wenn er noch im süßlichen Gestank der Klinik (die Gedankenverbindung mit einem Leichenhaus drängt sich unwillkürlich auf) plärrt, wenn er sich erst tapsend in der Umgebung zurechtzufinden sucht, ist in der kalten Welt schon sein künftiges Geschick festgelegt. Hier klingt die zweite Aussage dieses Gedichts an: die Lebenserwartung des Menschen. Das Kind ist kaum auf der Welt, da wird schon seine Geburt von denen ausgenützt, die damit zu tun haben: „der pfarrer nimmt das trinkgeld eh ers tauft". Während es die Hebamme noch hervorholt, „verzehrt der arzt bereits das huhn das es bezahlt". Die Maschine der Bürokratie läuft seinetwegen an: sein Lebensweg ist von Dokumenten und Papierkram gesäumt; es wird schon jetzt für seinen späteren „Heldentod" registriert. Sein Leben ist im voraus genormt, was es später lernen und erfahren wird, was es, wenn es einmal auf eigenen Beinen steht, zu entrichten und zu bezahlen haben wird. Selbst für sein Ableben ist schon alles geregelt. Und der „scharlatan", wohl

---

12. Partizipien!
13. Wenig gewandte Ausdrucksweise.
14. Unklare Beziehung.
15. Nicht klar, weshalb dies ein bedrückender Eindruck sein soll.

als der Teufel[16] zu verstehen, „drückt seinen daumen unter den vertrag".

Fragt man nun nach dem Gehalt dieses Kunstwerkes, und ein solches ist es zweifelsohne,[17] so spürt man zwei Sinnabschnitte: in den ersten fünf Strophen finden wir von Enzensberger das Verhängnis ausgedrückt, in dem der Mensch gefangen ist: er wird in eine nüchterne Welt, in der von Liebe nicht die Rede ist, hineingeboren, ob er nun will oder nicht. Sein Sein ist vorgeprägt, bevor er es erfüllen kann und ohne daß er etwas daran ändern kann. Der Dichter lebt hier in einer Stimmung, die weder an der Welt noch am Menschen etwas Freundliches, Liebenswertes findet und die sich auch in seinen Zeilen niederschlägt. Dem Menschen scheint nur mehr die Resignation zu bleiben.

In dieser Haltung trifft man auf die letzte Strophe und ist wiederum überrascht: aus dem bedingungslosen „wenn ... es ist" der letzten Zeile ist ein „wenn ... ist es" geworden: ein entweder – oder! Inmitten all dieser Aussichtslosigkeit dieser Welt tut sich dennoch ein Ausweg auf, der Mensch kann sich wehren! Er kann die Ketten, die ihn umspannen, sprengen; er kann den Groll, der ihm entgegentritt, aufheben; er kann aus der Grube, dem Symbol der Niedrigkeit, der Gebundenheit an das Unterweltliche, das Geringe und das Böse, entkommen, indem er allem mit dem[18] begegnet: mit Liebe und Offenheit! Er muß wagen, sich von den eingefahrenen Gleisen zu lösen, gegen das Üble, die Gefahr anzugehen. Er muß versuchen, die anderen mitzureißen, indem er ihnen die Augen öffnet, indem er „mit unerhörter schrift die schiere zeit beschreibt"![19] Tut er es nicht, so ist er „verraten und verkauft".

Der Versuch einer Interpretation ist nun abgeschlossen. Ob er gelungen ist, mag der Leser entscheiden.[20] Ob ein Gedicht gefällt, ob es dem Betrachter gar etwas sagt, wird letzten Endes immer vom Grad der

---

16. Diese Deutung ist zweifelhaft, denn es ist eher ein Versicherungsvertreter gemeint.
17. Aus dem bisher Gesagten ist diese Feststellung nicht zu begründen.
18. Wenig gewandte Ausdrucksweise, die unklar läßt, was mit „dem" gemeint ist.
19. Sind damit „Liebe und Offenheit" gemeint?
20. Diese Feststellung ist leeres Gerede.

Vertiefung abhängen. Der Wert des Gedichtes wird somit von jedem einzelnen Leser entschieden, nicht von irgendwelchen, die sich zu Kritikern berufen fühlen.

Bemerkung
Bei der Interpretation eines Gedichtes darf die Untersuchung des Rhythmus' nicht fehlen. Die Deutung der einzelnen Aussagen ist z. T. ziemlich eigenwillig; der Sinn der letzten Strophe ist nicht richtig erfaßt. Der Gehalt des Gedichtes ist jedoch im ganzen erfaßt, der Aufbau der Arbeit ist klar. Die sprachliche Darstellung ist an mehreren Stellen zu wenig treffend.

96 Rudolf Hagelstange: „Im Anfang war der Geist" (Gedichtinterpretation)

Ein alter Mann sitzt in seinem Studierzimmer und versucht, den Anfang der Bibel zu verstehen. Er kämpft mit dem Wort, mit dem Sinn des Wortes „logos" und kommt nach langem Suchen zu der Deutung: „Im Anfang war die Tat." Der Mann heißt Faust. Doch hat Faust die Tat nicht zu hoch bewertet? Steht nicht hinter jeder Tat ein Wille, ein Geist? Was steht also am Anfang aller Dinge? Rudolf Hagelstange versucht darauf eine andere Antwort zu geben: „Im Anfang war der Geist."

„Im Anfang war der Geist, und seine Flamme
erfaßte alles, das nicht seinesgleichen war."

Die erste Strophe dieser Hymne an den Geist ist der Gestalt des schöpferischen Geistes geweiht. Seine Flamme, seine Macht erfaßt alles Ungünstige, alles Materielle und zwingt es unter seinen Willen. Er erschafft die belebte Natur, er ist Herr über die tote Masse, über Gebirge und Flüsse, über Land und Wasser. Er ist der Schöpfer unserer Erde, die entsteht nach seinem Sinn. Feierlich und getragen erinnert diese erste Strophe in ihrem Gleichmaß von fünffüßigen Jamben an den ersten Chorgesang dunkler Mönche.

Die zweite Strophe besingt nicht mehr den Schöpfer Geist, sondern sie zeigt die zweite große Eigenschaft: den ordnenden Geist. Er lenkt die Planeten in ihre Bahnen, die sie nun nach seinem Gesetz ewig beibehalten müssen, ja, das ganze Weltall ordnet er nach seinem Wollen und macht aus dem Chaos Regel und Beständigkeit. Auch auf der Erde trennt er die kämpfenden Elemente Land und Wasser und richtet sie nach seiner Ordnung ein. Hier, in dieser zweiten Strophe, wird das ruhige Gleichmaß in der dritten und vierten Zeile unterbrochen. Durch den Übergang von fünffüßigen zu vierfüßigen Jamben wirken diese beiden Zeilen dynamischer, drängender.[1] Hier steht die Tat im Vordergrund, die Wucht,[2] mit der die Planeten in ihre Bahnen gejagt werden, und der brausende Sturm, der durch die letzte, wieder fünffüßige Zeile aufgelöst wird in der Teilung von Land und Wasser. –

1. Hier hätte der Bearbeiter auf das Enjambement eingehen sollen!
2. Besser: Schwung.

Die nun folgende Strophe ist nach dem gleichen Prinzip wie die zweite gebildet. Waren dort die Zeilen 1, 2 und 5 getragene fünffüßige Jamben und 3 und 4 vierfüßig, so ist er hier umgekehrt. Ebenso wie vorhin durch vier, so werden jetzt die Zeilen 3 und 4 durch fünf Hebungen besonders herausgestellt. Der Geist wird hier dargestellt als Geist der Gnade. Seine Sendung, seine Aufgabe ist die alles umfassende Liebe. Er will das Helle, das Gute, das im Gegensatz zum Dunklen, Bösen steht. So wie ein Alptraum im hellen Sonnenlicht sofort zerfällt, so muß auch das Böse vor der Kraft des Lichtes weichen. Ist es nicht ein Bild der Eigenschaften Christi, das hier entworfen wird! Seine Demut, seine Verschwendung von Wohltaten, von Liebe und Gnade? Ein Bild desjenigen, dessen Weg die Wahrheit war, und der diesen Weg ging bis zum Ziel, dem Kreuz, das seither das Symbol der vollendeten Erlösung des Menschen ist – und gleichzeitig das Symbol der Vollendung des Menschen selbst: „Wer mein Jünger sein will, der nehme sein Kreuz auf sich." Christus ist ein Teil jenes großen Geistes, er ist unsterblich, ewig wie er.
Ist der erste Teil des Gedichts ein Hymnus an den Geist, so folgt nun der Gedanke an seine größte Schöpfung, an den Menschen:

> „Es kam der Mensch. Und seines Herzens Sehnen
> war, diesem Geiste gleich zu sein."

Der Mensch, das Geschöpf des Geistes, lehnt sich gegen den Willen seines Schöpfers auf, weil er sein will wie er. Er ißt vom Baum der Erkenntnis und wird darum aus dem Paradies, aus dem Reich des Friedens und des Lichtes, vertrieben. „Im Schweiße deines Angesichts sollst du dein Brot essen", sprach sein Schöpfer zu ihm, und durch tausend Tränen büßt der Mensch seine Vermessenheit. Sein wie Gott, das ist der uralte Traum, das uralte Ziel der Menschheit, und keiner kann sich je[3] von diesem Drang befreien. Ob im Großen – durch die Sehnsucht, die Kräfte der Natur zu bezwingen, ihre Ordnung zu durchbrechen durch Technik und Wissenschaft –, ob im Kleinen – durch den unbewußten Wunsch jedes einzelnen,[4] vollkommen zu sein, gegen die Macht des Schicksals ankämpfen zu können – die bittere Enttäuschung bleibt niemandem[5] erspart. So büßt der Mensch für seine Auflehnung.

3. In dieser Ausschließlichkeit trifft die Behauptung wohl nicht zu!
4. Ist dies wirklich der Wunsch jedes einzelnen?
5. Hier wird die Verschiedenartigkeit des Lebens zu wenig berücksichtigt.

Das Versmaß in dieser Strophe hat sich verändert. Auf eine fünfmalige Hebung folgt eine Zeile mit vierfacher Betonung, die Geschlossenheit jeder einzelnen Strophe aber bleibt durch die im ganzen Gedicht durchgeführte Folge der Endreime erhalten. Die 1., 3. und 4. Zeile reimen sich aufeinander sowie die 2. und die 5., die ihrerseits dadurch, daß sie einen anderen Reim hat wie die 4., die ganze Strophe abschließt. Die folgende Strophe ist auf die gleiche Weise wie die vorhergehende durch Endreime geschlossen. Zum Unterschied zur 4. ist allerdings das Versmaß durch die ganze Strophe beibehalten, nämlich der fünffüßige Jambus. In der letzten Strophe dagegen haben nur die ersten beiden Zeilen fünf Hebungen; die folgenden drei Zeilen schließen durch ihren Rhythmus von vier Betonungen das ganze Gedicht ab und lösen es auf.
In der 5. Strophe zeigt der Dichter die Stellung des Menschen zu dieser Vermessenheit. Sowohl für den in Enttäuschungen ergrauten Menschen wie auch für den jungen, der diesen Weg noch vor sich hat, ist der Drang nach Göttlichkeit nicht schrecklich; denn eines wurde den Menschen geschenkt, die dieses Gebäude des Geistes, die diesen babylonischen Turm bauten und noch an ihm bauen: die Hoffnung, die den Menschen nie verläßt, die ihn bis in sein Grab begleitet. Es ist die Hoffnung, daß alles, was hier auf unserer Erde geschieht – sei es im Guten oder im Bösen –, der Wille Gottes ist, der die Geschicke lenkt; der Glaube daran, daß auch die bitterste Enttäuschung sich schließlich in einem geistigen, einem religiösen Sinn zum Guten wendet. Es ist die Hoffnung, daß wir Menschen durch Not und Bedrängnis schließlich reif werden, um zu unserem Ziel zu gelangen: zu der Vereinigung mit dem, der gesagt hat: „Ich bin das Alpha und das Omega", zu der Vereinigung mit Gott.

„Am Ende aber steht der Geist."

Bemerkung

Diese Arbeit ist ein Versuch, die Form des Gedichts in Übereinstimmung mit dem Inhalt zu deuten. Die bloße Wiedergabe des Inhalts überwiegt aber noch die Interpretation. Ziel einer Gedichtbetrachtung ist es jedoch, Inhalt und Form nicht als Selbstzweck zu betrachten, sondern nur als Grundlage für die Deutung.

97 Georg Heym, Berlin

Wenn man das Gedicht „Berlin“ von Georg Heym liest, fällt einem sogleich die strenge Form auf, in der es geschrieben ist. Das liegt wohl an der klaren Gliederung durch die Sonettform und vor allem an dem schweren[1] jambischen Versmaß.

Verstärkt wird dieser erste flüchtige Eindruck durch einige Worte mit dunklen Vokalen, die schon der ersten Strophe Gewicht und Düsterkeit verleihen („rollten“, „dunklen“, „rußig“). Georg Heym beschreibt hier das Beladen von Lastkränen mit geteerten Fässern. Diese werden aus den düsteren Speicherräumen über Planken auf das Deck der Kähne gerollt. Sobald diese beladen sind, ziehen die Schlepper an. Der dunkle Qualm, der aus ihren Schornsteinen quillt, senkt sich langsam auf die dreckige Wasseroberfläche des Kanals, die von Ruß und Öl bedeckt ist. Dieses häßliche Bild fängt den ganzen Charakter dieses schmutzigen und düsteren Teiles der Stadt Berlin vor dem Ersten Weltkrieg ein.

Die zweite Strophe setzt mit einer merklichen Aufhellung der Stimmung ein: Zwei Schiffe dampfen den Kanal entlang. Ihre Musikkapellen lockern das Bild auf. Der Rhythmus des Gedichts wird leichter, lockerer. Helle Vokale wie das „i“ und „e“ in dem Wort Musikkapellen versuchen dem Gedicht[2] eine leichtere Note zu geben. Die Schiffe müssen ihre Schornsteine niederlegen, damit sie unter den niedrigen Bogen einer Brücke hindurchfahren können. Abermals ruht der Blick des Dichters auf dem häßlichen Wasser: „Rauch, Ruß, Gestank lag auf den schmutzigen Wogen . . .“ Verflogen ist alle Munterkeit. Lauter dunkle Vokale („a“, „au“, „u“, „o“) ziehen die Melodie des Gedichtes herab. Durch die drei aufeinanderfolgenden, artikellosen Substantiva[3] erhält der Rhythmus seine ursprüngliche Schwere und Wucht zurück. Das Häßliche beherrscht wieder das Bild: rußiger Rauch bedeckt die stinkenden, öligen Abwässer, die aus den Gerbereien fließen. Ein abstoßender, deprimierender Anblick.

---

1. Sachlich falsch, denn der Jambus ist ruhig, feierlich; außerdem wäre es richtiger zu sagen „das fast durchweg angewandte jambische Versmaß“.
2. Richtig: der Strophe.
3. Welche Substantive sind gemeint?

In den Brückenbögen, durch die der Dichter in einem Flußkahn gefahren ist, sammeln sich alle Signale und Geräusche. Sie hallen verstärkt unter den Brücken nach. Dem Dichter scheinen sie immer lauter zu werden. Drohend dröhnen sie ihm in den Ohren, wie wilde Trommelwirbel. Die Stille der letzten Jahre vor dem Weltkrieg[4] täuscht Georg Heym nicht; er sieht die Katastrophe voraus. Diese düsteren Vorahnungen quälen ihn und finden Ausdruck in seinen Werken. So läßt sich auch die Schwere dieses Gedichtes erklären. Die Hoffnung wird vernichtet. Dies wird in der letzten Strophe des Gedichtes deutlich: Der Dichter gleitet in seinem Kahn den Kanal entlang. Zu beiden Seiten liegen Gärten – ein friedliches Idyll. Der Rhythmus wird fließend. Die Melodie wird durch hellere Vokale (wie in „ließen", „treiben", „Gärten", „Idyll") leichter. Es scheint sich eine Beruhigung anzubahnen.
Doch dieses idyllische Bild wird jäh zerstört durch die letzte Zeile, durch welche das Gedicht eine abschließende, großartige Steigerung erfährt, die mich an die erste Sinfonie von Johannes Brahms erinnert. Das unheimliche, packende Bild faßt wie in einem Brennglas die Grundgedanken des Gedichtes zusammen: „... sahn wir der Riesenschlote Nachtfanale."
Die Schornsteine[5] recken sich mahnend und drohend in den Himmel: Symbole für die grauenvollen Visionen des Dichters. Er sieht das Unheil kommen, unentrinnbar, vernichtend. Der Weltenbrand naht unabwendbar. Tiefe Hoffnungslosigkeit und Pessimismus erfüllen den Dichter. Er sieht nur noch eine ihm fremde, häßliche Welt, zu der er durch seine Angst und sein Leiden kein Verhältnis mehr hat. Die Vision des Ersten Weltkrieges ist der Kerngedanke des Gedichtes. Er wird durch das letzte Wort, dieses unheimliche Bild der „Nachtfanale", mit seinen drei tiefen, unheilschwangeren „a" als wuchtiger Abschluß des ganzen Gedichtes zusammengefaßt.

Bemerkung

Form und Gehalt des Gedichtes sind recht gut erfaßt; auch die Übereinstimmung von Form und Inhalt wird herausgearbeitet. Wichtige

4. Diese Stelle müßte deutlicher aufs Gesellschaftliche bezogen werden.
5. Hier wird nicht gesagt, für welchen Bereich unseres Lebens die Schornsteine symbolhaft stehen.

Einzelzüge des Gedichtes sind allerdings übergangen worden (z. B. Verhältnis des Menschen zu seiner Umwelt, die Welt der modernen Industrie, zweimaliges Doppel-„l“ in der ersten Strophe, das Enjambement in der letzten Strophe). Der Verfasser zeigt jedoch Verständnis für Dichtung und sichere Beherrschung der Sprache.

98 Deuten Sie nach Inhalt, Darstellung und Form das Gedicht „Träume" von Günter Eich!

Die letzten Worte des Gedichts „Träume" spiegeln nicht nur das zentrale Thema dieses Gedichts wider, sondern das Anliegen der meisten Gedichte Eichs, die Auffassung nämlich, daß alles, was geschieht, jeden Menschen angehe. Dies ist die grundlegende Überzeugung von Eichs Weltsicht.

So lag es nicht in der Absicht Eichs, mit diesem Gedicht ein Formkunstwerk zu schaffen von der Art, daß die Faszination des Lesers durch die Form dahin geführt wird, den Inhalt des Gedichts, das eigentlich nach Auffassung des Dichters Wesentliche, zu vergessen. Dies zeigt sich bereits an der äußeren Struktur des Gedichts. Die Verszeilen schwanken in ihrer Länge beträchtlich. Auch ist kein Reimschema zu finden, durch welches eine klangliche Verbindung der Verse gewährleistet wäre.

Zu diesem unregelmäßigen Bau der Strophen gesellt sich eine nüchterne, sachliche Sprache. Sie wirkt auf den Leser alltäglich, in keiner Weise gewählt. Die Sätze sind weder in expressionistischer Art betont kurz, damit wirkungsvoll und eindringlich gestaltet, noch werden Wörter gewählt, welche dem Satz einen ausschweifenden, Stimmung vortäuschenden Charakter verleihen. Die Sprache dieses Gedichts stellt vielmehr einen Mittelweg dar zwischen den beiden genannten Extremen. Gedanke wird in einfacher Weise, z. B. durch Bindewörter wie „und", „auch", „aber" u. a., an Gedanke gereiht; dadurch entsteht gleichsam eine Gedankenpyramide, welche in dem Satz gipfelt: „Alles, was geschieht, geht dich an."

An drei Stellen jedoch scheint das ruhige Gefüge klanglich gebrochen zu sein: Verszeile 4 (erreichtes Urlaubsziel, Nordseebad, Nôtre Dame) wirkt wegen der Kürze und Prägnanz der Worte eindrucksvoll. Ihnen kommt in der Tat eine besondere Bedeutung zu, auf die ich später noch eingehen möchte. Gleichfalls wirkungsvoll ist der Ausruf: „Sieh, was es gibt." Obwohl der Dichter eine Verdeutlichung der Wirkung des Satzes durch ein Ausrufezeichen vermieden hat, spüren wir doch die Aufforderung, den befehlenden Ton.

Die letzte Zeile ist wohl am eindrucksvollsten, betrachtet man ihre sprachliche Wirkung. Sie prallt dem Leser, der noch den fließenden

Rhythmus, die beinahe Langatmigkeit der vorhergehenden Zeilen in sich trägt, in ihrer Kürze geradezu entgegen. Ihre Wirkung wird auch dadurch verstärkt, daß bisher der Blick des Lesers von sich weg auf ein anderes Objekt gerichtet war: „Sieh . . ., Menschen, die du liebst." Diese Blickrichtung wird zur Überraschung des Lesers im letzten Satz plötzlich umgekehrt: „. . . geht dich an." Der Leser ist also nicht mehr der passive Betrachter ohne direkte Beziehung zum betrachteten Objekt (Problem), sondern derjenige, der unmittelbar angesprochen wird, verantwortlich gemacht wird.

Zusammenfassend läßt sich also feststellen: Eich möchte beim Leser das verhindern, was Brecht „Einfühlung" nennt. Der Leser soll nicht fasziniert sein von der Form und Sprache des Gedichts, sich nicht in einen Trancezustand versenken, aber dabei vergessen, daß die Welt, wie sie in diesem Gedicht aufgezeigt wird, seine eigene Welt ist, in der er lebt. Dies zu verhindern, erreicht Eich vor allem durch sprachliche Mittel, indem er die Sprache in den Dienst des Inhalts stellt, also nicht durch eine gewählte sprachliche Gestaltung die Sprache vom Inhalt löst, dadurch die Faszination des Lesers über die Sprache herbeiführt. Brecht sagt hierzu treffend: „Ein Reim im Gedicht kommt mir vor wie Übermut."

Um so überraschender wirkt der Titel des Gedichts. Hören wir den Begriff „Traum", so denken wir unwillkürlich an einen bestimmten Bewußtseinszustand. Im Wachsein erfahren wir, wie wir glauben, die Realität, d. h. die Welt, so wie sie ist, in all ihren Aspekten. Traum bedeutet dagegen für uns Scheinwirklichkeit, eine Welt, die ein Zerrbild unserer Wirklichkeit darstellt, eine Reihe von bloßen Assoziationen. Wie kann Eich dieses nüchtern-sachliche Gedicht mit dem Begriff „Träume" betiteln?

Bereits der zweite Vers gibt die Antwort. Der Begriff „Traum" hat in ihm eine andere Bedeutung als im gewöhnlichen Sprachgebrauch, er ist verfremdet, ist etwa gleichzusetzen mit „Angsttraum". Dies gelingt Eich dadurch, daß er „beruhigt" gleichsetzt mit „keine Träume haben". Welche Bedeutung hat nun bei Eich der Traum? Obwohl er zunächst (2. Vers) mit Schlaf assoziiert werden muß, trifft die herkömmliche Bedeutung von Traum, eben wegen des Verfremdungseffekts, nicht zu. Träume bei Eich meinen vielmehr gerade das Gegenteil. Wie schon Kafka betonte, ist die Wirklichkeit, so wie wir sie sehen und erkennen, nur eine Scheinwirklichkeit, die uns ein falsches

Abbild der eigentlichen Realität gibt. Wachsein bedeutet daher, nur die Oberflächlichkeit und Scheinwirklichkeit erkennen; träumen bezeichnet den Zustand des Erahnens tieferer Zusammenhänge.

Das ganze Gedicht, so möchte ich sagen, behandelt diesen Zwiespalt von Wirklichkeit und Scheinwirklichkeit. Vielleicht soll der ruhige Rhythmus des Gedichts die scheinbare Ruhe dieser Scheinwirklichkeit zum Ausdruck bringen, die nur über die wahre Realität hinwegtäuscht. Unter diesem Aspekt verwandelt sich die Ruhe der Sprache ebenfalls in eine Scheinruhe, die sprachliche Gestaltung von einer ruhigen in eine gespannte.

Dem Dichter fällt nun die Aufgabe zu, durch die Scheinwirklichkeit zur Wirklichkeit vorzudringen. Er ist, nach Brecht, der letzte freie Mensch in einer alles nivellierenden Zivilisation, der den Widerspruch zur Gegenwart und ihren falschen Werten aufdeckte. So betont der Dichter Eich seine eigene Rolle sehr deutlich, wie die erste Strophe zu erkennen gibt: „Ich beneide sie . . .; Ich beneide mich selbst . . .; Im Grunde aber meine ich . . .; Und ich möchte . . .“

Wie schildert Eich nun diese Scheinwirklichkeit? Er führt, scheinbar wahllos, einige Dinge an, die uns befriedigen: erreichtes Urlaubsziel, Nordseebad, Nôtre Dame, roter Burgunder im Glas, Tag des Gehaltsempfangs. Wenn wir dies lesen, wissen wir sofort, wen er damit anspricht. Sind es alle Menschen? Nein, es sind wir selbst, der Leser ist es, der in der Wohlstandsgesellschaft lebt, der nicht um sein „Brot“ bangt, dem Sattsein keine Befriedigung mehr bedeutet, sondern der nach mehr verlangt, nach Lebensgenuß. Zwei Gründe haben somit Eich veranlaßt, diese Zufriedenheit unserer Zeitgenossen eine blinde Zufriedenheit zu nennen. Blind ist für ihn der Mensch, der zufrieden ist; einmal, da er die Not, die überall auf der Welt herrscht, nicht sieht, sei dies aus Unwissenheit oder Gleichgültigkeit. Diese Zufriedenheit ist jedoch nicht von Bestand, sie währt nur Augenblicke. Man könnte hier eine Parallele ziehen zu unserer Wohlstandsgesellschaft, die Zufriedenheit vorgibt, in Wirklichkeit sich jedoch in einer Krise befindet, wie die sich häufenden Selbstmorde und Rauschgiftsüchtigen beweisen. Denn diese Zufriedenheiten, die Eich aufführt, sind sehr unbeständig, noch mehr, sie sind nicht mit den sittlich-ethischen Grundsätzen vereinbar. Ruft Goethes Faust aus: (Augenblick) „Verweile doch, du bist so schön!“, so könnte man meinen, auch Eich gehe ganz im glücklichen Genuß des Augenblicks auf, denn auch er sagt zweimal „Ich beneide ...“, d. h. auch Eich sehnt sich nach dem schönen Augenblick, der blinden Zufriedenheit des Genießens. Aber der Unterschied wird deutlich, wenn man Eichs weitere Worte betrachtet: „... meine ich, daß auch das gute Gewissen nicht ausreicht, und ich zweifle an der Güte des Schlafes ... Es gibt kein reines Glück mehr ...“ Bedeutet bei Goethe Schuld das Schuldigwerden gegenüber einem anderen, so ist bei Eich sittliches Vergehen bereits darin zu erblicken, wenn der Mensch anderen Menschen, deren Leid er vielleicht nicht verursacht hat, nicht beisteht. Daher auch Eichs Aussage: Das gute Gewissen reicht nicht aus. Dieses „gute Gewissen“ ist uns somit ebenfalls, wie zuvor der Begriff „Träume“, verfremdet. „Gutes Gewissen“ ist für Eich eigentlich Betrug. Es täuscht uns vor, daß wir ruhig schlafen können, ohne Schuld sind, was in Wirklichkeit nicht zutrifft, denn unser Dasein ist verbunden mit Schuld, durch die Gleichgültigkeit gegenüber unseren Mitmenschen und deren Not. Durch diese Schuld, welche unserem menschlichen Dasein anhaftet, und durch die Zwiespältigkeit, die sich auf der Welt durch Reiche und Arme, Zufriedene und Unzufriedene, Frohe und Klagende zeigt, ist reines Glück nicht möglich. Auch der Begriff „Glück“ ist verfremdet in diesem Gedicht. Der einzelne kann nach Eich wohl glücklich sein, wenn er, wie Brecht sagt, sich aus dem Streit der Welt hält und die Zeit ohne Furcht verbringt, doch ist dies nicht das reine, sondern das falsche Glück. Der Zusatz, den Eich – anscheinend nebensächlich – in Klammern setzt (– „gab es das jemals, –“), ist mehr als eine bloße Frage. Er will das Gedicht zu einer allgemeingültigen, zeitlosen Aussage machen, denn auf die Frage muß der Leser mit Nein antworten, was dazu führt, daß er sich klar wird, daß es reines Glück nie gegeben hat für den Menschen.

In den beiden Schlußzeilen der ersten Strophe zeigt sich Eich als der „handelnde“ Dichter. Er möchte die Menschen wachrütteln können, denn der Dichter kann nicht an die Stelle des Chaos' die Ordnung setzen, doch kann er das Chaos bewußt machen, das Gewissen der Leser wachrütteln.

Dieser Wunsch des Dichters, daß der Schläfer aufgeweckt werde, zieht sich sinngemäß in die nächste Strophe hinüber. Durch das Wörtchen „auch“ zu Beginn der zweiten Strophe wird ein Doppeltes erreicht: Zunächst schildert der Dichter ein Erleben, das ihn selbst sehr beeindruckt hat. Zum anderen bezieht er dies halb fragend, halb wünschend auf den Leser, nämlich die Welt in der Wirklichkeit erfahren zu haben. Das Rauschen des Regens, das des Windes ist nur das Oberflächliche, das es zu durchdringen gilt. Wind und Regen sind hier Metaphern für die vordergründige Scheinwirklichkeit, die der Mensch wahrnimmt. Die wahre Wirklichkeit ist ein einziger Aufschrei der Erde. Diese bildhafte Formulierung löst Eich selbst in konkrete Bilder auf: Gefängnis, Folterung, Blindheit, Lähmung, Tod, Schmerz und Angst. Hier sind körperliches und seelisches Leiden vereinigt. Beziehen sich Gefängnis und Folterung auf körperliche Qualen, vielleicht auf Terror im Krieg, bei politischen Häftlingen, so haben der körperliche Schmerz und die Angst kein konkretes Objekt als Gegenstand der Furcht, sondern es ist die Existenzangst, die nicht definierbare Angst vor der ungewissen Zukunft. Wieder eine Vorstellung, die unsere Gegenwart treffend kennzeichnet.

Im folgenden Vers entwirft Eich wiederum ein Bild: Die Erde sammelt die Seufzer vieler Münder. Das Leid der Menschen löst sich nicht in Nichts auf, sondern es wird gesammelt, es vermehrt sich. Es klingt wie eine dringende Bitte von Eich, daß der Mensch das Leid lindern helfen muß, denn die Erde ist wie ein Becken, das sich mit Leid und Sorgen der Menschen füllt und bei einem bestimmten Punkt überläuft, was Untergang und Chaos für die Menschen bedeuten müßte. Dieser Gedanke wird noch unterstrichen durch den Satz: „... in den Augen der Menschen, die du liebst, wohnt die Bestürzung." Der Leser soll durch diese Aussage schockiert, wachgerüttelt werden. Anstelle des Wortes „Bestürzung" würde man eigentlich „Freude", „Zufriedenheit" erwarten, da dies dem Sinn von „Liebe" wohl besser entspräche. Durch das Wort „Bestürzung" jedoch wird das „du liebst" verfremdet, das persönliche Betroffensein des Lesers erreicht. In Frage gestellt wird sowohl das Lieben als vor allem auch das „Du". Der Leser ist nicht der, der er vorgibt zu sein, er lebt nicht in Geborgenheit mit den ihm lieben Menschen, sondern der mit „blinder Zufriedenheit", mit anscheinend „gutem Gewissen", der „Schläfer", der Schuldige. Auch aus dem Blick voller Bestürzung des geliebten Du kann er die schreckliche Wirklichkeit unserer gefährdeten Existenz erkennen. Deshalb schließt sich hier die Mahnung des Dichters an den Leser an, daß er für alles Elend auf der Welt mitverantwortlich ist.

Betrachten wir zusammenfassend noch einmal den Aufbau des Gedichts. Das Gedicht ist dialektisch aufgebaut: Vom Ich in der ersten

Strophe wendet es sich zum Du in der zweiten Strophe. Der Schluß der zweiten Strophe stellt gleichsam die Synthese dar. Es ist das Ergebnis des Gesprächs zwischen Dichter und Leser, wenn gesagt wird: „Alles, was geschieht, geht dich an."
Dieses Gedicht scheint die These zu widerlegen, Eich sei ein Nihilist. Zwar schildert er die Welt als Verfall, Verlorenheit und Verderbtheit, doch ist bei Eich die Suche nach einer Lösung zu spüren, d. h. das Bemühen, die Reinheit der Schöpfung und sein Selbst zurückzugewinnen. Eich fühlt sich als Dichter verpflichtet, für die Rettung des Menschen zu sorgen, dem Menschen zu zeigen, daß eine Rettung nur durch den Menschen selbst möglich ist; er will das Gewissen der Menschen wachrütteln, sie aus ihrer Passivität herausführen. Ob ihm dies gelingt?

Bemerkung
Diese Gedichtbetrachtung zeigt Einfühlungsvermögen und Sinn für Dichtung. Inhalt, Darstellung und Form sind richtig erfaßt und treffend gedeutet. Darüber hinaus wird deutlich, daß der Verfasser gute Kenntnisse in der Dichtung hat, denn er bezieht auch Brecht, Goethe in die Arbeit ein. Für eine Schulaufgabe eine anerkennenswerte Leistung! Die sprachliche Darstellung ist flüssig und klar.

99 *Deuten Sie nach Inhalt, Darstellung und Form Georg Trakls Gedicht „Grodek"!*

Kasimir Edschmid schreibt in seinem Aufsatz über den expressionistischen Dichter: „Die Welt ist da. Es wäre sinnlos, sie zu wiederholen." So geht es auch Trakl in seinem Gedicht „Grodek" nicht darum, das für jeden Menschen Sichtbare oder Greifbare aufzuzeigen, sondern hinter diese rational erfaßbare Welt vorzudringen, um das nur erahnbare, das im Keime vorhandene, aber sich stets entwickelnde Unheil dieser Welt zu erfassen. Zwar bediente sich Trakl, um uns seine visionsartige Vorstellung mitteilen zu können, der Schilderung einer Schlacht, was zunächst zu der Vermutung führt, Trakl wolle ein geschichtliches Ereignis, und nur dies allein, im Gedicht festhalten. Dem ist jedoch nicht so. Die Schlacht ist nur ein Mittel, um die unheilschwangere Zeit dem Leser wirkungsvoll und eindringlich zu Bewußtsein kommen zu lassen.

Der zukunftweisende Charakter des Gedichtes wird bereits durch die Verwendung des Präsens' als Tempus deutlich. Es heißt nicht „tönten", sondern „tönen", nicht „hinrollten", sondern „hinrollen" usw. Warum, so möchte man sich fragen, hat Trakl nicht die Zukunft als Tempus der Verben verwendet?[1] Zwei Gründe scheinen mir für die Verwendung des Präsens' wesentlich. Zunächst wird durch dieses Tempus die Dramatik des Geschehens erhöht. Der Leser spürt, daß das Ereignis nicht der Vergangenheit angehört, es daher nicht überwunden ist und vergessen werden kann, sondern ihn auch jetzt, in der scheinbar heilen Zeit,[2] voll betrifft. Der Leser soll somit das Gedicht nicht betrachten als ein Kunstwerk, das sich selbst genügt, sondern als ein Instrument des Dichters, dem Leser eine Mitteilung zu machen, die diesen in seinem ganzen Wesen ergreift und das seine Existenz Bedrohende aufdeckt. Weiterhin zeigt das Präsens, daß ein Ereignis in der Entwicklung begriffen ist. Das Präsens nimmt nicht, wie Vergangenheit und Zukunft, Bezug auf einen bestimmten Zeitpunkt. Das Ereignis ist

---

1. Der Verfasser geht von der falschen Annahme aus, daß Trakl – wie Heym – zukünftiges Unheil als Vision erahne; ihm ist nicht bekannt, daß Trakl diese Schlacht miterlebt hat.
2. Besser: heile Welt.

somit nicht fixiert auf einen bestimmten Zeitabschnitt, es ist kein Krieg, der spontan, vielleicht durch den Befehl eines einzelnen, hervorgerufen wird, sondern es ist eine Entwicklung, die langsam zum Krieg hinführt, zum Untergang und zur Vernichtung der Menschen.
So können wir bereits die ersten Worte des Gedichts „am Abend" verstehen im Sinne von: wenn es Abend wird. Damit ist es nicht mehr möglich, daß die Schlacht als unvorhergesehenes, mit der vorhergehenden Zeit in keinem Zusammenhang stehendes Ereignis betrachtet wird und nicht als das Ergebnis eines Entwicklungsprozesses.
Es ist zu bemerken, daß Trakl den Zeitpunkt der Schlacht in die Jahreszeit „Herbst", in die Tageszeit „Abend" legt. Mit beiden Begriffen verbindet man zunächst eine andere Vorstellung, als sie Trakl in seinem Gedicht deutlich werden läßt. „Abend" und „herbstlich" sind für uns gewöhnlich Bezeichnungen für Stille und Erstarren des bewegten Treibens. Diese beiden Begriffe drücken auch oft Friede und stille Ehrfurcht aus. Diese Vorstellung wird im Gedicht jedoch jäh durchbrochen. Eine Entfremdung des Lesers tritt ein, wenn er erfährt, daß „die herbstlichen Wälder am Abend tönen", der Kampf also tobend geführt wird.
Dieser Spannungszustand, der zwischen „Abend", „herbstlich" und „tönen" entsteht, wird auch in den folgenden drei Zeilen aufrechterhalten. „Tödliche Waffen" wirken als ein Gegenpol zu „goldenen Ebenen" und „blauen Seen". Dieser Gegensatz jedoch bekommt einen für den Leser kaum erkennbaren Wert, bedenkt man, daß Trakl in seiner Farbsymbolik „golden" und „blau" sicher nicht in der Art empfindet und diese Bezeichnungen nicht so verwendet wie wir in unserem täglichen Sprachgebrauch. Mir fehlen jedoch die Kenntnisse, um die beiden Wörter in der Bedeutung, die ihnen Trakl beimißt, erfassen zu können. Ähnliches gilt für die Kluft, die durch die Worte entsteht: „... darüber die Sonne düster hinrollt." Die Sonne, mit der untrennbar Licht, Helligkeit und Wärme verbunden sind, bekommt die Eigenschaft eines „düster dahinrollenden" Körpers. Es ist sicherlich nicht eindeutig zu klären, warum Trakl diese Begriffe so gegensätzlich zusammenordnet. Vielleicht wollte er zeigen, wie stark das Verhalten der Menschen wider die Natur ist, daß der Mensch sich nicht in seine eigentliche Berufung des Menschseins einfügt, sondern diese Welt in eine Eiswüste verwandelt.
Im folgenden Teil des Gedichts wird wieder die Beziehung hergestellt

zu den Begriffen „Abend", „herbstlich": „Nacht umfängt sterbende Krieger." Nicht nur „Nacht" gehört sinngemäß zu „Abend", sondern auch „sterbend" zu „Herbst". Natur und Mensch werden hier wieder vereint, der Gegensatz, welcher zuvor bestanden hat, beginnt sich aufzulösen. Wie der Herbst das Dahinscheiden der Natur bedeutet, so sterben auch die Krieger. Auch ihre wilde Klage wird von Nacht umfangen. Trakl läßt offen, was sie anklagen. Er überläßt dies dem Leser. Dieser spürt den Doppelsinn der Aussage. Es ist nicht nur Klage vor Schmerz, es ist auch Anklage – gegen einen Gott, der so etwas zuläßt, oder gegen den Menschen, der dies geschaffen[3] hat? Nacht umfängt diese Klage; vielleicht wieder ein Doppelsinn: Nacht kann Verstummen bedeuten, aber auch, daß diese Klage im Dunkeln bleibt und nicht erhört wird.

Mit den Worten

„Doch stille sammelt im Weidengrund
Rotes Gewölk, darin ein zürnender Gott wohnt,
Das vergoßne Blut sich, mondne Kühle;"

stellt Trakl die Beziehung des Menschen zu Gott her. „Rotes Gewölk" steht in Verbindung mit „vergoßnem Blut", welche durch die Farbe Rot, die sowohl dem Gewölk als auch dem Blut eigen ist, hergestellt wird. Das Wörtchen „doch" deutet darauf hin, daß nun eine den Leser vielleicht überraschend anmutende Aussage gemacht wird. Es ist nicht so sehr das „rote Gewölk", welches durch das „Doch" angekündigt werden soll, als vielmehr der „zürnende Gott". Es ist kein gütiger Gott, sondern ein strafender, „der hinter allem drohend steht", wie Büchner sagte. Ob Gott mit dem Gott im christlichen Sinne gleichgesetzt werden darf, sei dahingestellt. Vielleicht ist Gott gleichzusetzen mit einem sittlichen Prinzip schlechthin, das der Mensch verletzt hat und so die harten Folgen erfahren muß. Und doch: Ist es nicht ein Zwang, der den Menschen dazu führt, dieses Gesetz verletzen zu müssen? „Alle Straßen münden in schwarze Verwesung",[4] heißt es weiter im Gedicht. Trakl glaubt hier an den Determinismus des menschlichen Daseins. Durch diese bildhafte Ausdrucksweise und Aussage spricht er dies eindrucksvoll, mit einem resignierenden Ton aus. „Alle Straßen", alles Handeln, alles Tun, Denken, Fühlen, das

3. Schiefer Ausdruck; besser: verschuldet hat.
4. Diese Aussage hätte gedeutet werden sollen.

ganze Sein des Menschen ist festgelegt, wie der Verlauf einer Straße, der nicht zu ändern ist. Wiederum läßt Trakl offen, ob sich der Mensch diese Straße selbst baut oder ob sie ihm bereits bei seiner Geburt vorgegeben ist.[5] Liegt es beim Menschen, ob er diesen oder jenen Weg wählt, oder wird er von einer unbekannten Macht geführt zum Untergang, zur Selbstvernichtung? Ist es ein Fatalismus wie bei Büchner, welcher sagt: „Puppen sind wir, von unbekannten Gewalten am Draht gezogen, nichts, nichts wir selbst.“ Oder glaubt Trakl an eine Umkehr des Menschen?

Dann taucht im Gedicht das Bild der Schwester auf. Trakl läßt uns hier sein Verhältnis zu seiner eigenen Schwester spüren; sie war für ihn Trost und Halt im Leben. Warum verwendet er in diesem Gedicht dieses Bild? Wiederum kann ich nur vermuten; vielleicht lag es gar nicht im Sinne Trakls, daß der Leser diese Zeilen aufschlüsselt und einen Sinn dahinter sucht, der für Trakl im Geheimnisvollen, Rätselhaften, Undurchschaubaren liegt. Dennoch möchte ich einen möglichen Beweggrund aufzeigen: Die Schwester, in verklärter Form, nur Schatten, grüßt als Verkörperung von Güte die Krieger, deren Geist sich von ihren Körpern gelöst hat. Sie grüßt jedoch sowohl den Körper, das sündhafte Äußere des Menschen, als auch die Geister der Gefallenen, das Unfaßbare also, die sich von der materiellen Hülle gelöst haben. Was hieraus spricht, ist vielleicht der Wunsch Trakls, nach dem Tode die Güte eines höheren Wesens, der verstorbenen Schwester oder die göttliche Liebe zu empfangen.[6]

Die Menschen, welchen Gott zürnt, werden Helden genannt. Vielleicht sollte man hier erwähnen, daß Trakl oft den Gedanken an Selbstmord hatte. Selbstmord jedoch wäre feige, da dies Resignation bedeutet, durch die man Hindernissen ausweicht. Der Krieger aber ist ein Held, da er die Straße, von der er weiß, daß sie „in schwarze Verwesung“ führt, so weit wie möglich geht, ohne aufzugeben. Ähnliches besagt wohl der Ausruf „Oh stolzere Trauer!“ Das Leben ist eine Trauer, aber sie wird für den zu einem stolzen Ereignis, der es

---

5. Guter Gedanke und treffender Vergleich!
6. In diesem Abschnitt werden mehrere wichtige Stellen des Gedichts nicht gedeutet (z. B. „unter goldnem Gezweig, Hain, dunkle Flöten des Herbstes“). „Die Geister“ der Gefallenen kann man nicht mit „der Geist“ der Gefallenen gleichsetzen, ohne daß der Sinn sich ändert.

besteht, der weiß, daß das Leben Aufgabe bedeutet und diese Aufgabe auf sich nimmt.

Der Sinn der letzten Zeilen ist, wohl wegen der bildhaften Sprache, kaum eindeutig zu erfassen. Dennoch möchte ich versuchen, ihn aus den Worten des Gedichts zu erschließen. Ausführlich ausgedrückt, lauten diese Zeilen wohl folgendermaßen:

Die heiße Flamme des Geistes nährt heute ein gewaltiger Schmerz, er nährt die ungeborenen Enkel. Dies bedeutet, daß der Krieg zwar ein schmerzvolles Ereignis ist, jedoch für die Menschen später von Nutzen sein wird, denn „ein gewaltiger Schmerz nährt sie", die Flamme, die Erfahrung der Sinnlosigkeit des Krieges, der Schmerz über das Schicksal der „Enkel", der nachkommenden Generation, der wieder Krieg und sinnlose Vernichtung drohen. Krieg ist ein „eherner Altar."[7]

In Trakls vorliegendem Gedicht bilden Form und Inhalt eine feste Einheit. Dies wird bereits durch die Lautmalereien deutlich. Der Laut „o" in „tönen" zu Beginn des Gedichts ist wie ein Ruf; die Sonne „rollt düster hin"; bereits im Wort „rollt" ist durch das kräftige „R" Bewegung ausgedrückt. „Zerbrochen" und „zürnend" bekommen durch das „Z" einen scharfen Klang; dann das kühle, unpersönliche „O" in „vergoßne" und „mondne". Am eindrucksvollsten, von der Lautmalerei betrachtet,[8] scheint jedoch die zwölfte Zeile des Gedichts zu sein. Das Schwebende der Schwester wird viermal (schwankt, Schwester, Schatten, schweigend) durch den Laut „sch" verdeutlicht. In der nächsten Zeile wieder die doppelte Verwendung des „ö"-Lautes, der sinngemäß die beiden zusammenhängenden Wörter „tönen" und „Flöten" verbindet. Durch diese beiden verdumpften „ö"-Laute wird auch der Gegensatz, der im Begriff „dunkle Flöte" besteht, abgeschwächt, da Flöte eigentlich als helltönendes Instrument gilt.[9]

Auch Eindruck und Satzbau stehen in enger Verbindung. Wie die Eindrücke der Schlacht nur bruchstückhaft sind (blaue Seen, Sonne,

7. Die Deutung dieser schwierigen Stelle machte dem Verfasser verständlicherweise Schwierigkeiten; aber er hat sie wenigstens nicht völlig abwegig gedeutet.
8. Unklare Formulierung; wer betrachtet was?
9. Diese eingehende Deutung der Laute ist von Schülern – noch dazu in einer Schulaufgabe! – nicht ohne weiteres zu erwarten. Sie setzt eine gewisse Musikalität voraus. Dieser Versuch ist anzuerkennen, selbst wenn die eine oder andere Deutung eines Lautes nicht ganz zutrifft.

Nacht, sterbende Krieger, wilde Klage usw.), so ist dies auch die Sprache. Um den Sinn der Worte und Sätze noch wirkungsvoller zu gestalten, ist an einigen Stellen das verbindende Glied, das eine flüssige Darstellung erfordert, weggelassen: Die syntaktische Ordnung des Satzbaus ist gestört wie die Ordnung der Welt, die sprachliche Gestaltung spiegelt das Chaos des Krieges wider. Die Sätze sind ansonsten lang, da sie aus einer Reihe von Einzelgliedern bestehen, nur durch ein Komma oder durch einen Strichpunkt getrennt.
Das Versmaß ist unregelmäßig; versweise betrachtet, ergibt sich folgendes Schema:
2 Jamben, 2 Anapäste
1 Jambus, 3 Anapäste (oder 4 Daktylen mit Auftakt)
2 Jamben, 2 Anapäste
2 Trochäen, 2 Jamben
2 Daktylen, 2 Trochäen
usw.
Durch diese regellose Versgestaltung wird das rhythmische Gefüge nicht gewahrt. Auch die Worte am Ende des Verses sind ohne jede Regelmäßigkeit gewählt, denn sie enden willkürlich weiblich oder männlich. Dies spiegelt die durch den Krieg zerbrochene Ordnung, das Chaos der Vernichtung wider, das auf den Menschen einstürmt, in dem er seine Mitte verliert. Inhalt und Form entsprechen sich.
Zusammenfassend kann ich feststellen, daß es Trakl in diesem Gedicht gelungen ist, die schicksalhafte Bedingtheit des modernen Krieges aufzuzeigen; die Menschen haben den Zorn Gottes zu fürchten. Trakl wirft einen Blick hinter die Scheinwelt, die wir Menschen meist als Realität betrachten (die Welt des Guten, Schönen, der Ordnung), und zeigt – voll Trauer – die Ausweglosigkeit menschlicher Existenz auf: „Alle Straßen münden in schwarze Verwesung." Ein Schicksal des modernen Menschen, das auch den Gedanken an folgende Generationen mit Schmerz erfüllt! Diese Ausweglosigkeit der Situation des Menschen, wie sie Trakl sah, ließ ihn an Gott und Welt verzweifeln, am Leben zerbrechen.

Bemerkung
Die sprachliche Form des Gedichts wird in diesem Aufsatz geschickt und eingehend gedeutet, nur im zweiten Teil der Arbeit werden für

die Deutung wichtige Stellen übergangen. Auch die Funktion der Zeitstufe wird in die Deutung einbezogen. Anerkennung verdient die gewandte sprachliche Gestaltung der Arbeit, außerdem das Einfühlungsvermögen in Dichtung. Über Trakl hat der Verfasser gute Kenntnisse, auch das Weltbild des Dichters hat er treffend umrissen.

100 *Interpretieren Sie nach Inhalt, Darstellung und Form: „In den Nachmittag geflüstert" von Georg Trakl*

Georg Trakls Thematik, die von Anfang an bei diesem Dichter in ihren Grundzügen vorhanden war und die er in immer neuer Weise in seine Gedichte bannt, hat im Laufe seiner Schaffensperiode wenige Veränderungen erfahren. Was ihm an Thematik zur Verfügung stand, ist nicht viel. Für seine Herbst-, Todes- und Untergangswelt hat Trakl zwei verschiedene Ausdrucksformen geschaffen. Die erste hält sich meist an eine ländliche Szenerie. Was er dichtet, ist von statischer Klarheit, ohne jegliche Transzendenz, ohne auf Übersinnliches hinzuweisen. Seine zweite Ausdrucksform distanziert sich allmählich von der verstehbaren Mitteilung und verliert sich in einem ekstatischen Gestammel. Anstelle des streng an Reim und Metrum gebundenen Schemas tritt alsbald das freie Sprechen, und der logische Satzbau wird nach Belieben zerstückelt.
Somit kann man bei Trakl einen Wandel von der impressionistischen zur expressionistischen Ausdrucksform beobachten. Welche Haltung nimmt nun Trakl in dem Gedicht „In den Nachmittag geflüstert" ein? Was will er mit diesem Gedicht zum Ausdruck bringen?
Das Gedicht setzt sich aus vier Quartetten zusammen.[1] Trakl hält sich hier streng an ein gebundenes Reimschema. Jeweils ein männlicher Reim umschließt einen weiblichen Reim. So wirkt das Gedicht in sich geschlossen, ist von knapper Straffheit. Es ist übersättigt mit Schwermut und Melancholie, wobei der Leser ganz behutsam zum Ende des Gedichts hingeführt wird. Wohl wird der Leser der rein autistischen Ausdruckswelt des Dichters gewahr, der sich abwendet vom „Ich" und „Du" und dem Bedürfnis, sich mitzuteilen, bis auf die letzte Verszeile, in der Trakl den Leser mit „Du" anredet. Trakl bedient sich in diesem Gedicht schon seiner für ihn so typischen Traumtechnik; alogisch nebeneinander gesetzte Bilder, die unterschwellig aufeinander bezogen sind, beherrschen das Gedicht. Trakl erwehrt sich seiner Gedanken, an deren Stelle treten die Bilder.

---

1. Die Überschrift ist für die Sinndeutung des Gedichts sehr wichtig und müßte in die Deutung mit einbezogen werden.

Würde das Gedicht nur aus dem ersten Quartett bestehen, niemand käme der Gedanke, daß es Trakl ist, der jene Verszeilen schrieb. Das erste Quartett ist noch manipulierte Wirklichkeit. Trakl schildert darin den Herbst, wie er ihn sieht. „Sonne, herbstlich dünn und zag,[2] und das Obst fällt von den Bäumen." Für Trakl ist der Herbst die Zeit, in der die Natur stirbt. Die Bäume haben keine Kraft mehr, die Früchte zu halten, ist doch die Herbstsonne schon zu schwach, den Bäumen Kraft zu spenden.

Auch der Mensch wird von dem Hinsterben der Natur ergriffen, auch er ist stille geworden, die Arbeit ist getan, die Ernte ist schon lange eingebracht.

Schon im ersten Quartett greift Trakl, für den der Herbst ein Sinnbild des Untergangs und des Todes ist, die Thematik des Gedichts auf. Diese leitet zu den beiden nächsten Quartetten über. „Und ein weißes Tier bricht nieder."[3] Auch das Tier wird sich der alsbaldigen Todesnähe bewußt,[4] nämlich dann, wenn der Winter kommt und manches Tier auf der Suche nach Nahrung einen erbitterten Kampf gegen den weißen Tod führen muß.[5] „Brauner Mädchen rauhe Lieder sind verweht im Blätterfall." Schmerzliche Sehnsucht[6] erfüllt die von der Sonne gebräunten Mädchen. Ihre Hoffnung auf baldiges Wiedererwachen der Natur schwindet dahin, so wie die Blätter im Wind von den Bäumen fallen.[7]

Die Todeswelt Trakls kündigt sich an in etwas Undefinierbarem. „Schatten drehen sich am Hügel ..."[8] Der Tod kündigt sich an in schwarzer Verwesung. Eine schwere Melancholie befällt den Menschen, selbst die Gitarren, die sonst zu fröhlichen Liedern angestimmt wurden, können den Menschen nicht umstimmen. Er ist traurig geworden. Er versinkt in träumerische Apathie beim „milden Licht" drinnen. Der Tod ist ja so nah. Das Bild des von der Wanderschaft

2. Diese für die Erschließung des Sinngehalts des Gedichts wesentliche Stelle müßte gedeutet werden. Die erst unterschwellig zu ahnende Bedrohung, die Trakl hier anklingen läßt, hat der Verfasser nicht erkannt.
3. Die wichtige Stelle „Sterbeklänge von Metall" müßte gedeutet werden.
4. Auf welche Stelle des Gedichts bezieht sich diese Aussage?
5. Aus dem Text des Gedichts muß man einen anderen Grund für das sterbende Tier annehmen (Jagd, gewaltsames Töten!)!
6. Bezugstelle im Gedicht?
7. Den Sinn dieser Zeilen hat der Verfasser nur teilweise erfaßt.
8. Die Deutung des ersten Teils der Strophe fehlt!

heimkehrenden Menschen, der irgendwann einmal sein unbestimmtes Ziel erreicht, ist ein Symbol für den Sterbenden. Doch er wird in der „Dämmerung voll Ruh" seinen Weg nach Hause finden. Wein wird ihm die schweren überstandenen Stunden des Lebens versüßen.[9]

Was bewirkt nun die Schönheit des Gedichts? Trakl ist ein Meister im Gebrauch von Bildern, durch die er beim Leser wunderbare Assoziationen zu wecken versteht. Bilder wie „brauner Mädchen rauhe Lieder, Blätterfall, sanfte Flügel, traurige Gitarren", mögen dies verdeutlichen.

Große Bedeutung kommt dabei seinen Farben zu. Die Farben, die Trakl zum Leuchten bringt und denen in seiner lyrischen Konzeption eine außerordentliche Bedeutung zukommt, sind bei ihm nicht zur Augenweide bestimmt, sondern sie sind Attribute überirdischer Verhaltensweisen und Differenzierung des Sinns. Bei Trakl haben sie stets symbolhaften Charakter. So steht das „Weiß" in der Verszeile „und ein weißes Tier ..." für Todesnähe und Erstarrung der Natur.

Doch auch mit seiner Lautmalerei vermag der Dichter überraschende Akzente zu setzen. „Traurige Gitarren rinnen ..." Die häufige Verwendung des hellen „i" läßt den Leser das wehmütige[10] Klingen der Gitarre hören. Auffallend ist auch die Häufung der „s" im dritten Quartett.

Ob sich Trakl wohl der Schönheit seiner Gedichte bewußt war? Wohl kaum, denn als er in späteren Jahren am meisten gelitten hat, schrieb er an seinen schönsten Dichtungen. Eher mag man zu der Behauptung gelangen, daß er sich gegen Schönheit sträubte. Dabei muß ich an ein Wort Trakls denken: „... man tut gut daran, sich gegen vollendete Schönheit zu wehren, davon einem nichts erübrigt als ein blödes Schauen."

Bemerkung

Im Gegensatz zu den anderen in diesem Buch abgedruckten Deutungsversuchen von Gedichten charakterisiert der Verfasser dieses Aufsatzes

---

9. Da der Verfasser den zweiten Teil der Strophe („wie im Traume") nicht in die Deutung einbezieht, kommt er zu dieser nicht zutreffenden Interpretation dieser Strophe und erfaßt nicht, daß Trakl hier zeigen möchte, daß auch diese Geborgenheit nur eine scheinbare ist.
10. Drückt das helle „i" wirklich Wehmut aus?

in der Einleitung kurz den Dichter und leitet dann recht geschickt zur Deutung über. Auch dieser Aufsatz zeigt, daß der Verfasser den Sinn des Gedichts im wesentlichen erfaßt hat, aber nur lückenhaft. Er übergeht daher einige für die Dichtung wichtige Stellen und deutet einige Aussagen des Dichters schief bzw. falsch, obwohl er gute Kenntnisse über Trakl hat. Das zeigt, daß die Deutung eines Gedichts Einfühlungsvermögen, die nötigen Kenntnisse über Metrik, Stilmittel usw. erfordert, aber ebenso größte Genauigkeit.

Aufgabe

Lesen Sie dieses Gedicht von Trakl, deuten Sie es und benützen Sie dazu die auf Seite 455 abgedruckte Arbeitsgrundlage für die Deutung dieses Gedichts!

Georg T r a k l , In den Nachmittag geflüstert

Sonne, herbstlich dünn und zag,
Und das Obst fällt von den Bäumen.
Stille wohnt in blauen Räumen
Einen langen Nachmittag.

Sterbeklänge von Metall;
Und ein weißes Tier bricht nieder.
Brauner Mädchen rauhe Lieder
Sind verweht im Blätterfall.

Stirne Gottes Farben träumt,
Spürt des Wahnsinns sanfte Flügel.
Schatten drehen sich am Hügel
von Verwesung schwarz umsäumt.

Dämmerung voll Ruh und Wein;
Traurige Gitarren rinnen.
Und zur milden Lampe drinnen
Kehrst du wie im Traume ein.

Farbentrunkener Trakl! … geheimnisvoll, schön!

Georg T r a k l , In den Nachmittag geflüstert (frühes Gedicht, um 1910)

Trochäen! expressionistisch!

melancholische Klarheit	Sonne, herbstlich dünn und zag,	Reim: männl.	sterbende Natur (Herbst, dünn, zag)
	Und das Obst fällt von den Bäumen.	weibl.	Sinnbild des Vergehens, Todes!
wie der Tod	Stille wohnt in blauen Räumen	weibl.	friedliche Atmosphäre!
zuschlägt!	Einen langen Nachmittag.	männl.	Trochäen aber Unruhe,
	friedl. Atmosphäre jäh durchbrochen!		
Vergleich M. →	Sterbeklänge von Metall;	männl.	Gewalt, Jagd? Vision des Todes!
Metapher	Und ein weißes Tier bricht nieder.	weibl.	Todesnähe · Lautmalerei!
Tier– M.	Braune Mädchen rauhe Lieder	weibl.	Lebensfreude, Derbheit, sind verweht;
Mensch! M.	sind verweht im Blätterfall.	männl.	Fall = Verfall, Vergehen;
	deren Sinn der Mensch nicht erfaßt!		
Gott M.	Stirne Gottes Farben träumt,	männl.	gebundenes Reimschema,
welches ? M. →	Spürt des Wahnsinns sanfte Flügel.	weibl.	Alliteration!
nur noch →	Schatten drehen sich am Hügel	weibl.	„s"-Laute!
Schatten, Todes- M.	von Verwesung schwarz umsäumt.	männl.	Vergänglichkeit! Verwesungsthematik!
kraft kündigt sich an!	*Todesvision! vergleich verkünf*		
	Kirche??		
Empfindung!	Dämmerung voll Ruh und Wein;	männl.	Bilderflucht
M.	Traurige Gitarren rinnen. *Gegensatz!*	weibl.	löst sich vom Metrum
Schein der	Und zur milden Lampe drinnen	weibl.	„r"-Laute!
Geborgenheit!	Kehrst du wie im Traume ein.	männl.	
Dichter? der Mensch?	*keine Wirklichkeit!*		

verschleierte Mitteilung → ekstatischem Gestammel; Wort, nicht Satz wichtig!

alogisch nebeneinander gesetzte Bilder, unterschwellig aufeinander bezogen; Gedankenflucht → B.F.;

1. Quartett: manipulierte Wirklichkeit;

Farben: in Trakls lyrischer Konzeption eine außerordentliche Bedeutung, nicht zur Augenweide bestimmt, sondern sind Attribute überirdischer Verhaltensweisen und dienen zur Differenzierung des Sinns; symbolhafter Charakter („weiß" für Todesnähe, Erstarren der Natur);

Wanderer – Einkehr: in der mittelalterl. Lyrik Symbol für den Sterbenden;

Gibt es für Trakl eine Hoffnung?

„... man tut gut daran, sich gegen vollendete Schönheit zu wehren, davor einem nichts erübrigt als ein blödes Schauen."

24. – RV415